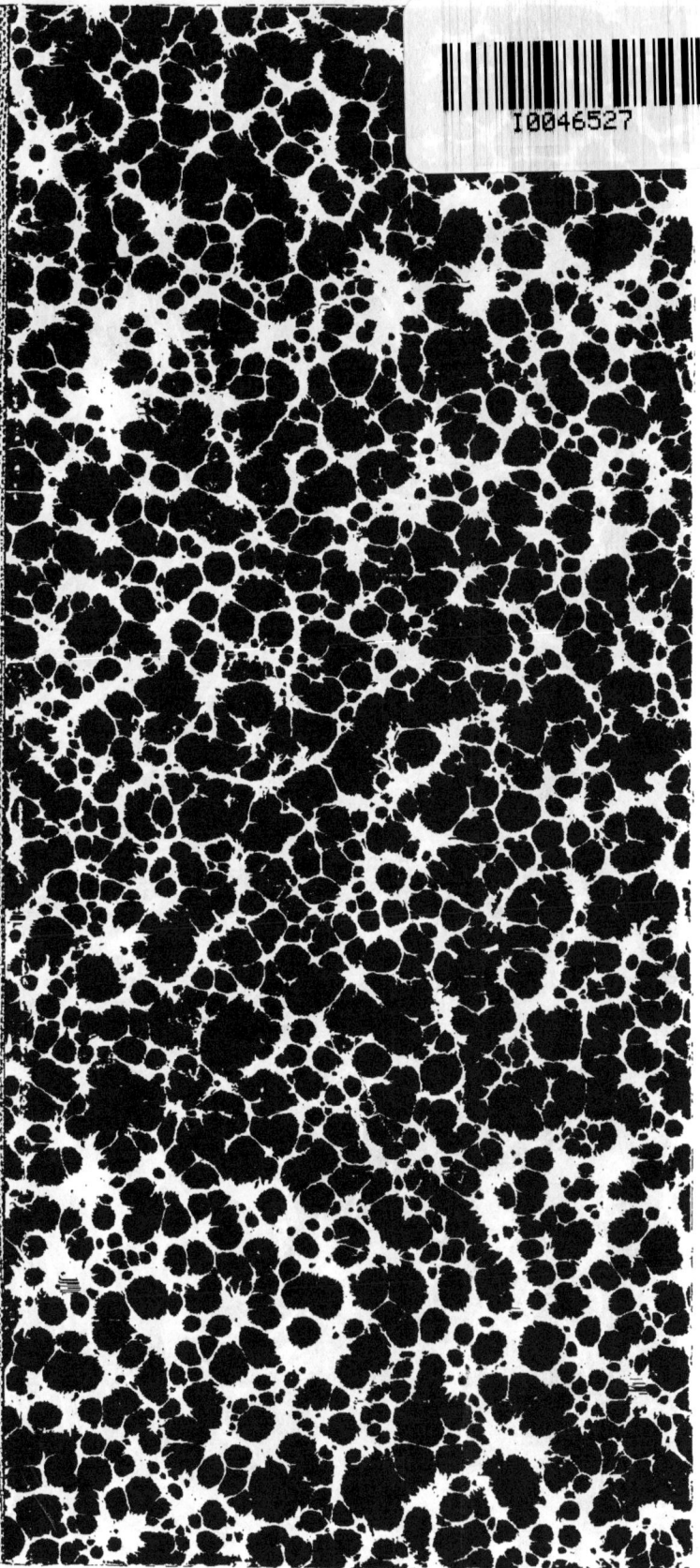

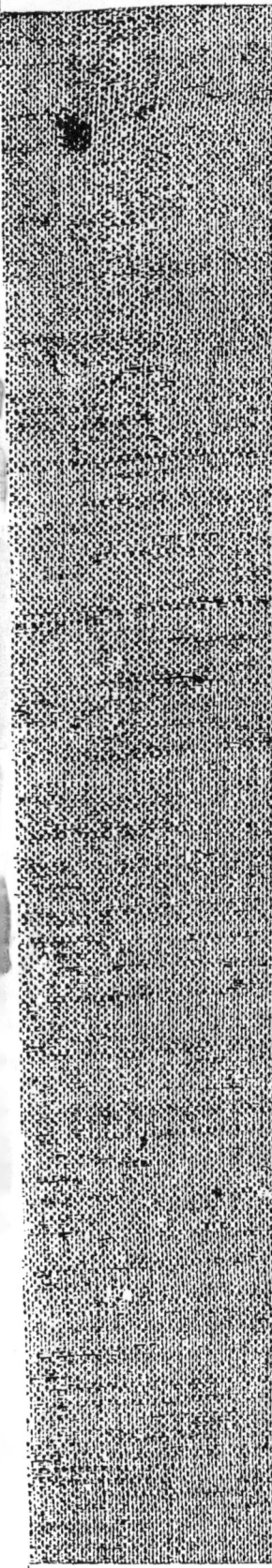

FACULTÉ DE DROIT DE PARIS

# THÈSE
# POUR LE DOCTORAT

SOUTENUE

le 27 mars 1873, à deux heures

PAR

## GASTON LAURENT-ATTHALIN

PARIS

TYPOGRAPHIE LAHURE

9, RUE DE FLEURUS, 9

1873

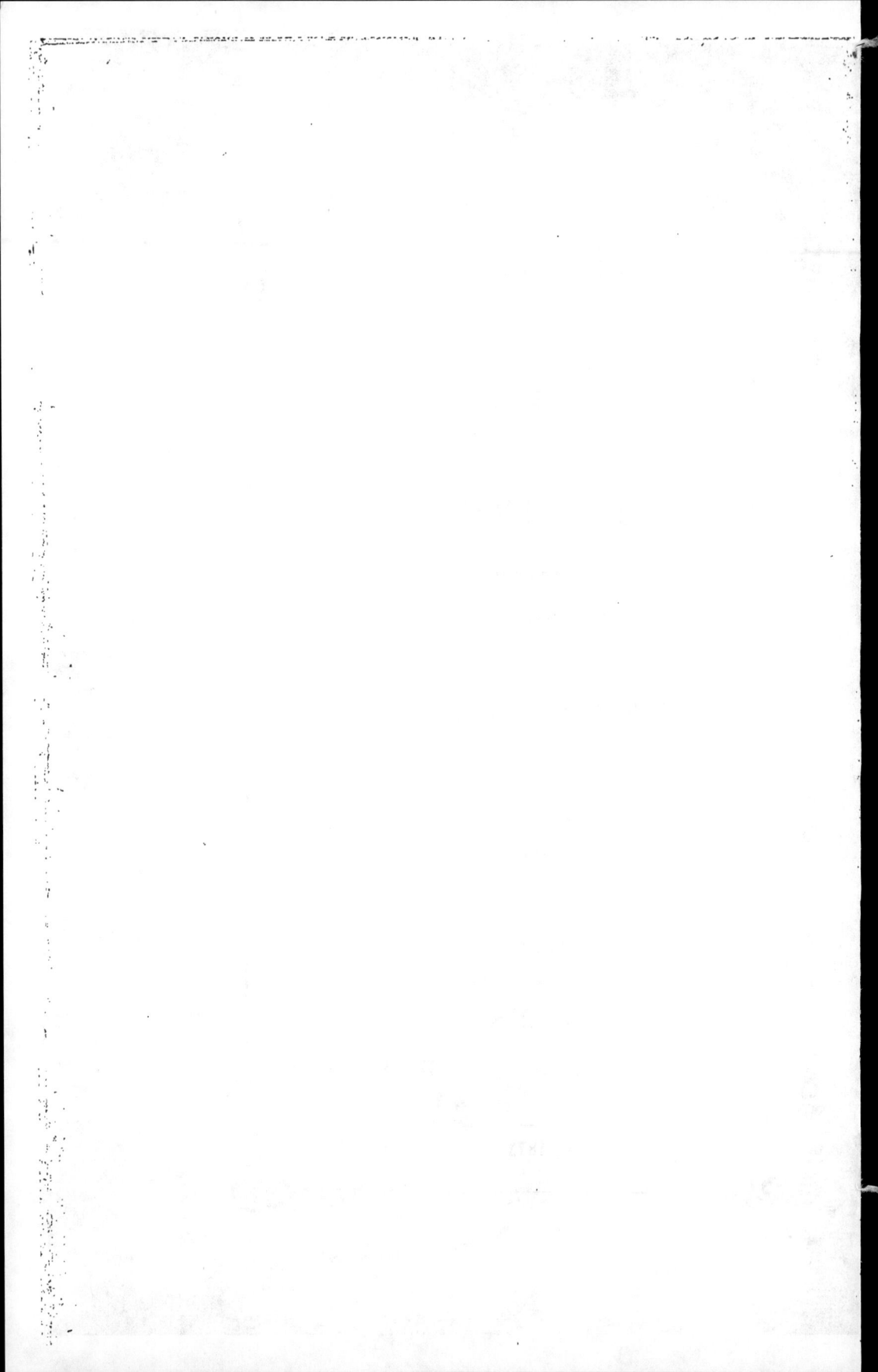

# THÈSE

# POUR LE DOCTORAT

PARIS. — TYPOGRAPHIE LAHURE
Rue de Fleurus, 9

FACULTÉ DE DROIT DE PARIS

# ÉTUDE

SUR

## L'OBLIGATION LITTÉRALE

EN DROIT ROMAIN

DU

## CONVOL EN NOUVELLES NOCES

EN DROIT FRANÇAIS

## THÈSE POUR LE DOCTORAT

PRÉSENTÉE A LA FACULTÉ DE DROIT DE PARIS

PAR

### GASTON LAURENT-ATTHALIN

Né à Colmar (Haut-Rhin) le 24 octobre 1848

L'acte public sur les matières ci-après sera soutenu
le 27 mars à deux heures.

*Président :* M. DUVERGER.

*Suffragants :* { MM. BONNIER,
MACHELARD, } *Professeurs.*
BUFNOIR,
BOISSONADE, *Agrégé.*

Le candidat répondra en outre aux questions qui lui seront
faites sur les autres matières de l'enseignement.

## PARIS

TYPOGRAPHIE LAHURE, RUE DE FLEURUS, 9

1873

# DROIT ROMAIN.

## DE L'OBLIGATION LITTÉRALE.

### AVANT-PROPOS.

§ 1. — 1. — Sans avoir la prétention de présenter une étude complète et détaillée sur une matière restée aussi obscure que celle du contrat littéral des Romains, je veux tenter ici de jeter un coup d'œil d'ensemble sur les résultats actuellement acquis à la science historique du droit, dans cette importante question.

Outre l'attrait que ce sujet emprunte à son obscurité même, et, par suite, aux ingénieuses recherches dont il a été l'occasion, son étude présente encore un intérêt particulier, en ce qu'elle jette un jour curieux sur les mœurs privées d'un peuple chez lequel tout nous intéresse. Dans cette habitude nationale suivant laquelle chaque chef de famille tenait un registre domestique, sur lequel il consignait exactement, jour par jour, ses

1

opérations, ses bénéfices de toute nature, ses dépenses et ses pertes, — habitude telle, que c'était quelque chose d'inouï que la prétention qu'un citoyen n'aurait pas tenu son registre, ou aurait cessé de le tenir ; — dans cette habitude, dis-je, ne reconnaissons-nous pas le peuple chez lequel le compte et le ménagement parcimonieux du patrimoine, souvent jusqu'à l'avarice, formèrent le fonds du caractère ?

2. — Les œuvres de Cicéron nous seront ici d'un grand secours [1] : au temps de l'illustre orateur, l'institution qui va nous occuper était pleine de vie, comme l'attestent de très-nombreux passages de ses écrits [2]. Nous n'en trouvons plus, au contraire, que des traces assez rares dans le corps de droit de Justinien ; c'est donc aux œuvres de Cicéron que nous aurons surtout à nous reporter. Ajoutons que la découverte, faite en 1816, de l'ouvrage original de Gaius, fournit de précieux documents.

3. — Les dissertations auxquelles le contrat littéral des Romains a donné naissance en France, sont peu nombreuses ; toutefois, des jurisconsultes

1. V., sur l'appréciation de Cicéron comme jurisconsulte, M. de Caqueray (Passages de droit privé, contenus dans les œuvres de Cicéron), Préface, p. vii. — « Parmi les écrivains Latins, dit M. Giraud, celui qui a le plus d'importance dans l'intérêt du droit romain, c'est Cicéron. » (Hist. du dr. rom., p. 26.)

2. On trouve, dans l'ouvrage précité de M. de Caqueray, une énumération complète de ces passages (p. 596 à 597).

de renom s'en sont occupés [1]. Mais en Allemagne, ce sujet a exercé la fécondité des interprètes du droit romain ; le nombre des dissertations qu'il a provoquées est considérable [2], et le grand romaniste prussien, M. de Savigny, a laissé plusieurs travaux sur ce point. — Et cependant, que de

[1]. Surtout M. Ortolan, qui, sous une forme concise, en a fourni une explication détaillée. (*Explic. hist. des Instit.*), t. III, n° 1414. Id. *Revue de Wolowski*, t. XIV (1841). Comp. MM. Demangeat (t. II, p. 288), — de Caqueray, *loc. cit.*, sur les passages de Cicéron relatifs au contrat littéral. — Quelques lignes de M. Ducaurroy (t. II, p. 184 et 274), et de M. Domenget (*Inst. expliq. de Gaius*, p. 337 et suiv.). — M. de Fresquet (*Inst. expl.*, t. II).

[2]. Je ne puis énumérer ici tous les ouvrages publiés en allemand ou en latin, sur le « Literalcontract, » la liste en serait beaucoup trop longue, et, du reste, je n'en ai eu que quelques-uns entre les mains. On la trouvera dans deux monographies, l'une publiée à Gœttingue, par Wunderlich, et l'autre publiée à Heidelberg, par Pagenstecher. Wunderlich classe les auteurs qui l'ont précédé dans deux catégories : *A*, l'*antegajanum tempus* (id est : ante *Gajum redivivum*) ; et, *B*, le *postgajanum tempus*. Plusieurs de ces ouvrages sont écrits en langue latine. Je citerai seulement : — I. *Savigny*. Ueb. das Literalcontract der Römer (Vermischte Schriften, I, p. 205 et suiv., contenant trois dissertations de 1816, 1818 et 1849). — II. *Keller*, Beilage über den Literalcontract. — III. *Schüler*, Literarum oblig. des älteren Röm Rechts. (Breslau, 1842). — IV. *Gneist*, De formal. contractib. j. rom. — V. *Wunderlich*, Dissert. philologico-juridica de ant. lit. oblig. (Gœttingue, 1832). — VI. *Pagenstecher*, De l. obl. et rationibus tam domesticis quam Argentariorum (Heidelberg, 1851). — VII. *Unterholtzner*, Zeitschrift, etc., I, p. 248. — VIII. *Kraut*, De argent. et nummul. diss. (Gœttingue, 1826). — IX. *Schlesinger*, Z. lehre. v. d. Formalcontracten (Leipzig, 1858).

lacunes nous devrons constater ! Les sources auxquelles nous puisons d'ordinaire pour l'étude du
droit romain, c'est-à-dire les Pandectes et le Code,
nous feront le plus souvent défaut ; de sorte que
nous serons réduits, pour poser les bases de notre
étude, à analyser les allusions que les auteurs
latins de la fin de la République et du commencement de l'Empire, font au contrat littéral. De
là bien des lacunes qu'il est, peut-être, impossible
de combler avec les ressources dont dispose la
science moderne.

§ 2. — 4. — L'examen historique de ce que
fut, dans le droit romain, l'élément générateur
des obligations, me paraît être une introduction
nécessaire à la question que je me suis proposé
de traiter :

La civilisation, dans sa marche progressive,
spiritualise toujours plus les institutions ; c'est
ainsi qu'actuellement, en matière de conventions,
nous nous attachons immédiatement et principalement à la volonté, et ne demandons à la forme,
à l'élément matériel, que ce qui est indispensable
pour révéler et pour garantir la volonté. Chez nous,
en droit commun, le seul consentement oblige : dès
qu'il y a accord, il y a *vinculum juris*. — Mais il en
est tout autrement dans les civilisations à leur origine ; l'ordre des impressions physiques y a plus
de puissance que l'ordre intellectuel ; ce qui, dans
les actes juridiques, semble prédominer, c'est
moins la volonté que le vêtement sensible qui lui

est donné. Le consentement seul est, par lui-même, impuissant : il faut quelque chose de moins spiritualisé, il faut une traduction visible, susceptible d'impressionner les sens, afin que la volonté, immatérielle et insaisissable, soit arrêtée et matériellement fixée [1].

5. — Le *NEXUM* paraît avoir été la forme symbolique primitivement usitée pour fixer matériellement la volonté. — Le *nexum*, dont la *mancipation* n'est qu'une forme spéciale, s'entend de toute solennité civile impliquant l'intervention de l'*æs* et de la *libra*. « *Nexum est*, dit Festus, *quodcumque per æs et libram geritur, idque necti dicitur.* » Il fut, ai-je dit, primitivement employé pour faire naître ou pour éteindre des obligations : Pour la formation des obligations, le métal est censé pesé, et donné par le créancier à celui qu'il accepte pour débiteur, — ou bien, une chose étant, soit réellement, soit fictivement, aliénée *ex jure Quiritium*, les paroles solennelles prononcées entre les parties forment la loi de cette dation [2].

---

1. Le droit romain pur, le véritable droit civil, est plein de ces gestes et objets symboliques, qui interviennent pour donner un corps perceptible aux actes juridiques. C'est ce qui explique que le lien juridique qui astreint une personne envers une autre semble n'être régi en rien par le droit naturel, et dépendre exclusivement du strict droit civil ; *on est obligé selon le droit civil, ou on ne l'est pas du tout,* et quand on l'est civilement, peu importe que l'équité naturelle approuve ou condamne.

2. Tels sont les termes de la loi des XII tables : « *Quum*

Il semble, il est vrai, qu'il y ait quelque difficulté à expliquer cette intervention du lingot et
de la balance, alors qu'il s'agissait, non d'aliéner
une chose, mais seulement de former une obligation. C'est que, peut-on supposer avec grande
vraisemblance, cette forme s'appliqua, sans doute,
originairement, aux obligations qui étaient la
conséquence de la *datio*, d'une chose, et qui
étaient formulées comme loi d'une pareille dation
(*legem mancipii dicere*). Ainsi, dans le prêt d'argent, les pièces de monnaie étaient pesées par le
*libripens* : ensuite des paroles solennelles (*nuncupatio*) étaient échangées entre les parties, pour
déterminer les conditions de la restitution. De là
naissait une obligation (*nectere, ligare significat*),
l'obligation de restituer la somme prêtée. Les contrats de *mutuum, depositum*, et de *pignus*, se formèrent ainsi originairement, et ce ne fut que plus
tard que la simple tradition de la chose suffit pour
engendrer l'obligation civile [1], et qu'ainsi furent
reconnus les contrats que les Romains appelèrent :
contrats formés *re*.

6. — Selon toute probabilité, la *verborum obli-*

---

*nexum facit mancipiumque, uti lingua nuncupassit ita jus
esto.* » Et Varron s'exprime ainsi : « *Nexum Mucius Scævola
scribit, quæ per æs et libram fiant, ut obligentur, præterquam
quæ mancipio dentur.* » Comp. Gaius, com. III, § 173 et 174
V sur cette gradation historique, M. Ortolan (généralisation
du dr. r., n°ˢ 203 et suiv.).

1. Gaius, c. II, § 60. M. Ortolan, *Inst.* t. III, n° 1207.

*gatio* est postérieure au *nexum* et en est la première dérivation. Ce sont les paroles, (*nuncupatio*), détachées de la solennité, en tenant le pesage pour accompli : c'est une simplification du *nexum*. Forme de s'obliger très-générale, la *stipulation* peut s'appliquer à toutes sortes d'obligations à contracter.

7. — Voici maintenant une seconde dérivation du *nexum* : la *litterarum obligatio*. Si les deux parties s'accordent, l'une à tenir la somme pour pesée et donnée (*pecunia expensa lata*), l'autre à la tenir pour reçue (*accepta relata*), et à la porter comme telle sur leurs registres domestiques, nous voyons surgir la notion d'un contrat formé par l'écriture (*litteris*). Cette filiation du contrat littéral paraît difficilement contestable, car ici les inductions de la philologie sont de toute évidence : le nom même de ce contrat : *expensilatio* [1] (supposition d'une somme pesée et donnée), atteste nettement son origine. C'est de cette forme de s'obliger que vient l'expression générale de *nomen*, pour désigner une créance, parce que la créance est inscrite sur le *codex accepti et expensi*, au nom du débiteur. Tel est le contrat que les Romains disent être formés : *litteris*.

Maintenant comment expliquer cette dérivation du *nexum?* Elle me paraît être la conséquence

---

1. On voit cette expression employée par Aulu-Gelle. *Noctes Atticæ*, lib. XIV, c. ii.

toute naturelle du mouvement de simplification qu'amènent inévitablement dans la forme des actes le temps et les progrès de la civilisation. Sans doute, lorsque chaque chef de famille tint des *tabulæ*, celui qui était devenu, *per æs et libram*, créancier de telle somme, constatait sur son *codex*, que cette somme avait été par lui *expensa* à un autre; puis, on finit par admettre que cette écriture (*expensi-latio*), faite en une forme sacramentelle, engendrerait l'obligation indépendamment de la réalité de la pesée. De telle sorte que le point de départ du contrat littéral est une véritable fiction : c'est le *nexum* des anciens temps, que l'on suppose accompli, et dont on parvient ainsi à se dispenser.

8. — Plus tard enfin, le droit civil accueillit, comme pouvant être formés *solo consensu*, sans opération *per æs et libram*, ni interrogation solennelle, ni inscription sur les *tabulæ*, quatre contrats seulement (*emptio-venditio*, *locatio-conductio*, *societas*, *mandatum*). La forme de s'obliger, y est arrivée à sa plus simple expression, sans doute parce que leur usage est fréquent, et qu'il est utile que leurs conséquences se règlent par la bonne foi naturelle. Ainsi, quatre sortes de contrats; ils se forment : *re*, *verbis*, *litteris*, *consensu*. En dehors d'eux, la convention prend le nom de *pactum*, et, selon le droit civil, ne produit pas d'obligation.

9. — En somme, on voit que, dans les con-

trats[1], l'élément générateur de l'obligation est, en général, double. C'est d'abord, bien entendu, le consentement; mais, à lui seul, il ne suffit pas; ensuite c'est : *A*, la tradition pour les contrats. formés *re; B*, les paroles consacrées pour les contrats formés *verbis; C*, l'écriture formelle, pour les contrats formés *litteris*. Ce deuxième élément, tout indépendant du consentement, est appelé, par les interprètes, la *causa civilis* de l'obligation[2]. Ce sont les contrats dont la *causa civilis* consiste en des écritures spéciales, contrats dont nous venons de constater l'origine probable, qui formeront l'objet de cette dissertation.

§ 3. — 10. — Elle se divisera en deux parties. Dans la première, j'exposerai : *Quels furent les écrits qui jouèrent à Rome un rôle juridique.* Dans la deuxième, je rechercherai : *Quel fut*

---

1. On entend par *contrat*, la convention qui a été munie d'une action par l'ancien droit civil : « Conventiones quæ pariunt actiones, in suo nomine non stant, sed transeunt in proprium nomen contractus. »

2. Cette expression ne se rencontre pas dans les textes, mais est exacte, à la condition de retrancher la qualification de *civilis*, lorsqu'il s'agit de la tradition, dans les contrats formés *re*; en effet, dans la *stipulation* et dans l'*expensilation*, il est visible qu'à côté du consentement se trouve un élément qui est, à coup sûr, une création profondément arbitraire du droit civil, tandis que, en aucun pays, un homme ne peut être comme emprunteur obligé de restituer une chose qui ne lui aurait pas été remise. Je remarque encore que cette expression de *causa civilis* est injustifiable pour les contrats consensuels. (M. Accarias, *Théorie des contrats innommés*, p. 6 et suiv.)

*le rôle de l'écriture dans ces divers écrits.* Chacune de ces deux parties se subdivisera elle-même
en deux chapitres : l'un consacré aux livres
domestiques, et l'autre aux titres séparés. — L'é-
criture ne devant former l'objet de cette étude
qu'en tant qu'on la considère comme *causa civilis*
de l'obligation, je devrai laisser dans l'ombre les
questions qui se rattachent à son rôle probatoire.

# PREMIÈRE PARTIE

## QUELS FURENT LES ÉCRITS QUI JOUÈRENT A ROME UN ROLE JURIDIQUE.

---

## CHAPITRE I.

### DES LIVRES DOMESTIQUES.

§ 4. — 11. — Dès le temps de la République, les Romains avaient coutume de tenir des livres ou registres (*codices, tabulæ*), sur lesquels ils consignaient leurs mouvements de fonds. *Moris fuit, unumquemque domesticam rationem sibi totius vitæ suæ per dies singulos scribere, ex qua avpareret quid quisque de reaitibus suis, quid de arte, fœnore, lucrove, seposuisset, et quid idem sumtus damnive fecisset*[1]. Comme tous les usages, celui-ci se forma peu à peu : il n'y a donc pas à rechercher la date précise de son introduction dans les mœurs romaines. Ce que l'on peut avancer avec grande vraisemblance, c'est que, sans doute, cette habitude se répandit précisément en

---

1. Asconius Pedianus, sur la 2ᵉ Verrine de Cicéron.

même temps que l'usage de l'écriture se généralisait : cela s'induit facilement du caractère d'un peuple essentiellement parcimonieux, et méticuleusement soigneux de son patrimoine; dès que le Romain sut écrire, il dut consigner ses comptes.

12. — Ce qui est certain, c'est que cet usage entra de telle façon dans les mœurs, que l'on considérait comme nouvelle et inouïe la prétention qu'un citoyen n'aurait pas tenu de registre[1]. On les tenait avec un soin minutieux, et par conséquent un grand crédit s'attachait à leurs énonciations[2]. Chaque paterfamilias[3], sachant écrire, avait son registre[4]. Les fils de famille en puissance pa-

1. *In isto, judices*, dit Cicéron, *hoc novum reperietis : Audimus aliquem tabulas nunquam confecisse.... audimus alium non initio fecisse, sed ex tempore aliquo fecisse, hoc vero novum et ridiculum est, quod hic nobis respondit, quum ab eo tabulas postularemus : usque ad M. T. et C. C. consules confecisse, postea destitisse!* (In Verrem. Act. II, lib. I, § 23).

2. Cic. *pro Cluentio*, § 34 : *Confecit tabulas diligentissime Cluentius : hæc autem res habet hoc certe, ut nihil possit, neque additum, neque detractum de re familiari latere.* V. aussi Cic. *pro M. Fonteio*, § 2 : *Si qua gratia testes deterrentur, tabulæ quidem certe incoruptæ atque integræ manent.... Ipsa confectio tabularum habet hanc vim ut ex acceptis et datis quidquid fingatur, aut surripiatur, aut non constet, appareat.* Et 2ᵉ Verrine, § 49 : *Ne tabulis quidem Q. Tadii.... credetur? Quid igitur in judiciis sequemur? quid est aliud, omnibus omnia peccata et maleficia concedere, nisi hoc, hominum honestissimorum.... tabulis non credere?*

3. C'est-à-dire tout citoyen romain qui n'est soumis à aucune puissance ; qu'il soit marié ou non, qu'il ait des enfants ou non, et quel que soit son âge.

4. Les banquiers (*argentarii, mensularii, nummarii*), te-

ternelle, n'ayant pas de patrimoine propre, ne tenaient pas de livre en leur nom [1]; toutefois, il est naturel de penser qu'il en était autrement lorsqu'ils avaient un pécule. Nous savons par un passage de Valère-Maxime, et par des fragments du Digeste, que les femmes aussi tenaient leur *codex* [2]. Mais ceci suppose qu'elles ne se trouvaient, ni sous la *patria potestas*, ni sous la

---

naient aussi des registres consacrés aux affaires de leurs clients. L'usage de leurs comptoirs (*mensæ*), remonte bien loin dans la vie sociale des Romains, puisque nous le trouvons déjà dans les comédies de Plaute (*Truculentus*, act. I, scen. 5, vers 51). Mais ces livres ne sont plus à proprement parler des *rationes domesticæ*. (V. le titre *De Edendo*, II, 13.)

1. Cic. *pro Cælio Rufo*. Célius Rufus, jeune débauché, était accusé d'avoir empoisonné Clodia ; on lui reprochait ses prodigalités : *Nam quod æs alienum objectum est, sumtus reprehensi, tabulæ flagitatæ : videte qnam pauca respondeam: tabulas qui in patris potestate est, nullas conficit.*

2. Val. Max. (De dictis factisque memorabilibus, lib. VIII, chap. II) : *C. Visellius Varo, gravi morbo correptus, trecenta millia nummum ab Otacilia Laterensi, cum qua commercium libidinis habuerat,* EXPENSA SIBI FERRI PASSUS EST. » Ainsi, Otacilia a un Codex, sur lequel elle fait l'*expensilatio*. ff. ad S. C. Velleianum, fr. 13, de Gaius, *Aliquando, licet alienam obligationem suscipiat mulier, non adjuvatur S. C^to : quod tum accedit quum, prima facie quidem alienam, re vera autem suam, obligationem suscipiat, ut ecce.... si hæreditatem emerit, et æs alienum hæreditarium* (les dettes héréditaires), *in se transcribat.* De même, ff. præscriptis verbis, Proculus, fr. 12; et encore Code, de Edendo, const. 1 : *Ipse dispice quemadmodum pecuniam quam te deposuisse dicis deberi tibi probes. Nam quod desideras, ut rationes suas adversaria tua exhibeat, id, ex causa, ad judicis officium pertinere solet.* »

*manus*. Il est vrai que les femmes qui n'étaient soumises ni à l'une ni à l'autre de ces deux puissances furent longtemps sous une tutelle perpétuelle, mais s'il est vrai que, sans doute, très-anciennement, le tuteur d'une femme administrait ses biens, il est incontestable, que dès l'époque de Cicéron, la femme, à 25 ans, libre de *patria potestas* ou de *manus*, administrait elle-même ses biens; d'après Gaius : *Mulicres quæ perfectæ ætatis sunt, ipsæ sibi negotia tractant* [1]. Quant aux esclaves, n'ayant pas de patrimoine, ils ne tiennent pas de registres; mais ils en avaient sans doute lorsque leur maître leur avait constitué un pécule, c'est-à-dire leur avait livré un ensemble de biens qu'ils pouvaient faire valoir eux-mêmes [2].

§ 5. — 13. — A chaque fois qu'une valeur en argent entrait dans le patrimoine d'un Romain, ou en sortait, il l'inscrivait, jour par jour et sans ordre méthodique, sur une sorte de brouillon mensuel. C'était là un *livre-journal*, qui portait le nom d'*adversaria*. Rédigées jour par jour (d'où le nom d'*éphémérides*, que leur donne Cicéron), les notes qu'il contenait devaient, *au*

---

1. Gaius, comm. I, § 190, in fine; le jurisconsulte ajoute : « .... *In quibusdam causis, dicis gratia tutor interponit auctoritatem suam ; sæpe etiam invitus auctor fieri a prætore cogitur.*

2. Les esclaves étaient, du reste, souvent chargés de tenir les comptes (*rationes*) de leurs maîtres, (Fr. 18, ff. de fideic. libert. — Ibid. fr. 41. § 10, 11, 13. — Fr. 41, ff. de reb. cred.), sous le nom de *dispensatores, actores*.

*bout du mois*, être reportées au net et avec ordre, sur le *codex* (ou *tabulæ* [1]). Le *codex* est tenu avec grand soin : on y évite les surcharges et les ratures ; au contraire, les *adversaria*, une fois transcrits, peuvent être détruits, n'étant qu'un simple brouillon. Cette différence entre les *Adversaria* et les *tabulæ*, est nettement indiquée par Cicéron [2]. En conséquence, les *Adversaria* sont dénués de toute autorité et de tout crédit juridique [3] ; et c'est pourquoi tout ce que nous dirons

1. Cic. pr. R. com., § 3 : *Quampridem hoc nomen, Fanni, in adversaria retulisti ? Erubescit ; quid respondeat, nescit...; Sunt duo menses jam, dices ! Tamen in codicem.... referri debuit.... Cur tamdiu jacet hoc nomen in adversariis ?* et, plus loin : *Omnes qui tabulas conficiunt, menstruas rationes in tabulas transferunt....*

2. Fannius Chærea se prétend créancier de Roscius, mais le *codex* de Chærea ne mentionne pas la créance qu'il réclame, ce qui est d'autant plus extraordinaire que, tenant ses registres avec soin, il y mentionne les moindres créances : *Non habere se hoc nomen in codice accepti et expensi relatum confitetur ; sed in adversariis patere contendit.* A quoi Cicéron riposte : *Usque adeone te diligis et magnifice circumspicis ut pecuniam non ex tuis tabulis, sed ex adversariis petas ?... Quod si eamdem vim, diligentiam, auctoritatemque habent adversaria quam tabulæ, quid attinet codicem instituere ? conscribere ? ordinem conservare ? memoriæ tradere litterarum vetustatem ? — Quid est quod negligenter scribamus adversaria ? Quid est quod diligenter conficiamus tabulas ? Qua de causa ? Quia hæc sunt menstrua, illæ sunt æternæ ; hæc delentur statim, illæ servantur sanctæ ;... hæc sunt dejecta, illæ in ordinem confectæ !* » (Cic. pro Q. Roscio Comœdo, orat. III, § 2.)

3. (Cic. ibid.) : *Adversaria in judicem protulit nemo : codicem protulit. — Suarum perscriptionum et liturarum adversaria proferre, non amentia est ? — Adversariis nihil credimus.* V. aussi le § 3.

plus loin se rapportera toujours uniquement au *codex*.

14. — Nous voici donc arrivés au moment où les *nomina*, inscrits (*scribere nomen, scribere nummos*), sur le *livre-journal*, dans l'ordre où ils se sont présentés, doivent, à la fin de chaque mois, être reportés en ordre méthodique sur les *tabulæ*. Comment se faisait ce report (*transcriptio*)? A cette question, aucun texte, que je sache, ne répond d'une manière réellement précise, et tout ce que l'on peut dire sur ce point se réduit à des hypo-thèses plus ou moins vraisemblables.

Voici toutefois quelques points de repère :

*a*. Dans ces livres, on trouve distingués l'*expensum* et l'*acceptum*. *L'expensum* compre-nant l'*avoir* du teneur des *Tabulæ*, et l'*acceptum* son *doit* [1].

*b*. Il n'y avait pas un livre particulier pour l'*expensum* et un autre pour l'*acceptum* : ils occu-paient un seul et même livre. Et, en effet, le re-gistre domestique est souvent appelé *codex ac-cepti et expensi* [2].

---

1. Voir le passage précité de Valère-Maxime : Varon, vou-lant faire un don à sa maîtresse, lui permet d'écrire la somme comme *expensa*, à son nom, dans le registre de celle-ci, ce qui l'en constitue créancière. Voir aussi, Cic. préface des *Paradoxa : Hoc tamen opus in acceptum ut referas, nihil postulo.* C'est-à-dire : Je ne te demande pas de te considérer comme mon débiteur pour cet ouvrage.

2. Pro Roscio Comœdo, § 1 et 2 : *Hoc nomen in codice ac-cepti et expensi relatum confitetur.*

*c.* Les comptes, dans le *Codex*, occupaient des pages en regard : l'une consacrée à l'*expensum*, et l'autre à l'*acceptum*[1].

15. — Voici ce qui paraît pouvoir être affirmé : on voit qu'il reste encore beaucoup de place aux suppositions :

*A.* On serait assez tenté de remplir ces lacunes, en comparant les « *Adversaria* » au *livre-journal*, et le « *codex* » au *grand-livre*, de nos commerçants, dans la comptabilité en partie simple. Les affaires, inscrites jour par jour sur les « *adversaria*, » sont reportées, à chaque fin de mois, dans les « *tabulæ;* » là, le propriétaire du registre ouvre un compte à toute personne avec laquelle il peut se trouver en rapport d'affaires[2], de telle sorte qu'en somme, chaque opération du *livre-journal* (*adversariâ*) est reportée sur le *grand-livre* (*codex*) au compte particulier de celui qu'elle intéresse, soit à son *débit*, soit à son *crédit*, le nom du correspondant, figurant comme en-tête des deux pages. Le mécanisme consisterait toujours alors à débiter celui qui reçoit, et à créditer celui qui donne. Par ex. *Seius prête* 100

---

1. Voici, en effet, ce que dit Pline (Hist. natur., lib. II, c. vii), en parlant de la fortune accusée et adorée : *Huic* (*fortunæ*), *omnia expensa, huic omnia feruntur accepta, et in tota ratione* (*codice*), *mortalium, sola utramque paginam facit*).

2. Telle est l'opinion de M. Demangeat (t. II, p. 288). — Id., Wunderlich (Dissert. philolog., p. 20).

*aurei* à **Titius.** Il fait mention de cette opération sur son livre-journal ; puis, à la fin du mois, constate ce prêt sur le compte ouvert, dans son registre, à Titius, au débet de celui-ci, sous la rubrique : « *Expensum Titio* »; (*pecunia expensa fertur*, c'est-à dire, est portée comme ayant été pesée à Titius). Titius fait l'opération inverse sur son registre : il y crédite Seius, sous la rubrique : « *Acceptum a Seio.* » En supposant, à l'inverse, que *Seius* dont nous examinons le livre *emprunte* 100 aurei à Titius, il portera de même cette somme au compte ouvert à Titius, mais à la page de l'*acceptum* : « *Acceptum a Titio,* » tandis que Titius inscrira sur son *codex* : « *Expensum Seio.* » Dès lors, tout ce qui sera sous la rubrique *Expensum*, sera une créance pour le teneur du livre, (le *doit* du correspondant), tandis que ce qui sera sous la rubrique *acceptum* sera pour lui une dette, (l'*avoir* du correspondant). D'où l'on voit que le mécanisme des écritures romaines serait, pour la forme, quelque chose de fort approchant de la comptabilité en partie simple de nos commerçants. Mais tout cela est quelque peu hypothétique.

*B*. Aussi, cette manière de voir a-t-elle été repoussée par plusieurs Romanistes, d'après lesquels il n'y aurait pas eu dans le *codex* ouverture d'un compte spécial pour chaque correspondant, les recettes et les dépenses figurant dans l'ordre où elles se sont présentées ; l'*expensum* et l'*acceptum*

étant seulement séparés. Tel est le sentiment de
M. de Savigny [1]. Il appuie sa manière de voir sur
ce que l'ouverture d'un compte spécial à chaque
correspondant suppose un commerce étendu et
varié, de sorte que cette combinaison eût excédé
les besoins pratiques et ordinaires de la plus
grande partie des citoyens romains. On peut
ajouter à cette considération générale un passage
de Cicéron [2]. Verrès avait eu des relations peu
honorables avec un certain L. Carpinatius,
homme d'affaires d'une société de publicains de
Sicile, et cet agent, plus tard, se donna beaucoup
de peine pour détruire les preuves qui accablaient
Verrès. Dans ce but, et comme on ne pouvait
supprimer les registres de la société, il y changea,
au moyen de surcharges et de ratures, le nom
de Verrès en celui de Verrutius.

Or Cicéron expose qu'il a constaté cet état de
choses, et il semble ressortir de ses expressions
que les « *nomina* » falsifiés se trouvaient dissé-
minés au milieu d'autres.... « *Me tabulas per-
spexisse sociorum; in his tabulis magnam rationem
C. Verrutii permultis nominibus esse, meque hoc*

---

1. Vermischte Schriften (I, p. 239). Il cite, en ce sens,
Keller et Schüler. Comp. aussi une longue dissertation de
Pagenstecher (l. cit., p. 13 et suiv.). Pour les Allemands, la
question se pose ainsi : Le *codex* était-il un *Contocurrent-
buch*, ou un *Cassabuch :* le premier seul supposant un compte
spécial ouvert à chaque correspondant.

2. Cic. In Verr., lib. II, § 76 et 77.

*perspicere ex consulum mensiumque ratione,*
*usque ante adventum C. Verris, neque post deces-*
*sionem, quidquam cum Carpinatio rationis ha-*
*buisse,* » ce qui ne cadrerait pas avec l'idée d'un
compte spécial ouvert à ce personnage, dans les
livres de la société.

Quoi qu'il en soit, tout ceci reste fort obscur,
et comme aucun texte précis n'existe sur ce point,
à ma connaissance, je ne m'arrêterai pas plus
longtemps à des recherches qui ne peuvent se
résumer qu'en des hypothèses par trop auda-
cieuses [1].

16. — Quant à la forme de l'inscription elle-
même, nous ne savons encore rien de positif.
Seulement, la tradition romaine, les formules
d'action, et l'esprit de la législation, nous don-

[1]. Je remarque incidemment, qu'il ne faut pas confondre
avec le *codex*, le *kalendarium. Kalendarium*, désignait l'ensemble des affaires que l'on faisait en prêtant de l'argent, et
le registre relatif à ces prêts. (L'échéance était ordinairement
aux calendes.) Souvent un maître, préposant un esclave à
ses affaires dans les provinces (*servus kalendario præpositus*),
le chargeait d'y faire valoir son argent, c'est-à-dire de le
prêter à intérêt, et d'en surveiller la rentrée (fr. 41, ff. *de*
*rebus creditis,* et fr. 8, ff. *quod cum co*). Le registre de ces
affaires n'était, probablement, que des tables sur lesquelles
étaient indiqués les jours de rentrée des capitaux, ou de
payement des intérêts, sorte de livre-journal, rédigé jour par
jour, et au fur et à mesure, à la différence du *codex.* Par le
*kalendarium,* un contrat ne pouvait être formé comme par
l'*expensilation* dans les *tabulæ* : c'était simplement un aide-
mémoire et un moyen de preuve, l'obligation se formant *re,*
pour le capital, et *verbis* pour les intérêts. Les affaires qui y

nent la presque certitude qu'elle devait être faite en termes sacramentels, du moins lorsqu'il s'agissait de créer une obligation ; mais quels étaient ces termes ? Sans doute ils faisaient allusion à l'*æs* et à la *libra*, mais je ne vois aucun moyen de les fixer avec les documents que nous possédons.

§ 6. — 17. — J'ai dit que l'usage de tenir un *codex*, et de le tenir avec le plus grand soin, était devenu général : en faut-il conclure que c'était là un acte obligatoire et sanctionné par le droit ? On a soutenu, en Allemagne, qu'originairement chaque *paterfamilias* y était légalement contraint, afin de faciliter les opérations du *cens*[1] ; mais je crois bien que ce n'est là qu'une pure affirmation : nous savons, il est vrai, par Denys d'Halicarnasse que dans un registre (*census*), un chapitre, un *caput*, était ouvert à chaque chef de famille, et qu'il devait à des époques périodiques y faire inscrire son état de fortune, mais cela ne veut en aucune façon dire que chaque chef ait jamais subi l'obligation légale de tenir registre de sa fortune. Le fait est que les mœurs ici faisaient loi, et que

figuraient étaient d'une nature restreinte. Le *kalendarium* et le *codex*, sont donc fort différents l'un de l'autre, et cela est encore plus évident, si l'on songe que les esclaves envoyés en province, et *kalendario propositi*, n'emportaient certainement pas avec eux le *codex* de leur maître. (Comp. Pagenstecher, *l. c.*, p. 29 et 21, et Wunderlich, *l. c.*, p. 20.) Cujas, t. VII, p. 625, C. et p. 1282, C.

1. Notamment Pagenstecher (*l. cit.*, p. 73) ; *contra*, Wunderlich (*l. cit*, p. 43 et 44).

si un citoyen venait prétendre qu'il n'avait pas
tenu de *codex*, ce fait de ne pouvoir présenter
ses comptes lorsqu'ils lui étaient demandés en
justice entraînait contre lui une forte présomption
de fraude. Cicéron demande à Verrès d'où lui
viennent deux statues qui se trouvent dans son
*impluvium*, et qui avaient été longtemps à Samos
devant la porte du temple de Junon : *Unum
ostende in tabulis aut tuis aut patris tui em-
ptum esse ; vicisti ! ne hæc quidem duo signa pul-
cherrima..., habes quomodo emeris.* Il considère
comme inouïe et ridicule (*novum et ridiculum*), la
prétention de n'avoir pas tenu de registres, ou
d'avoir cessé d'en tenir[1] ; comme honteux et
deshonnête (*turpe, improbum*), de ne pas relater
sur son registre ce dont on est débiteur[2]. Il était
même prudent d'éviter les ratures sur le *codex*,
car elles pouvaient être la source de fâcheuses
présomptions contre le propriétaire du livre :
« Juges, dit Cicéron, vous estimerez pourquoi
cette créance se trouve inscrite au milieu des
ratures[3]. »

18. —Ainsi, encore à l'époque déjà corrompue
de Cicéron, les livres domestiques sont tenus avec
une exactitude consacrée par le danger de ne le
point faire chez un peuple qui poussait si loin le

1. In Verr., act. II, § 23.
2. Pro Roscio Comœdo, § 1.
3. In Verr., act. II, § 36.... *Cur id nomen.... in litura
sit, existimabitis !*

culte du procès. Ajoutons que l'autorité et la bonne foi primitives donnèrent un caractère de sanction presque religieuse et publique à ces tables domestiques, tandis que, d'autre part, la constatation d'une omission, faisait naître le soupçon de gains irréguliers et de profits honteux : telle était la sanction.

§ 7. — 19. — Après avoir parlé de l'usage des *tabulæ*, il est naturel de rechercher dans quelle période de l'histoire du droit nous devons leur donner place. Posons avant tout quelques jalons que nous fournissent des textes appartenant à différentes époques. Ce travail terminé, nous verrons quelle conclusion doit en ressortir.

I. L'usage des livres domestiques était en pleine vigueur au temps de Plaute (né 227 ans avant J. C.)[1]. Puis encore au temps de Cicéron (né 105 ans et mort 43 ans avant J. C. — 647, 688 de Rome), qui considère comme inouïe et ridicule l'allégation d'un citoyen qu'il n'aurait pas de registre[2].

II. Plus tard, nous trouvons encore l'attestation de cet usage dans Horace, (mort 8 ans avant J. C.) : *Scribe decem* (acceptum) *a Nerio*[3], et,

---

1. *Nunc satagit, adduxit domum etiam ultro, et scribit nummos* (*Asinaria*, act. II, scen. IV, vers 34;) (*Truculentus*, act. I, scen. v, vers 54).

2. In Verr., act. II, § 23. Ce passage ne peut laisser aucun doute.

3. Satyre III, lib. II, vers 69.

ailleurs : *Romæ dulce fuit et solemne, reclusa
— mane domo vigilare, clienti promere jura, —
Scriptos nominibus certis expendere nummos*[1].
Il ajoute, il est vrai : . . . . *Mutavit mentem po-
pulus levis*, mais, comme nous l'allons voir, il
n'en faut nullement conclure que l'usage des livres domestiques fût en désuétude à son époque.

III. En suivant toujours l'ordre des temps, se
présente ici le grammairien Asconius Pedianus,
annotateur de Cicéron. Suivant l'opinion communément reçue, tirée de Servius[2], il aurait été
encore le contemporain de Virgile, et serait mort
sous Néron, c'est-à-dire dans le premier demi-siècle
de Jésus-Christ. D'après une autre opinion tirée
de saint Jérôme, il devrait être placé un peu plus
tard et ne serait mort que dans la septième année
du règne de Domitien, l'an 88 de Jésus-Christ.
*Moris fuit*, dit l'annotateur des Verrines, *unumquemque domesticam rationem sibi totius vitæ suæ,
per dies singulos scribere, ex qua appareret quid
quisque de reditibus suis, quid de arte, fœnore,
lucrove seposuisset quoquo die, et quid idem sumtus damnive fecisset. Sed postquam assignandis
litteris reorum ex suis quisque tabulis damnari*

---

1. Épîtres, lib. II, ép. I, vers 105. « *Certis.* Certa nomina,
dit Wunderlich, *l. c.*, p. 45, ideo audiunt, quia *certi condictio* per expensilationem producebatur. » Des éditions portent :
*Cautos* nominibus *rectis*.... Pour la discussion de cette leçon,
Wunderlich, ibid.

2. Ad Virgil. eglog., III, 105.

*cœpit, ad nostram memoriam tota hæc vetus con-
suetudo cessavit*[1]. Si ce passage appartient réellement à Asconius, l'usage des registres domestiques aurait complétement cessé d'exister dans le
premier siècle de l'ère chrétienne (*tota cessavit*),
ce qui supposerait qu'il était déjà en décroissance
avant Jésus-Christ. Mais nous verrons plus loin,
que ce passage pourrait bien provenir d'un pseudo-
Asconius. A l'époque du vrai Asconius appartient
Pline le naturaliste, (mort en l'an 79 de J. C.). Parlant de la fortune : .... *Huic omnia expensa*, dit-
il, *huic omnia feruntur accepta, et in tota ratione
mortalium sola utramque paginam facit*[2]. Et
aussi Sénèque qui s'exprime ainsi : .... *ille per
tabulas plurium nomina interpositis parariis facit*[3].

IV. Voici venir maintenant Gaius. Ce jurisconsulte a vécu sous les règnes d'Adrien, d'Antonin le
Pieux, de Marc-Aurèle et de Commode, c'est-à-dire
dans le deuxième siècle de l'ère chrétienne. Il a
composé le premier commentaire de ses *Institutes*,
et les trois quarts du deuxième, sous Antonin le
Pieux. Dans le troisième commentaire, écrit sous
Marc-Aurèle[4], il parle des *Transcriptitia nomi-*

1. Asconius, sur la 2ᵉ Verrine, l. I, § 23.
2. Pline. Histoire natur. lib. II, c. xii.
3. *De Beneficiis*, lib. III, C. xv. — (Sénèque vécut au 1ᵉʳ s. de J. C.)
4. Cela ne saurait faire doute, en présence des locutions employées par lui au sujet d'Antonin qu'il qualifie d'empe-

*na*[1], dont nous aurons à nous occuper plus loin, mais je n'y vois aucune mention des registres domestiques. Faut-il induire de son silence sur le *codex*, que, de son temps, les *nomina transcriptitia* pouvaient se faire par des écrits séparés? On pourrait en être tenté, mais le témoignage d'Aulu-Gelle, contemporain de notre jurisconsulte, atteste la conservation à son époque de l'usage des *tabulæ*[2]. Il est, du reste, fort à croire, que les *codices* n'avaient plus, à cette époque, tout à fait le même caractère religieux et digne de foi qu'au temps de la république[3].

V. J'ai cité plus haut un passage de l'annotateur des *Verrines*, duquel il résulterait, qu'à l'époque où ces annotations furent faites, l'habitude

reur *très-sacré*, dans le cours du 1er commentaire, et dans le cours du 2e, jusqu'au § 194, dans lequel il le désigne sous le nom de *divin* empereur. Or, les empereurs ne devenaient dieux qu'après leur mort. (Marc-Aurèle fut empereur l'an 169 de J. C.)

1. Gaius. Comm. III, § 128 et suiv.

2. Aulu-Gelle raconte une affaire dans laquelle il était juge : « *Petebatur apud me pecunia quæ dicebatur data numerataque, sed qui petebat, neque tabulis, neque testibus id factum docebat, et argumentis admodum exilibus nitebatur; is tamen* (l'adversaire), *cum suis multis patronis clamitabat probari apud me debere pecuniam datam consultis modis: expensilatione, mensæ rationibus, chirographi exhibitione, tabularum obligatione, testium intercessione.* »

3. M. de Caqueray (l. cit. p 139), dit que, du temps de Gaius, les *tabulæ* ne contenaient plus la relation de tout ce qui s'était passé à l'égard du patrimoine, mais servaient encore, seulement, à constituer l'obligation littérale. Il me paraît bien que ce n'est là qu'une pure et simple affirmation.

des registres domestiques aurait complétement
disparu, et j'ai dit, en même temps, qu'il était
douteux que ce passage appartînt réellement à
Asconius et à son époque, c'est-à-dire au premier
siècle de l'ère chrétienne. C'est qu'en effet, d'a-
près une critique moderne sur les manuscrits,
notamment celle de Madvigius, le véritable auteur de ce passage devrait se placer seulement à
ce point de notre examen historique; actuellement, il est, en général, admis que les annotations
sur les *Verrines* ne feraient pas partie véritablement de celles d'Asconius, et devraient être attri-
buées à un faux Asconius (pseudo-Asconius), qui
se placerait quelque chose comme trois cents ans
plus tard, c'est-à-dire vers la fin du quatrième
siècle de l'ère chrétienne [1]. Cette manière de voir
prolongerait de trois siècles à peu près l'usage
des livres domestiques, de telle sorte qu'on le
retrouverait encore au temps des grands jurisconsultes. Elle me paraît confirmée par les textes
de Pline et de Sénèque, que j'ai cités, et surtout
par cette remarque, qu'Aulu-Gelle, qui en parle
encore, est mort au commencement du règne de
Marc-Aurèle, (c'est-à-dire vers 169 de J. C), donc
postérieurement à l'époque où vivait le véritable

---

1. Sur ce point, M. de Savigny (Vermischte Schriften.,
p. 247); Wunderlich (p. 50 et 51. l. cit.); c'est aussi l'opinion de Niebuhr. — Madvigius. (Disput. critica de Q. Asc.
Ped. et aliorum interpretum in Cic. Orationes commentariis.
1828).

Asconius, (mort vers l'an 88 de J.-C., sous le règne de Domitien). La critique allemande semble
bien fixée sur ce point. En suivant cette donnée,
l'usage des *codices* aurait disparu peu à peu, vers
la fin du quatrième siècle de l'ère chrétienne.

20. — Quelle aurait été la raison de cette disparition ? Voici celle que donne le pseudo-Asconius : .... *Postquam assignandis litteris reorum*
*ex suis quisque tabulis damnari cœpit, ad nos-*
*tram memoriam tota hæc vetus consuetudo cessa-*
*vit.* Ce que M. de Savigny interprète de la manière suivante : la raison de la disparition des
*codices* serait dans ce fait, que l'on considérait
comme complice du crime de lèse-majesté quiconque était convaincu d'avoir été en relations
avec l'auteur principal. Or, lorsqu'un contrat littéral devait se former entre absents, le débiteur
exprimait son adhésion à l'*expensilatio*, par une
lettre ; cette lettre, le créancier la conservait, et
la scellait à son livre (*assignabat litteram*), comme
preuve du consentement de l'autre partie. Dans
ces conditions, chaque Romain pouvait se trouver en péril d'être condamné par l'attestation de
son propre livre, lorsqu'il y avait attaché des lettres d'une personne qui, plus tard, était accusée
de lèse-majesté, et dont les relations avec lui res-
sortaient de cette correspondance[1].

1. Sav. Vermischte Schriften. dissert. 1849, p. 257 au
texte, et note 1. — (Comp. Pagenstecher, l. cit. p. 74.)

21. — Nous venons de parcourir, dans leur ordre chronologique, une série de textes appartenant à différentes époques de l'histoire de Rome ; il nous reste maintenant à tirer la conclusion de cette étude, ce qui, ce me semble, nous met en face d'une sérieuse difficulté.

D'une part, d'après le texte précité du faux Asconius, il se trouverait que l'habitude de consigner dans un registre tous les actes relatifs au patrimoine, aurait disparu (*tota hæc vetus consuetudo cessavit*), vers la fin du quatrième siècle de Jésus-Christ ; mais d'autre part, une objection bien simple se présente : les Romains, passant d'une extrême minutie à un désordre d'affaires complet, auraient, peu à peu, cessé de tenir registre de leurs mouvements de fortune ! Et cela précisément lorsqu'une comptabilité régulière semblait devenir de plus en plus nécessaire, par l'accroissement de leurs richesses, et par l'extension de leur commerce. Partout où il y a de l'argent, des affaires, et de l'ordre (les Romains, certes, en avaient), il y a nécessairement des livres, et des livres complets : ceci est d'évidence. Et le fait sans exemple, que nous signale le faux Asconius, aurait uniquement pour cause la crainte d'être compris dans des accusations de lèse-majesté ! Il y a là, sans doute, une difficulté, et je serais, pour mon compte, très-porté à croire que ce qui a disparu, ce n'est nullement la coutume de tenir des registres domestiques, des *tabulæ*, mais bien

le rôle juridique que ces registres jouèrent dans
l'ancien droit romain, soit que l'on considère leur
crédit, leur force probante, qui disparurent avec
l'austérité et la foi primitives, soit que l'on se re-
porte à leur force génératrice d'obligations, dont
la caducité est non moins certaine. Dans cet
ordre d'idées, les *tabulæ* disparaissent de la
scène juridique, et non pas de la pratique quoti-
dienne[1]. Le double rôle que ces registres jouèrent
primitivement exigeait une très-rigoureuse exactitude dans leur tenue, il a donc dû disparaître
lorsque cette exactitude a cessé d'exister, en suite
de différentes causes, au nombre desquelles on
peut ranger celle que donne le pseudo-Asconius.
Ce ne sont pas les registres domestiques qui ont
disparu, c'est leur caractère qui a complétement
changé : le *codex*, en justice, n'est désormais pas
plus à considérer que ne l'étaient les *Adversaria*. Dans ce sens, en effet, l'ancien *codex* romain, si l'on rattache cette expression à une idée

---

1. On y trouve de fréquentes allusions dans le Corps de
droit de Justinien : fr. 34, Scævola, ff. de pec. const. : « *in
rationes suas pecunia pervenit.* » — fr. 91, § 3, Papinien, ff.
de legat. (III). — « *Titio Seiana prædia, sicuti comparata sunt,
do lego* » ; *cum essent Gabiniana quoque simul uno pretio comparata, non sufficere solum argumentum emptionis, respondi,
sed inspiciendum an litteris et rationibus appellatione Seianorum Gabiniana quoque constituentur, et utriusque possessio-
nis confusi reditus titulo Seianorum accepto lati essent.* » —
fr. 59, pr. Scævola, ff. de manum. testam. — V. aussi, au
**Code**, la const. 1 de edendo.

de droit caractéristique, avait complétement disparu des usages juridiques. Cette explication,
je le confesse, ne cadre pas d'une manière satisfaisante avec le passage précité du faux Asconius ;
je reviendrai, du reste, sur ce point, à propos de
la disparition du contrat littéral[1]. — Après ce court
exposé, nous nous occuperons maintenant d'indiquer quels sont les écrits qui, distincts du registre domestique, formaient des titres séparés,
essentiels, de ceux, en un mot, que, dans le langage moderne, nous dirions être faits sur feuilles
volantes.

# CHAPITRE II.

## DES TITRES SÉPARÉS.

§ 8. — 22. — Nous trouvons, dans la littéra-
ture latine et dans les fragments des jurisconsultes, plusieurs expressions servant à désigner les
titres écrits. Ici je me borne à les indiquer[2] :

1. Quoi qu'il en soit, il est certain que l'usage des *codices,
tabulæ, rationes,* se conserva chez les *argentarii* ; c'est à leur
occasion surtout qu'il est fait mention de ces registres dans
la compilation de Justinien. (Sav. Verm. Schr. p. 221.) —
fr. 9, ff. de pactis, — fr. 47, § 1, ibid. : « *ratio accepti atque depensi.* » — Fr. 34, ff. de receptis. — V. le titre :
de edendo.

2. Sur ces différentes expressions, M. Ortolan, Généralisat. du dr. r., n° 173.

quant à leur rôle juridique, j'en parlerai dans la seconde partie de cette dissertation.

I. *Cautio* (cavere) : C'est la déclaration écrite d'une dette : « *Prolatis cautionibus controversiam tollere,* » dit Sénèque. « *Qui tabulas vel cautiones amovet*, dit Ulpien, *furti tenetur : non tantum pretii ipsarum tabularum, verum ejus quod inter- fuit : quod ad æstimationem refertur ejus summæ quæ in tabulis continetur* [1]. » La déclaration qui y figurait n'était pas astreinte à une formule consa- crée : en effet, un fragment de Marcellus nous montre une *cautio* sous la forme d'une simple lettre [2].

II. *Chirographum* : Le *chirographum* est un billet émanant de la main de la personne obligée (χείρ-γράφω), et fait simple [3]. Lorsque le créancier était payé, il restituait le *chirographum* à son débiteur libéré [4]. Cette expression était déjà passée dans la langue latine au temps de Cicéron [5], et

1. fr. 27. ff. de furtis.

2. fr. 24. ff. de pec. cons. : « *Titius Seïo epistolam mi- sit in hæc verba :* « *Remanserunt apud me quinquagenta ex credito tuo, ex contractu pupillorum meorum, quos tibi reddere debebo idibus Maiis probos : quod si ad diem suprascriptum non dedero, tunc dare debebo usuras tot.* » *Quæro an L. Titius, ex hâc cautione, in locum pupillorum reus successe- rit? Marcellus respondit : si intercessisset stipulatio, suc- cessisse.* »

3. « *Chirographa ab unâ parte servari solent,* » — (Asc. in Verr. act. II, § 36.)

4. fr. 27, ff. pr. de furtis ; — et fr. 18. ff. ad exhibén- dum.

5. Elle se trouve dans de nombreux passages de cet ora-

on la trouve encore fréquemment dans la compilation de Justinien [1]. Quelle en était la forme? C'est
ce que nous ne savons pas d'une manière précise. Gaius semble n'indiquer qu'une chose comme
nécessaire : la déclaration écrite de celui qui
veut s'obliger, qu'il doit tant ou qu'il donnera
tant [2].

III. *Syngraphæ* [3]. Les *syngraphæ* sont des
écrits signés par les diverses parties intéressées,
et remis en exemplaires différents à chacune
d'elles ( σύγγραφος ) [4]. Ils sont d'origine grec-

teur. Par ex. lettre 173, ad famil., lib. VII, n° 18 : « *Græ-
culam tibi misi cautionem chirographi mei.* » 1re Philippique,
n° 7. — 2me Phil., n° 37 et suiv. — 5e Phil., n° 4.

1. Le fr. 30, ff. qui testam. facere possunt, l'emploie dans
son sens originaire : « *Singulos testes qui in testamento adhibentur, proprio chirographo adnotare convenit, quis et cujus
testamentum signaverit.* » La const. 17, au Code, si certum
petatur, l'emploie plusieurs fois dans le sens de : billet. —
V. aussi le fr. 24, ff. de probationibus, — la const. 5, de
n. n. pec., C. — la const. 25, de solutionibus, C. — On remarque que le fr. 52, ff. act. empti, donne à : *chirographum* le sens de quittance. « *Creditor fundum sibi obligatum, cujus chirographa, tributorum a debitore retro soluto-
rum, apud se deposita habebat, vendidit Mævio.* »... etc...

2. « *Si quis debere se aut daturum se scribat.* » (G., comm.
III, § 134). Nous trouvons, dans les Pandectes, deux exemples de *chirographa :* le premier est une lettre d'un banquier,
que Scævola qualifie expressément de *chirographum* (fr.
47, § 1, ff. de pactis; le second est de Modestin : il rapporte
un *chirographum* par lequel G. Seius s'oblige à payer 10,
comme les ayant empruntés.

3. Au singulier, *syngrapha* ou *syngraphus*; au pluriel,
seulement *syngraphæ*.

4. Cette différence d'avec les *chirographa*, est indiquée par

que[1]. Wunderlich, d'après des passages de Démosthènes, constate qu'en Grèce les *syngraphæ* étaient signées et scellées par les parties, puis ensuite déposées chez un ami ou chez un banquier : le tout en présence de témoins[2]. Le dépôt chez un tiers ne cadre pas avec le texte d'Asconius. d'après lequel : « *Utrique parti servandæ traduntur* », mais l'auteur allemand pense que cela peut se concilier en considérant le titre déposé chez un tiers comme une sorte de minute, dont on pouvait tirer et remettre à chacune des parties des expéditions.

Les *syngraphæ* paraissent appartenir à des temps très-anciens : on les trouve mentionnées dans Plaute, plus de 200 ans avant Jésus-Christ, au temps de la deuxième guerre punique[3]. A peu près un siècle et demi plus tard, nous les retrouvons dans Cicéron, et nous remarquons qu'il en

---

le pseudo-Asconius (In Verr. act. II, § 36) : « *Syngraphæ, signatæ utriusque manu, utrique parti servandæ traduntur.* »

1. *More institutoque Græcorum.* » (Asc. ibid.)

2. Wunderlich, loc. cit. p. 53. (ex locis Demosthenis, quorum recensum exhibet Salmasius, de mod. usur. C. 11.)

3. Asinaria, Scæn. I vers 1 et suiv. — *Diabolus :* « *Age dum, istum ostende quem conscripsisti syngraphum,* » — « *Inter me et amicam et lenam : leges perlege.* » — *Paras. :* « *Diabolus, Glauci filius, Cleaeretæ* » — « *lenæ, dedit dono viginti minas,* » — « *Philenium ut esset secum, noctes et dies!.. etc..* — *Diabolus :* « *Pulchrè scripsisti! scitum syngraphùm!* — *Placent profecto leges,...* » (*leges*, les lois qui y sont imposées aux parties). Les comédies de Plaute remontent aux années 548 et suiv. de Rome.

parle à l'occasion des rapports d'affaires entre les citoyens et les habitants des provinces[1]. Deux siècles après Cicéron, Gaius nous en parle en-core[2]. « *Præterea, litterarum obligatio fieri vide-tur chirographis et syngraphis; id est si quis debere se, aut daturum se scribat...* » Enfin, nous retrouvons encore les *syngraphæ* au quatrième siècle de Jésus-Christ, c'est-à-dire un siècle et demi environ après Gaius, dans les annotations du pseudo-Asconius, sur les *Verrines*[3]; il les dis-tingue nettement des *chirographa*, et en parle comme d'une institution de droit, en vigueur de son temps « (*Inter syngraphas, et cætera chiro-grapha, hoc interest*)... » C'est leur dernier signe

1. (Lettres 250, 262, 256, à Atticus.) Scaptius avait prêté à 4 pour 100 par mois, à la ville de Salamine qui lui lui avait souscrit une *syngrapha* : « *quaternas habebat in syngrapha* », (c.-à.-d. : il avait droit, d'après sa syngrapha, à 4 pour 100 par mois). — Et, in Verrem, act. II, lib. I, § 36 : « *Malleolus in provinciam sic copiose profectus erat ut domi nihil prorsus relinqueret : præterea, pecunias occu-parat apud populos, et syngraphas fecerat.* » De même en-core, parlant de ceux qui ne prennent de mission dans les provinces que pour y faire leurs affaires, et non celles de la république : « *Jam illud apertum profecto est, nihil esse turpius quam quemquam legari* (être envoyé), *nisi rei publi-cæ causa; omitto quemadmodum isti se gerant atque gesse-rint, qui, legatione, hæreditates aut syngraphas suas perse-quuntur.* » — (De legibus, lib. III, § 8.) — (V. aussi : *De aruspicum responsis*, n° 13.)

2. Comm. III. § 134. (Cicéron mourut 43 ans avant J. C., — Gaius écrivait son 3me commentaire sous Marc-Aurèle, c.-à -d. 169 ans après J. C.)

3. Asc. in Verrem, act. II, lib. I, § 36.

de vie, et s'ils paraissent appartenir plus à l'antiquité que les *chirographa*, aussi disparaissent-ils les premiers. Aux *Institutes*, au *Digeste*, au *Code*, leur nom ne se rencontre plus, que je sache.—Tels sont les textes qui signalent leur passage dans le monde du droit; nous verrons plus loin quelles difficultés soulève la question de savoir quel y fut leur rôle.

IV. *Epistola :* Cette expression, désignant la correspondance, est souvent appliquée au billet qui en prend la forme[1]. On la reconnaît le plus souvent à cette formule : « *Ille illi salutem.* »

V. *Tabulæ* désigne souvent le *Codex*, mais a aussi le sens d'un simple titre[2].

VI. *Obligatio* est quelquefois employé pour désigner le titre qui la relate[3]. C'est la suite d'un usage qui se manifeste de même fréquemment dans notre langue.

VII. *Instrumenta, documenta :* Expressions fréquemment employées, et comprenant, dans une signification très générale, tous les écrits, quelle que soit leur forme[4]. *Libellus, charta, chartula,*

---

1. Par ex. fr. 24 et 28, ff. depositi.

2. fr. 104, § 1, ff. de legatis (I) : « *In testamento sic erat scriptum : « Lucio Titio, si is hæredi meo tabellas quibus ei pecuniam expromiseram dederit, centum dato.* »

3. Const. 7, C, de n. num. pec. : « *Si quasi accepturi mutuam pecuniam, adversario cavistis, quæ numerata non est, per condictionem obligationem repetere... potestis.* » Ici donc, *obligatio* est pris comme synonyme de *cautio.*

4. V. le titre de fide instrumentorum, au Code.

*ceræ, membranæ,* ont de même un sens très-
étendu[1]. *Apocha* a le sens de quittance. « *Apocha
si fuerit subrepta, æque dicendum est furti actio-
nem in id quod interest locum habere : sed nihil
videtur interesse, si sint et aliæ probationes so-
lutæ pecuniæ*[2].

23.—Nous devons remarquer, à la suite de cette
énumération, qu'une synonymie à peu près complète semble se manifester entre les expressions :
« *Cautio, instrumentum, obligatio, epistola,* etc. »
— Il est à croire que les différences de signification qu'elles pouvaient présenter, ne portaient que
sur des points de détail, qui n'étaient pas de nature à donner à chacune d'elles une essence juridique bien distincte. Quant aux « *chirographa* »
et aux « *syngraphæ* », ils semblent plutôt avoir
une physionomie à part, que l'étude comparée
des rôles respectifs que ces différents titres jouèrent dans le droit, pourra seule faire ressortir.

1. Ibid. const. 21 et 22.
2. fr. 27, ff. de furtis, § 2. — Venant de ἀποχή, qui, dans
le grec byzantin, signifie : quittance. A la const. 19, C., de
fide instrumentorum, on trouve le mot : *antapocha* (ἀντί-
αποχή), dans le sens de contre-quittance, de déclaration
qu'on a reçu la quittance.

# DEUXIÈME PARTIE

## QUEL FUT LE ROLE DE L'ÉCRITURE DANS CES DIVERS ÉCRITS.

§ 9. — 24. — On conçoit que, juridiquement, l'écriture puisse jouer deux rôles différents : 1° *servir de preuve*, 2° *constituer une obligation*. Ce double rôle, nous allons le retrouver dans les écrits ci-dessus mentionnés, mais c'est, spécialement, de l'écriture considérée comme élément générateur de l'action, ou, autrement dit, comme *causa civilis* de l'obligation, que nous avons à nous occuper.

## CHAPITRE I.

### DANS LES LIVRES DOMESTIQUES.

SECTION I. — *De l'écriture dans ˙le codex, considérée comme moyen de preuve.*

§ 10. — 25. — Nous savons par le pseudo-Asconius, que les Romains mentionnaient sur leur *codex* toutes les opérations relatives à leur for-

tune, à leur *res familiaris* [1]. Il faut donc bien
croireque toutes les énonciations qui y figuraient
n'avaient pas pour effet de constituer des obligations littérales, sans quoi tout le système romain
des obligations se fût réduit à cette seule forme
de contrat. Ainsi, la seule transcription d'une
obligation sur le registre domestique n'opérait pas
sa transformation en obligation littérale; il se
pouvait que ce ne fût pas de l'écriture sur le *codex*, mais bien du contrat préexistant, que déri-
vât l'action : action engendrée par la dation, en
cas de *mutuum*, par des paroles solennelles, en
cas de stipulation, et enfin, par le consentement
seul, s'il s'agissait d'un contrat consensuel. L'inscription qui est faite d'une vente, d'un achat,
d'une stipulation, etc. —peut n'être qu'un moyen
de constater le fait qui a eu lieu, moyen auquel,
en cas de dénégation, le juge attachera le crédit
convenable.

26. — Cette proposition aurait par elle-même
un caractère d'évidence difficilement contestable,
lors même que des textes ne se présenteraient pas
à nous pour la soutenir :

I. Un passage de Cicéron, montre qu'une vente
pouvait être prouvée de cette manière. Il apo-
strophe ainsi Verrès : « *Plurima signa pulcher-
rima, plurimas tabulas optimas, deportasse te*

---

1. Asc. in Verrem, act. II, lib. I, § 23. — V. aussi
Cic. pro Cluentio, § 30. « *Confecit tabulas*, etc. »

*negare non potes ; atque utinam neges ! Unum
ostende in tabulis, aut tuis, aut patris tui, emp-
tum esse : vicisti[1] ! »*

II. Un *mutuum*, également : Aulu-Gelle raconte que, dans sa jeunese, il fut appelé à juger
un procès qui l'embarrassa beaucoup : « *Petebatur apud me pecunia quæ dicebatur data numerataque ; sed qui petebat, neque tabulis, neque
testibus, id factum docebat[2].* » Ainsi, si le *paterfamilias* consigne dans son registre, sous le nom de
telle personne, qu'il lui a donné ou qu'il en a
reçu en prêt telle quantité, cette inscription n'est
qu'un instrument pour la preuve d'un acte accompli,
et qui fera foi, plus ou moins, selon les personnes
et les circonstances. Le fait générateur de l'obligation, ce n'est pas l'écriture sur les *tabulæ*, c'est
la *res*, c'est-à-dire la dation des espèces. Il est
vrai que l'obligation formée *re*, comme celle
née *ex scriptura*, engendre une *condictio certi*,
mais il n'en faut pas conclure que la dictinction
par nous faite soit purement théorique : en effet,
dans le cas présent, le défendeur est admis à établir que la somme portée sur le registre du demandeur ne lui a pas été comptée effectivement,
et que, par suite, en raison de l'absence d'une
*causa civilis* d'action, il n'est pas obligé ; en d'autres termes, la numération des espèces est, ici, le

1. Cicéron, in Verrem. ibid., act. II.
2. A. G. — Noctes atticæ, lib. XIV, c. 2.

fait capital, le fait dont, en cas de contestation entre les parties, il faudra rechercher et établir l'existence. Suppose-t-on, au contraire, le contrat formé *litteris*, le défendeur nierait vainement la réception de l'argent; l'*expensilatio* a-t-elle eu lieu, en fait, avec régularité, quant à la forme et au consentement, *mais sans cause qui la justifie, pour une cause qui ne s'est pas réalisée*, il n'importe! L'écriture consacrée a eu lieu : à quelle occasion? le droit strict ne s'occupe pas de cela : *la causa civilis* qui lie les parties est là : l'obligation civile existe.

Cette inscription d'un *mutuum* sur le *codex*, reçoit des Romains une qualification qui en exprime énergiquement la nature : *arcaria nomina*, « inscriptions de créance, venant, dit M. Ortolan, de la cassette, du coffre-fort (*arca*), car c'est de là, en effet, qu'est partie la somme et qu'est née l'obligation. » — La créance vient de l'*arca*, et non de l'écriture. Gaius indique nettement que les *arcaria nomina* ne sont pas une sorte d'obligation littérale : « *Alia causa est eorum nominum quæ arcaria vocantur; in his, rerum, non litterarum, obligatio contistit; quippe non aliter valet quam si numerata sit pecunia; numeratio autem pecuniæ facit obligationem; qua de causa rectè dicimus, arcaria nomina nullam facere obligationem, sed obligationis factæ testimonium præbere; unde proprie dicitur, arcariis nominibus etiam peregrinos obligari, quia non ipso nomine, sed numeratione pecuniæ obligantur : quod genus obligationis, juris gentium* ' *est* [1]. » Il est difficile d'être plus clair et plus explicite.

27. — En somme, considérer les *arcaria nomina* comme des inscriptions faites dans le *codex*, et ayant le caractère d'un simple instrument de preuve, telle est la manière de voir qui prévaut chez les Romanistes français [2], et qui est consacrée par l'autorité de M. de Savigny [3]; mais elle n'est pas générale en Allemagne, et une opinion qui y est assez accréditée, consiste à ne voir, dans les *arcaria nomina,* que des *billets* probatoires, remis par le débiteur au créancier, et ainsi nommés parce qu'ils sont déposés dans le coffre-fort (*in arca*) [4]. D'un autre côté on peut lire, dans la dissertation publiée en 1849 par M. de Savigny, l'analyse du système de Schüler [5], d'après lequel sans doute le *nomen arcarium* figure dans le *codex*, mais forme une obligation littérale, ce qui

1. Comm. III, § 131 et 132. — (Les pérégrins pouvaient, en effet, être obligés en vertu d'un *mutuum*, lequel était un contrat du droit des gens.)

2. M..Ortolan, l. cit., p. 246. — M. Demangeat, II, p. 289.

3. Verm. Schr. Dissertations, de 1818, p. 229; — de 1849, p. 237 initio, et p. 258, note 1, initio.

4. Muehlenbrüch; Nouvelle édition des Antiquités d'Heineccius, p. 562, note : A.

5. Sav., l. c., p. 242. (Schüler. Die literarum obligatio des alteren R. R. — 60-65.)

sacrifie complétement le passage précité de Gaius.
— Pour nous, concluons donc de l'examen auquel nous venons de nous livrer, que, tous les
actes quelconques relatifs à la *res familiaris* devant figurer *au codex*, les diverses consignations
qui y étaient faites ne constituaient pas toujours
des *causæ civiles* d'obligations, mais aussi, et le
plus souvent sans doute, des « *obligationis factæ testimonia* [1]. »

§ 11. — 28. — Maintenant, quelle était la force
probante de ces écritures? Sans doute c'était là
un moyen que le juge admettait ou rejetait selon
le degré de confiance qu'il lui inspirait dans chaque espèce, et, principalement, en tenant compte
de la réputation du demandeur. L'austérité et la
foi primitives avaient donné aux *tabulæ* un caractère de sanction presque religieuse et publique :
les sommes qui y étaient omises prenaient le nom
de « *pecunia extraordinaria*, » ce seul oubli
faisait naître le soupçon de profits honteux et illi-

---

1. Outre les textes que nous avons déjà indiqués, on peut
encore appeler à l'appui de cette thèse, le § 3 du fr. 6, ff.
de Edendo, dans lequel Ulpien indique ce que doit contenir
le registre : *dandi, accipiendi, credendi, obligandi, sol-
vendi*, c'est-à-dire une grande quantité d'opérations qui
n'ont rien de commun avec le contrat littéral, et qui semblent
embrasser tous les rapports pécuniaires du teneur du livre,
et de son correspondant. Il est vrai que, dans l'espèce, Ulpien parle du registre d'un *argentarius*, mais les autres
textes que nous avons cités semblent nous autoriser à étendre celui-ci aux registres des particuliers.

cites. « *Hinc illæ : extraordinariæ pecuniæ*, dit Cicéron, *sordida lucra et furta significat:* » et encore : « *Quomodo*, dit-il à Fannius, *tibi tanta pecunia extraordinaria jacet? quomodo H.-S.* ꜾꜾꜾꜾ *in codice accepti et expensi non sunt?* Ces passages nous donnent une idée de l'exactitude que les mœurs romaines exigeaient dans la tenue du *codex*, et, par suite, du crédit que les juges pouvaient, en général, y attacher[1]. Il suit de là que, dans tout procès roulant sur une affaire d'argent, le défendeur pouvait trouver un argument puissant dans le refus de son prétendu créancier de produire ses registres : « *Proh dii immortales!* dit encore Cicéron, dans son plaidoyer pour Roscius, *essene quemquam tanta audacia præditum, qui, quod nomen referre in tabulis timeat, id petere audeat*[2]. » Le demandeur ne produisait-il que ses *adversaria*, l'argument du défendeur ne perdait rien de sa valeur : « *Non habere se hoc nomen in codice accepti et expensi relatum confitetur, sed in adversariis patere contendit : suarum perscriptionum et liturarum adversaria proferre non amentia est*[3]? » Et en effet, invoquer son brouillon c'est avouer que la mention n'est pas au *codex*, c'est

---

1. Sur la force probante des *tabulæ*, comp. Pagenstecher, l. cit., p. 70. — (V. surtout le § 49 de la 2ᵐᵉ Verrine, lib. I.)

2. Pro R. comœd., § 1. Et encore : *Tuas, C. Fanni Chœrea, (tabulas), solius flagitamus, et, quo minus secundum eas lis detur, non recusamus! Quid ità non profers?*

3. Cic. Pro Roscio Comœdo, § 2.

se faire soupçonner de mensonge. — Il semble donc bien ressortir de ces passages que pour pouvoir réclamer une dette en justice, il fallait avant tout, sous peine d'y avoir peu de crédit et même de se voir véhémentement mis en suspicion, montrer l'inscription de la créance au *codex*, inscription faite dans les comptes du mois où avait eu lieu l'opération alléguée. D'où il suit que prouver une créance à son profit était chose difficile si elle ne se trouvait régulièrement portée sur le *codex*. Y était-elle relatée, cette inscription ne formait sans doute pas preuve complète[1], mais le demandeur se trouvait du moins alors avoir rempli une condition indispensable pour réussir à administrer cette dernière[2].

29. — Quant à la forme de ces inscriptions probatoires, on ne pourrait, ce semble, que la deviner, le système de tenue du *Codex* ne nous étant pas connu. De là bien des questions sans

1. Cic., Pro R. Com , § 1 : *Is scilicet vir optimus, et singulari fide præditus, qui, in suo judicio, suis tabulis testibus uti conatur.* — et § 2 : *Suum codicem testis loco recitare, arrogantiæ est.*

2. Le défendeur pouvait-il exiger la production du registre (*editio rationis*), du demandeur, et réciproquement? *Argentarios tantum*, dit Gaius, *neque alios absimiles, edere rationes cogit* (*prætor*); (fr. 10, § 1, ff. de Ed.). Mais il est bien clair que, lorsque la production était demandée par l'une des parties, l'autre partie, si elle s'y refusait, se mettait elle-même en suspicion. (Sur la force probante des *tabulæ*, v. Cujas, t. X, p. 966, A ; T. IX. p. 190, D, et C. p. 1072, A, ibid.)

réponse; comment, surtout, reconnaissait-on dans les registres, les *arcaria nomina* des : *trans-criptitia*, dont nous parlerons bientôt?... ou, d'une manière plus générale, comment y distin-guait-on les écritures simplement probatoires, de celles qui constituaient des *causæ civiles* d'o-bligations? Tout ce qu'on peut conjecturer, c'est que sans doute une forme sacramentelle, toute spéciale, signalait ces dernières; mais, cette forme, aucun texte, que je sache, ne nous la fait con-naître.

J'arrive maintenant au point capital de ma dissertation : à l'écriture considérée comme con-stitutive de l'obligation.

SECTION II. — *De l'écriture dans le codex, considérée comme causa civilis de l'obligation.*

§ 12. — 30. — Dans le droit romain, comme nous l'avons déjà rappelé, l'élément générateur de l'obligation est double : c'est d'abord, (cela s'entend), le consentement; mais à lui seul le consentement ne suffit pas ; il fallait, de plus, faire intervenir certaines formes consacrées : ainsi, dans la stipulation, des paroles arrangées d'une certaine manière. *Cet élément artificiel, qui doit s'ajouter au consentement pour qu'il y ait contrat, pouvait être l'écriture faite en une forme déter-minée dans les tabulæ ou codex.* Je démontre cette proposition :

*A.* Je dis, d'abord, que *l'écriture a joué, dans
le droit romain, le rôle d'élément générateur d'o-
bligations*, de *causa civilis*, comme disent les
modernes : Sans doute, si dans beaucoup de passages une *litteris obligatio* ne nous apparaissait
pas sur la même ligne que la *verborum obligatio*,
nous pourrions être naturellement tentés, mesu-
rant les institutions anciennes à celles de notre
temps, de rapporter la mention de l'écriture à
propos de contrats à une simple question de
preuves ; mais les textes ne permettent, là-dessus,
aucun doute. Voici en effet ce que dit Gaius :
« *Et prius videamus de his (obligationibus) quæ ex
contractu nascuntur ; harum quatuor genera sunt :
aut enim re contrahitur obligatio, aut verbis, aut
litteris, aut consensu.* » C'est encore ce que les
*Institutes* de Justinien disent à peu près dans les
mêmes termes[1]. Il est vrai que dans plusieurs
passages des *Pandectes*, la *litterarum obligatio* ne
se trouve pas comprise dans l'énumération des
contrats[2], mais ceci s'explique par ce fait que,

1. Inst. de G., c. III, § 89. — Inst. de J. lib. III, tit.
XIII, § 2.
2. ff. de pactis, fr. 1, § 3 in fine : « *Adeo conventionis
nomen generale est, ut eleganter dicat Pedius, nullum esse
contractum, nullam obligationem quæ non habeat in se con-
ventionem : sive re, sive verbis fiat : nam et stipulatio, quæ
verbis fit, nisi habeat consensum nulla est.* » ff. de obligationibus et act. fr. 1, § 1 : « *Obligationes ex contractu, aut re
contrahuntur, aut verbis, aut consensu.* » — Et le fr. 4, ibid.
ff. de fidej. fr. 8. § 2. — Et encore, fr. 1, § 1, ff. de nova-
tionibus.

comme nous le verrons, l'*expensilatio* n'était plus,
depuis longtemps déjà, en usage au temps de
Justinien, de telle sorte que les commissaires durent prendre soin de faire disparaître les allusions
qui y étaient faites dans les passages des anciens
jurisconsultes qu'ils avaient à remanier.

*B*. J'ai dit, en outre, que *les écritures qui
jouèrent originairement ce rôle figuraient au
Codex, et non sur des billets ou écrits séparés*,
ou, comme nous dirions aujourd'hui, sur des
feuilles volantes. Les arguments, ce qui est assez
rare en cette matière, abondent ici :

I. « *Nomina facere*, » tel était certainement
l'ancien terme technique qui désignait le contrat
littéral : « *Olim*, dit Justinien, *scriptura fiebat
obligatio quæ nominibus fieri dicebatur* [1]. » De
même Cicéron, parlant d'un acheteur qui, au
lieu de payer comptant, se lie par obligation
littérale, dit que : « *Nomina facit* [2]. » Or, précisément, les textes ne nous manquent pas dans lesquels le *nomina facere*, (c'est-à-dire, comme nous
venons de le montrer, le contrat littéral), est expressément indiqué comme le port d'un article
sur le *codex*, et cela sans la plus faible allusion à
un titre séparé, ayant son existence propre en
dehors du livre domestique. Je citerai seulement
deux passages qui me paraissent être décisifs :

1. Inst. de J., lib. III, tit. XXI.
2. De officiis, lib. III, § 14.

« *Deinde*, dit Cicéron, *in codicis extrema cera, nomen infimum in flagitiosa litura fecit.* » Et en- encore : « *Satis te elapsurum omni suspicione arbitrabere, si quibus pecuniam credebas, iis expensum non ferres, neque in tuas tabulas ullum nomen referres*[1]. » Et Sénèque dit : « *Ille per tabulas plurium nomina, interpositis parariis, facit*[2]. Toute cette argumentation se résume en deux mots : « *Nomina facere* » désigne la « *litterarum obligatio;* » or, « *nomina facere* » se réfère à l'inscription sur les *tabulæ;* donc le contrat littéral se fait par inscription sur le registre domestique.

II. Le mot : « *expensum*, » se trouvant dans l'écriture qui fait naître l'obligation, le contrat dont l'écriture est la *causa civilis* porte le nom d' « *expensi-latio*[3]; » or, d'un autre côté, les *tabulæ* sont souvent désignées par les expressions : « *codex accepti et expensi*[4]. » Voici un texte de Cicéron, qui montre clairement : *a.* que l'*expensilatio* est une cause génératrice d'obligations; et, *b.* qu'elle se fait par inscription dans le registre domestique : « *Adnumerasse sese negat, — expensum tulisse non dicit, quum tabulas non*

---

1. In Verrem, lib. I, § 36; et § 34.
2. Sen. De beneficiis, lib. III, c. xv.
3. On trouve notamment cette expression dans le passage précité d'Aulu-Gelle. (Noctes atticæ, lib. XIV, c. ii.)
4. Pro Rosc. com. § 1 et 2 : « *Se hoc nomen in codice accepti et expensi relatum confitetur.* »

4

*recitat: reliquum est ut stipulatum se esse dicat;*
*præterea enim quemadmodum certam pecuniam*
*petere posset, non reperio.* — *Pecunia petita est*
*certa : hæc pecunia necesse est, aut data, aut ex-*
*pensa lata, aut stipulata sit.* — *Datam non esse*
*Fannius confitetur, expensam latam non esse co-*
*dices Fannii confirmant, stipulatam non esse ta-*
*citurnitas testium concedit* [1]. » Ce passage est décisif.

31. — Ainsi, c'est dans le *codex* romain que
se formait l'ancienne obligation littérale : le doute
n'est plus possible sur ce point, depuis que M. de
Savigny en a donné une démonstration détaillée
et absolument satisfaisante [2]. Je ne m'y arrêterai
donc plus qu'en raison de certains doutes que
l'exposition de Gaius et celle de Théophile peuvent laisser sur cette proposition :

*A.* Gaius qui, aux paragraphes 128 et suiv. de
son 3ᵉ comm., s'occupe de l'obligation littérale, ne
fait aucune mention des registres domestiques :
ne pourrait-on pas aller jusqu'à induire de son
silence sur un objet aussi important dans la question qu'il traite, que les *nomina transcriptitia,*
c'est-à-dire, comme nous le verrons, des obligations littérales, pouvaient se faire par des écrits
séparés ? A ceci je répondrais, qu'à supposer même
qu'en effet, au temps de Gaius, l'obligation litté-

1. Pro Roscio comœdo, § 5.
2. Vermichte Schriften. p. 209 et suiv. (« Ueber Die Form
des alten Literalcontracts. »)

rale pût se former par de simples billets, cela ne prouverait nullement qu'il en ait été toujours ainsi, car à l'époque de notre jurisconsulte, le contrat littéral était déjà fort ancien et avait pu subir des transformations, puisque nous le trouvons dans les comédies de Plaute, deux siècles avant Jésus-Christ, tandis que Gaius écrivait son 3ᵉ commentaire sous Marc-Aurèle, c'est-à-dire un siècle et demi après Jésus-Christ ; mais que cette supposition même ne serait qu'une conjecture peu solidement fondée, car Aulu-Gelle, contemporain de Gaius, nous parle de l'*expensilation* et des *tabulæ,* comme d'une institution en vigueur de son temps [1].

*B.* Théophile traitant de l'ancien contrat littéral dans sa paraphrase des *Institutes* de Justinien, ne fait aucune mention du *codex ;* il semble même bien dire que c'est l'écriture d'un billet qui forme, (avec la prononciation de certaines paroles), la nature du contrat littéral... *necesse erat verba hæc dicere, et scribere ad eum quem,* (πρὸς αὐτὸν ὂν), *litterarum obligatione obligatum habere volebam : sunt autem hæc verba...* etc. [2].

1. J'ai déjà plusieurs fois cité ce passage (Noct. att. lib. XIX. c. ɪɪ. J'ajoute que Gaius emploie l'expression : « *expensum tulero* », qui se rattache, comme je l'a montré, par le lien le plus intime, à l'idée du *codex accepti et expensi.*

2. Je donnerai plus loin le texte complet, car ce n'est pas ici la seule fois que l'on a à se débattre avec ce texte obscur.

C'est là, sans doute, une objection à l'ensemble
d'idées que nous venons de développer, et M. de
Savigny ne trouve à y répondre que ceci : « Théophile cherchait à expliquer une chose qu'il ne
pouvait plus voir lui-même, et, chez les écrivains
dont il se servait, il se peut bien qu'il n'ait rencontré aucune description claire et complète, de
la forme du contrat littéral [1]. » Nous aurons plus
tard à examiner en détail le texte de Théophile,
qui donne lieu à d'autres difficultés encore, et
nous constaterons que, du moins en ce qui concerne le point en question, il n'est pas absolument inconciliable avec la proposition que nous
avons émise [2].

32. — Ainsi donc un contrat existait à Rome,
dont la *causa civilis* résidait dans la *scriptura*, et
cette écriture, constitutive de l'obligation, figurait dans le *codex*. Ce serait ici le moment de
rechercher quelle fut l'origine de ce contrat, mais,
sur ce point, je ne puis qu'en référer à l'exposé
que j'ai fait de cette question dans mon Avant-
propos. J'y ai dit que les inductions de la philo-

---

[1]. Ce qui permet de douter de l'exactitude de Théophile, c'est
qu'il est, ou du moins semble bien être en contradiction avec
Gaius (principalement sur le § 138 de G.). Or, Gaius parle
d'une institution en vigueur de son temps, tandis que Théophile fait de l'histoire du droit : ( « *Habebat quidem apud veteres l. obl. talem quamdam definitionem* ») (Sav., l. cit.
p. 219, in fine). (Comp. Pagenstecher, au chap. qu'il inti-
tule : Theophili literarum obligatio.)

[2]. V. n° 47, 3ᵐᵉ opinion, II.

logie nous montraient avec évidence dans le contrat littéral une dérivation du *nexum*, de telle sorte que son point de départ n'est autre chose qu'une véritable fiction, consistant à supposer accompli le *nexum* des anciens temps (*pecunia expensa lata*), pour arriver ainsi à s'en dispenser. A cette occasion, j'ai fait remarquer que la stipulation et la *Litterarum obligatio* avaient une filiation commune, le contrat verbal étant la première dérivation du *nexum*, et en quelque sorte le frère aîné de l'expensilation ; cette remarque me conduit à établir ici un parallèle entre la stipulation et l'expensilation.

§ 13. — 33. — Voyons d'abord quels sont les rapports que ces deux institutions ont entre elles :

I. D'abord, la communauté d'origine. Pour la stipulation, les paroles (*nuncupatio*), ont été détachées de la solennité *per æs et libram*. Le contrat littéral, seconde dérivation du *nexum*, s'en écarte plus : non-seulement l'argent y est tenu pour pesé, mais l'écriture y prend la place de la *nuncupatio*, laquelle déjà, avait, seule, été conservée dans la stipulation.

II. La stipulation et l'Expensilation donnent naissance à des contrats unilatéraux [1], de droit strict, sanctionnés par la *condictio*. Si le contrat littéral a eu lieu avec régularité quant à la forme

---

1. Gaius, comm. III, § 137.

et au consentement, le résultat sera le même
qu'en cas de stipulation : l'obligation civile exis-
tera rigoureusement, et ce *vinculum juris* ne sera
régi en rien par l'équité naturelle : peu importe qu'elle l'approuve ou le condamne. Le
droit strict ne recherche pas à quelle occasion ni pour quel motif s'est produit le fait constitutif de l'obligation, et le débiteur ne pourrait
pas se refuser à acquitter l'engagement civilement consacré, en alléguant que la véritable cause
pour laquelle il l'avait contracté ne s'est pas accomplie [1]. Toutefois, nous verrons le droit prétorien venir, ici comme dans le cas de stipulation, paralyser, par le moyen de l'exception de
dol, les iniquités de cette rigueur civile.

III. Le contrat verbal consistait en des paroles
déterminées, et arrangées d'une certaine manière ;
il y a grande vraisemblance que l'expensilation
devait aussi se faire en une forme sacramentelle,
et que la moindre erreur, le moindre oubli, dans
cette forme d'écriture, rendait l'obligation inerte.
Que l'on songe à l'esprit formaliste de l'ancien

1. Il suffit, pour s'en convaincre, de lire, dans Cicéron,
(De officiis, lib. III, § 4), le subterfuge à l'aide duquel Pythius, banquier de Syracuse, fait acheter ses jardins, par le
chevalier romain Canius, puis, au moyen de l'expensilation,
transforme le lien de la vente, qui était de bonne foi, en un
lien strict de droit civil. Aussi Cicéron regrette-t-il qu'à cette
époque Aquilius n'eût pas encore émis les formules contre
le dol (*de dolo malo formulas*).

droit romain, et l'on aura là-dessus une presque certitude.

IV. La stipulation pouvait fonctionner dans deux buts différents : soit pour créer une obligation primordiale, soit pour nover une obligation préexistante. L'analogie me porte à croire que le contrat littéral a eu aussi ce double emploi. Toutefois, comme nous le verrons, c'est là une proposition qu'il est nécessaire de démontrer, car elle ne semble pas trop cadrer avec le témoignage de Gaius ni avec celui de Théophile.

V. L'obligation formée *verbis* pouvait aussi se délier *verbis*, par une contre-partie de la stipulation : ce payement simulé, par paroles, portait le nom d'*acceptilatio*. Or, il est naturel de penser que de même les obligations formées *litteris* par l'expensilation sur le registre du créancier, avec le consentement du débiteur, ont dû pouvoir se résoudre *litteris*, par une expensilation contraire, de la même somme, faite sur le registre du débiteur avec le consentement du créancier [1].

---

1. Toutefois, il est à remarquer que Gaius n'indique rien de pareil, quoiqu'il traite des : *imaginariæ solutiones*, soit *per æs et libram*, soit *verbis*; les autres sources ne nous en transmettent non plus aucun vestige. Cependant je suis très-porté à considérer comme exacte la solution que j'ai donnée au texte, car elle me semble résulter au moins implicitement du témoignage même des jurisconsultes : *Nihil tam naturale est*, dit Ulpien (fr. 35, ff. de reg. jur.), *quam eo genere quidquid dissolvere quo colligatum est.* » — « *Omnia*

34. — On voit qu'il y a, entre ces deux formes de contrats, un parallélisme frappant, qui s'explique par leur filiation commune. Il n'y en a pas moins, entre elles, d'importantes différences à signaler.

I. La stipulation et l'expensilation, n'étant toutes deux que la supposition d'un *mutuum* tenu pour accompli, avec le pesage qui l'accompagnait primitivement, elles ne durent en conséquence pouvoir s'appliquer, à leur origine, qu'à des sommes pécuniaires certaines : (« *certa pecunia* »), et ne jamais donner lieu, de même que le *mutuum*, qu'à une : *condictio certæ pecuniæ*. Mais tandis qu'en ceci *l'expensi-latio* restait fidèle à son origine première, la stipulation s'en écartait : elle devenait le contrat type, le contrat romain par excellence [1], et, comme un vêtement élastique, elle s'adaptait à toute espèce de conventions, quel qu'en fût l'objet; moule flexible dans lequel on pouvait jeter une opération juridique quelconque. Ainsi une *res*, déterminée ou non, un *factum*, peuvent faire l'objet d'un contrat verbal, de sorte que la *condictio* qui naît de la stipulation, peut être non-seulement

---

*quæ jure contrahuntur*, dit Gaius, *contrario jure pereunt*. — (Ibid., fr. 100, ff.). — (Consulter sur cette question la dissert. philologique de Vunderlich, l. cit. p. 77.)

1. C'est toujours à l'occasion de la stipulation que les jurisconsultes groupent ensemble et exposent les règles générales des obligations.

une *condictio certi*, (obligations de sommes d'argent certaines, l. *Silia*), mais encore une *condictio triticaria*, (obligations de toutes choses certaines, autres que de l'argent, l. *Calpurnia*), ou une *condictio incerti*, (obligations de choses non déterminées par leur genre, qualité, et quantité [1], ou ayant pour objet un fait, une abstention [2], ou encore toute autre prestation que celle de la translation de propriété [3]). Au contraire, dans les passages où il est fait mention du contrat littéral, nous ne voyons jamais qu'il s'applique à autre chose qu'à des sommes d'argent déterminées [4], et par conséquent l'action qui en découle ne pouvait jamais être qu'une *condictio certi, certæ pecuniæ*. On voit par là que le contrat littéral devait être loin d'avoir dans le droit des obligations l'importance du contrat verbal.

II. D'un autre côté, on pouvait employer l'expensilation dans des cas où le contrat verbal n'eût pu fonctionner. Effectivement, la stipulation, consistant en une interrogation suivie d'une réponse conforme, exigeait, cela est évident, que les parties contractantes fussent en présence. Cela au contraire n'était nullement nécessaire pour for-

---

1. De Verborum obligat. fr. 75, pr.
2. Ibid., fr. 75, § 7.
3. Ibid., fr. 75, § 3.
4. V. notamment, le § 129 de Gaius, et l'exemple que donne Théophile dans sa paraphrase du titre XXI aux Institutes.

mer le lien d'un contrat littéral. C'est ce que dit
Gaius : *Absenti expensum ferri potest, etsi
verbis obligatio cum absente contrahi non possit*[1].
C'était là sans doute un des grands avantages
du contrat littéral[2].

III. J'ai déjà insisté (n° I), sur cette idée que
l'expensilation était restée, beaucoup plus que
la stipulation, dans la voie stricte de leur origine
commune, dans les règles précises du *mutuum*
primitif dans lequel le métal est mesuré *per æs
et libram*, et dont elle n'est qu'une supposition
sacramentelle. En voici une nouvelle preuve :
tandis que la stipulation peut être faite sous condition, l'expensilation, au contraire, ne comporte
pas l'apposition de cette modalité, puisqu'elle est
la supposition d'un pesage tenu pour accompli[3].

IV. L'obligation verbale suppose qu'entre les

1. Gaius, comm. III, § 138. Cette forme de contrat pré-
sentait encore cet avantage , qu'elle était accessible aux
sourds et aux muets.

2. L'on pourrait, peut-être, conjecturer avec assez de vraisemblance que ce fut ce besoin qui fit entrer l'expensilation
dans le cadre étroit des contrats romains; sans elle, en effet,
il eût été impossible de faire, entre absents, d'autres conventions que celles, rigoureusement limitées, pour la formation
desquelles le droit civil admettait toute manifestation quelconque du consentement.

3. *Sub conditione cognitor non recte datur, non magis quam
mancipatur, aut acceptum vel expensum fertur.* (*Fragmenta
Vaticana*, § 329.) Nous devons, pour la même raison, faire
la même différence en ce qui concerne le terme. Ainsi, le
contrat littéral ne pouvait s'appliquer qu'à une obligation
échue et exigible de somme d'argent.

parties il y a eu échange de paroles : l'une des
parties a interrogé, l'autre a répondu. Pour que
l'obligation littérale prenne naissance, faut-il également qu'il y ait eu écriture de part et d'autre ?
Comme je m'efforcerai de le prouver lorsque je
parlerai de l'expensilation, une seule écriture suffisait, et en cela le contrat littéral différait notablement de la stipulation.

V. La stipulation est sans aucun doute une
forme d'engagement éminemment civile, et qui
dans le principe fut exclusivement réservée aux
seuls citoyens. Mais son utilité, ou pour mieux
dire sa nécessité, dans le système juridique des
Romains, pour satisfaire aux diverses relations
d'affaires, la fit par la suite admettre même avec
les étrangers [1]. Le contrat littéral entra-t-il, lui
aussi, dans le droit des gens [2] ? Nous savons par
Gaius [3] que Nerva, le Proculéien, n'admettait pas

---

1. Une formule : *Dari spondes? — Spondeo*, resta propre
aux seuls citoyens; mais, à côté, on en imagina d'autres,
que l'on fit entrer dans le droit des gens. — Voici, en effet,
ce qui dit Gaius (Comm. III, § 93) : *Hæc quidem verborum
obligatio : Dari spondes? — Spondeo, civium romanorum est :
cæteræ vero juris gentium sunt; itaque inter omnes homines,
sive cives romanos, sive peregrinos, valent.*

2. J'entends : le contrat littéral *par les registres domestiques*, (autrement dit : l'*expensilatio*) ; nous verrons, en effet,
que les pérégrins avaient, eux aussi, leur obligation littérale,
mais se formant par les *chirographa* et les *syngraphæ*, c'est-
à-dire par des *billets. Quod genus obligationis proprium peregrinorum est* (Gaius, § 134).

3. Gaius (Comm. III, § 133).

que les pérégrins pussent y figurer, mais que les Sabiniens distinguaient entre la *transcriptio a re in personam* et celle *a persona in personam* : « *Si a re in personam fiat nomen transcriptitium, etiam peregrinos obligari; si vero a persona in personam, non obligari.* » Tout naturellement, on se demande pourquoi cette différence ; voici l'explication que je hasarderais de donner : la *transcriptio a re in personam* était accessible aux pérégrins, sans doute parce qu'elle paraissait moins créer une obligation à leur charge, que modifier la forme d'une obligation dont ils se trouvaient déjà tenus [1]; la *transcriptio a persona in personam* leur était interdite, parce qu'elle aurait transporté sur leur tête une obligation à laquelle jusque-là ils avaient été complétement étrangers. Quoi qu'il en soit, remarquons que rien ne nous permet de croire qu'à l'inverse un Romain ait pu, quelqu'hypothèse que l'on suppose, se trouver obligé par inscription *sur le livre d'un pérégrin* : et en effet tout ce qu'autorise l'opinion sabinienne, c'est, dans un cas particulier, l'obligation d'un pérégrin par une inscription *sur le livre d'un citoyen* : (*quæritur an obligentur peregrini,... etiam peregrinos obligari*). La constitution d'une obligation litté-

1. Il faut supposer le pérégrin préalablement débiteur en vertu d'un contrat du droit des gens, comme le *mutuum*, l'*emptio-venditio*, etc.

rale par expensilation fut toujours, et de la manière la plus absolue, réservée aux citoyens romains. Elle n'entra donc pas dans le droit des gens de la même façon que l'obligation verbale.

35. — Je ne pousserai pas plus loin ce parallèle entre la stipulation et l'expensilation ; il se complétera naturellement par la suite des observations que j'ai encore à présenter sur ce dernier contrat. Ces observations doivent porter successivement, sur l'emploi et sur la forme du contrat littéral, puis, enfin, sur le temps pendant lequel il fut en usage.

§ 14. — 36. — La stipulation pouvait être employée dans deux buts différents : soit pour créer une obligation primordiale, soit pour nover une obligation préexistante. L'analogie porte tout naturellement à penser que l'expensilation eut aussi ce double emploi, mais c'est là un point qui n'est pas exempt de difficultés. En effet, Gaius et Théophile ne parlent jamais du contrat littéral autrement que comme opérant novation. Voici comment s'exprime Gaius : « *Litteris obligatio fit veluti in nominibus transcriptitiis ; fit autem nomen transcriptitium duplici modo : vel a re in personam, vel a persona in personam. A re in personam transcriptio fit, veluti si id quod modo ex emptionis causa, aut conductionis, aut societatis, mihi debeas, id expensum tibi tulero. A persona in personam transcriptio fit, veluti si id quod mihi Titius debet, tibi id expensum tulero, id est si Titius te delegaverit mihi*[1]. » Et Théophile nous apprend que : *Habebat apud veteres litterarum obligatio talem quamdam definitionem : Litterarum obligatio est veteris nominis in novum creditum per solemnia verba et solemnes litteras transformatio. Nam si, cum quis mihi centum aureos deberet, ex emptione, aut locatione, aut mutuo, aut stipulatione, (multis enim modis aliquid nobis deberi potest), voluissem hunc mihi obligatum esse litterarum obligatione, necesse erat....* et plus loin : *Prior obligatio extinguebatur, nova autem, id est litterarum, nascebatur*[2].

37. — Se laisse-t-on exclusivement guider par ces deux textes, on arrive facilement à cette conclusion qu'il n'y avait jamais contrat littéral sans novation. Telle n'est pourtant pas, du moins en général, l'opinion des Romanistes : ils estiment qu'une obligation préexistante n'était pas nécessaire, et que l'on pouvait former *litteris* une obligation primordiale[3]. Arrêtons-nous donc à

1. G., c. III, § 128, 129, 130. On lit, de même, dans l'*Épitome* de Gaius, d'après le *Bréviaire d'Alaric* (lib. II, tit. IX, § 12) : *Litteris obligatio fieri dicitur, aut a re in personam, aut a persona in personam.*

2. Paraphase des Inst. (trad. Fabrot).

3. M. Demangeat (t. II, p. 293) : « Il paraît, dit-il, que le contrat littéral était employé, *le plus habituellement*, comme moyen de faire une novation. » — M. Machelard (à son cours de 1870). — M. de Caqueray (*l. cit.*, p. 142 et 143). — M. de Savigny, Vermischte Schriften. (*A.* Dissertation de 1848, p. 224 et 225 ; — *B.* Dissert. de 1849, p. 250, § 7. — Pagenstecher, *l. cit.*, sous la rubrique : An novationis

cette question, la plus importante sans doute que
l'on puisse se poser à propos d'une institution : à
quoi servait-elle ? Mon sentiment est que le contrat littéral pouvait avoir pour objet, comme la
stipulation, soit la formation, soit la transformation, d'une obligation.

38. — Parlons, tout d'abord, de *la formation
d'une obligation primordiale*. Ceci exige une démonstration :

I. Valère-Maxime nous présente un cas de *donation* faite par contrat littéral[1]. Il conte que
C. Visellius Varon : *Commercium libidinis habuerat*, avec une courtisane du nom d'Otacilia.
Dangereusement malade, il voulut laisser à cette
fille une somme de 300 000 sesterces, sous forme
de donation à cause de mort, et dans ce but, il
autorisa Otacilia à écrire contre lui cette somme
comme *expensa*, dans le *codex* qu'elle tenait,
pour qu'elle pût après sa mort réclamer cette
somme à ses héritiers : *trecenta millia, expensa
sibi ferri passus est*. Mais Varon guérit : sa maîtresse intente contre lui une action en se fondant
sur ce *nomen*. Aquilius, juge de l'affaire, prit
conseil des Romains les plus considérables, puis
prononça l'absolution du défendeur. La narration
ne dit pas pourquoi. Ce texte, à première vue,

tantum gratia litteris contrahi potuerit. — *Contra :* Cujas,
t. IX, p. 70, C.

1. Val.-Max. De dictis factisque memorabilibus (lib. VIII,
cap. II, § 2).

semble se retourner contre ma proposition, car
dira-t-on, dans l'espèce nous voyons le défendeur
absous : pour quelle raison, si ce n'est qu'une
donation ne pouvait pas être faite valablement
par une expensilation ? A ceci je crois pouvoir
répondre, avec M. de Savigny [1], que s'il en était
ainsi l'affaire ne serait pas présentée comme douteuse ; ce qui faisait doute, ce devait donc être
autre chose que la validité d'une donation par
expensilation. On peut en effet supposer plusieurs
autres causes à l'absolution de Varon :

*a.* Peut-être l'oubli d'une formalité, car sans
doute l'expensilation consistait en écritures sacra-
mentelles, qui étaient annihilées par la moindre
erreur ou la moindre omission.

*b.* L'exception de dol, fondée sur ce qu'il y
avait : *turpis causa,* de sorte qu'il fallait appliquer
la règle que : *In turpi causa potior possessor
esse debet,* » et en conséquence débouter la de-
manderesse [2].

*c.* L'exception de dol, fondée sur ce qu'il
s'agissait ici d'une : *mortis causa donatio,* qui,
dès lors, ne devait pas produire son effet contre
le donateur revenu à la santé [3].

---

1. Verm. Schriften. p. 254 et 255.
2. Fr. 8, ff. de condictione ob turpem.
3. Fr. 4, § 1, ff. de doli mali except. *Julianus scripsit :
Si quis, quum æger esset, centum aureos uxoris suæ conso-
brino spopondisset, volens scilicet eam pecuniam ad mulierem
pervenire, deinde convaluerit : an exceptione uti potest, si*

*d.* Ou encore l'*exceptio legis Cinciæ,* fondée
sur ce que le chiffre de la libéralité dépassait le
« *certus modus* » qui était fixé par cette loi, et
dont nous ignorons le taux. Cette exception, dans
l'espèce, devait produire son effet, car une courtisane n'était assurément pas à ranger parmi les
*personæ exceptæ* qui pouvaient recevoir *ultra
modum.*

Il est donc permis de croire qu'une donation
pouvait être faite par expensilation. P. veut donner 100 *aurei* à S : pour cela il n'a qu'à consentir
à être porté sur les registres de S. comme ayant
reçu de lui 100 *aurei* (*expensum Primo centum*),
et par conséquent comme les devant à S. Il y aurait là une obligation littérale sans novation.

*conveniatur ? Et refert, Labeoni placuisse, doli mali uti cum
posse.*— Je dois faire remarquer ici que la supposition que
je fais d'une exception de dol, opposée à la *condictio* née de
l'*expensilation,* n'est pas contraire à cette idée, sur laquelle
j'ai insisté ci-dessus, que, dans le contrat littéral comme
dans la stipulation, du moment que l'acte juridique a été accompli dans ses solennités, l'effet est produit, sans que le
droit civil permette de rechercher à quelle occasion, et s'il
y a dol, *turpis causa,* erreur, etc. Ceci, en effet, est de pur
droit civil, mais le droit prétorien avait fini par corriger ce
matérialisme inflexible ; cette tâche, il ne l'avait pas encore
remplie au temps où Pythius vendit ses jardins à Canius :
*Nondum,* dit Cicéron, *Aquilius, collega et familiaris meus
protulerat de dolo malo formulas.* Mais il en était autrement
du temps de Valère-Maxime, qui rapporte le procès engagé
par Otacilia : il vécut sous Tibère, et par conséquent, près
d'un siècle après Cicéron. Dans l'espèce, l'action d'Otacilia
était fondée en droit strict, mais le préteur avait, sans doute,
inséré une exception dans la formule.

II. Voici, en second lieu, un passage de Cicéron dont M. de Savigny fait, dans le sens de notre proposition, son argument principal. Deux compétiteurs au consulat avaient promis 400 000 sesterces aux consuls sortants pour arriver à les remplacer. Cette incroyable convention avait été revêtue de la forme de l'écriture sur les *codices* : « *Hæc pactio non verbis, sed nominibus et pers- criptionibus multorum tabulis quum esse facta diceretur, prolata a Memmio est, nominibus inductis.* » Il semble difficile de voir là autre chose que la formation d'une obligation primordiale[1].

III. M. de Savigny présente l'hypothèse suivante, dans laquelle il pourrait y avoir encore contrat littéral sans novation[2] : Titius, qui habite Rome, veut se faire édifier une maison à Naples, et dans ce but il prend pour intermédiaire un Napolitain, Mævius. Il pourrait sans doute envoyer à celui-ci 100 *aurei*, en métal comptant, pour payer au fur et à mesure les dépenses de construction. Mais au lieu de cela le Romain a un moyen plus simple : il envoie son consentement à ce que le Napolitain écrive dans le *codex* qu'il tient : « *Expensum Titio centum ;* et il inscrit lui-même sur le sien : « *Acceptum a Mævio cen-*

---

1. Cic. ad Atticum, ep. 18, lib. IV. — M. de Savigny, *l. cit.*, p. 224. (Pour la traduction de ce passage, v. de Caqueray, *l. cit.*, p. 544.) — (V., n° 51, comment il faut expliquer ces expressions : *Multorum tabulæ.*)

2. Savigny, *l. citato,* p. 251.

*tum*, » de telle sorte que lui, Titius, sera ainsi
constitué, envers Mævius, débiteur de 100 *aurei*.
Objectera-t-on, ajoute l'illustre auteur, qu'il n'y
a là autre chose qu'une novation de la future action *mandati contraria*, du Napolitain ? Les
textes prouvent, il est vrai, qu'une obligation
peut être conditionnellement novée pour le cas
où elle naîtrait[1], mais ils prouvent aussi, d'autre
part, que l'expensilation ne supporte pas de condition[2], ce qui repousse, dans l'espèce, toute idée
de novation.

IV. Voici enfin une observation qui me paraît
avoir, dans la question proposée, une certaine
importance. Supposons que Seius ayant demandé
à Mutius de lui prêter 100 *aurei*, ce dernier lui
dise : « J'y consens, mais, tout d'abord, autorisez-
moi à vous constituer débiteur envers moi d'une
pareille somme, par expensilation sur mon registre. » Seius accepte : l'expensilation est opérée
en formes, puis voici que Mutius après avoir refusé de compter effectivement les 100 aurei à
Seius, l'actionne par la *Condictio certi*, née de
l'expensilation. Or, en droit strict, Mutius aura
gain de cause : (Cela est si vrai, que l'exception
*prétorienne*, de dol, pourrait seule le sauver.) Il

---

1. De novat., fr. 8, § 2, ff. *Si quis stipulatus a Seio sit :
Quod a Titio stipulatus fuero, dari spondes? an si postea a
Titio stipulatus sim, fiat novatio, solusque teneatur Seius?
Et ait Celsus, novationem fieri.*

2. Fragm. Vaticana, § 329 (V. *supra*).

est clair qu'ici l'expensilation ne transforme pas
uneobligation préex istante, mais crée, dansles
rigueurs du droit civil, une obligation primordiale. En d'autres termes, et d'une manière plus
générale, *peu importe, lorsqu'il s'agit d'un contrat
de droit strict, qu'il y ait, ou non, cause préexistante ;* tout ce qui est à considérer, c'est si la
forme (l'écriture ici) a eu lieu régulièrement[1].

39. — On voit qu'il semble bien résulter des
deux textes précités, l'un de Cicéron, l'autre de
Valère-Maxime, et d'autre part des principes
mêmes qui régissent les contrats de droit strict,
que la formation d'un contrat littéral ne suppose
pas nécessairement une obligation préexistante.
Mais peut-être objectera-t-on que les passages
cités plus haut, de Gaius et de Théophile, paraissent résoudre la question en sens contraire. Ceci
demande vérification :

*A.* Et, d'abord, examinons attentivement le
texte du § 128 de Gaius : « *Litteris obligatio fit
veluti in nominibus transcriptitiis , fit autem nomen transcriptitium duplici modo : aut a re in
personam, aut a persona in personam.* » Or,
dira-t-on, Gaius, pour expliquer le contrat littéral
ne fait autre chose que de donner des exemples
de novations. A ceci, une double réponse peut,
je crois, être faite. 1° Le mot *veluti* ne doit pas

1. V. encore un autre argument en faveur de cette thèse,
au n° 44, *infra.* Dans le cas qui y est prévu, et appuyé par
les textes, il y a contrat littéral, *sans novation.*

être laissé de côté dans la traduction de ce passage ; si l'on en tient compte, voici quel sera le sens de notre texte : « L'obligation littérale a lieu, *par exemple*, dans les *nomina transcriptitia*, lesquels se font de deux manières, soit a *re in personam*, soit a *persona in personam* ; » d'où l'on voit que Gaius ne définit pas le contrat littéral, mais en donne, simplement, pour exemple, les *transcriptitia nomina*, c'est-à-dire, comme nous le verrons plus loin, une espèce du genre : *litteris obligatio* [1]. 2° Si l'on objecte qu'il n'est pas évident que le mot *veluti* ait, dans le cas présent, le sens que nous lui attribuons, et que celui des expressions *nomina transcriptitia* peut prêter à discussion, il me restera encore une ressource : au temps de notre jurisconsulte, le contrat littéral avait, déjà, pour le moins, trois siècles d'existence [2], ce qui est dire qu'il avait eu le temps de subir bien des modifications, et que l'on ne saurait peut-être déjà plus le retrouver chez Gaius dans toute sa pureté.

1. Ce qui me paraît montrer surabondamment que tel est ici le sens du mot *veluti*, et qu'en conséquence le § 128 de Gaius n'est nullement exclusif d'autres cas d'obligations littérales, c'est, précisément, qu'il nous parle d'autres oblig. litt. au § 134. (Sur ce point, v. M. de Savigny (l. cit., p. 251 et note 1) : « Il est, dit-il, tout à fait remarquable que, sans doute, les cas que Gaius présente constituent de vraies novations, mais qu'il les présente seulement comme des exemples explicatifs. »
2. Plaute en parle deux siècles avant J. C.; Gaius, 169 ans après J. C.

*B.* En ce qui concerne le texte de Théophile, j'ai déjà eu occasion de dire que l'idée qu'il donnait du contrat littéral était sur presque tous les points contredite par les autres textes que nous possédons, textes qui méritent infiniment plus de crédit que l'exposition du jurisconsulte byzantin, lequel sans aucun doute nous parle d'une institution que les sources historiques ont pu, seules, lui faire connaître. Récuser son autorité serait donc peut-être permis : d'autant plus que Théophile avait sous les yeux le texte de Gaius, et qu'il a bien pu tirer la définition qu'il donne du contrat littéral des exemples mêmes fournis par Gaius, exemples qui, comme nous venons de le voir, sont précisément des cas de novation.

40. — La difficulté est de savoir pourquoi Gaius et, après lui, Théophile, choisissent précisément comme exemples du contrat littéral des cas où il opère novation. Sur cette question, l'idée qui vient naturellement à l'esprit est que tel dut être, sans doute, du moins dans la dernière période de son existence, l'emploi le plus fréquent de l'*expensilation*. Toutefois ce n'est là qu'une conjecture. Quoi qu'il en soit nous dirons, en forme de conclusion, qu'il est excessivement probable que l'écriture sur les registres servait non-seulement à prouver une obligation préexistante (*arcarium nomen*), ou à la nover (*transcriptitium nomen*), mais encore à créer une obligation primordiale. Seulement, quelle dénomination donnerons-nous

à cet usage des registres? Schüler propose celle de : « *nomen factum*[1], » mais comme on ne peut y attacher d'autre valeur que celle que l'on donne à une pure et simple affirmation[2], je pense que le mieux est de confesser sur ce point son ignorance.

41. — Maintenant, dira-t-on que l'édifice que nous venons de construire sur une base si fragile se trouve pour le moins ébranlé par cette observation que le contrat littéral, en tant que créant une obligation primordiale, n'apparaît que dans deux textes dont l'explication est des plus contestables, et cela même sans que nous puissions lui trouver nulle part une dénomination propre? Tout en reconnaissant qu'il est effectivement difficile de formuler sur notre proposition une affirmation sérieuse, je répondrais qu'en effet cet

---

1. Schüler, Die literarum oblig. des alteren. R. R. (p. 39, 43, 49, 54, 60).

2. Il y a même mieux : je vois cette dénomination formellement contredite par un passage de Cicéron, sur l'affaire passée entre Pythius et Canius, où l'on voit l'expression *nomina facit* employée précisément pour un cas de *nomen transcriptitium a re in personam* (De officiis, III, 14). — Pagenstecher, lui (l. cit., p. 62), découvre que l'expression adéquate est : *Perscriptitium nomen.* — « Perscriptitium nomen est,» prétend-il, « quod nec transcriptitium, neque arcarium est, sed quo litteris non novandi causa contrahitur. » — Mais son argumentation, appuyée sur un passage de Cicéron (pro Roscio comœd., § 1 et 2), dans lequel se rencontre l'expression *perscribere nomen*, n'est rien moins que décisive.

usage devait être assez rare, d'abord parce que le contrat littéral, n'étant susceptible de s'appliquer qu'à des *certæ pecuniæ*, ne pouvait certes présenter une application aussi générale que le contrat verbal, et ensuite, parce que, même lorsque son emploi était possible, la stipulation était d'une pratique infiniment plus simple ; d'où suit qu'en fin de compte, la *litterarum obligatio* ne devait en général fonctionner qu'entre absents.

42. — Après avoir recherché si l'expensilation pouvait servir à la création d'une obligation primordiale, supposons-la maintenant appliquée à la *transformation d'une obligation préexistante*, et expliquons-nous en conséquence sur les *transcriptitia nomina*, dont nous avons déjà fait plusieurs fois mention dans le cours de cette étude. Le texte des paragraphes 128, 129 et 130, du Commentaire de Gaius, dans lesquels ce point est brièvement traité, a été reproduit plus haut (n° 36). — D'après ces passages si précieux en notre matière : *nomen transcriptitium fit duplici modo : vel a re in personam, vel a persona in personam;* puis viennent les détails : — I. Il y avait *nomen transcriptitium a re in personam*, quand un créancier portait *expensum*, au compte de son débiteur, ce que celui-ci lui devait par suite d'un contrat préexistant, comme une vente, un louage, un contrat de société (G. § 129). — Je citerai comme exemple un passage bien connu de Cicéron : Un banquier syracusain, Pythius, avait excité par les

manœuvres les moins honnêtes, chez le chevalier
romain Canius, un désir immodéré de se rendre
acquéreur de ses jardins : « *Incensus cupiditate
Canius contendit a Pythio ut venderet ; gravate ille
primo ; quid multa ? Impetrat : emit homo cupidus et locuples tanti quanti Pythius voluit, et emit
instructos.* » Puis Cicéron ajoute : « *Nomina facit.* » [1] — Il est facile de se rendre compte de
l'artificieuse manœuvre de Pythius : Canius, l'acheteur, avait traité sous l'empire d'un dol [2] ; or, la
vente est un contrat *bonæ fidei*, dans lequel le juge
devait examiner les obligations des parties contractantes, *ex æquo et bono* [3], de sorte que Canius,
en prouvant les artifices du banquier, eût pu se
soustraire à l'obligation contractée. Pythius savait

---

1. De officiis, III, 14. — Rollin traduit : *nomina facit*,
par : « on fait le contrat, » et M. de Barett, par « il fait son
obligation. »

2. Le banquier Syracusain avait offert à Canius un festin
dans les jardins qu'il voulait lui vendre, et, pour l'engouer
tout à fait, il avait pris des arrangements afin que la mer
qui baignait ses jardins, fût, ce jour là, couverte de barques
de pêcheurs. Le lendemain du contrat, Canius voit les flots
déserts, et un voisin lui apprend que jamais on ne pêche en
cet endroit, et qu'il a été fort étonné de ce qui s'est passé la
veille.

3. Lorsque la nature de l'action était telle que, par
elle-même, elle donnait au juge un pouvoir suffisant de
prendre les faits de la cause en considération, il était inutile
d'énoncer ces faits en exception dans la formule. (fr. 84,
§ 5, ff. de legat. et fideic. I). — Julien, y parlant de la
vente, dit que : *Quia hoc judicium fidei bonæ est, continet
in se doli mali exceptionem.*

bien cela : aussi que fait-il ? Une fois la vente
conclue, comme son acheteur eût pu le repousser
si les choses en étaient restées là, il se hâta de la
nover par une *expensilation*, substituant ainsi à
un contrat de bonne foi un contrat de droit strict ;
c'est dans ce but qu'il se fit autoriser par Canius
à porter sur son registre, à lui Pythius, la somme
que Canius lui devait en sa qualité d'acheteur,
comme ayant été pesée par Pythius à Canius, de
sorte que le chevalier romain se trouva tenu, non
plus en vertu de la vente, mais en vertu de l'*expensilation*. Voici maintenant le résultat obtenu :
le contrat littéral, comme nous .l'avons dit déjà,
était *stricti juris*, de sorte que le droit civil n'autorisait pas le juge à examiner la cause véritable
de l'obligation : il devait seulement rechercher *si*
l'écriture se trouvait en la forme voulue sur le
registre du créancier, *et si* le débiteur y avait consenti. Ces deux points établis, le juge condamnera
sans s'inquiéter du : *pourquoi ?* et particulièrement
sans rechercher si le débiteur avait été amené à
consentir par suite d'artifices frauduleux ; dès
qu'il avait reconnu la présence de ce que nous
appelons la *causa civilis,* il ne pouvait, pour sa
sentence, tenir compte de ces manœuvres. Objectera-t-on que cette machination ne devait pas infailliblement réussir, parce que s'il est vrai que le
juge ne trouvait pas en lui-même le pouvoir de
prendre en considération le dol dans une action
de droit strict, du moins le défendeur pouvait lui

faire attribuer ce pouvoir en obtenant du préteur l'insertion d'une exception de dol dans la formule? A ceci la réponse se trouve dans le passage même que nous citons : « *Stomachari Canius*, ajoute Cicéron, *sed quid faceret? Nondum enim Aquilius, collega et familiaris meus, protulerat de dolo malo formulas.* » L'exception de dol, dont Aquilius fut ensuite l'inventeur, n'existait donc pas à cette époque, sans quoi, en effet, Canius, poursuivi par la *condictio* de Pythius, eût fait insérer dans la formule l'exception : *si in ea re nihil dolo malo Pythii factum sit*, et en prouvant le dol il n'eût point été condamné, tandis qu'il le fut dans l'espèce [1]. Et maintenant, si nous rapprochons ce passage du texte de Gaius, nous verrons que ce n'est là autre chose qu'une *transcriptio a re in personam* [2]. — II. La *transcriptio a persona in personam* avait lieu lorsqu'une personne portait : *expensum*, au compte de Mævius, (c'est-

---

1. *Nomina facit* veut donc dire ici : « il se constitue une créance sur ses registres. » (V. de Caqueray, l. cit , p. 487). Ce sens n'est pas douteux, soit que l'on se réfère au langage des Institutes (L. III, t. xxi), soit que l'on considère que le dernier membre de phrase de la narration exige impérieusement cette interprétation, pour présenter un sens raisonnable.

2. « Hujus contractus », dit Pothier, « hæc præcipua utilitas erat : quum plures summæ, et ex variis causis debitæ, in novam et unicam litterarum obligationem transfundebantur : quemadmodum et in stipulatione Aquiliana, plures obligationes in unam novabantur. Quod igitur Aquiliana inter præsentes demum fiebat, idem præstabat obligatio litterarum etiam inter absentes. » (Tome III, Pandectes, p. 182, § 11.)

à-dire au passif de Mævius), le montant de la
créance qu'elle avait sur Titius, Titius ayant délégué Mævius à cette personne (G. § 130); en
d'autres termes, lorsqu'un créancier portait au
passif d'un tiers délégué ce qu'un autre lui devait
déjà. C'est une novation par changement de débiteur, qui se compliquera d'une novation par
changement de créancier, si, — ce qui se présente
le plus souvent, — le délégué Mævius était lui-
même débiteur du déléguant Titius. Quoique
Gaius ne parle que de délégation, il paraît évident que le tiers pouvait venir de lui-même s'obliger *litteris* aux lieu et place du débiteur primitif,
auquel cas il y avait expromission.

43. — Le texte de Gaius étant maintenant connu,
nous devons nous demander quel était au juste
l'effet des *nomina transcriptitia*. Jusqu'ici j'ai, à
toute occasion, affirmé sans discussion qu'ils emportaient novation; et pourtant, à vrai dire, le
passage de Gaius que je viens de citer n'est nullement explicite sur ce point. Ne peut-on pas admettre que le créancier aura le choix entre l'exercice de sa créance primitive, et l'exercice de la
nouvelle créance résultant de l'expensilation? Car
enfin, dans le texte de notre jurisconsulte, l'obligation préexistante figure tout aussi bien comme
simple motif de l'inscription du *nomen*, que
comme objet principal d'une novation que les
parties auraient voulu faire [1]. Ajoutez à cela que

1. Il parle bien, il est vrai, de *delegatio* à propos de la

les textes ne parlent pas de novation *per expen-*
*silationem ;* que, ce qui est fort à remarquer, Gaius
lui-même, après avoir traité de l'obligation littérale à son rang parmi les contrats, ne l'indique
même pas au nombre des moyens d'opérer novation, quand il arrive à cette matière ; — et cette
objection prendra assez de corps et d'importance
pour qu'il devienne indispensable d'y répondre.
— Disons donc qu'à défaut du témoignage explicite de Gaius sur ce point, nous avons celui, très-
précis, de Théophile : « *Prior obligatio,* dit-il,
*extinguebatur ; nova autem, id est litterarum,*
*nascebatur.* » C'est là, sans doute, un dire très-
clair : « *La précédente obligation était éteinte.* »
Il est vrai que, déjà par deux fois, nous avons ré-
cusé le témoignage du jurisconsulte byzantin ;
mais, dans l'espèce, nous remarquons qu'il est
confirmé par le passage de Cicéron que nous venons d'examiner (n° 42)[1]. On ne trouve, cela est
vrai, aucune mention de novation *per expensila-*
*tionem* dans la compilation de Justinien, mais ceci
ne prouve qu'une chose : c'est que les commissaires de cet empereur, fidèles à leur mission, ont

---

*transcriptio a persona in personam,* mais qui dit : délégation,
ne dit pas nécessairement pour cela : novation ; — ainsi, la
délégation que, dans notre langue juridique actuelle, nous
appelons imparfaite, ne contient pas de novation : le nouveau
débiteur ne prend pas la place de l'ancien, et celui-ci n'est
pas déchargé.

1. M. Ortolan, III, n° 1703. — M. Demangeat, I, p. 291.
— (Comp. Wunderlich, *l. cit.,* p. 75 et 76.)

scrupuleusement expurgé les passages dans lesquels le contrat littéral pouvait se trouver présenté avec cette fonction [1]. Il est donc fort probable que, dans les hypothèses que nous examinons, il y avait une véritable novation, et par conséquent dissolution du lien préexistant. Novation par changement de *causa*, dans le cas de *transcriptio a re in personam*; par changement de débiteur, dans le cas de *transcriptio a persona in personam*, et, le plus souvent, dans ce dernier cas, novation en même temps par changement de créancier [2]. Cette dernière sorte de novation, opérée par le moyen de la stipulation, nous est présentée par Gaius comme un moyen détourné de transporter à un autre le bénéfice d'une créance [3]; ainsi à une époque où la cession de créance n'était pas encore admise, la novation par changement de créancier était un moyen, — bien défectueux, du reste [4], — d'y suppléer; on pourrait peut-être conjecturer avec quelque vraisemblance que l'expensilation

1. L'allemand Salpius est, à ma connaissance, le seul auteur qui soutienne que le contrat littéral n'a jamais pu opérer novation. (Novat. et deleg. des ræm. rechts., p. 90.)

2. En effet, le plus souvent, le délégué est un débiteur du déléguant : le délégué, alors, se trouve avoir pour créancier le délégataire au lieu du déléguant.

3. Gaius, comm. II, § 38.

4. Il fallait, en effet, le consentement du débiteur, et, d'autre part, la novation détruisait les sûretés de la première créance.

dut, comme le contrat verbal, servir à cet usage, auquel elle s'adaptait tout aussi facilement[1].

44. — Remarquons que pour qu'il y ait à parler de novation *a re in personam*, encore faut-il que l'obligation antérieure soit séparée de l'inscription sur les registres par un temps suffisant pour que le tout ne puisse être considéré comme une seule et même opération. Sinon il n'y aura jamais eu qu'une obligation littérale. Il faut en effet appliquer ici ce qu'Ulpien et Pomponius disent de la stipulation : « *Quum pecuniam mutuam dedit quis sine stipulatione, et ex continenti fecerit stipulationem, unus contractus est.* » — « *Quum enim, pecunia mutua data, stipulamur, non puto obligationem numeratione nasci, et deinde eam stipulatione novari : quia id agitur, ut sola stipulatio teneat.* »[2] — *Quoties, pecuniam mutuam dantes, eam stipulamur, non duæ obligationes nascuntur, sed una verborum.* »[3] De même, si le contrat littéral intervient immédiatement, *ex continenti*, à la suite d'un *mutuum*, les deux actes n'en font qu'un, et il n'y a pas alors de novation.

1. Une différence qui est particulièrement à remarquer entre la novation par stipulation et celle par expensilation, est que l'on pouvait, par stipulation, nover conditionnellement une obligation à naître (fr. 8, § 2, ff. de novat.), chose impossible à exécuter au moyen de l'expensilation (Fragm. Vaticana, § 329).

2. Fr. 6, § 1 ; et fr. 7 ; ff. de novat.

3. Fr. 126, § 2 ; ff. de verbor. obligat. (V. M. Ortolan, l. cit., III, n° 1423.)

45. — Enfin, j'ai toujours appliqué spéciale-
meht aux *nomina* qui opèrent novation la dénomination de « *transcriptitia;* » nous devons nous
demander d'où vient cette appellation.

Toutes les inscriptions de créances au nom
d'une personne sur les tables domestiques, prennent la dénomination commune de « *nomina* »[1],
et c'est ainsi que nous voyons cette dénomination
à la fois employée pour les *nomina arcaria,* qui
ne sont que des instruments de preuve, et pour
les *nomina transcriptitia,* qui sont générateurs
d'obligations. Mais quel est le sens particulier de
ces expressions : « *transcribere,* » « *transcriptitium nomen* » ? Sur leur explication, les Romanistes ne semblent pas être d'accord :

*A.* D'après Kraut, le « *nomen* » prend la qualification de « *transcriptitium,* » parce que, inscrit
d'abord sur les *adversaria,* il est *transcrit (transcribitur)* sur le *codex.* Cette explication est donnée par M. Ducaurroy[2].

*B.* Wunderlich répond qu'à ce compte-là les
*arcaria nomina,* lesquels étaient aussi sur les *tabulæ,* seraient de même aussi des *transcriptitia
nomina ;* or Gaius dit justement le contraire. Cette
dénomination viendrait de ce que l'obligation
change, ou de personne, ou de *causa debendi,*

1. De là vient, qu'en appliquant le mot au droit d'obligation lui-même, on a appelé *nomina* toutes les créances.
2. M. Ducaurroy, II, p. 274, note *a.*

(*trans*, dans la composition des mots, exprime la transition, le passage d'un lieu dans un autre) : « *Transcribitur*, dit l'auteur en question, *quasi vetus obligatio in novam, mutatur enim, novatione illa, causa debendi, debitorisve persona.* » Telle est aussi l'explication que paraît adopter M. Ortolan : « .... parce que, dit-il, prenant sa cause dans quelqu'autre opération antérieure et destinée à remplacer par novation la créance née de cette opération, elle passait de là en une inscription sur le registre[1]. »

*C.* Voici maintenant l'explication qu'en donne M. de Savigny. Nous avons vu que, d'après ses conjectures, (que je considère, du reste, comme parfaitement hypothétiques sur ce point), le *codex* avait dû être un livre de caisse. Or, arrivé aux *transcriptitia nomina*, l'illustre auteur se demande comment les faire figurer dans un *cassabùch*, puisque l'état comptant n'est nullement changé par eux, de sorte que, de leur introduction dans le livre, va résulter un faux état de caisse. A cette difficulté, voici sa réponse : « Daher muss angenommen werden, dass iedes *transcriptitium nomen*, in demselben *codex* zweimal eingeschrieben werden musste, einmal als *expensum*, das andere mal als *acceptum*; und gerade darauf scheint sich

---

1. Généralisat. du dr. r., p. 497. — Et M. Machelard (cours de 1870), traduit *transcriptitia*, par « opèrant transition. »

der name : *transcriptitium, zù gründen* [1]. » D'après cela donc, chaque *nomen transcriptitium* figure à la fois à l'*expensum* et à l'*acceptum*, et cela pour éviter l'inexactitude dans l'encaisse ; il est transcrit (*transcribitur*) d'une colonne sur l'autre, et de là lui vient la qualification de « *transcriptitium*. » L'auteur montre ensuite que cette dénomination ne pouvait s'appliquer à l'*arcarium nomen*, parce que, comme en tant que formé *re* il modifiait l'état de caisse, il n'y avait pas lieu de le neutraliser par une mention double et contradictoire : il ne figurait donc qu'en mention unique. Telle est aussi l'opinion à laquelle se range Pagenstecher [2].

46. — Et maintenant, quelle est celle de ces explications que nous adopterons? Toutes, à vrai

---

1. Vermischte Schriften. p. 239, in fine, et 240.

2. *L. cit.* p. 26 : « In arcariis etiam nominibus, dit-il, ultro citroque scribitur, id est ubi redditur quod mutuo dedi, acceptum referendum est quod expensum antea tuleram; sed in novatione quod acceptum refero, *in expensum simul transcribo*; *ideo transcriptitium* nomen appellatur. » Par exemple, en suivant cette manière de voir, P. a acheté un cheval à S., et lui doit 100, en conséquence. S. porte sur son *codex*, d'une part : *Acceptum a P. centum, emptionis causa*, et, d'autre part : *Expensum P. centum*. En d'autres termes, il porte sur son registre P. comme ayant payé les 100, mais comme, en réalité, lui, S., n'a rien reçu, il reconstitue, de suite, une créance égale à son profit. — Si l'on suppose, que P. indique T. comme débiteur à sa place, S., créancier de P. portera, sur son registre, d'une part : *Acceptum a P. centum, emptionis causa*, et, d'autre part : *Expensum T. centum*. (V., M. de Caqueray, *l. cit.* p. 140 et 141.)

dire, sont fort ingénieuses, mais obligé de reconnaître qu'il serait aussi difficile de prouver
chacune d'elles que de la réfuter, je ne vois pas
qu'il soit possible de se former sur ce point une
opinion certaine, tant que quelque nouveau docu-
ment ne sera pas mis à la lumière, qui nous révèle le mécanisme de la tenue du *codex,* car la
dénomination dont nous nous occupons semble
bien ne pouvoir trouver que là son explication[1].

§ 15. — 47. — Après avoir parlé de l'emploi

1. Je dois dire, toutefois, que l'explication d'après laquelle
l'expression *nomina transcriptitia* viendrait de ce que ces
*nomina* figurent en double mention au *codex,* en ce qu'écrits
à l'*expensum* ils sont immédiatement transcrits à l'*acceptum,*
— que cette explication, dis-je, trouve un certain appui dans
un passage de Cicéron qui, du reste, a donné lieu, lui-même,
à des interprétations très-diverses (*In Verrem,* act. II, lib. I,
§ 36.) Verrès, en province, était tuteur du jeune Malleolus :
il vendit tous les biens de son pupille, après avoir pris, en
nature, ce qui lui convenait, et la vente, au dire de son adversaire, produisit 2 500 000 sesterces. De retour à Rome,
Verrès ne rend ni fortune ni comptes ; mais, pressé par les
parents de Malleolus, d'indiquer le montant du patrimoine,
il porte à la fin de son registre comme pesés à l'esclave Chrysogon 600 000 sesterces, qu'il avait portés comme reçus de
son pupille : *Expensa Chrysogono servo sexcenta millia, accepta pupillo Malleolo retulit.* — Ce Chrysogon appartenait-il
à Verrès, ou à Malleolus ? A Malleolus, selon l'opinion la plus
répandue ; or, il avait été employé pour la liquidation des
droits de son maître, et l'expensilation avait été choisie
comme moyen de régler le compte. Ceci étant donné, comment procédera-t-on ? Verrès portera sur son registre *sexcenta millia* à l'actif de Malleolus (*acceptum a pupillo Mal-*

du contrat littéral, occupons-nous *de la manière
dont il se formait.* C'est là une des questions les
plus controversées de cette matière si obscure.

I. Et d'abord, était-ce le créancier lui-même
qui inscrivait l'expensilation sur son registre ? A
cette question il faut sans hésiter répondre par
l'affirmative, et considérer comme dénuée de
tout fondement la supposition de M. Schüler[1];
d'après lequel chacune des parties aurait inscrit
le contrat dans le livre de l'autre. En effet, d'une
part, Gaius dit positivement que l'obligation littérale avait lieu quand un citoyen portait pour
pesé ce qu'on lui devait par suite d'un contrat
préexistant, ou lorsqu'il transcrivait au débet
d'une personne la dette d'un tiers (§ 129 et
130); et, d'autre part, Cicéron vient encore confirmer cette manière de voir. « *Non scripsisset hic
quod sibi expensum ferri jussisset.* » — « Roscius
n'aurait-il pas reporté comme *acceptum*, sur son

*leolo),* mais comme, de cette inscription, résulterait un faux
état de caisse, puisqu'il n'y a eu en réalité aucun mouvement
de fonds, il portera aussi cette somme au passif de Malleolus,
ou plutôt de son esclave (*expensum Chrysogono, Malleoli
servo, sexcenta millia*), ce qui, comme l'esclave ne peut être
pour son maître un instrument d'obligation, ne formera qu'un
passif fictif, ayant seulement pour but et pour effet de rétablir l'exactitude dans le compte de caisse de Verrès. Le texte
que nous examinons paraît cadrer avec cette manière de
voir, mais la diversité même des interprétations données de
ce passage montre qu'elle est peu certaine.

1. M. de Savigny, *l. cit.,* p. 242, résume le système de
cet auteur.

registre, ce qu'il aurait aut.orisé F. Chéréa à porter comme *expensum* sur le sien[1]? »

II. Il est tout aussi certain que le consentement de celui qu'on voulait obliger *litteris* était indispensable pour qu'il fût lié. Ceci est d'évidence, car il n'y a pas à démontrer que tout contrat suppose une concordance de volontés. Du reste, Cicéron et Théophile viennent à l'appui de cette proposition incontestable[2].

III. Ainsi, le créancier fait lui-même l'inscription sur son registre, et il la fait du consentement du débiteur. Ceci donné, nous nous trouvons en face d'une difficulté : comment le consentement du débiteur se manifestait-il? L'obligation verbale suppose qu'entre les deux parties il y a eu échange de paroles : l'une des parties a interrogé, et l'autre a répondu; pour que l'obligation littérale prenne naissance, faut-il également qu'il y ait écriture de part et d'autre : faut-il que le consentement du débiteur à l'*expensi-latio* se traduise sous la forme d'une mention corrélative sur son propre registre? *Expensum Cornelio centum* sur le registre du créancier Mævius ; *Acceptum a Mævio centum* sur le registre du débiteur Cornélius? Et, à supposer que l'on rejette la nécessité de cette mention corrélative, le consentement du

1. Cic. **Pro Roscio comœdo**, nᵒˢ 1 et 2.
2. Cic. ibid. : *scripsisset ille, si non jussu hujus expensum tulisset?* (V. aussi Théophile, paraphr. du t. XXI des Inst.).

débiteur ne devait-il pas du moins être donné par écrit? Plusieurs opinions différentes peuvent être soutenues sur ce point :

I. Une première opinion considère l'écriture bilatérale comme indispensable à la formation du contrat littéral. Et voici quels sont les arguments à invoquer à l'appui de cette thèse [1] :

1° L'analogie seule, — analogie bien démontrée, entre l'expensilation et le contrat verbal, est tout d'abord un argument puissant pour exiger une mention corrélative sur le registre du débiteur.

2° C'est ce que l'on peut induire également du paragraphe 137 de Gaius, dans lequel le jurisconsulte, rapprochant précisément l'*obligatio verbis* de l'*obligatio litteris*, semble exiger pour l'existence de l'une comme de l'autre obligation la condition de deux actes réciproques des parties : « *Quum alioquin in verborum obligationibus, alius stipuletur, alius promittat, et in nominibus, alius expensum ferendo obliget, alius,.* (mot illisible dans le manuscrit)... *obligetur.* » Or, le rapprochement fait par Gaius donne fort à supposer que la lacune du manuscrit doit être comblée par les mots « *acceptum referendo* », ou tout simplement « *referendo* ».

---

1. Ce système est soutenu par M. Ducaurroy; du reste, ce jurisconsulte ne fait qu'affirmer sa proposition, et n'en donne pas de démonstration. (T. II, p. 274). Il renvoie seulement au passage de Cicéron que nous allons examiner.

3° Enfin, peut-on dire, Cicéron suppose que, le demandeur produisant son registre, il faut que, par l'apport du *codex* du défendeur, la comparaison de leurs écritures respectives puisse se faire; ce qui semble bien supposer que ce qui était porté à l'actif sur le registre du créancier, devait être consigné au passif sur celui du débiteur : « *Quod si ille* (F. Chéréa) *suas proferet tabulas* (pour affirmer sa créance contre Roscius), *proferet suas quoque Roscius : erit in illius tabulis hoc nomen, at in hujus non erit! Cur potius illius quam hujus crederetur? Scripsisset ille si non jussu hujus expensum tulisset! Non scripsisset hic quod sibi expensum ferri jussisset*[1]*? Nam, quemadmodum turpe est scribere quod non debeatur, sic improbum est non referre quod debeas : æque enim tabulæ condemnantur ejus qui verum non retulit, et ejus qui falsum perscripsit.* » Et plus loin : « *Suum codicem testis loco recitare arrogantiæ est!* »

Aucun de ces arguments ne me semble décisif; le premier invoqué : — celui qui consiste à dire que, puisque pour le contrat *verbis* chacun doit

---

1. Pro Roscio, § 1. — Ces dernières expressions doivent s'interpréter ainsi : « aurais-je fait cette inscription, si Roscius ne m'avait autorisé à porter la somme comme à lui pesée (dira F. Chéréa)? » — « N'aurais-je pas reporté cette inscription sur mon registre (répondra Roscius), si je vous avais permis de la porter sur le vôtre? (Traduct. de Caquéray, l. cit. p. 147.)

parler, de même pour le contrat *litteris* chacun doit écrire, me paraîtrait seul avoir une sérieuse valeur si, dans l'espèce, l'analogie sur laquelle est fondé cet argument était effectivement confirmée par quelque texte. Mais, précisément, ceux qui sont invoqués ne sont en aucune façon décisifs :

*a*. En ce qui concerne le paragraphe 137 de Gaius, il faut bien reconnaître que le mot : « *referendo* », n'y est inséré que par pure conjecture : lisons-le donc, en laissant de côté les expressions que le manuscrit ne nous donne pas : « *In nominibus, alius expensum ferendo obliget, alius obligetur* [1]. » Puis, analysons-le : quel est le moyen par lequel : « *Alius obliget, alius obligetur ?* » C'est : « *expensum ferendo.* » — En d'autres termes, c'est par l'expensilation, c'est-à-dire par le port sur le registre du créancier, que le créancier oblige, *et que le débiteur est obligé.* — Voici donc une *Expensi-latio* : quant à une *accepti-relatio*, je n'en vois trace dans ce texte..., à moins de l'y intercaler.

*b*. Quant au passage de Cicéron, je ne crois pas que, sainement entendu, il fournisse en aucune façon la preuve qu'une mention corrélative était nécessaire sur le registre du débiteur. J'admets

---

1. Tel est le texte que donne M. Pellat, p. 480 (Manuale). (Comp. sur cette leçon, Wunderlich Dissert. philolog. sup. cit. p. 32.)

tout d'abord, et sans aucune difficulté, qu'il ressort de ce passage que régulièrement le contrat
devait être mentionné sur les deux registres, et
par conséquent non-seulement sur le *codex* de
celui qu'il rend créancier, mais aussi sur le *codex*
de celui qu'il rend débiteur. Ce qui ne me paraît, au contraire, nullement en résulter, c'est que
cette dernière inscription soit une condition essentielle et sacramentelle pour l'existence de l'obligation. Que l'on remarque, en effet, qu'à supposer
qu'il en fût ainsi, toute l'argumentation, toute la
longue plaidoirie de Cicéron, seraient absolument
oiseuses et inutiles. Car si Roscius eût dû relater
nécessairement sur son *codex* la dette alléguée
par Fannius, si l'écriture sur le registre de Roscius eût été la condition *sine qua non* de l'existence de cette dette à sa charge, la prétention de
Fannius fût tombée d'elle-même, et il n'y aurait
pas plus eu à plaider sur ce point que sur l'effet
d'une stipulation restée sans réponse. Supposons,
au contraire, que l'écriture du créancier suffise,
(à cette seule condition qu'elle ait eu lieu du consentement du débiteur), et nous comprendrons
pourquoi, bien que le *codex* de son client ne
porte aucune *accepti-relatio*, Cicéron ne considère évidemment pas ce défaut de mention sur le
registre du défendeur comme une défense suffisante contre la demande du prétendu créancier.
Et c'est là ce qui nous fait bien voir que le défaut
d'inscription sur les *Tabulæ* du débiteur n'em-

pêche pas l'obligation d'exister, mais que seule‑
ment, le moyen de preuve normal et régulier étant
la concordance des deux registres, la preuve du
contrat littéral est, quoique possible, fort ardue,
si cette correspondance n'existe pas. Le défenseur
de Roscius ne dit pas : « Fannius a fait *expensi-
latio* sur son registre, mais comme sur celui de
Roscius, aucune *accepti-relatio* n'y correspond;
il n'y a pas plus obligation qu'à la suite d'une
question « *Spondesne ?* » restée sans réponse. » —
Mais telle est son argumentation : « En général,
et normalement, les registres doivent se correspon‑
dre : dans l'espèce, cela n'est pas. *Il n'y a donc
pas plus de raison pour croire l'un que l'autre :
« Cur potius illius quam hujus crederetur?* » En
deux mots, Cicéron partant du défaut de concordance, ne conclut pas directement de là à l'inexistence de la créance : *il conclut seulement qu'il
n'est pas prouvé qu'elle existe.* Et, du reste, tout,
dans l'argumentation de l'avocat de Roscius, se
retourne contre l'opinion que je combats : « *Turpe
est scribere quod non debeatur* »; or, dit M. Demangeat, si l'*expensilatio* toute seule n'était pas
obligatoire, comment ferais-je une mauvaise ac‑
tion en l'inscrivant sur mon registre ? Et dans le
même passage, Cicéron ajoute: « *Æque tabulæ
condemnantur ejus qui verum non retulit, et ejus
qui falsum perscripsit.* » Ainsi, *on condamnera
les tables du débiteur qui n'a pas porté sur son
registre le* nomen *qu'il a autorisé le créancier à*

*inscrire sur le sien,* de même que celles du prétendu créancier qui aurait faussement inscrit un
*nomen* sans autorisation de celui à qui il l'attri-
.bue. Certes, c'est là bien dire que le défaut d'inscription sur le registre du débiteur ne peut empêcher l'obligation de se former, du moment qu'il
a consenti à l'expensilation.

II. Une seconde opinion, après s'être autorisée
de cette argumentation pour repousser la nécessité de la concordance du registre du débiteur
avec celui du créancier, exige cependant que le
consentement du débiteur revête la forme de l'é-
criture. Le débiteur, dans ce système, devait
donner à son créancier un écrit de sa main, dans
lequel il était constaté qu'il autorisait son cocon-
tractant à porter sur son *codex* telle somme
comme pesée. Ce système est longuement développé par M. Domenget[1]; il argumente d'abord
du § 134 de Gaius, où l'on voit qu'une obligation
se formait par *chirographa et syngraphæ, lorsque
quelqu'un écrivait qu'il devait.* Ici, l'écriture du
débiteur suffisait : or, s'il est vrai qu'elle ne suffisait pas pour l'ancienne obligation littérale romaine, du moins l'analogie porte-t-elle à croire
qu'elle était, sinon suffisante, du moins nécessaire
pour la former. Il invoque ensuite la paraphrase

---

1. M. Domenget, Inst. de Gaius expliquées (p. 379-383).
Je ne connais pas, à ce système, d'autres adhérents : il me
paraît difficilement soutenable, et c'est pourquoi je n'en fais
qu'une très-courte critique.

de Théophile : .... « *Deinde adscribebantur ut ab
eo qui jam ex locatione obligatus esset hæc verba.* »
Enfin, il s'appuie sur les Institutes de Justinien,
d'après lesquelles si une personne a déclaré par
écrit devoir une somme qui ne lui a pas été
comptée, elle ne peut plus, après deux ans, opposer l'exception *non numeratæ pecuniæ*, et se
trouve obligée par l'écriture, d'où il suit qu'au
temps de Justinien l'écriture n'obligeait que si le
débiteur s'était reconnu tel par écrit. On voit
que ce système repose sur une prétendue analogie
entre l'expensilation, d'une part, et, d'autre part,
le contrat littéral par *chirographa* ou *syngraphæ*,
et le contrat littéral au temps de Justinien : l'exposition que nous ferons de ces deux dernières
formes d'obligation littérale, montrera jusqu'à
quel point cette affirmation est hasardée. L'interprétation du texte de Théophile sur lequel s'appuie encore cette opinion va nous occuper dans
quelques instants. Ce qui est vrai, c'est que l'expensilation ayant apparemment surtout servi entre
absents, celui qui devait être tenu par contrat
littéral manifestait, en conséquence, son consentement le plus souvent par écrit. Mais, de là à
faire de l'adhésion écrite du débiteur, même
entre présents, une condition *sine qua non* de
la validité de l'expensilation, il y a loin, et
c'est là une doctrine que je repousse absolument.

III. Une troisième opinion, soutenue par

M. Schüler[1], s'en tient au texte de Théophile. Il paraît donc nécessaire de transcrire ici ce passage, auquel du reste j'ai déjà plusieurs fois fait allusion : « *Habebat autem apud veteres litterarum obligatio talem quamdam definitionem : Litterarum obligatio est veteris nominis in novum creditum per solemnia verba et solemnes litteras transformatio. Nam si quum quis mihi centum aureos deberet ex emptione, aut locatione, aut mutuo, aut stipulatione, (multis enim modis aliquid nobis deberi potest), voluissem hunc mihi obligatum esse litterarum obligatione, — necesse erat verba hæc dicere et scribere ad eum quem litterarum obligatione obligatum habere volebam; sunt autem hæc verba quæ dicebantur et scribebantur :* « Τοὺς ἑκατὸν χρυσοῦς, οὓς ἐμοὶ ἐξ αἰτίας μισθώσεως χρεωστεῖς, σὺ ἐξ συνθήχης καὶ ὁμολογίας δώσεις τῶν οἰκείων γραμμάτων. » *Deinde adscribebantur ut ab eo qui jam ex locatione obligatus esset hæc verba.* « Ἐκ τῆς συνθήχης ὀφείλω τῶν οἰκείων γραμμάτων. » *Et prior obligatio extinguebatur : novaque litterarum nascebatur.* Telle est la traduction que Fabrot nous donne du texte grec de la paraphrase : j'ai seulement laissé le texte original de la formule que, si l'on en croit Théophile, les parties devaient prononcer et écrire, car on n'est pas d'accord

---

1. V. le résumé et la critique de son système dans la dissert. de 1849 de M. de Savigny (l. cit. p. 242). (Schüler, Die lit. oblig. des alteren R. R.)

sur la manière de la traduire. Il est facile de
pressentir à la simple lecture de ce passage, qu'il
soulève les difficultés les plus graves, et menace
fort de détruire un édifice péniblement élevé. De
nombreuses questions peuvent se poser sur son
interprétation.

1° Théophile parle de l'ancien contrat littéral
(*apud veteres*) c'est-à-dire, de l'expensilation : or
peut-on découvrir dans ses expressions une mention, ou du moins une allusion, relatives à ce *codex*
que nous avons affirmé avoir été la base du contrat littéral? Oui, à la condition de traduire :
γραμμάτων, par : *livres*. C'est ce que fait Wunderlich
dans sa dissertation philologique sur le contrat
littéral[1]. Après avoir cité plusieurs passages des
auteurs grecs à l'appui de sa thèse, il conclut
ainsi : « Hinc igitur Theophilus, verbum γραμμάτα
usurpans, *codices* ab auditoribus suis intelligi certus esse poterat, præsertim quum verbum οἰκεῖος
adjecerit, quod ex asse latinorum voci : *domesti-
cus* respondet; unde tota phrasis exactissime
exprimit Latinorum *domesticam rationem*, vocem
in hisce solemnem. » Cette interprétation qui est
adoptée aussi par Pagenstecher[2], semble d'autant
plus séduisante qu'elle concorde avec le rapport
intime attesté par les textes entre la *litterarum*

1. L. cit., p. 40. (V. aussi ce sens dans le dictionnaire,
tout récent, de M. Chassang).

2. Pagenstecher, l. cit., p. 46.

*obligatio* et les *domesticæ rationes* : mais le fait est qu'il n'y a pas là de certitude, et que : « οἰκείων γράμματων » peut tout aussi bien se traduire par : « propres écrits, propre écriture ».

2° Quoi qu'il en soit de ce point, il résulte du texte de Théophile que l'écriture engendre l'obligation : mais est-ce l'écriture du créancier, ou celle du débiteur, ou celle de tous deux ? La difficulté vient de ce que le jurisconsulte dit, et dans l'interrogation, et dans la réponse : « τῶν οἰκείων γράμματων, » et non : « τῶν σῶν, » ou « τῶν ἐμῶν. » — D'après la traduction Fabrot, l'interrogation et la réponse doivent être ainsi interprétées : « Centum aureos quos mihi ex causa locationis debes expensos *tibi* tuli ? — Expensos *mihi* tulisti. » — Au contraire Reitz traduit : « Ex confessione litterarum *tuarum* dabis ? — Ex conventione debeo litterarum *mearum*[1]. » On voit que ces deux interprétations diffèrent beaucoup : dans la première, ce serait l'écriture du créancier qui engendrerait l'obligation ; dans la deuxième, ce rôle semblerait plutôt appartenir à l'écriture du débiteur. A vrai dire, la traduction littérale du texte paraît autoriser l'une et l'autre interprétation : « Me les donneras-tu selon la convention et la confession des propres écrits (ou livres) ? » — « Je les dois selon la convention des propres écrits (ou livres). » On peut même supposer,

1. Otto Reitz. T. II, p. 669.

avec Wunderlich [1], que l'expression : τῶν désigne
les deux registres, et doit être entendue dans le
sens de : *horumce*. Sans oser prendre parti là-
dessus, je remarquerai que si l'on voit dans : « τῶν
οἰκειῶν γράμματων » *le livre domestique du créancier*, l'exposition de Théophile n'est pas, jusqu'ici,
absolument inconciliable avec la forme que tous
les autres textes paraissent assigner à l'ancien
contrat littéral.

3°. — Mais, à vrai dire, cette conciliation pé-
nible et hasardeuse semble, en fin de compte, ne
devoir nous servir en rien. Et, en effet, en admettant même que le texte de Théophile autorise
à croire qu'une *expensilatio* a été faite sur le
*codex*, le contrat littéral devrait dès ce moment
se trouver parfait, et alors comment expliquer
cette nécessité que le créancier fasse verbalement
et écrive à son débiteur cette question : « Te re-
connais-tu débiteur par suite de l'inscription portée sur mon registre? » puis qu'ensuite le débiteur fasse verbalement et écrive cette réponse :
« Je me reconnais débiteur, de par ton registre; »
le tout en forme sacramentelle ? » Outre que c'est
là le seul texte qui nous parle d'un contrat verbal comme accessoire obligé du contrat littéral,
est-il vraiment possible de concilier la nécessité
de cette interrogation et de cette réponse avec le
§ 138 de Gaius, d'après lequel : « *Absenti expen-*

---

1. Dissert. philologica, p. 41.

*sum ferri potest?* » — M. de Savigny y renonce :
« Théophile , dit-il, cherchait à expliquer une
chose qu'il ne pouvait plus voir lui-même, et,
chez les écrivains dont il se servait, il se peut
bien qu'il n'ait rencontré aucune description
claire et complète de la forme du contrat littéral[1]. » — « Sans doute, dit encore ailleurs l'illustre écrivain, Théophile avait ici comme toujours l'œuvre de Gaius sous les yeux, et la fausse
explication qu'il donne de l'ancien contrat littéral pourrait bien s'expliquer par une sorte de
mélange (*vermischùng*), qu'il a pu faire des deux
sortes différentes d'obligations littérales que mentionne Gaius, (*transcriptitia nomina*, d'une part,
— *chirographa* et *syngraphæ*, d'autre part),
confusion qui n'est pas fort surprenante chez le
jurisconsulte byzantin, car l'ancien contrat littéral romain avait disparu depuis longtemps déjà à
son époque[2].

A vrai dire, il semble quelque peu présomp-
tueux de vouloir mieux comprendre les choses
que Théophile, qui avait toute l'ancienne littéra-
ture du droit à sa disposition, tandis que les ma-
tériaux dont nous disposons ne sont pas assez
nombreux pour nous permettre de dépasser
beaucoup les limites de l'hypothèse : c'est ce qu'a
pensé M. Schüler, dont le système sur le contrat

1. Sav. Vermischte Schriften., p. 219, in fine.
2. Savigny, l. cit., p. 229.

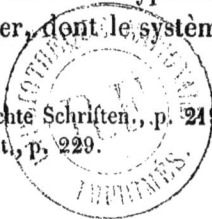

7

littéral est une justification de l'exposition de
Théophile. Il pense que le *nomen* doit être fait en
présence des deux parties, *avec accompagnement
de paroles solennelles* « (*in feierlichen worten*[1]). »
Comment cela marchera-t-il donc avec le § 138
de Gaius? M. Schüler supposera de la manière la
plus gratuite que ce § 138 se rapporte uniquement à la *transcriptio a persona in personam*,
auquel cas seulement la présence du débiteur
cédé et du délégataire n'était pas nécessitée. Il
est évident, dit M. de Savigny après avoir fait la
critique de ce système, que Schüler a été complétement égaré par le désir de justifier l'exposition
de Théophile[2].

Une autre explication, fort ingénieuse, a été
donnée par Wunderlich. Il remarque d'abord
que Théophile ne paraît pas exiger une réponse
verbale du débiteur; ce n'est que pour le créancier qu'il dit : « ἦν δὲ ταῦτα τὰ ῥήματα, ἅτινα καὶ
ἐλέγετο καὶ ἐγράφετο; » et, pour le débiteur, il dit
simplement : « εἶτα ἐνεγράφετο[3]. » Théophile exige-
t-il même que la formule dans laquelle doit se
manifester la réponse du débiteur soit écrite de
la main de ce dernier? Non : « ἐνεγράφετο ὡς ἀπὸ τοῦ
ἐνόχου; » c'est-à-dire, d'après la traduction Fabrot :

1. Voyez le résumé de son syst. dans la dissert. de Savig.
l. c., p. 242. Compz. Reitz, (Theoph. paraphr., t. II),
p. 670, notes, col. 2.
2. Savigny, l. cit., p. 244, initio.
3. Wunderlich, l. cit., p. 42.

« Deinde adscribebantur *ut ab eo* qui jam ex locatione obligatus esset hæc verba, etc. » Ceci donné,
comment les choses se passaient-elles? Théophile
a en vue le cas le plus simple : celui où le contrat
se forme entre présents : les parties étant d'accord, le créancier interroge le débiteur, selon la
formule, et porte cette formule sur son *codex;*
la réponse, *faite sous une forme quelconque* par le
débiteur, est inscrite à la suite par le créancier,
en la formule d'usage, de la même façon qu'elle
le serait à la supposer écrite par le débiteur « (ἐνέ-
γράφετο ὡς ἀπὸ τοῦ ἐνόχου[1]. » Dans ces conditions,
l'opération, comme le dit Gaius, n'exige pas la
présence des parties, puisqu'il suffit que le débiteur manifeste son consentement d'une manière
quelconque à l'inscription, par le créancier, de
la double formule sur les *rationes domesticæ* « (οἰ-
κεῖα γράμματα), » de ce dernier. Il est vrai que
Théophile impose une *nuncupatio* au créancier;
mais, répond l'auteur de ce système, c'est que :
« Temporibus sat antiquis plerumque præsentes
fuisse partes verisimile est. » Cette réponse est
évidemment très-faible; je la crois même inexacte.
Ne pourrait-on pas plutôt supposer, selon l'observation de Pagenstecher[2] : « Forte absente debi-

1. ... a creditore (dit l'auteur de ce système), ejus respon-
sum, *tanquam si ipse debitor scripsisset.* (ἐνεγράφετο ὡς ἀπὸ τοῦ
ἐνόχου), scripturæ addebatur, (p. 41 in fine, et 42).

2. l. cit., p. 47. Cet auteur présente encore une autre
interprétation de ce passage ( § 19, Theophili litterarum
obligatio).

tore, coram testibus pronuntiata certa verba
esse. » — Le fait est que cette argumentation est
ingénieuse, mais il faut bien reconnaître qu'elle
n'est pas absolument convaincante, et qu'elle attribue au contrat littéral une forme vraiment assez
bizarre pour faire douter de son exactitude.
J'avoue que, pour mon compte, je suis fort embarrassé de prendre parti sur ce texte de Théophile : peut-être le plus sûr est-il de s'abriter sous
la haute autorité de M. de Savigny, et de récuser
complétement le témoignage de Théophile, qui,
en fin de compte, n'a jamais vu fonctionner
l'expensilation, et qui, malgré tout son savoir,
a pu commettre une erreur historique.

IV. Repoussant donc le système de Schüler,
et, du même coup, l'explication donnée par
Théophile, j'arrive à l'explication d'une quatrième opinion sur la forme du contrat littéral.
Elle représente le sentiment des grandes autorités
scientifiques, et paraît effectivement être de beaucoup la plus vraisemblable. Elle peut se résumer
en cette formule : « L'Expensilation faite par le
créancier sur son registre, est la condition nécessaire *et suffisante* de la formation du contrat littéral ; sans doute l'inscription du *nomen* sur le
registre du débiteur doit, *régulièrement*, avoir
lieu : *mais elle n'est pas une condition essentielle*
et sacramentelle pour l'existence de l'obligation[1]. » — J'ai dû, déjà plus haut, développer les

1. M. Ortolan, l. cit., n° 1421. — M. Demangeat, II,

principaux arguments qui viennent à l'appui de cette proposition, lorsque j'ai essayé de réfuter la première opinion, d'après laquelle une mention corrélative sur le registre du débiteur serait nécessaire pour l'existence même de l'obligation littérale; je me contenterai donc de résumer succinctement ces arguments :

1° Il résulte du § 1 de l'*oratio pro Roscio* que le procès sur l'existence d'un *nomen* n'est pas absolument vidé par la seule constatation qu'aucune *accepti-relatio* ne correspond, sur le registre du prétendu débiteur, à l'*expensi-latio* faite sur celui du prétendu créancier[1].

2° J'ai fait voir, en même temps, l'importance, dans le sens de l'opinion que je soutiens, du § 137 de Gaius : « *In nominibus, alius expensum ferendo obliget, alius obligetur.* »

3° Un pérégrin, nous l'avons vu, pouvait être obligé envers un Romain par expensilation, et cependant le pérégrin n'avait pas de *codex* dans

---

p. 291 et 292. — M. Machelard à son cours, (année 1870). — M. de Savigny. Verm. Schr., p. 231 (sur le § 137 de Gaius) : *Ist die Expensilatio, d. h. die handlùng des creditors, die einzige handlùng, woraùf der Lit. Cont. berùht.* Et de même, à la p. 236.

1. J'ai donné, plus haut, à cette proposition, les développements qu'elle comporte, et j'ai, en même temps, indiqué l'argument que l'on pouvait tirer de cette phrase : *turpe est scribere quod non debeatur*, et surtout, de celle-ci : *Æque tabulæ condemnantur ejus qui verum non retulit, et ejus qui falsum perscripsit.*

lequel il pût faire une *accepti-relatio*; celle-ci, donc, n'était pas indispensable [1].

Ces arguments me paraissent repousser d'une manière péremptoire l'opinion qui considère comme essentielle l'*accepti-relatio* sur le registre de la personne dont le nom figure dans l'*expensilatio*. En résumé donc, celui qui se prétendait créancier *litteris* avait deux choses à prouver : *a.* Le fait même de l'Expensilation; *b.* Que cette Expensilation avait eu lieu du consentement du débiteur. — En ce qui concerne la première preuve, le créancier la fournissait par l'apport même de son *codex,* mais cela ne suffisait plus pour la seconde : il fallait l'établir par tous les moyens possibles; or, le mode de preuve régulier, ordinaire, c'était tout naturellement, selon l'esprit de ce genre de contrat, la concordance des deux registres. Si donc le débiteur a fait une *Accepti-relatio*, plus de doute, mais, dans le cas contraire, le créancier perdait-il nécessairement son procès? Nous avons tenté de montrer que de cette situation naissait seulement un doute absolu, que le demandeur pouvait faire cesser en produisant des témoins, où une lettre du défendeur, ou enfin toute autre preuve suffisante [2].

1. M. Savigny (Obligations, I, p. 43).
2. L'opinion adverse s'appuie précisément avec insistance sur ces difficultés de preuve. La réponse me semble facile; je n'irai sans doute pas jusqu'à dire, comme on l'a fait, qu'à l'origine la loyauté primitive écarta sans doute ces difficultés

48. — Ainsi l'*expensi-latio* suffisait à engendrer le contrat littéral, et, du moment qu'elle avait eu lieu avec l'assentiment du débiteur, l'*accepti-relatio* de celui-ci n'était pas une condition essentielle. Mais supposons qu'il n'y a pas eu d'*expensi-latio*, qu'une *accepti-latio* seulement, a été consignée sur le registre d'une personne, à l'actif d'une autre : *quid juris?* Voici sur ce point ce que dit M. de Savigny : « Cela pouvait peut-être (*vielleicht*) être opposé à cette personne, car c'est de sa propre volonté qu'elle s'était reconnue débitrice : un cas se présente dans Cicéron, dans lequel le seul port opéré par le débiteur paraît être considéré comme pouvant le lier[1]. » Le texte que cite le jurisconsulte est un passage des *Verrines*[2], relatif à la gestion par Verrès de la tutelle

cette opinion dénote évidemment un optimisme exagéré, et du reste, à supposer que la mauvaise foi fût inconnue en ces temps, — bien éloignés, sans doute, du nôtre, — du moins pouvait-on concevoir des dénégations fondées sur l'incertitude de la mémoire. Le fait est que la preuve du consentement du défendeur pouvait dans certains cas être fort difficile en l'absence, d'*accepti-relatio* de sa part, mais n'en était-il pas de même dans le cas de stipulation? Le prétendu créancier n'avait-il pas à prouver, par tous les moyens possibles, qu'il avait interrogé le défendeur, et que celui-ci avait fait une réponse conforme? Or cette preuve n'était ni plus ni moins difficile, et rien n'était plus simple pour le créancier que de demander au débiteur son consentement à l'expensilation, *devant témoins*, ou de conserver *la lettre* par laquelle, entre absents, le débiteur manifestait son adhésion.

1. Verm. Schriften, p. 222, (dissert. de 1816.)
2. In Verrem, liber I, § 36.

de Malleolus, et dont nous nous sommes occupés à propos des *transcriptitia nomina*. Je suis très-porté à repousser complétement cette manière de voir, dans laquelle, du reste, M. de Savigny ne paraît pas avoir persévéré[1]. Dans l'espèce de ce texte, nous voyons que Verrès porte sur son registre : « *Acceptum a Malleolo*, » 600 000 sesterces qu'il lui doit. D'abord, on pourrait répondre à l'induction que M. de Savigny tire de ce texte, qu'il n'est pas bien prouvé qu'il ne s'agit pas simplement ici d'un *arcarium nomen*[2], et ensuite qu'en admettant même, (avec le système assez hypothétique que nous avons développé plus haut), que c'est là un *transcriptitium nomen*, l'argument serait peu convaincant, car il est bien permis de supposer que Verrès tenait aussi les registres de son pupille, et qu'il avait pu faire sur le *codex* de ce dernier une *expensi-latio* correspondante à l'*accepti-latio* dont parle Cicéron, et qu'il avait faite sur le sien.

§ 16. — 49. — Après avoir traité de la forme du contrat littéral, nous arrivons à l'axamen d'une question capitale, à savoir, quel est le temps pendant lequel l'institution qui nous occupe fut en vigueur. Toutefois, auparavant, nous devons consacrer quelques lignes à des points de détail qui méritent une attention particulière.

---

1. Sav., l. cit., p. 236 (dissert. de 1849.)
2. Wunderlich donne cette interprétation (l. cit., p. 35.)

50. — Il s'agirait d'abord de savoir si la solidarité a pu être créée par l'expensilation, comme
elle pouvait l'être par la stipulation. Je le crois,
et tels sont les arguments que j'appellerai à l'appui de cette proposition :

*a.* Nous avons constaté que le contrat verbal
et le contrat littéral présentent de remarqua-
bles analogies, analogies que Gaius présuppose,
quand il prend soin, au § 134, de nous signaler
une différence entre ces deux modes d'engagements. C'est là, dès l'abord, une raison sérieuse
de croire à la formation *litteris* des obligations
corréales.

*b.* Deux textes de Paul viennent d'ailleurs ap-
puyer cette induction. Le premier se réfère à un
pacte qui pouvait intervenir après l'ouverture
d'une hérédité, et par lequel les créanciers accordaient certaines remises à l'héritier pour le déterminer à faire adition. Lorsque les créanciers
héréditaires ne pouvaient se mettre d'accord à ce
sujet, il fallait recourir au préteur, lequel, par un
décret, sanctionnait l'avis de la majorité [1]. Mais
comment va-t-on former cette majorité dans le
cas suivant : « *Plures sunt rei stipulandi, vel
plures argentarii quorum nomina simul facta
sunt....* « Paul répond : « *Unius loco numera-
buntur, quia unum debitum est* [2]. » Ainsi, le ju-

---

1. Fr. 7, § 19, ff. de pactis (II, XIV.)
2. Fr. 9, ff. de pacti. (II, XIV.)

risconsulte met exactement sur la même ligne
les : *Rei stipulandi*, et les : « *argentarii quorum nomina simul facta sunt,* » ou, en d'autres
termes, l'obligation créée au profit de plusieurs
par une stipulation, et l'obligation créée au profit
de plusieurs par une expensilation. Dans un autre
texte, Paul suppose que, de deux *rei credendi*
ou *debendi*, l'un a fait un compromis, c'est-à-dire a
consenti à ce que le procès sur l'existence de l'o-
bligation corréale fût soumis à un arbitre, en pro-
mettant une peine pour le cas où il ne se confor-
merait pas à sa décision, et en en stipulant une
pour le cas où l'adversaire la méconnaîtrait. Il est
décidé par l'arbitre qu'il n'y a point d'obligation
corréale : la peine est-elle encourue si l'autre
*reus*, qui n'a point pris part à la convention, poursuit ou est poursuivi au mépris de la sentence ?
Puis, Paul ajoute : *Idem in duobus argentariis
quorum nomina simul eunt,* c'est-à-dire : « Même
question relativement à deux banquiers dont les
titres sont concordants[1]. » C'est donc qu'il considère que ces *argentarii* sont, par un effet de
l'expensilation, dans la position de *duo rei credendi.*

Que pourrait-on répondre à ces arguments ?
Objectera-t-on que nous ne trouvons à cet égard
aucune preuve directe dans les compilations de
Justinien, ni même dans les documents antéjusti-

1. fr. 34, ff. de receptis (IV, VIII).

niens? Mais cela ne doit pas nous surprendre, car
du temps de cet empereur l'ancien contrat littéral
était tombé en désuétude, en sorte qu'il est assez
naturel, non-seulement qu'il ne parle pas lui-
même de corréalité formée *litteris*, mais encore
que les documents antérieurs qui ont passé par
ses mains se trouvent expurgés d'une institution
vieillie. — Ou bien encore, raisonnera-t-on de la
manière suivante : les textes cités mettent tous deux
en scène des *argentarii*; or, les associations de
banquiers avaient ce caractère, exorbitant du
droit commun, que tout membre de ces sociétés
devait répondre à lui seul de la totalité de la dette
portée sur les registres de la société, et qu'en revanche tout associé pouvait réclamer à lui seul la
totalité d'une créance sociale[1]; en conséquence la

---

1. Il y avait, en effet, entre associés pour l'exploitation
d'une *argentaria*, une sorte de solidarité légale, par laquelle
étaient modifiés les principes ordinaires, qui voulaient que
toutes les fois qu'un associé avait contracté avec un tiers,
cet associé pût seul être poursuivi. (fr. 27, ff. *pro socio*).
Cela résulte d'un passage de Cicéron : *Id quod argentario
tuleris expensum a socio ejus recte repetere possis.* (Rheto-
rica, ad Herennium, § 13. V. sur ce texte M. de Caqueray,
l. cit., p. 396 et suiv.) — Et Paul, dans le fr. 27, pr. ff. *de
pactis*, paraît faire allusion à cette situation spéciale, lorsqu'il applique une décision qu'il vient de donner, à la fois
aux *argentarii socii* et à *duo rei stipulandi. (Constitutum ut
solidum alter petere possit).* (Comp. Cujas, t. IV, p. 944. —
Savig. I, § 47. Dr. des oblig. — Ortolan, III, n° 1819
p. 464. — Demangeat. Oblig. solid. p. 162. — Contra,
Dietz, thèse de doct. sur les *argentarii*, p. 13 à 18.) —
Évidemment ce sont là des principes spéciaux qui tiennent

solidarité, dans ces deux textes relatifs l'un et l'autre à des *Argentarii*, peut tout aussi bien être considérée comme le produit d'un rapport de société existant entre ceux-ci, que comme une conséquence des *nomina simul facta*. A ceci je répondrai, d'abord, que si ces deux fragments supposent des *argentarii*, cela s'explique aisément par cette circonstance que l'usage de réaliser des contrats au moyen de mentions sur des registres paraît s'être conservé chez les banquiers plus longtemps que dans la pratique générale des citoyens ; ensuite, que, dans les deux textes que nous avons cités rien ne prête à supposer l'existence d'une société entre les *argentarii* que Paul met en scène. Dans la loi 9 (*de pactis*), la décision donnée par le jurisconsulte est tout à fait indépendante de l'existence d'une société entre les divers créanciers dont il s'agit. Quant à la loi 34 (*de receptis*), il est vrai que le résultat ne sera pas le même selon qu'il y aura ou non société, mais il faut remarquer que ce que le texte en question fait dépendre de cette circonstance, c'est, non pas le rapport de corréalité, il l'affirme, mais bien l'effet du compromis[1]. La corréalité résulte donc, dans l'espèce,

---

sans doute à l'importance des rapports que les Romains avaient, en général, avec les *argentarii*.

1. Voici en effet, la décision de Paul : « Nous pouvons donner ici la même décision que pour les fidéjusseurs, si les *rei* sont associés ; dans le cas contraire, la poursuite exercée

non pas du caractère spécial des associations de
banque, mais des *nomina simul facta*, de telle
sorte qu'en pareil cas la corréalité a lieu, soit
que l'opération ait été faite sur les registres d'*argentarii socii* ou *non socii*, soit qu'elle ait été faite
sur les registres même de simples particuliers[1].

Maintenant, de quelle façon le *nomen* doit-il
être construit pour produire cet effet de créances ou d'obligations solidaires? Nous n'en con-
naissons pas la formule, mais nous pouvons cependant nous rendre compte du mécanisme. Il
y avait corréalité active si P. et S. exprimaient

par moi ou contre moi ne paraît pas exercée par vous ou
contre vous, et réciproquement. » (M. Dem. Ob. sol.,
p. 312.) Ainsi, *s'il s'agit de codébiteurs*, que l'arbitre saisi
de la question de savoir si S. doit 100 à P., *correaliter* avec
T., se soit prononcé pour la négative, puis que P. s'attaque à
T., S. sera-t-il fondé à réclamer la peine? Oui, si P. et T.
sont associés, car alors l'action de P. réfléchit, pour
moitié contre S. (C'est comme si, P. ayant compromis avec
S., débiteur principal, et l'arbitre lui ayant donné tort, il
venait poursuivre le fidéjusseur). S'il n'y avait pas société
entre S. et T., P., en poursuivant T, n'encourrait pas la
peine, car son action ne saurait réfléchir contre S. — S'il
*s'agit de cocréanciers*, que l'arbitre saisi de la question
de savoir si P. est *reus stipulandi* avec S. par rapport à T.
ait rejeté la prétention de P., puis que S. actionne T. en
payement, T. sera-t-il fondé à réclamer la peine à P.? Oui,
s'il y a société entre P. et S., car alors P. profite de l'action ;
non dans le cas contraire, car alors P. ne profite pas de
l'action intentée par S.
1. En ce sens, M. Ortolan (III, n° 1818). M. Demangeat (Cours de dr. R. II. p. 259, — et Oblig. sol. en dr.
R. p. 160). M. de Savigny (t. I, Dr. des oblig., § 17).

sur leurs registres, du consentement de T., que
100 sest. avaient été *expensi Tertio* ; bien
entendu, il fallait de plus indiquer le rapport
existant entre les deux expensilations, indiquer
que toutes deux avaient pour objet les mêmes
100 sest. Il y avait corréalité passive si P., du
consentement de S. et de T., portait sur son registre que 100 sest. avaient été par lui pesés, à la
fois à S. et à T. [1]. Il y avait, dans ces deux cas,
solidarité en vertu de l'expensilation, tout comme
en vertu de la stipulation ; et la corréalité qui
résultait d'un contrat littéral, pas plus que celle
qu'engendrait la stipulation, n'impliquait aucunement l'existence d'un contrat de société entre les *correi* [2].

51. — Nous ne pouvons négliger l'examen de
quelques passages dans lesquels il est parlé de :
*plurium*, ou : *multorum tabulæ*. Quel est le
sens de ces expressions? La question est em-
barrassante :

I. Sénèque, déplorant le peu de crédit accordé

1. On pourrait supposer comme possible la forme suivante : *expensum Secundo centum; expensum Tertio eadem
centum* (par analogie de la formule du contrat verbal).
2. Ainsi, l'obligation corréale peut résulter de l'expensilation comme de la stipulation. Admettrons-nous aussi que,
de même que le contrat verbal, le contrat littéral ait pu être
employé pour s'engager *accessoirement* à un obligé principal? Je ne le crois pas : l'*adpromissio* se forme toujours
*verbis;* aucun texte, que je sache, n'autorise à penser le contraire. (M. Demangeat, Cours de dr. R. II, p. 174, Wunderlich, l. cit., p. 71.)

à la bonne foi et les précautions dont on s'entoure dans les affaires, dit : *Cogere fidem quam spectare malunt; adhibentur ab utraque parte testes : ille per tabulas plurium nomina interpositis parariis facit; ille non est interrogatione contentus, nisi rem manu sua tenuit* [1]. Que signifient ces expressions : « *per tabulas plurium ?* » Des auteurs allemands remplacent *plurium*, par : *plurimum*, (dans le sens de : *plerumque*). Wunderlich rapporte *plurium*, à *nomina*, et interprète ainsi : « hæc locutio referenda est *ad multa capita æris alieni*, quibus singulis per creditoris libros debitor huic erat obstrictus [1]. » D'après une autre interprétation, citée par le même auteur et adoptée par M. de Caqueray [3], l'habitude aurait été de consigner les créances sur les registres de tiers (*pararii*), qui servaient pour ainsi dire de témoins; lorsque le créancier avait fait l'expensilation, il avait soin que la créance fût reportée sur les registres d'autres personnes, afin de pouvoir, le cas échéant, les invoquer pour corroborer l'attestation du sien. Cette explication trouve un certain appui dans des passages de Cicéron : Dans le § 1 de son *Oratio pro Roscio*, il signale l'usage où est le demandeur d'invoquer les registres d'hommes honnêtes :

1. De beneficiis, lib., III, § 15.
2. Wunderlich, dissert. philolog. p. 31, 32 et 48.
3. De Caqueray, p. 152. — Wunderlich, p. 48 et 71. — De Fresquet, t. II, p. 155).

*Solent fere dicere qui per tabulas hominis ho-
nesti pecuniam expensam tulerunt : Egone talem
virum corrumpere potui, ut, mea causa, falsum
in codicem referret ?* [1] Au § 2, l'orateur parle
des registres de Saturius, le défenseur de Fannius
Chéréa, registres qu'il demandait à Perpenna,
l'un des assesseurs du juge Pison, et cela sans
doute dans l'intérêt de Roscius : *Paullo ante a
M. Perpenna P. Saturii tabulas poscebamus : nunc
tuas, C. Fanni Chærea, solius flagitamus, et
quominus secundum eas lis detur non recusamus.*

II. Voici maintenant un texte de Cicéron, dans
lequel nous rencontrons des termes analogues :
Il raconte à Atticus une incroyable convention de
brigue, lue en plein sénat, par laquelle deux compétiteurs au consulat promettaient 400000 sesterces aux consuls sortants pour arriver à les remplacer, et il dit : *Hæc pactio non verbis, sed
nominibus et perscriptionibus multorum tabulis
quum esse facta diceretur, prolata a Memmio est,
nominibus inductis* (les registres étant produits) [2]. On pourrait être assez tenté de croire que

1. C'est-à-dire : ceux qui invoquent une expensilation en
s'appuyant sur les registres d'un honnête homme, sont accou-
tumés de dire : « Ais-je donc pu corrompre un tel homme,
pour que, dans ma cause, il énonçât faussement sur son *codex* qu'il y avait eu une pesée? » *(falsum in codicem referret)*. (Trad. de Caqueray.)

2. Ad Atticum, lib. IV, ep. 18. (V. la trad, de **Caqueray**
l. cit., p. 544.)

plusieurs personnes s'étaient engagées *litteris* à titre d'adpromission, accessoirement à l'obligation principale, mais, comme nous l'avons déjà dit, rien n'autorise à penser que l'adpromission ait pu se faire au moyen de l'expensilation. Il ne me paraîtrait pas impossible de donner de ce texte la même interprétation que de celui de Sénèque, et de supposer que les : *multorum tabulæ* sont les registres de tiers (*pararii*), sur lesquels étaient relatés, à fin de preuve, les *nomina* faits entre les parties. Une autre interprétation pourrait s'appliquer aussi à nos deux textes : ce serait la supposition que les *nomina* auraient pu figurer, non-seulement à titre probatoire, mais même comme constitutifs d'obligations, sur les *codices* de personnes autres que les parties [1].

M. de Savigny repousse du même coup ces deux dernières explications : « Comment concevoir, dit-il, que le *codex* d'une personne puisse servir en quelque sorte d'hôtellerie aux affaires des autres? [2] » Et en effet, manquant de renseignements sur la forme et le mécanisme du *codex* romain, pouvons-nous facilement nous le figu-

1. V. dans la dissertation philologique de Wunderlich, (l. cit., p. 71 et 72), diverses opinions émises en Allemagne sur ces expressions de Cicéron.

2. « *Ist ein codex accepti et expensi, mit gastlicher beherbergung fremder vertrage fast undenkbar* » (l. cit., p. 243). — Malheureusement, je ne vois pas que l'auteur expose son idée sur ce point.

rer contenant des articles, assertions ou mentions, complétement étrangers à la fortune de celui qui le tient? Mais alors quel parti prendre sur ces textes? Voici l'explication que je hasarderais : on peut très-bien concevoir que l'intervention de registres de tiers ait pu être à l'occasion un moyen d'éviter le grand jour à une affaire, à une négociation illicite et scandaleuse. Primus, en échange d'un service inavouable honnêtement, veut créditer Secundus : d'autre part, comme les relations des deux parties doivent rester secrètes, il ne faut pas que le nom de « Secundus » figure sur le registre de Primus. En conséquence Primus crédite Tertius, et c'est ce dernier qui, pour la même somme, crédite à son tour Secundus sur son registre. Et même, pour détourner tout soupçon, la valeur promise peut être fractionnée en plusieurs parties dont chacune figure au crédit de Secundus, mais sur les registres de plusieurs intermédiaires (*per tabulas plurium,... interpositis parariis*). Cette interprétation se concilierait peut être assez bien avec le passage précité de Cicéron : je la propose donc, mais sans oser affirmer.

§ 17.—52.— Le moment est venu où, pour clore cette partie de notre dissertation, nous devons nous livrer à quelques recherches sur le point de savoir pendant quel temps fut en usage l'obligation littérale née de l'expensilation. C'est là encore un point sur lequel nous manquons de ren-

seignements précis. L'explication de sa disparition
ne donne pas lieu à moins de difficultés.

53. — A quelle époque les Romains eurent-ils
l'idée d'attribuer à l'écriture sur le *codex* le rôle
d'élément générateur d'obligations. Nous l'ignorons absolument, mais nous pouvons tirer une
conjecture du parallèle esquissé plus haut entre
le contrat verbal et le contrat littéral. Effectivement nous avons vu :

1° Que la stipulation, première dérivation du
*nexum*, était devenu le contrat type, le contrat
Romain par excellence, moule flexible dans lequel
on pouvait jeter une opération juridique quelconque, tandis que l'expensilation, seconde dérivation du *nexum*, restait fidèle à son origine
première, et ne pouvait s'appliquer à autre chose
qu'à des sommes d'argent déterminées — 2° Que
le contrat littéral, à la différence du contrat verbal, ne comportait ni terme ni condition, de
sorte qu'il n'en pouvait résulter qu'une dette immédiatement échue et exigible de somme d'argent. — 3° Que la stipulation entra dans le droit
des gens, tandis que le contrat littéral restait,
pour les Proculéiens de pur droit civil, et d'après
les Sabiniens n'était accessible aux pérégrins que
dans un cas spécial. — 4° Enfin, que le contrat
verbal constituait une forme d'engagement plus rapide et plus simple. Or, ces divers points étant
reconnus, on serait assez embarrassé de trouver
à notre institution un rôle réellement pratique

à côté de la Stipulation, si le § 138 de Gaius ne venait nous l'indiquer : *Absenti expensum ferri potest, etsi verbis obligatio cum absente contrahi non possit.* Ainsi l'expensilation offrait un avantage précieux : celui de s'employer à distance; les parties traitaient par lettres missives, et leur convention devenait contrat par le port de l'opération sur le registre de celui qui devait jouer le rôle de créancier. C'est sur ces données que l'on peut conjecturer je crois, avec grande vraisemblance, que l'expensilation entra dans la liste des contrats, du jour où elle put y avoir l'utilité réelle et pratique que nous venons de signaler, c'est-à-dire du moment où, la République prenant une extension territoriale de plus en plus grande, il devint par là même nécessaire aux citoyens de pouvoir passer à distance toute sorte de conventions. C'est là, en effet, ce semble, la seule utilité pratique, réelle, du contrat littéral par expensilation. Il n'y a pas ici à rechercher un monument législatif et une date précise : constatons seulement, qu'il en est déjà trace dans les comédies de Plaute, 227 ans avant Jésus-Christ[1].

54.— Et maintenant, à quelle époque cet usage disparut-il? Il est incontestable qu'il était en désuétude au temps de Justinien : sur ce point le texte des Instituts est formel[2]; mais dura-t-il jus-

1. Asinaria, act. II, scen. IV, vers 34.
2. *Inst.* lib. III, t. XXI. *Olim scriptura fiebat obligatio*

que-là? Sans doute ici encore nous n'avons pas à
rechercher la date précise d'un acte législatif :
l'usage seul dut défaire ce qu'il avait fait; mais
nous devons du moins tenter de suivre le plus
loin possible les traces du contrat littéral par expensilation.

Il est certain qu'il était en usage au temps de
Pomponius, sous Antonin le Pieux, (138 de J. C.),
comme on le voit par un fragment du Digeste, où
l'on a laissé à côté de la stipulation la mention
des anciens *nomina*[1]. De même, à l'époque de
Gaius, sous Marc-Aurèle, (169 de J. C.[2]), et de
Paul, sous Antonin-Caracalla (212 de J. C.[3]). —
Nous le retrouvons encore dans le § 329 des *Fragmenta Vaticana* : *Sub conditione cognitor non recte
datur, non magis quam mancipatur, aut acceptum vel expensum fertur.* Or ce recueil doit

*quæ nominibus fieri dicebatur : quæ nomina hodie non sunt in
usu.*

1. ff. fr. 1, de ann. legat. *Quum in annos singulos quid
legatum sit, neque adscriptum quo loco detur, quocumque loco
petatur dari debet : sicut, ex stipulatu, aut nomine facto, petatur.*

2. Je ne reviens pas sur ce point : j'ai montré que, quoique
ce jurisconsulte ne parle pas des *codices*, leur persistance à
cette époque est attestée par Aulu-Gelle, son contemporain,
de sorte que c'est bien par *expensilatio* dans ces registres
que se forment les *transcriptitia nomina*, dont s'occupe
Gaius.

3. Voyez les textes précités de Paul : fr. 9, ff. de pactis,
— fr. 34, pr. ff. de receptis, dans lequel se trouve l'expression : *nomina facere.*

avoir été composé peu après l'année 372 de J. C.[1].
— Le Code Théodosien, (438 de J. C.), parle
bien encore d'un contrat littéral, mais non plus
comme venant de l'*expensi-latio* dans le *codex*[2].
Enfin, la dernière trace s'en trouve au bréviaire
d'Alaric (506 de J. C.), dans l'Epitome de Gaïus,
qui y figure[3]. Rappelons en dernier lieu, faute de
pouvoir lui assigner une date précise, un passage
déjà cité d'Asconius, duquel il résulterait que
l'usage des *codices* aurait été absolument en désuétude au temps de ce grammairien[4].

Tels sont les principaux textes qui peuvent nous
fournir les éléments d'une conclusion. Il semble en
ressortir que le contrat littéral par expensilation a
pu durer à peu près jusqu'à la fin du quatrième siècle de J. C. C'est pourquoi le pseudo-Asconius qui,
d'après la critique moderne[5], a vécu vers la fin du
quatrième ou le commencement du cinquième siè-

1. Le § 37 donne une const. de 372. — D'autre part, il
était certainement déjà composé en 438, car il cite le Code
Grégorien, et le Code Hermogénien, et non le Code Théodosien, lequel fut publié en 438.

2. Const. 6, (de denuntiatione vel edictione rescripti) : *Si
quis debiti quod vel ex fænore, vel mutuo data pecunia, sumpsit
exordium, vel ex alio quolibet titulo, in litterarum obligationem, facta cautione translatum est.* On voit qu'il n'est pas
parlé de *codex accepti et expensi*, mais simplement d'un titre
écrit, *cautio.*

3. Lib. II, t. IX, § 12 : *Litteris obligatio fieri dicitur,
aut a re in personam, aut a persona in personam.*

4. Sur la 2ᵉ Verrine, l. I, § 23.

5. V. *supra*, n° 19, III et V.

cle, n'en parle plus que comme d'une institution perdue. — Il paraîtrait au contraire que l'usage de l'expensilation se serait maintenu plus long-temps en Occident, puisque, d'après le bréviaire d'Alaric, les sujets romains du royaume des Wisi-goths, (lequel comprenait l'Espagne et une partie de la Gaule), sembleraient avoir pratiqué encore le contrat littéral sous son ancienne forme au sixième siècle (506 de J. C.), et par conséquent probablement encore au temps de Justinien (527 de J. C.

55. — Quelle a pu être la cause de la dispari-tion de l'*expensilatio*?

I. D'après le passage, reproduit plus haut, du pseudo-Asconius, l'expensilation se serait effacée de la liste des contrats par suite de la désuétude de l'usage des *tabulæ*. En traitant de ce dernier point, j'ai cru pouvoir émettre quelques doutes sur le fait de la disparition d'une coutume que le progrès des temps semblerait rendre de plus en plus nécessaire, — et supposer que l'expensilation avait bien pu disparaître malgré la persistance de l'usage des *rationes domesticæ*[1].

II. Wunderlich[2] l'explique par ce fait que, sans doute, en même temps que disparaissaient l'aus-térité et la foi primitive, dut naturellement se per-dre aussi le crédit que l'on attachait à l'attestation

1. V. *supra*, § 7, n° 21, 1re partie.
2. *Dissert. philolog.*, *l. cit.* p. 41.

écrite des citoyens; le *codex*, perdant peu à peu toute créance, devait par là même cesser de pouvoir être un instrument d'obligations[1].

III. Voici maintenant la cause qu'en donne Pagenstecher[2] : Le contrat littéral avait pour utilité réelle et pratique de permettre les obligations entre absents. Mais restait cet inconvénient, que le débiteur était obligé, pour acquitter l'obligation ainsi contractée, d'envoyer en nature les fonds au créancier, ce qui exposait les espèces à de nombreuses chances de perte et entraînait d'assez grands frais. Or, lorsque les *argentarii* eurent partout des comptoirs, il devint facile de remédier à cet inconvénient. P. à Rome, voulant s'engager pour 100 s. envers S. qui est à Capoue, s'engagera envers un banquier de Rome, lequel, usant du crédit qui lui est ouvert chez son correspondant de Capoue, mandera à ce dernier de s'engager pour la même somme envers S. Ainsi s'expliquerait que le contrat littéral ait progressivement disparu des registres des particuliers.

IV. Schüler suppose que si l'expensilation disparut, c'est qu'elle fut supplantée par un moyen plus facile et plus simple, dans la fonction où son utilité se manifestait de la manière la plus pratique. Sa désuétude daterait du jour où le préteur

1. Sur la disparition de la foi dans les registres, comp. Sénèque, *de beneficiis*, lib. III, § 15; et aussi, les const., 5, 6, 7 au Code, de probat.
2. Pagenstecher, *l. cit.*, p. 76, n° 2.

sanctionna de son autorité le pacte de constitut :
dès, lors, en effet, une simple lettre put former
entre absents un pacte muni d'une action[1]. Ces
deux institutions vécurent ensemble pendant un
certain temps[2], puis, en fin de compte, celle qui
était la plus pratique absorba celle qui l'était le
moins. Cette explication est adoptée aussi par
M. de Savigny[3].

V. J'estime, pour mon compte, qu'il importe
de faire une part à chacune de ces observations,
et je crois que l'on pourrait peut-être y joindre
encore une autre cause : l'intronisation dans le
système romain d'une nouvelle forme d'obligation
*litteris* : le *chirographum et les syngraphæ*. Ces
formes d'obligations littérales, dont l'origine
grecque n'est pas douteuse, ont pu être insensi-
blement transfusées dans le droit romain, et y
supplanter l'expensilation, surtout lorsque le siége
de l'empire eut été transféré à Constantinople[4].

---

1. Je remarque que ce pacte suppose nécessairement la
préexistence d'une obligation, et ne peut former une obligation primordiale.

2. Gaius parle de toutes deux : (§ 128 et suiv., du comm.
III). — (§ 171 du comm. IV).

3. *Vermischte Schriften.*, p. 244 et p. 248 : « Le *constitutum*, dit l'auteur, réalisait complétement les avantages pratiques de l'ancien contrat *litteris*, tout en étant un moyen
juridique commode, souple, non sacramentel, tandis qu'une
certaine lourdeur était attachée, d'une manière évidente, au
contrat littéral. » — (Comp. Pagenstecher, *l. cit.*, p. 76).

4. Comp. Wunderlich, *l. cit.*, p. 51.

Mais, à vrai dire, ceci est, comme nous le verrons dans quelques instants, plus probable que prouvé.

# CHAPITRE II.

## DANS LES TITRES SÉPARÉS.

§ 18. — 56. — Dans la première partie de cette dissertation, je me suis borné à énumérer les principaux de ces écrits, en indiquant les sources qui nous les font connaître. Ici, je rechercherai quel fut leur rôle juridique. La question qui se pose pour chacun d'eux est celle-ci : Tel écrit est-il du nombre de ceux dont Gaius a dit : *Fiunt de his scripturæ, ut quod actum est per eas facilius probari possit; et sine his autem valet quod actum est, si habeat probationem*[1], ou bien est-il dressé comme élément constitutif, comme *causa civilis* de l'obligation? C'est de ceux auxquels nous reconnaissons ce dernier caractère, que nous aurons spécialement à nous occuper.

57. — La question prête surtout à controverse en ce qui concerne les *chirographa* et les *syngra-*

1. ff. fr. 4, *de fide instrumentorum.*

*phæ*, et c'est sur ce point que nous allons tout
d'abord essayer de donner une solution.

I. *Chirographa*. — D'après les Romanistes français, les *chirographa* constituent une forme d'obligation littérale. On voit en effet Sénèque mettre
sur la même ligne les *nomina* et les *chirographa*[1].
D'autre part, un texte parfaitement formel de Gaius
nous les présente comme une forme de contrat littéral, et, par suite, comme constituant un élément
générateur d'obligation : *Præterea litterarum obligatio fieri videtur chirographis et syngraphis, id est
si quis debere se aut daturum se scribat, ita scilicet
si eo nomine stipulatio non fiat, quod genus obligationis proprium peregrinorum est*[2]. — Au con-

1. *De beneficiis*, II, 13. — « *Neque nomen neque chirographum facere.* »
2. Comm. III, § 134. — Gaius, il est vrai, ne s'exprime
pas pour ces sortes d'écrits comme pour les *nomina transcriptitia*; il ne dit pas : « *Litterarum obligatio fit*, » mais seulement : « *Fieri videtur;* » cela vient, selon la remarque de
M. Ortolan, de ce qu'en effet ce n'est point ici la véritable
obligation *litteris* du pur droit civil des Romains. Au reste,
le sens de ce § 134 est surabondamment élucidé si l'on remarque : *a*. combien sont différentes les expressions qu'il
contient, de celles que le même jurisconsulte emploie au
§ 131, lorsqu'il parle des *arcaria nomina* ;— puis, *b*. ce petit membre de phrase : « *Ita scilicet si eo nomine stipulatio
non fiat*, » c'est-à-dire en supposant qu'il n'y a pas eu stipulation. Et en effet, si une stipulation fut intervenue, il y eût
eu une obligation *verborum*, à laquelle le *chirographum* n'eût
fait que servir de preuve, tandis que si, comme le dit Gaius,
il y a obligation indépendamment de toute stipulation, c'est
bien que cette obligation est formée *litteris*, par le *chirographum*.

traire, d'après l'opinion la plus communément reçue chez les écrivains allemands, les *chirographa* n'auraient été que de simples billets probatoires; on peut invoquer à l'appui de cette manière de voir un texte d'Asconius : *Inter syngraphas et cætera chirographa hoc interest : quod, in cæteris tantum quæ gesta sunt scribi solent; in syngraphis etiam contra fidem veritatis pactio venit, et non numerata quoque pecunia, aut non integre numerata, pro temporaria voluntate hominum scribi solent*[1]. Or, dit M. de Savigny, il résulte de là que, d'une part, les *syngraphæ* constituaient un contrat formel, dont l'écriture, indépendamment de toute autre cause, était le fondement, mais que, d'autre part, le *chirographum* n'était pas du tout générateur d'obligations, c'était un moyen de prouver une opération juridique accomplie[2]. D'un autre côté, Cicéron, énumérant les causes qui donnent une *condictio certi*, ne parle pas de *chirographa*[3]. On peut encore citer ce texte de Julien : *Qui chirographum legat, non tantum de tabulis cogitat, sed etiam de actionibus quarum probatio tabulis continetur*[4]; et un texte d'Ulpien où le mot : *chirographum* est pris dans

1. Asc. ad Cic. in Verrem, lib., I, § 36.
2. L. cit., dissert. de 1816, p. 217 et 218. — Compz. Pagenstecher, l. cit., p. 47, § 20 : « *Contractus chirographarius.* »
3. Cic. pro Roscio comœdo, § 5. (V. supra, n° 30, B, II).
4. Fr. 59, ff. de legatis, III.

le sens d'écrit probatoire [1]. On ajoutera enfin que, d'après le texte même de Gaius, le *chirographum* paraît n'avoir été soumis à aucune forme sacramentelle [2], ce qui fait qu'il ne serait pas possible de distinguer en fait l'écrit générateur d'obligation de l'écrit simplement probatoire. C'est la première de ces deux opinions que j'adopterais : la seconde, en effet, présente ce vice capital qu'elle est dans la plus complète contradiction avec la pièce la plus importante de ce procès, avec le texte de Gaius, qui est on ne plus formel, et certainement doit, puisqu'il émane d'un jurisconsulte illustre, avoir une autorité plus grande que celle du grammairien Asconius [3]. Je ne suis du reste pas très-touché de cette observation que le mot *chirographum* est souvent pris dans le sens d'écrit probatoire : il a pu avoir, comme le reconnaît M. de Savigny, un sens large se rapportant à tout autographe (χειρ-γραφειν, manu-scriptum), à côté d'un sens plus strict et plus précis, celui

---

1. Fr. 27, § 1, ff. de furtis.

2. Le jurisconsulte dit simplement : *Si quis debere se aut daturum se scribat.*

3. M. de Savigny (l. cit., p. 233), essaye de se débarrasser du texte de Gaius, qui est vraiment gênant dans son opinion, en supposant que le mot *chirographum* pouvait sans doute être pris, soit dans un sens large, pour exprimer tout : *Handschrift*, soit dans un sens plus étroit, dans lequel il s'opposerait au mot *syngraphum*, de sorte qu'il traduit : « par des écritures, et, *en particulier*, par celles que l'on nomme *syngraphæ*. » — Mais cette traduction est vraiment bien large.

d'écrit constitutif d'obligation, et susceptible d'o-
pérer novation. Je m'en tiendrai donc au texte
de Gaius[1].

II. *Syngraphæ.* — Dans une première opinion,
les *syngraphæ* seraient (comme ou à la différence
des *chirographa*, selon le système que l'on adopte
sur la question précédente), une forme d'obligation littérale. A l'appui de cette manière de voir,
arrivent : — d'une part, le texte parfaitement formel du paragraphe 134 de Gaius, — et, d'autre
part, le témoignage de l'annotateur des *Verrines* ;
passages qui viennent d'être reproduits tout à
l'heure[2]. — Au reste, nous ne trouvons sur ce
point aucuns documents aux *Institutes*, au *Digeste*,
ni au *Code*. — La plupart des Romanistes allemands estiment, tout au contraire, que le *syngraphum* n'est qu'un instrument de preuve ; mais
cette manière de voir me paraît tout à fait inadmissible en présence des textes que je viens d'alléguer, et en particulier de celui de Gaius[3].

1. En ce sens, MM. Demangeat, II, p. 295. — Ortolan,
p. 257 et 258. — Ducaurroy, II, p. 184. — J'ajoute que le
*chirographum*, ainsi que le *syngraphum*, dont je vais parler,
ne purent, sans doute, engendrer obligation qu'à la condition d'être faits en forme précisée et sacramentelle : mais
cette forme nous est inconnue.

2. Voyez aussi un passage du discours pro Murena, ex-
pliqué par M. de Caqueray, l. cit., p. 336. — En ce sens,
Cujas, — t. IX, p. 214, D.

3. M. de Savigny avait d'abord adopté la première opinion (l. cit. p. 217 et 218 de sa dissert. de 1816), mais
les recherches publiées en 1845 par Gneist, l'ont amené à

58. — Il me paraît donc à peu près démontré que les *chirographa* et les *syngraphæ* ont été, pour les pérégrins, et particulièrement pour les Grecs[1], une forme de contrat, dans laquelle l'obligation était engendrée par l'écriture. Mais ceci ne résout notre question que pour partie, et il s'agit maintenant de savoir si, par une transfusion insensible, ils n'ont pas fini par passer dans la pratique des citoyens. Tout d'abord, il n'est pas douteux qu'ils aient été en usage entre citoyens et pérégrins : de nombreux passages de Cicéron, relatifs aux *syngraphæ*, l'attestent formellement[2]. — Il faut, au contraire, hésiter quelque peu à affirmer leur intronisation dans les rapports des citoyens entre eux. Dans le sens de la négative, on remarquera que Cicéron, énumérant, dans une affaire entre citoyens romains, les causes qui peuvent donner lieu à une *condictio certi*, ne parle pas de ces sortes de titres[3]; que, d'autre part, lorsqu'il s'occupe de *syngraphæ*, c'est toujours, comme nous l'avons remarqué plus haut, à l'occasion de rapports d'affaires avec les habitants des provinces; et enfin que, deux siècles plus tard, Gaius atteste encore que ce genre d'obligation est

adopter ensuite la seconde (l. cit. p. 245, de sa dissert. de 1849).

1. *More institutoque Græcorum*, dit Asconius, l. cit.

2. J'ai cité les plus saillants. Supra, n° 22, III, p. 35, note 1.

3. Pro Roscio comœdo, § 5.

particulier aux pérégrins [1]. — Peut-être pourrait-
on répondre que, à vrai dire, une seule chose ressort de ces textes : c'est que, à l'époque de ces
jurisconsultes, cette transfusion ne s'était pas encore opérée, ce qui ne prouve nullement qu'elle
n'ait pas eu lieu plus tard. Or, il n'est nullement
invraisemblable que les *chirographa* et les *syn-*
*graphæ* soient devenus, entre citoyens, la forme
nouvelle du contrat littéral ; et leur introduction
dans le droit romain a bien pu être une des causes
qui en chassèrent l'expensilation. Sans doute,
nous n'en avons pas la preuve [2], mais tout en reconnaissant que ce n'est là, au fond, qu'une conjecture, je la considère comme très-vraisemblable.
Et, en effet, il est facile de voir, même avec le peu
que nous savons, combien ces titres devaient être,
pour former l'obligation littérale, plus commodes
et partant plus pratiques que l'expensilation, surtout si l'on considère qu'en même temps qu'ils
créaient l'obligation, ils en étaient une preuve ex-
cellente, la signature du débiteur faisant foi de
son consentement ; tandis que, si le système
que nous avons développé sur la forme de l'expen-

1. § 134, *quod genus obligationis proprium peregrinorum*
*est.* — (Sous Marc-Aurèle, 169 de J. C.).
2. V. toutefois dans la Dissert. philolog. de Wunderlich,
l. cit., p. 52 et p. 57 à 64, l'exposition des arguments pour
et contre ; la liste en est longue, mais aucun ne m'a paru
sérieusement probant dans un sens plutôt que dans l'autre.
C'est du reste sa conclusion que j'ai adoptée au texte.

silation est exact, il ne suffisait pas que le créancier apportât son registre, mais il lui fallait encore
prouver, d'une manière ou d'une autre, que le
prétendu débiteur avait donné son consentement
à l'*expensilatio*.

59. — Quant aux autres écrits que nous avons
énumérés plus haut sous le nom de : *instrumenta,
epistolæ, tabulæ, charta, chartula*, etc., il ne faut
y voir que ces écritures dont Gaius dit : « *Fiunt ut
quod actum est per eas facilius probari possit,* »
et qui, étant des sûretés que prennent les parties
intéressées contre la mauvaise foi ou l'oubli, se
rangent toutes sous la dénomination générale de
*cautiones,* (*cautio,* de *cavere*)[1].

---

1. Par ex. const. 27, C. de fidejuss. : « *Cautionem faciat,
ostendens se fidejussorem extitisse,* » et beaucoup d'autres textes,
dans lesquels nous trouvons ces expressions employées par
les jurisconsultes, pour désigner l'écriture probatoire, d'un
dépôt, d'une vente, d'une stipulation, etc. — Toutefois, nous
devons citer la const. 6, au Code Théodosien, laquelle semble faire jouer à la *cautio* un tout autre rôle : *Si quis debiti
quod vel ex fœnore, vel mutuo data pecunia sumpsit exordium,
vel ex alio quolibet titulo, in litterarum obligationem, facta
cautione translatum est,* etc. Ce texte paraît bien donner à
la *cautio* le pouvoir d'opérer novation, et, par conséquent,
la considérer comme génératrice d'obligations, mais ceci est
contredit de telle façon par les autres textes qui parlent des
*cautiones,* que nous pensons que cette expression est prise ici
pour *chirographum*, d'autant plus qu'un titre du même
Code porte pour rubrique : *Si certum petatur de chirographis.* (V. du reste, le fr. 24, ff. de pec. constituta). V. en
ce sens, Reitz (Theop. antecessoris paraphrasis, t. II,
p. 668). — Jacob Godefroy (Code Théodosien, tome I,

§ 19. — 60. — Après nous être occupés de
l'expensilation, nous avons recherché jusqu'à
quelle époque elle avait été en usage, et nous avons
cru pouvoir conjecturer qu'elle était tombée en
désuétude vers la fin du ive siècle de l'ère chrétienne. — Nous devons maintenant nous poser
la même question pour les *chirographa* et les *syngraphæ,* cette autre forme du contrat littéral.

Il paraît croyable que les *chirographa* et les
*syngraphæ* survécurent à l'expensilation : et cela
même ne serait pas douteux si l'on voulait en voir
une preuve suffisante dans le commentaire du
pseudo-Asconius. En effet, il nous apprend que les
*codices*, et par conséquent l'expensilation, n'étaient
plus en usage de son temps, tandis qu'il s'exprime
sur les *chirographa* et les *syngraphæ* d'une manière qui donne lieu de croire qu'il les voyait encore fonctionner : « *Inter syngraphas et cætera
chirographa hoc interest,* etc... », et dans tout le
reste de la phrase il parle au *présent.* — Cette seconde forme du contrat littéral a donc dû survivre
à la première.

Quoi qu'il en soit, à partir de ce moment nous
perdons la trace des *syngraphæ* : leur nom même
ne se rencontre plus, que je sache, dans la compilation de Justinien. Il en est autrement en ce

p. 120) : *Viri clari expensilationem putant; sed perperam
omnino, nempe enim his verbis nihil aliud indicatur quam chi-
rographaria pecunia.* — V. aussi, en ce sens, M. Ortolan,
(l. cit., p. 255, note 2.)

qui concerne les *chirographa ;* cette expression se
rencontre fréquemment dans le *Corpus juris* de
cet empereur[1]. Ainsi, plus d'expensilation, plus
de *syngraphæ,* encore des *chirographa.*

§ 20. — 61. — Mais ces *chirographa* ont-ils
conservé jusqu'à cette époque leur caractère d'élément générateur d'obligation ? Ou bien le contrat
littéral a-t-il revêtu, au temps de Justinien, une
forme nouvelle ? Ou encore ce genre de contrat
a-t-il complétement disparu ? Telle est la question
multiple qui doit occuper les dernières pages de
notre dissertation. Quelques considérations générales, et particulièrement une notion abrégée de
l'exception *non numeratæ pecuniæ,* me paraissent
être une introduction nécessaire à la solution que
je vais développer.

62. — Tout d'abord, mettons en regard le rôle
de l'écrit probatoire et celui de l'écrit constitutif
d'obligations.

I. — *a.* — Une personne reconnaît, par un
écrit qu'elle remet à une autre personne comme
instrument de preuve (*cautio*), qu'elle est son débiteur. Les choses étant en cet état, le souscripteur est actionné : quoique obligé de reconnaître
l'écrit émané de lui, il nie la réalité de la dette.
Sur qui tombera la charge de la preuve ? Sera-ce
au créancier à prouver qu'il lui est dû, et pour-

---

1. Par ex. const. 17, Code, si certum petatur ; — fr. 29,
ff. de furtis ; — fr. 41, § 2, ff. de usuris, etc., etc.

quoi il lui est dû ? Non : ce sera le souscripteur
qui devra démontrer la non-existence de l'obligation, car la *cautio* contient de sa part reconnaissance de la dette, et l'on s'en tient provisoirement à son aveu[1]· Mais enfin, cette preuve, le
souscripteur peut la faire, et s'il la fait, il sera
absous, car, dans l'espèce, nous avons supposé que
l'écrit n'était qu'une *cautio*, et, comme nous
l'avons dit, la *cautio* ne forme pas obligation par
elle-même. — *b*. Actuellement, supposons qu'au
lieu d'une *cautio*, écrit simplement probatoire,
soit intervenu un écrit générateur d'obligation ;
le créancier invoque une expensilation, une *syngrapha*, ou un *chirographum*. — Le défendeur
reconnaît qu'il a consenti à l'expensilation, ou
que la *syngrapha*, le *chirographum*, sont dressés
en forme régulière ; mais il allègue qu'il est obligé
sans motif. Eh bien, ici, à la différence du cas
précédent, il n'a plus le droit de prouver la non-
existence d'une *causa* d'obligation, car l'écrit lui-
même renferme une cause suffisante ; c'est l'écrit
qui est la source de l'obligation et de l'action. —
Ainsi, pour prendre un exemple, tandis que celui
qui s'est reconnu débiteur *ex mutuo*, par une
*cautio*, peut se faire absoudre en prouvant que
l'argent ne lui a pas été compté, et que par con-

1. La solution contraire, donnée par le fr. 25, § 4, ff. de
probat., pour le cas où l'écrit n'est pas causé, et mise sous
le nom de Paul, se rattache à une distinction qui est généralement reconnue n'appartenir qu'au Bas-Empire.

séquent il n'y a pas de *causa* à son obligation, — celui qui, en raison d'un prêt qui lui est promis mais non encore fait, s'est obligé *litteris*, puis n'a rien reçu, ne pourra pas, lorsqu'il sera poursuivi, se faire absoudre en prouvant la non-numération, car, la prouvât-il, il n'en serait pas moins tenu d'une obligation dont l'écriture est la *causa*.

Tel est le strict droit civil : et l'on voit combien s'y trouve tranchée la différence entre l'écrit probatoire et l'écrit constitutif d'obligation. Or, cette différence, nous allons la voir devenir de moins en moins saillante.

II. — En effet, en restant dans l'hypothèse où c'est l'écriture qui donne naissance à l'action, nous remarquons que le droit prétorien vint au secours du débiteur, et lui concéda, pour le cas où il se serait ainsi engagé sans motif, l'exception *doli mali* contre l'action du créancier. Dès lors, comme le remarque M. Ortolan, « il n'est déjà plus vrai de dire que l'écriture consacrée oblige par elle-même : au fond il faut remonter à une cause première d'obligation, il faut que cette cause existe réellement, sinon l'obligation, quoique subsistant selon le strict droit civil, reste sans effet. » — Et par exemple, de même que celui qui, en retour d'un prêt promis mais non encore réalisé, s'est reconnu débiteur par une *cautio*, peut se faire absoudre en prouvant que l'argent ne lui a pas été compté, — de même celui qui, dans la même vue, se serait obligé par avance, *litteris*, *puta ex chirographo,* puis n'aurait rien touché, pourra désormais, quoique bel et bien tenu en droit strict, se faire absoudre avec l'aide du droit prétorien, en opposant l'exception de dol et en prouvant que le prêt ne lui a pas été fait en réalité[1].

Il reste toutefois entre ces deux hypothèses une très-notable différence de procédure : dans la première, le défendeur n'a pas besoin de faire insérer une exception dans la formule, tandis qu'il en est autrement dans la deuxième. Dans la première, en effet, le défendeur contredit l'*intentio* de la formule : il nie directement le fait sur lequel se fonde la prétention du demandeur. On lui demande la restitution d'une somme qu'il aurait reçue à titre de prêt, et dont, par une *cautio,* il s'est reconnu débiteur ; pour repousser cette demande par la preuve de la non-numération, il n'est pas plus nécessaire de faire insérer une exception dans la formule, quoiqu'elle soit *stricti juris,* qu'il ne serait besoin de le faire si, actionné *ex stipulatu,* on niait le fait même de la stipulation. Tout autrement en est-il dans notre seconde hypothèse : ici le défendeur est obligé de reconnaître comme fondée l'*intentio* de la formule ; il lui est impossible de s'attaquer directement à la

1. Cette observation s'applique généralement toutes les fois que l'engagement a été pris en vue de quelque contre prestation, de quelque charge, qui n'ont pas été accomplies.

prétention de son adversaire. Effectivement, dans l'espèce précédente, le défendeur niait l'existence d'une *causa* d'obligation, de la *res ;* ici il pourra sans doute encore nier cette *causa,* mais il lui faudra bien en reconnaître une autre, les *litteræ.* Il est vrai qu'en équité, s'étant engagé en retour d'une numération qui n'a pas été ensuite accomplie, il n'est pas réellement débiteur, mais comme l'action est de droit strict, il n'entre pas dans l'office du *judex* d'avoir égard à une pareille défense, et, puisque l'*intentio* est fondée, il condamnera. C'est pourquoi il faut que ce défendeur demande au *magistratus* l'insertion dans la formule, d'une exception qui attribue au *judex* le pouvoir de tenir compte des circonstances dans lesquelles le défendeur s'est engagé *litteris.* — En deux mots, tel est, au premier cas, le raisonnement du débiteur : « Je nie que je sois obligé, car je ne pourrais l'être que *re ;* or les espèces ne m'ont pas été comptées. » — Et au deuxième : « Je reconnais être obligé, car, si je ne le suis pas *re,* je le suis *litteris ;* mais il serait inique de me condamner, car je ne me suis engagé que dans la vue d'une numération qui n'a pas été réalisée. »

III. — Voici donc le point où nous sommes parvenus : celui qui est poursuivi comme obligé *litteris* peut, *exceptionis ope,* établir que c'est sans motif qu'il s'est engagé par l'écriture ; de sorte qu'il n'est plus aussi rigoureusement vrai qu'autrefois de dire, que l'écriture consacrée oblige par elle-

même. Mais il y a mieux : il fut admis précisément pour le cas qui nous a jusqu'ici servi d'exemple, c'est-à-dire pour le cas où l'obligation littérale a eu lieu en vue d'un *mutuum* et n'a pas été
suivie de numération, il fut admis, dis-je, que
dans le cas supposé, l'exception de dol opposée par
le débiteur prétendu, produirait cet effet, tout déro-
gatoire du droit commun (d'après lequel : *qui ex-
cipit probare debet quod excipitur*), *que le demandeur devrait fournir la preuve de la numération
effective des espèces* [1]. Dans ce cas l'exception de
dol prenait, si elle était rédigée *in factum*, le nom
d'*exceptio non numeratæ pecuniæ* [2]. Nous ne rencontrons pas cette exception mentionnée pour
les anciens *nomina* résultant de l'expensilation
ni pour les *syngraphæ*, à cause de la désuétude
où ces institutions étaient tombées, et du rema-

1. Ainsi, chez nous, un décret du 17 mars 1808, obligatoire pour dix ans, supposant une obligation souscrite par
un non-commerçant au profit d'un juif, soumettait le porteur à la nécessité de prouver que la valeur avait été fournie
entière. (L. 3 au Code, *de n. num. pec.*)

2. L'exception de dol peut être formulée en fait (*in factum composita*), c'est-à-dire en précisant le fait particulier
dont il s'agit. C'est lorsqu'elle est ainsi rédigée qu'elle prend,
dans le cas spécial qui nous occupe, le nom d'*exceptio n. n.
pec.* L'effet exorbitant que nous signalons devait se produire,
du reste, soit que, dans notre espèce, on eût conçu l'exception en fait, soit qu'on l'eût formulée en l'exception générale
de dol. Remarquons que cette exception n'aurait pas lieu
pour le cas où l'obligation aurait été transférée *a persona
in personam*. (Const. 6, Code, *de n. num. pecunia*. V. Pothier,
t. III).

niement probable des passages qui s'y référaient, mais elle apparait à l'égard de l'obligation *litteris* contractée par les *chirographa*[1], lesquels, comme nous l'avons vu, paraissent avoir survécu comme forme du contrat littéral à l'*expensilatio*, et aux *syngraphæ*. Ainsi, s'éloignant toujours davantage du strict droit civil, on considérait de moins en moins l'écriture, et de plus en plus la réalité du *mutuum* ; et c'est pourquoi on en était venu jusqu'à exiger du créancier la preuve de cette réalité.

Mais ce n'est pas seulement aux *chirographa* faits en vue d'un *mutuum* que l'exception *n. num. pec.* peut être opposée : elle peut l'être aussi aux simples billets de reconnaissance, dressés dans la même hypothèse, mais dans un but purement probatoire[2]. Il est vrai que, comme nous l'avons remarqué ci-dessus, lorsque l'écrit était une simple *cautio*, c'est-à-dire une simple reconnaissance à fin de preuve, il n'était nullement nécessaire que, pour pouvoir prouver la non-numération, le signataire fît insérer l'exception de dol dans la formule. Comment donc expliquer que l'exception *n. num. pecuniæ* se trouve ainsi op-

---

1. Const. 5, *de n. num. pecunia*, au Code. (V. Cujas, II, p. 687, C).

2. Const. 3, *de n. num. pec.* Code : *Si ex cautione tua.... conveniri cæperis, exceptione opposita, seu doli seu non num. pec., compellitur petitor probare pecuniam tibi esse numeratam : quo non impleto, absolutio sequetur.*

posée à une simple *cautio?* La raison m'en paraît
être que sans doute le défaut d'insertion de l'exception n'eût pas empêché le souscripteur de
prouver la non-numération, mais que son insertion avait cet avantage qu'elle rejetait sur le créancier la preuve de la numération.

Ainsi, et c'est là un résultat remarquable, le
souscripteur, *soit d'un chirographum, soit d'une
cautio* pourra, *dans l'un et l'autre cas*, au moyen
de l'exception *n. num. pecuniæ*, forcer le porteur
à prouver la numération des espèces qu'il réclame [1]. C'était là un grand pas de plus vers la déchéance de l'obligation civile contractée *litteris*,
et en effet, une conclusion bien simple paraît se
dégager des observations que nous venons de
présenter : elle est que, depuis qu'il a été possible
d'opposer l'exception de dol, et spécialement cette
même exception sous la forme d'exception *n.
num. pec.*, à l'action née du contrat littéral, il n'a
plus été absolument exact de dire que l'écriture

---

1. Toutefois, une distinction fut faite à cet égard, au Bas-
Empire, comme nous le savons par un fragment du Digeste
(fr. 25, § 4, *de probat.*), mis par les commissaires sous le
nom de Paul. Si l'écrit indique la cause de l'obligation, ce
sera le souscripteur qui, pour se faire absoudre, devra prouver la non-existence du fait mentionné, car le billet contient
de sa part reconnaissance de ce fait. Dans le cas, au contraire,
où l'écrit n'exprime pas la cause de l'obligation, ou ne l'exprime que confusément (*indiscrete loquitur*), alors, comme il
ne contient pas aveu suffisant, c'est au créancier à prouver
qu'il lui est dû, et pourquoi il lui est dû.

était par elle-même, par sa seule et propre force, constitutive d'obligations. Et en effet, permettre à celui auquel on oppose une obligation littérale, de prouver l'inexistence d'une cause première d'obligation, et, bien mieux, permettre à ce défendeur de forcer le créancier qui invoque une écriture régulière à prouver l'existence d'une cause première d'obligation, c'est bien s'écarter du strict droit civil, qui ne se pose jamais que cette question : « Le consentement des parties existe-t-il, et l'écriture est-elle régulière en la forme ? » Ainsi, en reprenant notre exemple, supposons un *chirographum* dressé en vue d'un prêt : après cela, le porteur, sans avoir rien compté au souscripteur, l'actionne : en droit strict, il gagnera son procès ; certes, c'est bien ici l'écriture qui oblige. Mais si, à une époque plus récente, nous mettons en scène l'exception : *non numeratæ pecuniæ*, le résultat est bien différent ; voici que le porteur du *chirographum* est obligé de prouver la numération. Où est donc ici le contrat littéral ? et n'est-il pas vrai de dire que ce qui est considéré, dans l'espèce, comme fondement de l'obligation, ce n'est pas le *scriptum*, mais bien la *res*. Sans doute, il n'y a pas à conclure de là que, du jour où fut créée l'exception de dol et où fut admis l'effet exorbitant de l'exception *non num. pec.*, il n'y a plus eu de contrat littéral, car à ce compte-là on pourrait dire tout aussi bien qu'il n'y a plus eu non plus de contrat verbal ; je veux dire seule-

ment que, dès alors, il fut moins exact de considérer d'une manière absolue l'écriture consacrée
comme obligeant par sa seule forme intime, et
que la différence entre l'écrit probatoire (*cautio*),
et l'écrit générateur d'obligation (*chirographum*),
était désormais beaucoup moins trenchée, puisqu'au fonds il fallait, dans les deux cas, remonter
à une cause première d'obligation, sans laquelle
non-seulement la *cautio*, mais le *chirographum*,
resteront sans effet, et puisque, dans l'un et l'autre
cas, le souscripteur pouvait forcer le porteur à
démontrer l'existence de cette cause.

En examinant un peu en détail l'exception *n.
num. pec.*, nous voyons ce rapprochement, je di-
rais presque cette fusion, entre nos deux sortes
d'écrits, s'accentuer encore davantage. Nous
remarquons, en effet, que l'obligation pour le
créancier de prouver la numération des espèces,
ne lui fut pas imposée sans limites. L'exception
*n. num pecuniæ* n'était pour le souscripteur qu'un
secours éphémère : elle était en effet renfermée
dans un délai quinquennal que Justinien réduisit
à deux ans : le débiteur devait dans cet intervalle,
soit opposer l'exception *doli mali* ou *n. num. pec.*
s'il était actionné par le créancier, soit commencer lui-même l'agression, en agissant par *condictio* pour se faire restituer son billet, dans le cas
où le créancier aurait l'habileté de rester inactif
jusqu'à l'expiration du délai. Or, supposons maintenant que ce délai est écoulé : il est tout d'abord

bien certain que le souscripteur actionné ne peut
plus, en opposant l'exception de dol ou *n. num.
pec.*, forcer le porteur du billet à prouver la numération des espèces ; mais du moins, sera-t-il
encore admis à prouver, lui, souscripteur, la non-
numération ? (à la suite, ou même indépendamment de l'insertion de l'exception de dol, selon
qu'il s'agit d'un *chirographum*, ou d'une *cautio* ?)
Les textes semblent bien dire que cela même n'est
plus possible au souscripteur[1]. Ainsi, en résumé,

---

1. Ils s'expriment en effet de la manière la plus absolue :
« *Si vero legitimum tempus excessit*, dit la const. 8, *de n. n.
pec.*, au Code, *omnimodo debitum solvere compellitur* »... « *Ut,
eo elapso* (const. 14, pr., ibid.), *nullo modo querela n. num.
pecuniæ introduci possit.* » « *Queri non potest,* » disent les Institutes. Enfin, la const. 14, § 3, C., *de n. num. pec.*, n'admet
même pas la délation du serment au demandeur, c'est-à-dire
au créancier : *In quibus non permittitur exceptionem n. n. pecuniæ opponere.... in his nec jusjurandum offere liceat.* En ce
sens, M. Labbé à son cours. Contra : Voet (*ad Pandectas*,
vol. I, lib. XII, titre Ier, § 33). « Nullum facile negaturum,
dit Voet, quin ante introductam hanc specificatam et privi-
legiatam biennalem n. n. pec. exceptionem, ei qui conve-
niebatur ex chirographo continente confessionem nummera-
tionis quæ secuta non est, liberum fuerit ex generali juris et
æquitatis ratione sese defendere per oppositam doli exceptionem, dum dolo non caret qui, tanquam ex mutuo numeratum repetit quod vere numeratum non esse reus docet
(l. 2, § 3, ff. *de doli mali et metus except.*). Qualis doli exceptio, secundum suam propriam naturam æstimata, non
temporalis sed perpetua est (l. 5, § *ultim. de dol. except.*).
Huic ergo doli exceptioni cum postea adjungeretur n.n. pec.
exceptio privilegiata, quæ, intra biennium opposita, onus
probandi ab excipiente avertebat, ac transferebat in actorem,
verum quidem est ipsam quoque doli exceptionem, cum n•

le porteur *soit d'un simple écrit probatoire (cautio)*,
*soit d'un écrit générateur d'obligation* (*chirogra-*
*phum*), est obligé, si l'exception *n. num. pecuniæ*
lui est opposée, et elle peut l'être pendant deux
ans, de prouver la numération effective des espèces. Après deux ans écoulés, non-seulement le
porteur n'a pas à fournir la preuve de la numération, mais il ne paraît même pas que le souscripteur soit admis à administrer celle de la non-
numération; et cela, toujours sans distinguer s'il
s'agit d'un *chirographum* ou d'une *cautio*.

Telles sont les observations qui me paraissent
pouvoir peut-être expliquer que, dans la compilation justinienne, les expressions *chirographum*, et

n. pec. exceptione concurrentem, intra biennium æque pri-
vilegiatam effectam esse, et probandi necessitatem in actorem rejecisse (l. 3, C. *de n. num. pec.*), quum alioquin is
qui dolum allegat, licet in exceptione dolum admissum probare debeat (l. 18, § 1, ff. *de probat.*). Sed tamen et verum
fuit eo ipso neque ablatam fuisse per supradictum aliquod
biennale privilegium, communem illam sive doli, sive non
n. pec. exceptionem, quæ jam ante privilegium illud nota
erat, ac ex generalibus juris fundamentis opponi poterat, —
sed magis, post biennii lapsum, ad jus commune quo onus
probandi exceptionem excipientem gravat, rem totam re-
diisse, ne alioquin eveniret id quod in alicujus commodum
ac favorem inventum est, torqueri in ipsius dispendium, contra manifestas legum regulas, propositas in l. 6, Code, de
legibus, et fr. 25, ff. de legibus, aut lapsus biennii plus adi-
meret scriptori chirographi quam biennium ei ab initio dedit, etc. » Ce raisonnement a une très-grande force, mais
les textes précités me paraissent formels en sens contraire.
— Dans le sens de Voet, Pagenstecher, *l. cit.*, p. 52 et 53.

*cautio*, se trouvent employées, à ce qu'il semble, indifféremment. C'est qu'en effet, l'exception *non numeratæ pecuniæ*, s'appliquant à la fois à ces sortes d'actes si essentiellement distincts dans leur signification première, a dû, par la filière que nous avons essayé de suivre, amener à considérer comme synonymes les termes de *cautio* et de *chirographum*[1], particularisés dans le sens de la promesse écrite de payer une somme d'argent déterminée[2]; dans la plupart des cas comme conséquence d'un *mutuum* déjà fait ou qui est à faire.

63. — Il faut rester dans ce même ordre d'idées pour répondre à la question, souvent posée, de savoir si une obligation littérale existait encore au temps de Justinien. On peut, je crois, la résoudre affirmativement. Que l'on suppose, en effet, qu'une *cautio* ou un *chirographum* est souscrit par P. au bénéfice de S., en vue d'une numération d'espèces à faire par ce dernier au signataire. Voici que S., sans avoir compté la somme à P.,

---

1. Voyez. notamment, le fr. 27, *de furtis*, ff. dans lequel ces expressions sont employées alternativement et indifféremment ; et les textes cités plus haut, dans lesquels il est fait mention des chirographa (n° 22; quatrième note du II). — Les deux mots s'allient quelquefois dans la langue des jurisconsultes romains. Ainsi, dans le fr. 5, § 8, ff. *commodati*, — et, surtout, dans le fr. 89, pr. ff. *de solutionibus* : « *chirographis cavit, chirographis cautis.* »

2. Fr. 24, ff. *de pec. const.* — Const. 3, 5, 13, *de non num. pecunia*, Code.

actionne ce dernier. Si deux ans se sont écoulés, le souscripteur, avons nous dit, n'a plus aucune ressource, il lui faut dégager sa signature. Où est la *causa* de l'obligation dont il se trouve actuellement tenu ? Dans la *res* ? Non sans doute, puisqu'il n'y a eu aucune numération. Ce ne peut donc être que dans les *litteræ*, puisque le droit Romain limite à quatre les modes d'engagements : *res, verba, litteræ, consensus*. Et tel est bien le raisonnement des rédacteurs des *Institutes* de Justinien : *Plane si quis debere se scripserit quod ei numeratum non est, de pecunia minime numerata post multum temporis exceptionem opponere non potest.... Sic fit ut hodie, dum queri non potest, scriptura obligetur, et ex ea nascitur condictio, cessante scilicet verborum obligatione.* A ces expressions parfaitement nettes et claires ce n'est certes pas suffisamment répondre, que d'affirmer, comme on le fait souvent, que Justinien ou Tribonien ont inventé une obligation littérale imaginaire, dans le seul but de conserver : « *cupidæ legum juventuti* » l'ancienne division des contrats[1]. Voici encore comment s'exprime Théophile, dans sa paraphrase : *Invenire tamen licet, si quis curatius consideret, et hodie litterarum obligationem usurpari sub alia forma;* puis,

---

1. Ainsi, Wunderlich (*l. cit.*, p. 12), pense : *Post confectos demum digestorum libros Tribonianum in hoc inventum cecidisse.*

après avoir exposé l'espèce prévue aux *Institutes :*
*Hinc, multo elapso tempore, quæritur an con-*
*veniri possit qui dictam cautionem emisit, et di-*
*cimus neque ex obligatione re contracta hanc*
*personam conveniri posse (neque enim numeratio*
*facta est), neque ex verborum obligatione, quo-*
*niam non præsentibus ambabus personis stipula-*
*tio facta est, aut nec ulla omnino facta est stipu-*
*latio. Restat igitur ex solis eum litteris obligari ;*
*et ecce interdum et hodie aliquis obligatur litte-*
*ris*[1].

Il faut le reconnaître : ce que disent ces deux
textes, c'est qu'au temps de Justinien il y avait encore une *litterarum obligatio.* Est-ce à dire qu'après
la disparition de l'*expensilatio,* puis plus tard après
celle des *chirographa* et des *syngraphæ,* a été
créé à nouveau un troisième mode de contrat par
l'écriture, que l'on pourrait qualifier de : contrat
littéral par péremption de l'exception *non nume-*
*ratæ pecuniæ ?* Non pas; ni Tribonien ni ses col-
lègues n'ont inventé une nouvelle forme de *lit-*
*teris obligatio;* c'est véritablement le contrat
littéral, tel qu'il leur était parvenu avec ses transformations, tel qu'il existait à leur époque dans
la pratique des affaires, que nous trouvons mentionné dans leurs œuvres, puis encore dans la paraphrase qui en fut faite par l'un d'eux. Ce sont

1. Paraphrase du titre XXI des *Institutes.* — (Traduction
de Reitz, tome II, p. 670 et 671.)

bien les *chirographa*[1], altérés par la succession
des temps, et surtout par l'application de l'exception *n. num. pecuniæ*, qui ont passé dans les *Institutes* de Justinien ; il suffit pour s'en convaincre
de rapprocher les termes du titre XXI, que nous
venons de donner, de ceux du § 134 de Gaius ; la
reproduction est évidente : *Litterarum obligatio*,
dit Gaius, *fieri videtur chirographis et syngraphis,
si quis debere se, aut daturum se, scribat, ita scilicet si eo nomine stipulatio non fiat.* — *Si quis
debere se scripserit*, copie Tribonien, *quod ei numeratum non est, cessante scilicet verborum obligatione.* Le *chirographum* ou la *cautio* exprimant
une dette d'argent, née comme d'un *mutuum*,
*quasi ex pecunia credita*, engendrent obligation
par leur seule force intime, et indépendamment
de toute cause réelle préexistante, dès qu'ils ont
deux ans de date. Justinien a pris le contrat littéral tel qu'il l'a trouvé à son époque[2].

1. J'ai dit plus haut que les *syngraphæ* ne figuraient plus
dans les textes de l'époque qui nous occupe : les causes de
leur disparition restent, pour moi, à l'état de problème.
2. Dans le sens de l'opinion d'après laquelle on devrait reconnaître, encore sous Justinien, l'existence d'une obligation
littérale : M. Ortolan, (*l. cit.*, n° 1433 et suiv.) — M. Labbé,
(à son cours). M. Labbé argumente principalement de ce que
le défendeur ne peut repousser, non-seulement le *chirographum*, mais même la *cautio*, qu'à la condition de faire insérer
dans la formule l'exception de dol ou *n. num. pecuniæ*. C'est
bien là la preuve que ces écrits sont réellement constitutifs
d'obligation, car l'exception n'est nécessaire que dans les cas
où l'obligation est parfaite en droit. — M. Ducaurroy (t. II,

Il est donc permis de croire qu'au temps de cet
empereur, c'est-à-dire au sixième siècle de Jésus-
Christ, la *litterarum obligatio* n'avait pas encore
fourni toute sa carrière ; mais réduite dans ses effets, effets rendus communs au *chirographum* et
à la *cautio*, on peut conjecturer qu'elle n'eut plus
une bien longue existence, et que peu à peu,
l'écriture sous la dénomination déjà bien prédo-
minante dans le *Corps de droit* de Justinien, de :
*cautio*, a fini par n'avoir plus qu'un simple rôle
probatoire[1].

n° 1030). M. de Fresquet (*Instit.* II, p. 156). — V. aussi
Pothier (*Pandectes*, tome III, p. 182, § 11), et Cujas, t. I,
p. 209, A). — Je dois toutefois reconnaître que cette
manière de voir, qui me paraît exacte, donne lieu à une
assez grave difficulté : comment s'expliquer pourquoi, au
Digeste et au Code de Justinien, il n'est pas parlé d'une litterarum obligatio, et, bien mieux, pourquoi dans plusieurs
passages ces expressions ont été, évidemment, retranchées
avec intention. (V. *supra*, n° 30, A, note). — Peut être,
cependant, pourrait-on conjecturer que si les commissaires ont
tronqué les passages dans lesquels il était parlé de l'obligation littérale, c'est qu'ils ont considéré ces allusions comme
se rapportant aux *nomina* et à l'expensilation, lesquels effectivement étaient, depuis longtemps déjà, en désuétude à cette
époque.
1. D'après une autre opinion, c'est à tort que l'on qualifie
d'obligation littérale le procédé décrit par Justinien : en effet,
le mot *cautio*, que cet empereur emploie le plus souvent,
signifie un écrit qui prouve et non pas un écrit qui constitue
une obligation. Sans doute, cet écrit n'est pas toujours dé-
truit par la preuve contraire : après deux ans, la *cautio* est
une preuve irréfragable ; mais il n'en faut pas conclure que
ce soit un titre constitutif de la créance. L'obligation semble
découler de l'écrit, mais, en réalité, elle n'est que constatée

**64.** — Dans la législation qui nous régit, on peut poser en règle que l'écrit n'est plus une source d'obligations, mais seulement un instrument de preuve. Il est vrai que le Code considère quelquefois, et, par exemple, au cas de donation ou de constitution d'hypothèque, l'écriture comme une condition de validité du contrat, et que l'écriture peut bien alors être considérée comme une sorte de *causa civilis* de l'obligation, c'est-à-dire comme un élément purement civil et artificiel sans lequel le consentement est impuissant à créer le lien de droit; mais ce sont là des règles qui ont leur origine dans un tout autre ordre d'idées, qui se rattachent à des considérations tout à fait différentes, et que l'on ne pourrait, en aucune façon, faire remonter au contrat littéral des Romains.

par cet écrit. En ce sens, M. Demangeat : après avoir cité le titre XXI des *Institutes*, il s'exprime ainsi, (p. 295) : « Voilà le langage de Justinien; dans un langage plus exact on dirait que le souscripteur du billet est obligé en vertu d'un *mutuum*, qui est légalement présumé lui avoir été fait. » — D'après M. Machelard (à son cours, en 1870) : « Le délai de l'exception *n. num. pecuniæ* étant expiré, il n'y a pas pour cela contrat littéral, mais supposition du *mutuum*, présomption que l'argent a été compté. Ce qui fait donc qu'il y a obligation, ce n'est pas la *scriptura*, c'est la numération, laquelle, à partir de cette époque, est considérée comme incontestable. » — De même, Pagenstecher (*l. cit.* p. 55) « Male distinxit (Justinianus) inter id quod factum est, et inter id quod, quamvis non sit factum, *jure* tamen factum *præsumatur* esse. *De jure* igitur, *re* illo casu contractum est. » — V. dans le même sens, Voet, ad Pandectas (t. I, lib. XII, tit. I, § 30).

# DROIT FRANÇAIS.

## DU CONVOL EN NOUVELLES NOCES.

## PREMIÈRE PARTIE.

### HISTOIRE DE LA LÉGISLATION DES SECONDES NOCES.

I. Peut-être serait-il à propos, avant de porter un jugement sur les diverses législations qui ont réglementé le convol en nouvelles noces, d'apprécier tout d'abord cette thèse au point de vue philosophique et abstrait. Mais cette manière d'envisager la question me paraît ne prêter guère qu'à la phrase, et, d'autre part, l'appréciation théorique que j'en ferais me servirait bien peu dans la suite de mon travail ; il serait, en effet, peu logique de vouloir juger d'après nos idées modernes des législations qui appartiennent à une autre civilisation, et qui portent l'empreinte d'autres mœurs et d'autres croyances. Et puis, est-ce là une thèse qui puisse être appréciée en quelque sorte *in abs-*

*tracto ?* N'est-ce pas plutôt une question d'espèces? Sans doute, comme le dit Justinien [1] : *Optimum est atque laudabile et dignum oratione ut mulieres ita se honeste tractent quatenus quæ semel ad virum venerunt servent inviolatum morientium torum, et non procul a virginitate ponimus.* Mais c'est peut-être se mettre trop en dehors de l'humanité. Aussi, passons maintenant, avec le même empereur, au côté pratique : *Sin autem non valuerit (cum forsitan et juvenis hæc non patiatur), nec possit contra fervorem naturæ resistere, non est torquenda propter hoc, nec interdicendæ sunt ei communes leges.* Et il ajoute qu'en définitive ces chastes unions (*licet secundæ sint*), valent mieux que : *Quædam interdictæ permixtiones.*—Puis, à côté de cette considération toute matérielle, il en est bien d'autres qui n'excusent pas seulement, mais qui commandent parfois à un veuf ou à une veuve de former de nouveaux liens! Combien souvent la décision de se remarier est prise péniblement, avec répugnance et comme un véritable sacrifice, dans l'intérêt de l'éducation ou de la fortune des enfants du premier lit? Et même lorsque la jeunesse, dont les exigences frappent l'empereur romain, ne peut plus servir d'excuse au convol, n'est-il pas vrai qu'entre gens âgés, infirmes surtout, il est souvent rationnel de former des associations légiti-

1. Novelle II de Just., chap. III.

mes, dans le but de se soutenir mutuellement et
de remplir cette solitude, si fréquente autour des
vieillards, et qui leur pèse si durement? Pourquoi donc poser des principes radicaux et absolus,
là où il ne peut y avoir que des questions d'espèces?

Dans cet ordre d'idées, est-il permis d'admettre
qu'une législation doive, de parti pris, considérer
le convol en secondes noces avec une telle défaveur, qu'il soit juste et sage de décréter des *peines*
contre ceux qui se remarient? Assurément non!
D'abord, parce que le législateur ne peut distinguer les convols raisonnables de ceux que les
convenances, le sentiment public, désapprouvent;
et ensuite parce que, cette distinction fût-elle
possible, punir les personnes qui se remarient,
même le plus à tort, ce serait convertir en loi un
précepte de morale, confondre les devoirs so-
ciaux avec la perfection ascétique. Cette confusion, le christianisme naissant sut l'éviter: la
continence après le veuvage fut pour lui la perfection, mais s'il pensa que le convol à de nouvelles unions est une faiblesse, il n'y vit jamais
une chose punissable. — Nous aurons à juger si
les diverses législations qui vont passer sous nos
yeux ont su toujours garder à cet égard une sage
et prudente impartialité. — Nous devons donc
examiner tout d'abord de quel œil les civilisations
qui ont précédé la nôtre ont vu les seconds mariages. C'est là une étude d'autant plus curieuse,

que les dispositions législatives que nous allons
parcourir ne se sont pas en général inspirées du
même esprit les unes que les autres. L'influence
d'une civilisation plus ou moins avancée, des
mœurs, des traditions, et avant tout peut-être des
croyances religieuses, explique facilement ces
singulières variations. Je n'en pourrai faire qu'une
très-rapide esquisse, en m'arrêtant toutefois un
peu plus longtemps sur notre ancien droit français.

Les croyances relatives aux morts et au culte
qui leur était dû, paraissent avoir inspiré les premiers monuments de droit de la législation indo-
européenne sur les secondes noces. Que l'on me
permette donc de remonter à de très-anciens âges :
cela est, ce me semble, indispensable, si l'on veut
essayer de se rendre compte de la filiation historique des institutions. — C'est un vieux livre de
l'Inde, rempli d'une grande synthèse religieuse,
la loi de Manou, qui nous fournit les plus anciens
documents en cette matière[1]. Les antiques généra-
tions avaient cru que le bonheur des morts dépendait, non pas de la conduite qu'ils avaient eue
pendant leur vie, mais de celle que leurs descendants avaient après leur mort. L'homme, après la
mort, était réputé un être heureux et divin, mais

1. V. M. Boissonade (Res. hered. dans l'Inde).— M. Gide
(Cond. privée de la femme, p. 54 et suiv), — M. Fustel de
Coulanges (Cité antique, chap. iii).

à la condition que sa postérité lui offrît toujours
la série des repas funèbres qui devaient assurer à
ses mânes le repos et le bonheur. Or, l'offrande
ne pouvait être faite à un mort que par ceux qui
descendaient de lui; s'il y a un fils qui meure sans
postérité masculine[1], les ancêtres, privés d'offrandes, tombent au rang de démons malheu-
reux et malfaisants[2]; aussi les sages considé-
raient-ils le fils premier-né comme engendré pour
l'accomplissement du devoir, et les autres comme
nés de l'amour[3]. Aussi le fils est-il appelé par
Manou : sauveur de l'enfer. — Dans cet ordre
d'idées, le célibat devait être une impiété grave,
car le célibataire, par sa négligence à se marier,
ou à se remarier *s'il n'avait pas d'enfants mâles*,
ne commettait pas moins qu'un véritable parri-
cide, multiplié autant de fois que la famille avait
d'ancêtres. N'avoir pas d'enfant mâle, c'est pour
un homme et pour ses ancêtres une véritable
damnation. C'est pourquoi, si un homme est infirme et incapable de procréer, il pourra se faire
remplacer par son plus proche parent, et autoriser sa femme à se livrer à celui-ci[4]. *S'il est mort*

1. La fille ne pouvait pas continuer le culte par la raison
que, le jour où elle se mariait, elle renonçait a la famille et
au culte de son père, pour appartenir à la famille et à la
religion de son mari.
2. Manou, IX, 138.
3. Manou, IX, 107.
4. IX, 59-63, 167.

*sans enfant mâle*, il faut que sa veuve se remarie :
elle devra convoler en nouvelles noces avec le plus
proche parent de son époux défunt; et le fils,
produit de cette union, appartiendra aux deux
pères, ce que Manou justifie par une comparaison
naïve, entre les droits respectifs du propriétaire
du champ et du propriétaire de la semence[1].
Ainsi, *le fils qui naîtra sera réputé fils du dé-*

---

1. IX, 69, 146, — 48, 55. Cela rappelle d'une manière
frappante le *lévirat* des Hébreux (Deutéronome, xxv). La loi
hébraïque n'allait pas jusqu'à substituer, comme chez les
Hindous, au mari impuissant, son frère ou son parent le plus
proche; mais c'était un devoir imposé par la loi politique et
religieuse aux femmes restées veuves sans enfants, d'épouser, après les six mois du décès, l'un des frères germains ou
consanguins de leur mari. Cette institution remonte à la
plus haute antiquité : le *lévirat* était un droit pour le proche
du défunt; c'était aussi pour lui un devoir, un devoir vis-à-
vis de la veuve dont il devenait, comme représentant du
mari, le protecteur légal : un devoir vis-à-vis du défunt auquel il devait procurer une postérité, afin que son nom ne
fût point effacé du livre d'Israël. — *Et susci tabit semen fra-
tris sui, et primogenitum ex ea filium nomine illius appella-
bit, ut non deleatur nomen ejus ex Israël.* — Si le frère du
défunt refusait d'épouser la veuve, celle-ci interpellait les
anciens : « Le frère de mon mari ne veut pas susciter en
Israël le nom de son frère, et me prendre pour épouse. »
Les anciens le faisaient alors appeler, et s'il réitérait son
refus, la femme, en présence des vieillards, lui ôtait sa chaus-
sure, lui crachait à la face, et désormais sa maison était
appelée en Israël la maison du déchaussé; il était deshonoré
à la face du peuple, et privé de l'héritage du défunt. Cet
héritage et la main de la veuve étaient dévolus à un parent
plus éloigné. C'est ainsi que Booz épousa Ruth, veuve de
Michalon, après que le frère de ce dernier eut refusé de l'é-
pouser. En cas de *leviratio*, le frère avait 90 jours pour si-

*funt*[1]; le mort aura désormais un descendant qui lui offrira des repas funèbres, et ses mânes seront sauvées de l'enfer dont elles étaient menacées. Il était logique, dans ce système, que la femme stérile fût remplacée : elle devait l'être au bout de huit ans[2]. — En somme, telles sont forcément les conséquences logiques de ces idées religieuses : l'homme doit se remarier tant qu'il n'a pas un enfant mâle; la femme doit se remarier, si son mari est mort sans enfant mâle[3].

— C'est donc chez les Hindous que l'on trouve l'origine des *sacra privata*, du culte des morts, et de la religion du foyer, qui furent en Grèce et à Rome, comme dans l'Inde, la base de la famille·

gnifier à la veuve son intention; trois mois après la mort de son premier mari, elle pouvait célébrer les fiançailles, mais, pour le mariage, elle devait attendre un délai de six mois.

1. Manou, IX, 69, 146.

2. Manou, IX, 81.

3. En dehors de là, la loi de Manou prescrit la fidélité à la veuve (V. 156, 157) : « Une femme qui désire obtenir le même séjour de félicité que son mari, ne doit rien faire qui puisse lui déplaire, soit pendant sa vie, soit après sa mort; — après avoir perdu son époux, qu'elle ne prononce pas même le nom d'un autre homme. » C'est que déjà, dans le livre de Manou, l'idée de la métempsychose a passé par-dessus les vieilles croyances que j'ai rapportées, quoique l'on y trouve encore conservées les règles qui se rattachent à ces croyances. Quant à la coutume barbare qui existait encore de nos jours, dans l'Inde, coutume qui prescrivait aux veuves de se brûler sur le bûcher de leur mari, elle n'appartient pas à Manou; ce sont des monuments postérieurs qui avaient recommandé ce sacrifice aux veuves, avec la promesse du ciel pour récompense.

Ces deux peuples, il est vrai, ne nous ont pas
laissé dans leurs écrits une expression aussi nette
de leurs croyances que celle que nous trouvons
dans les livres de l'Orient. Toutefois, leurs lois et
leurs usages sont encore là pour attester leurs antiques opinions. Ainsi Lucien, (*De luctu*), tout en
se moquant des opinions du vulgaire, nous les
explique nettement, quand il dit : « Le mort qui
n'a pas laissé de fils ne reçoit pas d'offrandes, et
il est exposé à une faim perpétuelle. » Ce ne serait donc pas, je crois, se lancer dans des hypothèses trop aventureuses, que de présumer qu'à
une époque bien ancienne sans doute, où la religion ne pouvait se propager en quelque sorte que
par la génération, il dut y avoir chez les peuples
grecs et latins un système analogue, quant aux
seconds mariages, à celui que je viens d'exposer :
car, je le répète, ce système est la conséquence, à
ce qu'il semble forcée, des croyances relatives
aux morts et au culte qui leur était dû.

Nous savons peu de chose sur le droit grec en
cette matière. Toutefois, dans le vieil Eschyle,
nous voyons le fils appelé : le sauveur du foyer
paternel, et nous savons par un passage de Pollux,
que dans beaucoup de villes grecques une action
publique (γραφὴ ἀγαμίου), était ouverte contre celui qui n'avait pas de femme. Hérodote cite deux
rois de Sparte qui furent contraints de se remarier après avoir répudié leurs femmes, parce
qu'elles étaient stériles. Rappelons aussi la forme
sacramentelle du mariage : παίδων ἐπ ἀρότῳ γνησίων,
qui semble bien porter la trace d'une époque an-

tique, où le mariage était religieusement prescrit jusqu'à ce que l'on eût un enfant capable de continuer le culte. Mais rien de semblable au *Lévirat* des Hébreux ne se rencontre dans le droit grec [1].

II. Les premiers temps de la législation Romaine en cette matière, ne sont pas moins obscurs, et, encore ici, l'on ne peut guère formuler que des hypothèses; mais il est bien croyable que le culte des morts, qui y fut aussi la base de la famille primitive [2], dut entraîner, relativement

---

1. En Grèce, en effet, le mariage n'entraîne pas, pour les femmes, un changement de famille; les droits qu'il confère au mari, lui sont exclusivement personnels; ils périssent avec lui, et la veuve retombe aussitôt sous la tutelle de ses parents naturels. Mais, ce qui est fort original, c'est qu'un mari y pût, originairement, disposer de la main de sa femme comme de celle de sa fille, et la conférer en secondes noces à un ami; il pouvait léguer sa femme à l'individu qu'il se choisissait pour successeur. La mère de Démosthènes fut ainsi léguée par son mari, à un certain Aphobus, avec une dot considérable; Aphobus prit la dot et refusa l'épouse, et c'est à ce sujet que Démosthènes prononça un plaidoyer contre lui. Cet usage paraîtrait même avoir existé à Rome : Plutarque (*Vie de Caton*, chap. XXXVI), donne les détails d'une transaction par laquelle Caton transféra Marcia, son épouse, à son ami Hortensius, qui la reçut en légitime mariage, pour en avoir des enfants; et Strabon (*Géograph.*, XI, p. 515), dit qu'en cela Caton ne fit que se conformer à une ancienne coutume.

2. Le culte des morts se retrouve, en effet, chez les Latins, les Sabins (*Varron, de ling. lat.*, V, 74) et les Étrusques. La loi romaine était attentive à ne laisser tomber aucun culte domestique. (Cicéron, *de legibus*, II, 19, « *perpetua sint sacra* ».)

aux secondes noces, les conséquences logiques
que nous trouvons dans les livres de l'Orient.
C'est ainsi que le premier divorce que les annales
de Rome aient mentionné eut lieu pour cause de
stérilité, et l'on voit bien encore le reflet de ces
antiques croyances dans la formule : *Ducere uxorem, liberorum quærendorum causa*. — Mais les
croyances des premiers âges s'effacèrent : Rome
grandit, et ses vues ambitieuses n'eurent plus de
bornes : la législation rude et primitive demande
des soldats, d'abord pour la défense de la patrie,
puis, peu à peu, pour la conquête du monde.
Aussi ne distingue-t-on pas, comme on le fit plus
tard, les seconds mariages des premiers. *Anti-
quitas equidem*, dit Justinien, *non satis aliquid
de prioribus aut secundis perscrutabatur nuptiis,
sed licebat, et patribus et matribus, et ad plures
venire nuptias, et lucro nullo privari*[1]. Nous
nous bornerons donc, en ce qui concerne le droit
de la République, sur cette matière, à l'indication de quelques points spéciaux :

Pour qu'une nouvelle union fût possible, il
fallait que la précédente fût dissoute, par la mort,
le divorce, la captivité ou quelque autre genre de
servitude; la loi romaine ne tolère la présence

---

1. Nov. XXII, *præfatio*. Ce n'est que plus tard que nous
verrons les seconds mariages devenir, pour le législateur,
l'objet d'une tendresse ou d'une aversion particulières, et
qu'il passera successivement, d'un encouragement forcené et
impudent, à une grande méfiance.

que d'une seule femme au foyer domestique [1].

A. — Si le mari est fait prisonnier, le mariage est dissous, et il ne reprend pas son existence par le retour du captif. La loi 13, ff. *capt.* dit : *Non ut pater filium ita uxorem maritus jure postliminii recipit; sed consensu redintegratur matrimonium.* La femme du captif peut-elle donc passer à une nouvelle union? A cette question répond la loi 6, ff. *divort.* et *repud.* : *donec certum est maritum vivere*, ...*nullam habere licentiam uxores eorum migrare ad aliud matrimonium ; sin autem in incerto est an vivus,*... *tunc, si quinquennium a tempore captivitatis excesserit, licentiam habeat mulier ad alias migrare nuptias.* Une novelle de Léon le Philosophe, (XXXIII,) interdit en pareil cas le mariage, sans distinction.

B. — Lorsque la femme vient à mourir, le mari peut se remarier sur l'heure : *Uxores viri lugere non compelluntur.* Au contraire, lorsque le mariage est dissous par la mort du mari, la femme doit porter le deuil dix mois (année lunaire), et ne peut se remarier durant ce délai. Cette viduité, d'après Ovide, aurait été imposée à la femme par Romulus [2]. D'après Plutarque, ce

1. A aucune époque la polygamie n'est signalée dans l'histoire de Rome, et cela est d'autant plus remarquable, que la plupart des peuples de l'antiquité y étaient portés. Valentinien le jeune l'autorisa, mais les mœurs s'y refusaient. Plutarque dit qu'Antoine, le premier, eut deux femmes.

2. Ovide, Fastes, I, vers 27 et suiv. *Quod satis est, utero*

serait une loi de Numa. La femme qui voulait se remarier avant ce terme était tenue de sacrifier une vache pleine. Pendant l'an de deuil, la femme doit s'abstenir : *a conviviis, ornamentis, purpura*[1], Cette prohibition se retrouve dans l'édit du préteur, *de his qui notantur infamia*. La sanction est l'infamie dont est frappée : *quæ, viro mortuo, cum eum mortuum esse sciret, intra id tempus quo elugere virum moris est, nupserit*[2]. Du reste, le mariage n'est pas nul. L'infamie est encore encourue par le nouveau mari, et, s'il est en puissance paternelle, par son père; enfin par le père de la femme, si elle est en puissance paternelle[3]. Quelle est la raison de ce délai de viduité, imposé à la veuve? Est-un hommage rendu à la mémoire du mari? ou bien a-t-on simplement voulu éviter la : *turbatio sanguinis?* La loi 11, ff. de his qui not. inf., me semble résoudre formellement la question dans ce dernier sens; voici, d'abord, ce que dit le § 1 : *Etsi talis sit maritus quem more majorum lugeri non oportet*[4], *non posse eam nuptum intra legitimum tem-*

---

*matris dum prodeat infans,— Hoc anno statuit temporis esse satis;— Per totidem menses a funere conjugis uxor,— Sustinet in vidua tristia signa domo.*

1. Paul, Sent., lib. I, t. XXI, § 14.
2. Fragm. Vatic., § 320.
3. Loi 1, ff. *de his qui notantur infamia.*
4. Par exemple, s'il a été *perduellionis damnatus*, s'il s'est pendu, *suspendiosus*, et généralement, s'il s'est donné la mort, *non tædio vitæ, sed mala conscientia.*

*pus collocari : prætor enim ad id tempus se re-*
*tulit quo vir elugeretur qui solet elugeri, propter*
*turbationem sanguinis ;* puis voici le § 2 : *Pompo-*
*nius, eam quæ intra legitimum tempus partum*
*ediderit, putat statim posse nuptiis se collocare :*
*quod verum puto.* D'après cela il est difficile de
supposer que le délai de deuil ait été le motif qui
ait fait établir le délai de viduité.

C. — Si le mariage a été dissous par le divorce,
il semblerait assez rationnel d'imposer à la femme
le même délai de viduité : et cela serait d'autant
plus logique que, comme je l'ai dit, c'est bien la
crainte des confusions de part qui est la raison de
ce délai. Pourtant, jusqu'aux empereurs chrétiens,
la femme, en pareil cas, put se remarier immédiatement [1]. Pourquoi cette différence entre le cas
de mort du mari, et le cas de divorce? C'est, ce
me semble, qu'à l'époque où le délai de viduité
fut introduit dans la législation, le divorce n'existait pas encore dans les mœurs; lorsqu'il y fit
irruption, des précautions particulières furent
prises pour parer à la *confusio seminis* [2]. Remar-

---

1. Effectivement les jurisconsultes ne parlent pas d'un délai de viduité à la suite du divorce; et puis, si ce délai eût
existé, comment Juvénal (Sat. ii, vers 229), nous dirait-il
que des femmes pouvaient se donner jusqu'à huit maris en
cinq ans; — et Sénèque, que les dames romaines comptaient
leurs années non par le nombre des consuls mais par celui
de leurs maris ? — Ce fut la const. 8, § 4, Code, de repud.
(XVII, 5), qui mit à cet égard l'unité dans la législation.

2. Ou la femme se prétend enceinte, ou elle prétend le

quons que, à l'origine, le divorce put s'opérer tacitement : et que l'on discutait, au temps de Cicéron [1], si le divorce pouvait résulter d'un second mariage que le mari aurait contracté sans répudiation préalablement signifiée à sa première femme; la loi Julia *de adulteriis,* exigea que la répudiation fût exprimée en présence de sept témoins.

III. Dans tout cela on ne voit pas que les seconds mariages soient, pour le législateur, l'objet d'une tendresse ou d'une aversion particulière : ils sont, à part quelques précautions jugées nécessaires pour éviter la confusion de paternité, traités de la même façon que les premiers. Mais la décadence de Rome commence : lorsque le fléau des guerres civiles, et le fléau plus grand

---

contraire. Dans le premier cas, sa grossesse doit être notifiée au mari : en gardant le silence, il reconnaîtra sa paternité, mais, s'il a des doutes, il peut envoyer des *custodes, ad ventrem inspiciendum observandumque;* si la femme accouche sous cette surveillance, l'enfant appartient au mari. — Si la femme *prægnantem se esse non denuntiaverit, vel custodes non admiserit,* le père peut nier sa paternité, sauf, pour l'enfant, l'action *de partu agnoscendo.* C'est le S. C. Plancien (Paul II, 24, § 5 et 6. — L. 1, *de agnosc. vel. al., lib.* XXV, 3). — Dans le second cas, c'est-à-dire *si mulier se ex viro prægnantem negat,* cinq sages-femmes (*obstetrices*) l'examineront, et si elles diagnostiquent une grossesse, on lui donnera des gardiens (Paul, II, 24, § 7 à 9. — L. 1, *de inspic. ventre,* XXV, 4). Telles étaient les dispositions par lesquelles on avait cru pouvoir atténuer les dangers résultant de ce que la femme pouvait se remarier immédiatement après divorce.

1. Cic. *de Orat.,* I, 40.

encore d'une incroyable corruption, menacèrent
de dépeupler le monde romain, on ne se con-
tenta plus de favoriser les seconds mariages à
l'égal de premiers : on les ordonna sous la sanction des déchéances pécuniaires, et, par conséquent, les plus sensibles peut-être pour les Romains. Tel fut l'objet d'un monument législatif
considérable, et qui produisit une vive impres-
sion dans la société romaine; ce sont les lois Julia et Papia Poppæa [1] Il y a là tout un système
de législation. Une loi Julia, *de maritandis ordi-*
*nibus* (736 ou 757 de R.). Une loi Julia *de adul-*
*teriis* (737), et, enfin, la loi Papia Poppæa (762).
La loi Julia *de maritandis ordinibus* se fondit dans
la loi P. Poppæa (*leges caducariæ*, ou simplement,
*leges*). La loi Julia *de adulteriis* paraît avoir été
portée pour faciliter l'application, ou peut être
même l'adoption, de la première loi Julia [2]. Le
rôle remarquable que les lois caducaires jouèrent
dans le droit Romain, jusqu'à Constantin qui les
ébranla par des raisons empruntées à la politique
chretienne, exige que nous nous y arrétions, ne
fût-ce qu'un instant, et que nous jetions un coup

1. César déjà avait attaqué le célibat par la vanité : il défendit aux femmes qui avaient moins de 45 ans, et qui n'a-
vaient eu ni mari ni enfants, de porter des pierreries et de
se servir de litières.
2. On objectait, en effet, aux dispositions de la loi *J. de*
*marit. ord.*, que *jam vix ullæ inveniri possunt pudicæ uxores.*
Auguste, alors, pour rendre courage aux hommes, frappe
rigoureusement l'adultère.

d'œil sur celles de leurs dispositions qui ont trait aux secondes noces.

Les seconds et subséquents mariages y sont mieux qu'encouragés : ils y sont commandés ; ces lois frappent les *cœlibes* ; or, *cœlebs* désignait quiconque n'était pas marié, fût-il veuf ou divorcé[1]. Toutefois, il était impossible de rendre la femme responsable d'un veuvage forcé pendant le délai de viduité. Aussi voyons-nous ceci dans Ulpien : *Feminis lex Julia a morte viri anni tribuit vacationem, a divortio sex menses*[2], *lex autem Papia a morte viri biennium, a repudio annum et sex menses.* Lorsque l'homme a soixante ans, ou la femme cinquante, il y a, pour eux, dispense de se remarier[3]. — Ces lois offrent, il est vrai, quelques prohibitions qui viennent entraver le convol de certaines personnes à de nouvelles noces, mais ces prohibitions s'expliquent

---

1. Claude avait divorcé avec deux femmes, et fait périr la troisième ; alors, il dit aux Prétoriens (Suétone, Cl. ch. xxvi) : « *Quatenus sibi matrimonia male cederent, permansurum se in cœlibatu ; ac, nisi permansisset, non recusaturum confodi manibus ipsorum.* »

2. Regul., tit. XIV. Il y a là, ce me semble, l'idée d'un système plus raisonné sur la *seminis turbatio* : un délai de six mois est considéré comme suffisant pour éviter la confusion de part ; et si l'on donne cependant à la femme une *vacatio* d'un an après la mort du mari, c'est, je crois, que la femme, est, dans ce dernier cas, présumée avoir des regrets qui sont moins supposables dans le cas de divorce, de sorte qu'une raison de convenance venait s'ajouter à la raison matérielle.

3. Ulpien, *Regulæ*, t. XVI, § 1.

par des raisons d'un ordre tout particulier : ainsi,
l'affranchie que son patron avait prise comme
*uxor*, ne pouvait pas divorcer; de telle sorte que,
si elle se séparait de son mari sans son aveu, elle
n'était pas en droit de former une nouvelle
union[1]. — La sanction était sévère pour ce peuple parcimonieux : l'époux qui ne convole pas en
nouvelles noces est privé du *jus capiendi ex testamento*[2], tout en conservant la *factio testamenti*.
Du reste, un délai de cent jours est accordé au
*cælebs*, pour se marier ou se remarier[3]. Ce n'était
pas tout que d'être en mariage, car cela ne donnait qu'une demi-capacité : l'*orbus* ne peut prendre que moitié des libéralités testamentaires à lui
faites[4]; pour avoir pleine capacité, il fallait avoir
au moins un enfant légitime vivant ou simplement
conçu[5]. — Or, cette position dans laquelle la loi

1. Loi unique, ff., *unde vir et uxor*, et loi 11, ff. *de divort. et repud.*
2. Mais il conserve la *testamenti factio : hæredes institui
possunt, sed capere non possunt.* Cette distinction, un peu
subtile, a un intérêt pratique ; s'il y avait perte de la *factio
testamenti*, l'institution serait, en tout cas, nulle *ab initio*,
tandis que, le droit de recueillir manquant seul, mais l'institution étant valable, il s'ensuit que si le *cælebs* s'est marié
entre la confection du testament et l'ouverture de l'hérédité,
son incapacité disparaissant, il vient en vertu d'un titre valable.
3. Ulpien, *Regulæ*, t. XVI, § 1.
4. Ces incapacités sont tout à fait étrangères à la matière
des successions ab intestat.
5. Les dispositions qui échappent aux *cælibes* et aux *orbi*,

P. Poppæa plaçait les *orbi* devait aussi contribuer
à la multiplication des secondes noces; l'union
présente pouvait être stérile, et l'on était bien
obligé de la rompre par un divorce, si l'on voulait, par un nouveau mariage, se soustraire à des
incapacités dont on ne croyait pas avoir la cause
en soi[1]. — Celui qui avait des enfants d'une première union devait-il se remarier? La rubrique du
titre XIII d'Ulpien mentionne, après le *cælebs*, et
l'*orbus*, le *pater solitarius* : il est vraisemblable
que c'est l'homme veuf ou divorcé qui a des enfants de son précédent mariage : s'il ne se remariait pas, on peut penser qu'il était frappé d'une
certaine incapacité, moindre probablement que
celle des *orbi*, et, à plus forte raison, que celle
des *cælibes*. — La capacité de recueillir, entre
mari et femme, était régie par des règles spéciales. En effet, à s'en tenir à ce que nous venons de dire, deux époux, par cela seul qu'ils
sont époux, auraient toujours, l'un par rapport à
l'autre, une *dimidia capacitas*, et, dans le cas où
ils auraient des enfants d'un lit antérieur, ils seraient, respectivement, *solidi capaces*. A ce

s'appellent *caduca*, et sont dévolues, comme *præmia*, aux
institués ou aux légataires *patres*, et à leur défaut, au trésor
public.

1. Un moyen plus simple était l'adultère, car peu impor-
tait que les enfants fussent des œuvres d'un étranger (Juvénal, Satyre, IX, vers 86.... «*propter me scriberis hæres* », dit
au mari un complaisant adultère).

compte-là ils eussent pu, sans danger, laisser
cette nouvelle union inféconde, et c'est à cela
qu'il fallait parer. C'est pourquoi il n'y aura *solidi
capacitas* que s'il existe, pour le moins, un enfant commun vivant[1]. (*Aliquando vir et uxor inter
se solidum capere possunt, velut.... si filium
filiamve communem habeant.*) S'ils n'ont pas d'enfant commun, ils ne peuvent disposer, en faveur
l'un de l'autre, que d'un dixième de leurs biens
en propriété (*Vir et uxor inter se, matrimonii
causa, decimam capere possunt*), et, de plus, un
tiers de leurs biens en usufruit (*præter decimam,
etiam usumfructum tertiæ partis bonorum*). Si l'un
des époux a, d'un précédent mariage, des enfants
vivants, chaque enfant lui donne le droit de recevoir de son conjoint un dixième par chaque
enfant (*Quod si, ex alio matrimonio, liberos su-
perstites habeant, præter decimam quam matrimonii nomine capiunt, totidem decimas pro
numero liberorum recipiunt*[2]. — Ces dispositions
portèrent vulgairement le nom de *Lois décimaires;*
elles ne furent supprimées qu'en 410, par Hono-
rius et Théodose le jeune.

Pour le cas où l'un des époux aurait fait à
l'autre un legs sous la condition qu'il ne se remarierait pas, une loi *Julia Miscella*, toujours dans
le même esprit, avait permis au légataire de mé-

1. Ulpien, tit. XVI, § 1.
2. Ulpien, tit. XV.

connaître la volonté du testateur, et de se remarier quand même, sans encourir la perte de la
libéralité du défunt , pourvu que la veuve légataire déclarât sous serment, au plus tard dans
l'année de la mort de son mari, que son intention
était de convoler en nouvelles noces, mais dans
l'unique but d'avoir des enfants : *Procreandæ
sobolis gratia tantum*. A défaut de cette déclaration, la condition produisait son effet; de sorte
que si la veuve se remariait, elle perdait son legs;
en pareil cas, comme pour le moment on ne
pouvait savoir si elle se remarierait, elle obtenait
délivrance immédiate, mais sous charge de fournir la caution Mucienne [1].

J'ai dit plus haut qu'au même système de législation se rattachait la loi *Julia de adulteriis*.
En punissant rigoureusement l'adultère, elle ré-
pondait à l'objection faite à la loi *Julia de maritandis ordinibus*, que : *Vix ullæ inveniri possunt
pudicæ uxores;* — d'autre part, en établissant
l'inaliénabilité du fonds dotal, elle favorisait les
seconds mariages. Une femme veuve se marie

---

1. Loi 2, Code, *ind. viduit.* (V. aussi la Novelle XXII,
cap. XLIII). Cette loi prend-elle son nom de ce qu'elle aurait été portée par un certain Julius Miscellus? On pense
plutôt que ce n'est autre chose qu'un chapitre de la loi *Julia*,
chapitre que les Romains auraient appelé *Miscellus*, parce
qu'il traitait de matières diverses (Heineccius), ou peut-être
aussi, parce que, contrairement aux autres chapitres de la
même loi, il s'appliquait à la fois aux hommes et aux femmes
(Cujas).

difficilement : la difficulté est bien plus grande
encore quand elle n'a pas de dot. Or, en défendant l'aliénation des immeubles dotaux, on fournit à la femme le moyen de trouver un nouvel
époux ; c'est ainsi que l'inaliénabilité du fonds
dotal me semble se rattacher manifestement à la
pensée de favoriser les seconds mariages. Et il
faut, je crois, en dire autant de la défense faite
au mari de restituer la dot pendant le mariage.
*Interest reipublicæ mulieres dotes salvas habere,
propter quas nubere possint*[1].

[1]. Fr. 2. ff. *de jure dotium*, (Paul). — Cette interprétation n'est pas unanimement admise. D'après quelques commentateurs (notamment d'après Hugo), cette inaliénabilité devait être une garantie que l'accusation d'adultère ne resterait
pas inerte entre les mains du mari. Celui-ci, en effet, pour
intenter l'accusation d'adultère, devait préalablement divorcer, et, par suite, restituer la dot. (L. 11, § 10, *ad leg. Jul.
de adult.*). Or, si on lui eût permis d'aliéner le fonds dotal,
il eût certainement hésité, une fois insolvable, à provoquer
lui-même une situation qui devait le mettre en demeure de
restituer ce qu'il n'avait plus. M. Demangeat (*de fundo dot.*
p. 60), repousse avec raison cette interprétation, en faisant
remarquer que si l'inaliénabilité du fonds dotal se rattachait
réellement à cet intérêt d'ordre public, il serait impossible
de comprendre que le législateur ne l'eût proclamée que pour
le cas où la femme ne consent pas à l'aliénation, de sorte qu'il
dépendît précisément de la femme que cette garantie contre son
libertinage existât ou n'existât pas. A mon sens, l'esprit de la
loi *J. de adult.* se rattache visiblement au système de législation qui punit le célibat ; rassurer les maris sur leur honneur
marimonial, montrer à la femme qu'en se mariant elle ne
risque pas d'être ruinée par son époux, et faciliter pour elle
un nouveau mariage après la dissolution du premier, tel est
le but de la loi *Julia*, et il est en parfaite harmonie avec le
système de législation auquel elle se rattache.

En somme, à cette époque, rentrer dans les liens d'un deuxième mariage, après le divorce, ou après le décès du précédent conjoint, était une véritable nécessité à Rome.

IV. Nous arrivons à l'époque .où le christianisme va exiger le sacrifice du système païen des lois d'Auguste. Ces lois caducaires n'avaient jamais été populaires : non pas précisément parce qu'elles faisaient violence aux sentiments les plus respectables, et à ce qu'il pouvait y avoir de pieux dans l'opiniâtreté du veuvage, mais surtout parce qu'elles frappaient les Romains dans ce qu'ils avaient alors de plus sensible peut-être, dans leur amour du lucre. Et cependant ces lois détestées s'étaient maintenues longtemps par une puissante raison politique : parce que le monde romain, dépeuplé déjà par les guerres civiles et les proscriptions, était menacé de se dépeupler plus encore par le mépris du mariage[1]. C'est sur ces entrefaites qu'arriva le christianisme. — Il n'est certes pas nécessaire de montrer ce qu'étaient les lois caducaires vis-à-vis d'une religion pour laquelle le mariage devait être le résultat d'une vocation libre et spontanée; la régénération du mariage exigeait le renversement de ces lois immorales que les césars païens avaient considérées comme la base de leur empire : ajoutons que

1. Plaute (*Miles gloriosus*, act. III. Sc. 1), fait l'éloge du célibat.

le christianisme a toujours considéré le mariage
avec moins de faveur que le célibat, et que
l'exemple de Jésus-Christ portait beaucoup de
personnes à renoncer, dans un but de mortifica-
tion, même aux unions légitimes. — Aussi le premier empereur chrétien, Constantin, s'empressa-
t-il d'abroger les peines du célibat et de l'*orbitas*[1].

Il semble, au premier abord, assez difficile de
savoir quelle fut, sur les seconds mariages, la doctrine du christianisme naissant; on trouve sur ce
point, dans les Pères, des conseils qui semblent assez contradictoires. Pour les uns, tout second mariage est un adultère : « Ὁ γὰρ δεύτερος γάμος ἐστὶ μοι-
χεία[2]; » mais saint Paul les autorise parfaitement :
*Quod si dormierit vir ejus, liberata est : cui vult
nubat, tantum in Domino*[3], et saint Augustin pro-
clame la légitimité des secondes, troisièmes, quatrièmes et cinquièmes noces : *Apostolus dicens :
si dormierit vir ejus, non dicit primus, vel secundus, vel quartus; nec nobis definiendum est*

---

1. Mais ce n'est que sous Justinien que la législation cadu-
caire disparut entièrement (l. unic. C. *de cad. toll.*, VI,
51). La Const. de Constantin forme la l. 1. C. *de inf. cæl.
pœn.* VIII, 58).

2. Il faut, du reste, remarquer que les premiers mêmes
ne sont pas en grande faveur. Saint Jérome dit que Dieu
avait bien permis le mariage au commencement du monde,
mais que Jésus et Marie ont consacré la virginité. Et, d'après
saint Chrysostome (*de virgin.* t. I, p. 282), sans la première
faute, Dieu eût pourvu autrement à la conservation de l'espèce humaine.

3. Saint Paul aux Corinthiens, cap. 7.

*quod non definit Apostolus; unde nec ullas debes damnare nuptias, nec eis verecundiam numerositatis inferre*[1]. — Tout ceci cependant ne paraîtra pas inconciliable, si l'on considère qu'en cette matière la morale chrétienne a toujours distingué le bien du mieux ; elle a pu proposer comme modèle de perfection la fidélité qui se prolonge au delà du tombeau ; mais, sachant bien que la perfection n'est pas de ce monde, elle ne l'imposa jamais maladroitement à tous ses fidèles. En résumé, le christianisme naissant considéra les secondes noces comme une faiblesse, tout en déclarant exempts de péché ceux qui y convolaient. Il est vrai que le concile de Néo-Césarée (en 314), soumit à une pénitence publique le veuf ou la veuve qui n'avaient pas le courage de passer le reste de leur vie dans la continence : *Qui venerit in secundas nuptias pœnitentiam unum annum agat eo quod bigamus est; trigamus vero VII; si quartam XIV; si autem quintam, difficile est ut apta pœnitentia inveniatur,* — mais : *Non est quod peccent,... sed quod suam incontinentiam manifestent.* Toutefois, des doutes s'étaient élevés dans quelques esprits rigides, connus sous le nom de *katharoi* (ou purs), qui regardaient comme excommuniés ceux qui passaient à de seconds mariages ; mais, sous Constantin, le

---

1. *De bon. vid.* cap. 11.

concile de Nicée mit les *purs* au ban de l'Église, comme hérétiques[1].

Il n'en est pas moins vrai que la doctrine de l'Église, malgré cette sage impartialité des premiers temps, reposait, au fond, sur une certaine défaveur pour les nouvelles unions. — Il semble même que cette défaveur se soit, peu à peu, accentuée davantage, car elle ne tarda pas à se traduire dans la législation des empereurs chrétiens sur les secondes noces. — Mais ce qu'il faut reconnaître, à l'honneur de cette législation, c'est qu'elle était absorbée, d'une manière dominante, par la préoccupation des intérêts de la famille issue du précédent mariage ; une vive sollicitude pour les intérêts des enfants du précédent lit y forme un aspect tout nouveau[2].

Étudions sommairement ces lois dans leur ensemble :

*A. D'abord en ce qui concerne les délais de viduité.* — Les empereurs Grat., Valent. et Théod. portent ce délai à 12 mois : « *parvum enim tempus post decem menses servandum adjicimus tametsi id ipsum exiguum putemus*[3] » Ils confirment

---

1. Nicée, canon 8 ; V. aussi canon 10 du concile d'Arles, (en 324).

2. Les Pères de l'Église s'étaient déjà préoccupés de cette situation : *Nesciunt bestiæ odia novercalia...., neque noverunt præferre filios posterioris copulæ, superioris autem negligere.* (Saint Ambroise, *Hexameron.* lib. VI, c. 4 )

3. Il est évident que, par cela même que ces empereurs étendent le délai de viduité, ils en modifient le caractère : ce

la peine de l'infamie infligée à la veuve qui ne gardait pas « *religionem luctus,* » et édictent contre elle de nouvelles pénalités [1]. La femme coupable ne pourra donner ou léguer plus du 1/3 de ses biens à son deuxième mari; — elle perd les gains de son précédent mariage, c'est-à-dire tout ce qu'elle tient, à quelque titre que ce soit, de son défunt mari; — elle est incapable d'hériter d'un étranger, et elle est exclue des successions,

n'est plus seulement un obstacle à la *sanguinis turbatio ;* c'est un devoir de piété et de convenance que la veuve doit observer en l'honneur de son mari défunt. (2, C., *de sec. nuptiis.*)

1. C'est la loi 1, C. *sec. nupt.* qui rappelle la peine de l'infamie. En quoi consistait-t-elle? Ce n'est pas une vague pénalité, n'ayant d'autre sanction que le mépris public : elle a sa source dans le droit. L'infâme perd ses droits politiques, (ff. fr. 1. pr. *ad leg. Jul. de vi priv....* « *Omni honore quasi infamis carebit.* » Il ne peut postuler en justice pour autrui, (ff. fr. 1, § 8, *de postul.*), et, par conséquent, être constitué *cognitor* ou *procurator* (Paul. I, t. II, § 1), donc, se rendre cessionnaire d'une action, etc. — Mais comment appliquer cela aux femmes lesquelles, indépendamment de toute note infamante, sont privées des droits civiques et du droit de postuler pour autrui? (ff. fr. 1, § 5, *de postul.*) D'après cela, on est amené à penser qu'il a dû y avoir un état du droit qui a permis à l'infamie de s'appliquer aux femmes. Cet état de droit parait être celui qu'avait créé la loi *Julia de marit. ord. :* cette loi avait défendu le mariage entre les ingénus et les femmes infâmes (Ulp. XIII, § 2); et, aussi, XVI, § 2 : *Aliquando nihil inter se capiunt (conjuges), id est si contra legem Juliam Papiamque Poppæam contraxerint matrimonium, verbi gratia si famosam quis uxorem duxerit.* — Mais supposons qu'une femme se remarie dans l'an de deuil; elle est infâme. (*Frag. Vat.*, § 320) : le mariage est-il nul? On peut, en s'appuyant sur le texte précité d'Ul-

même *ab intestat*, de ses parents, à moins qu'il ne s'agisse de parents dont elle ne serait pas éloignée de plus de trois degrés [1].

*B. Puis, en ce qui concerne l'intérêt des enfants des précédents lits.* — Nous supposons maintenant que la mère a su observer *religionem luctus*, avant de se remarier. Mais elle a des enfants issus des œuvres de son précédent mari, et ce sont ces enfants qu'il s'agit de protéger. L'avénement des enfants du premier lit dans l'organisation du système des secondes noces, se manifeste sous la forme de deux règles essentielles :

*a.* Les empereurs Grat., Valent. et Théod. veulent que la femme qui se remarie, ayant des enfants d'un premier lit, ne conserve que l'usufruit des dons ou avantages que son premier mariage a pu lui procurer, à quelque titre que ce soit ; la nue propriété passe immédiatement aux enfants du premier mari. La femme ne peut donc aliéner ni hypothéquer ces biens [2]. Pour assurer aux enfants le retour des biens que la femme tenait de

pien, penser que l'infamie de la femme ne rendait pas le mariage nul ; seulement, les époux auraient été traités comme célibataires en ce qui concerne l'application des lois caducaires. (Savigny). En résumé, ce ne serait que depuis la loi *Julia* que la femme remariée dans l'an de deuil aurait encouru l'infamie (Demangeat, t. I, p. 281), — dont la conséquence aurait été que sa nouvelle union serait impuissante à la soustraire aux peines du célibat. (Ulpien, XVI, § 2).

1. L. 1, Code, *de secundis nuptiis.*
2. L. 3, et loi 5, C., *de sec. nupt.*

son mari défunt, une hypothèque générale fut
établie sur tous les biens de leur mère[1]; si celle-
ci aliène les biens, les enfants auront la revendication contre tout détenteur[2]. Ce droit leur appartient, alors même qu'ils n'ont pas accepté la succession du prémourant ; il suffit qu'ils acceptent
celle du dernier mourant[3]. Au reste, la mère qui
se remarie, peut faire arriver les biens qu'elle est
obligée de conserver, *à tel de ses enfants du premier lit*, à l'exclusion des frères et sœurs de celui-
ci[4]. Cette dernière décision marque bien le caractère
des lois des empereurs sur les secondes noces. Il en
résulte clairement que la disposition à laquelle se
rattache un tel tempérament est édictée beaucoup
plus dans un but de *pénalité*, que dans un but
de protection pour les enfants du premier lit.

Si l'un des enfants du premier lit vient à mourir, *matre jam secundis nuptiis funestata*, cette
mère doit conserver au profit des autres enfants
du même lit les biens qu'elle a recueillis dans la
succession du fils prédécédé, de telle sorte qu'elle
n'en a que l'usufruit[5], et cela sans distinguer si
elle a succédé *ab intestat* ou en vertu d'un testament, ni si les biens qui composent la succession

1. L. 6, § 2, *de s. nupt.*, C.
2. L. 5, *de s. nupt.*, C.
3. L. 5, § 1, *ibid.*
4. L. 3, pr. *ibid.* — Abrog. Justin, Nov. XXII, cap. 25,
et Novelle II, cap. 1.
5. L. 3, § 1. C. *de s. nupt.*

de l'enfant défunt proviennent du père de celui-
ci, ou d'autre part.

Si, avant le second mariage de la mère, un enfant du premier lit était déjà mort, on distinguait
les biens adventices et les biens profectices dans la
part de la mère; les premiers lui appartenaient
pleinement : quant aux biens profectices, elle n'en
conservait que l'usufruit, et la nue propriété en
était réservée aux enfants du premier lit[1].

Ces dispositions étaient-elles applicables à
l'homme qui convolait à de nouvelles noces ? Non,
à l'origine ; mais Théodose le Jeune et Valentinien
les étendirent aux hommes : *Censimus : iisdem
casibus maritum quoque quæ de bonis mulieris ad eum devoluta sunt, morte mulieris
matrimonio dissoluto, communibus liberis servare*[2].

Si le veuf ou la veuve ne se remarient pas, ils
conservent la pleine et entière propriété de leurs
avantages; toutefois, s'ils n'en ont pas disposé de
leur vivant, les enfants pourront les réclamer,
même en répudiant la succession de l'époux dernier mourant[3]. Si, à son décès, le mari avait laissé
l'usufruit de ses biens à sa femme, et que celle-ci
se remariât, elle perdait *ipso facto* cet usufruit, et

1. L. 5, C. *ad S. C. Tertyllianum.*
2. L. 5, C. *de s. nupt.*
3. L. 6, § 3, *ibid.* C. — Id. Nov. XXII, c. 20, § 1. —
Mutav. Nov. XCVIII, c. 1, — et deinde Nov. CXXVII,
cap. III.

devait restituer les biens aux enfants du donateur[1].

*b.* Les empereurs Léon et Anthémius, avançant
encore dans ce système, pour l'intérêt des enfants
du précédent lit, décident que le père ou la mère
veufs, qui se remarient ayant des enfants, ne
pourront donner à leur nouvel époux (*novercæ
vel vitrico*), qu'une part d'enfant le moins prenant[2]. En cas d'excès dans la libéralité, elleétait
réduite[3]. Les enfants du premier lit profitent seuls
du retranchement.

V. Nous arrivons à la législation de Justinien.
Quelques-unes de ses dispositions législatives sont
moins défavorables à l'époux qui se remarie, que
celles des premiers empereurs chrétiens[4]. La Novelle II (cap. III,) nous donne un véritable exposé de sa manière de voir quant au convol à nouvelles unions; il s'était aperçu, paraît-il, que les
obstacles mis aux seconds mariages des femmes ne
produisaient pas, au point de vue moral, des résultats merveilleux[5]. Étudions très-sommairement,

1. Loi unique : *Si secundo nups. mul.* — Modif. par la
Nov. XXII; cap. 32.

2. L. 6, C. *de s. nupt.*

3. L. 6, pr. in fine *de s. nupt.*

4. V. *Infra*, Nov. XXII, cap. 32. — L. 10, C. *de sec.
nupt.* — Nov. XXII, cap. 2. — Nov. II, c. 3.

5. Il fait observer (nov. II, c. III), « qu'il ne faut pas
que les inconvénients pécuniaires d'une maison chaste quoiqu'elle ne soit pas la première, portent les veuves à des relations illicites, et même à se prostituer avec des esclaves;

et en suivant toujours le même ordre, sa législation sur les secondes noces :

A. *Est maintenue la disposition d'après laquelle l'homme ou la femme qui se remarient doi--vent conserver aux enfants du précédent lit les avantages provenant, à quelque titre que ce soit, du mariage dont ils sont issus ;* mais :

α. Justinien enlève à l'époux remarié le droit qui lui appartenait auparavant de distribuer les biens qu'il devait ainsi conserver, entre les enfants du premier lit, ou même de les attribuer exclusivement à l'un de ces enfants[1].

β. La Nov. Il, cap. III, supprimant la distinction faite (par les lois : 3, § 1, C., *de s. nupt.*, et 5, *ad S. C. Tertyll.*), entre le cas où la femme s'est remariée avant le décès d'un enfant du premier lit, et le cas où elle s'est remariée après, abroge ces lois, et décide que, soit que la veuve se remarie, soit qu'elle reste veuve, dans l'un et l'autre cas, elle succède, sans restriction d'aucune espèce

que sans doute c'est chose digne de louange pour une veuve que de conserver inviolé le lit de son mari défunt, et que la femme dans ces conditions mérite presque autant d'estime que celle qui est restée vierge, mais qu'en définitive, comme c'est là un sacrifice auquel ne peut toujours se plier la chaleur de la jeunesse et des sens, cette femme ne doit pas pour cela être mise en dehors du droit commun. » En somme, il paraît que la législation des empereurs chrétiens, à la différence des lois d'Auguste qui commandaient les seconds mariages, y faisait en sens inverse par trop obstacle, d'où des unions illégitimes.

1. Novelle II, cap. I, et nov. XXII, cap. XXV.

apportée à son droit, aux enfants de son défunt
mari, en concours avec les frères et sœurs de l'enfant dont la succession s'ouvre : *Vocetur ad filii
hæreditatem mater cum fratribus, et hanc habeat
firme, nihil ex secundis lædenda nuptiis.* Désormais, relativement à sa part, l'empereur veut :
*eam cum usu proprietatem habere firmam ;* elle
succède à l'enfant, de la même façon que les frères
et sœurs de celui-ci, qu'elle soit ou non remariée[1].
— Un troisième état de la législation, sur ce point,
est celui de la Novelle XXII, cap. xLvi, par laquelle il est tenu compte à la veuve de sa persé-
vérance dans le veuvage ; si le fils laisse, par testament, des biens à sa mère, il n'y a pas à distinguer l'origine de ces biens : *habeat mater, et secundum proprietatem, et secundum usum.* S'il
meurt *intestat,* le droit de la mère non remariée,
sur la part qu'elle recueille, est le même ; mais,
si elle a convolé à de nouvelles noces, elle a bien
toujours la pleine propriété de ceux des biens
*quæ aliunde erant filio, præter paternam succes-
sionem ;* mais : *quanta quidem ex paterna sub-
stantia ad filium pervenerunt, eorum solummodo
habeat usumfructum.* On distingue donc si la
femme s'est remariée ; mais on continue à ne

---

1. Toutefois elle n'a rien à prétendre, en sa qualité d'héritière de son fils, à la donation anténuptiale, même en usufruit ; elle constitue un gain pour les frères et sœurs du défunt, et n'est pas comprise dans l'hérédité de celui-ci.
(Nov. II, c. iii, § 1er.)

plus distinguer à quelle époque elle s'est remariée.

γ. Pour le cas où l'époux survivant ne se remarie pas, nous avons vu la loi 6, § 3, *de sec.
nupt.*, C. décider que cet époux conserverait l'absolue propriété de ses gains nuptiaux, mais que,
toutefois, s'il n'en avait pas disposé de son vivant,
les enfants du défunt pourraient les réclamer,
même en répudiant la succession du dernier mourant de leurs auteurs. Cette solution était confirmée par la novelle XXII (c. xx, § 4). Si l'époux
survivant ne se remarie pas, le mari a en propriété
pleine le gain convenu sur la dot ; la femme, le
gain convenu sur la donation à cause de noces :
*Si.... in prioribus steterint nuptiis, percipient lu-
cra : vir quidem ex dote, mulier autem ex ante
nuptiali donatione, et erunt hæc eis propria...;
unde, donec vixerint, omnem licentiam habebunt
alienationis super his.* Mais la novelle XCVIII
(cap. i), vint abroger toute distinction entre le cas
où il y a nouveau mariage et le cas où le veuvage
est conservé : *Si mulier moriatur, et eveniat lucrum fieri viro, dotem hanc omnino servare filiis,
sive ad secundas veniat nuptias, sive etiam non ;
et, ex diverso, si mortuus fuerit vir, mulierem ante
nuptialis donationis lucra propriis filiis servare ;
usum quidem lucrorum ex nuptiis apud eos constitutum, proprietatem vero eorum filiis omnino
servandam.* — Plus tard, dans la novelle CXXVII
(cap. iii), Justinien juge à propos de distinguer

de nouveau si le veuvage a été conservé ou non,
pour, dans le premier cas, accorder une prime
à la fidélité : Outre l'usufruit des gains faits sur
la dot ou sur la donation anténuptiale, l'époux
survivant aura sur lesdits biens, à condition de ne
pas se remarier, une part d'enfant en pleine propriété. En ce qui concerne tous autres gains nuptiaux, l'époux survivant, non remarié, continue
d'avoir sur eux un droit entier de disposition.

δ. A l'exemple de ce qu'avaient fait Léon et
Anthémius en hypothéquant les biens de la mère
qui se remarie à la garantie des droits des enfants
du précédent lit, Justinien déclare[1], que les biens
présents et à venir du père survivant seront également grevés d'une hypothèque pour la restitution des valeurs qu'il tiendrait de sa femme défunte.

η. La loi *si secundo nups. mul.*, de Valent. Théod.
et Arcad. décidait, comme je l'ai dit plus haut,
que lorsque l'un des époux aurait laissé à l'autre
par testament l'usufruit de ses biens, cet usufruit
passerait aux enfants du premier lit si le conjoint
donataire se remariait. Justinien, dans un esprit
moins défavorable aux secondes noces, supprime
cette déchéance, à moins de volonté exprimée à
cet égard par le testateur[2].

B. *Est maintenue la disposition d'après laquelle*

1. L. 8, § 4; code, *de secundis nuptiis.*
2. Novelle XXII; cap. xxxii.

*le nouveau conjoint ne peut recevoir plus que la part de l'enfant le moins prenant du premier lit ;* mais :

α. Nous avons vu que, d'après la loi 6 *de sec. nupt.* les enfants du premier lit profitaient seuls du retranchement : dans la loi 9, *ibid.*, Justinien veut que le retranchement profite tant aux enfants du deuxième lit qu'à ceux du premier; enfin, dans la novelle XXII (cap. 27), il abroge sa const. 9, et revient à la loi 6.

β. Si le père ou la mère exhérédaient un de leurs enfants du premier lit, la part de l'enfant le moins prenant se trouvant réduite à zéro, le second conjoint ne pouvait rien recevoir : c'est pourquoi les enfants du premier lit, se sentant moralement assurés de n'être pas exhérédés, et sûrs d'avoir pour le moins dans la succession de leur auteur remarié une part égale à celle que cet auteur laisserait à son nouveau conjoint, se rendaient coupables envers leur auteur, de sévices ou d'injures, sans courir aucun risque. La loi 10, C., *de sec. nupt.*, décida que l'exhérédation d'un enfant ingrat n'empêcherait nullement son père ou sa mère de faire des libéralités à sa seconde femme ou à son second mari.

La législation de Justinien sur les secondes noces contient encore beaucoup d'autres innovations; signalons les plus importantes :

α. Les peines prononcées contre la femme qui viole l'an de deuil, atteindront la femme qui,

bien que non remariée, accouche dans le même
délai, pourvu toutefois que l'enfant ne puisse
être attribué au mari défunt (par exemple si elle
accouche dans le onzième mois); car : *non lucrari
valere mulierem per virum quem sic velociter
deshonestavit*[1].

β. Justinien donne à l'un ou à l'autre époux
le droit de remettre par testament, à son conjoint,
les peines portées contre l'époux convolant à de
secondes noces[2].

γ. Sous Justinien, la dot, ou la donation *propter nuptias*, peuvent être constituées, augmentées,
ou même diminuées pendant le mariage; mais la
novelle XXII (cap. 31), apporte une exception à
ce principe pour le cas où il y aurait des enfants
d'un premier mariage; elle rend, pour un tel cas,
la diminution impossible; si, en effet, elle eût été
permise, les enfants eussent cessé de profiter du
retranchement dont ils doivent exclusivement bé-
néficier, car leur auteur, exerçant ce retranchement sous forme de diminution, eût pu disposer
à sa volonté de l'excédant.

δ. Lorsqu'un père a reçu un legs pour le trans-
mettre à son fils, à condition ou à terme, on
n'exige de lui la caution appelée : *legatorum ser-
vandorum causa*, que s'il a pris une seconde
femme[3].

1. Novelle XXXIX, cap. ii.
2. Novelle XXII, cap. ii.
3. Novelle XXII, cap. xli.

η. J'ai dit plus haut, qu'au cas de legs fait sous condition de ne pas se remarier, la loi *Julia Mis-cella* permettait au légataire de conserver son legs, malgré qu'il violât la condition, sauf, toutefois, à jurer qu'il ne se remariait que pour avoir des enfants. Justinien pensa que le meilleur moyen d'éviter les parjures était de dispenser le veuf ou la veuve de ce serment[1]. Plus tard, par la novelle XXII (cap. 44), il décida qu'à l'avenir la volonté du mourant devrait être exécutée; le légataire a le choix de se remarier en perdant le legs, ou d'obtenir le legs en se conformant à la volonté du testateur. Le legs ne pourra être réclamé qu'après l'expiration d'un an, et encore à la condition de fournir une caution juratoire, garantissant la restitution en cas de convol en nouvelles noces; cette restitution était, en outre, assurée par une hypothèque.

θ. La veuve pouvait obtenir la tutelle de ses enfants impubères en renonçant au bénéfice du S.-Cte Velléien, et en prêtant serment qu'elle ne contracterait pas un nouveau mariage. Que si elle se remariait avant d'avoir fait nommer un autre tuteur, et avant d'avoir rendu son compte, elle était déchue de la succession des enfants mourant impubères[2], et de plus, les biens de son nouveau mari étaient frappés d'une hypothèque à

1. Loi 2, Code, de ind. viduit.
2. L. 6, ad. S. C. Tertyllianum.

raison de la gestion antérieure au mariage[1]. Justinien, trouvant la sanction trop légère, décida que
la femme qui manquerait ainsi à son serment
encourrait toutes les peines dont sont frappées
les veuves qui : *ante lugubre tempus, ad se-
cunda vota declinaverunt*[2]. Plus tard, voulant empêcher tout parjure, il prit, à cet effet, le meilleur de tous les moyens : il supprima la nécessité
du serment[3].

17. Il ne nous reste plus, pour terminer ce court
exposé, qu'à dire quelques mots du cas de divorce.
Nous savons qu'en pareille occurrence un nouveau mariage était immédiatement possible, même
pour la femme, et que des précautions spéciales
contre la *turbatio sanguinis*[4], remplaçaient les délais de viduité qui lui sont imposés après la mort
de son mari. Mais sous les empereurs chrétiens,
de nouvelles dispositions furent introduites.

*A.* Si le divorce a eu lieu *bona gratia*, la femme
ne peut se remarier qu'après un an[5]. Justinien
défendit absolument cette sorte de divorce[6].

---

1. L. 6, Code, in quib. causis pig. — *Mariti quoque ejus,
preteritæ tutelæ gestæ ratiociniis, bona jure pignoris tenebun-
tur obnoxia.*
2. Novelle XXII, c. XL.
3. Novelle XCIV, c. II.
4. Paul, Sent. II, 24, § 6 à 9.
5. Loi 9, Code, de repud., V, 17.
6. Novelle CXVII, cap. x. — Mais son successeur la réta-
blit. (Nov. 140 de Just. II.) Les mœurs étaient plus fortes
que les lois.

*B.* S'il a eu lieu par voie de répudiation, les empereurs chrétiens distinguent[1], selon qu'il a eu lieu : 1° *sans cause* : si c'est la femme qui a di vorcé, elle est déportée ; si c'est le mari, défense lui est faite de se remarier ; 2° *sur cause légère* : si c'est la femme, défense de se remarier ; si c'est l'homme, il doit attendre deux ans ; 3° *sur cause légitime* : si c'est la femme qui a divorcé, elle attendra cinq ans pour se remarier[2] ; si c'est l'homme, il peut immédiatement se remarier[3].

18. Signalons enfin une constitution de Constantin Porphyrogénète contre le convol des veufs ou veuves : dans une novelle datée de l'an du monde

---

1. L. 1, 2, Code Théod. de repud., III, 16.

2. Cinq ans d'après le C. Théod., puis un an seulement d'après la loi 8, § 4. de repud., C. de Just., « *ne quis de prole dubitet.* »

3. Le christianisme s'efforçait, du reste, de mettre absolument obstacle au second mariage des époux divorcés : « Et moi je vous dis : quiconque aura épousé celle que son mari aura renvoyée, commet un adultère. » (Sermon sur la montagne.) Il y avait, à vrai dire, quelqu'obscurité sur ce point, dans les premiers temps de la doctrine chrétienne ; et c'est en constatant cette obscurité, que saint Augustin déclare que le mari qui, ayant répudié son épouse, se remarie, *ne commet qu'un péché véniel.* (De fide in operibus, ch. **xix**.) — Saint Ambroise, même, était plus tolérant, du moins pour les secondes noces *du mari* divorcé : « *viro licet uxorem ducere, si dimiserit uxorem peccantem ; quia non ita lege constringitur vir, sicut mulier. Caput enim mulieris vir est.* » — (Comment. in epist. ad Corinth., cap. **vii**, ver. 11.) D'où il faudrait conclure que les Pères admettaient les secondes noces de l'homme divorcé, mais non celles de la femme divorcée..??

6534 (c'est-à-dire de l'an 920), abusant de la
qualité de protecteur de l'Église grecque, il prononce des peines religieuses contre les troisièmes
et quatrièmes mariages. Défense de contracter
une quatrième union sous peine d'être privé de
toute communion ecclésiastique, et même de l'entrée de l'église[1]. Quant aux troisièmes mariages,
ils ne sont punis que de la prohibition de l'Eucharistie, pendant un temps plus ou moins long,
suivant l'âge plus ou moins avancé du contrevenant. Cette loi insensée ne porte que trop l'empreinte d'une de ces époques où le législateur
s'est arrogé un pouvoir de juridiction sur les faits
de la conscience[2].

VI. Après cet exposé, trop rapide, sans doute,

---

1. Saint Grégoire de Naziance qualifiait les 4<sup>mes</sup> noces de
χοιρώδη βίον (vitam porcinam).

2. Déjà une novelle de Léon (Const. XC, *ut qui tertium*),
avait rappelé l'application aux 3<sup>mes</sup> mariages d'un canon du
concile de Néocésarée, qui prononçait des peines contre
eux. La raison qu'il en donne est une curiosité historique :
« *Oportebat homines, cum in aliis, tum præcipue in castitate
matrimoniali a brutis non vinci. Multa autem brutorum ani-
mantium genera, conjuge mortuo, perpetuam viduitatem am-
plectuntur, alterisque nuptiis priores, velut congesta terra obte-
gere nolunt.* » — Et Godefroy ajoute, en commentant ces
dernières paroles, qu'il s'agit là de *tourtereaux*, dont la fidélité est traditionnelle. — Remarquons enfin que la novelle
XXII, chap. XLII, de Justinien, avait frappé de l'incapacité de parvenir à certaines dignités sacerdotales, ceux qui
avaient contracté un second mariage, par la raison qu'ils
ont prouvé qu'ils préféraient la tendresse d'une femme à la
satisfaction de leur ambition.

des lois romaines, entreprenons l'étude de législations qui nous touchent de plus près :

L'étude des Germains nous ramène en quelque sorte à notre point de départ. Sortis du même berceau, les Hindous, les Grecs, les Romains, les Germains, emportèrent chacun avec eux, en se séparant, des souvenirs communs d'une même origine. Chez les Germains aussi, nous retrouvons le culte des dieux domestiques : *Dii Penates, penetrales deos*[1]; et, peut-être, est-il permis de supposer que l'intérêt si considérable qui s'attachait comme une conséquence logique de ce culte, à la perpétuité des familles, dut entraîner, relativement aux secondes noces, des conséquences semblables à celles que nous avons signalées chez les peuples qui eurent le même berceau.

Quoi qu'il en soit de ces époques reculées et obscures, il est certain qu'à l'époque où Tacite nous fait connaître les mœurs germaines, les seconds mariages des femmes veuves y étaient vus avec défaveur; la Grèce et Rome eussent pu envier à ces barbares l'austérité de leurs mœurs : *Les seules vierges trouvent un mari. L'espoir et le désir d'être épouse s'épuisent en une seule fois; la femme n'a jamais qu'un époux, comme elle n'a qu'un corps et qu'une âme. Sa pensée ni sa passion ne peuvent rien rêver au delà de cette première union*[2]. C'est à peine si l'on peut croire à

1. Tacite, (*Annales*. XI, 16).
2. Tacite, (*de morib. Germanorum*, chap. 18 et 19).

tant de rigorisme chez un peuple aux passions
rudes et indisciplinées[1]. — Chez les Hérules et
chez les Scandinaves, les veuves poussaient à ce
point le fanatisme de la fidélité, qu'elles se laissaient brûler ou ensevelir avec leurs maris ; — et
César[2] parle de l'usage de brûler l'épouse sur le
même bûcher que le cadavre du mari.

Après que l'empire d'Occident eut succombé
sous les invasions barbares, nous pouvons reconnaître dans les lois des envahisseurs quelques
traces des lois romaines sur les secondes noces.
Remarquons d'abord ce que dit la loi des Wisi-
goths : elle ne permet aux parents de disposer que
d'un tiers de leurs biens ; quand la personne qui
voulait disposer était une femme veuve, elle ne
le pouvait que pour un quart de ce qu'elle avait
reçu de son mari ; les trois autres quarts étaient
réservés aux enfants issus de son mariage avec le
donateur[3]. — Voici maintenant ce que dit la loi
des Bourguignons : *Ad secundas nuptias trans-
euntes... donationem prioris mariti ususfructus
jure possidere... secundum const. imp. Honorii
et Theodosii*[4]. — Enfin, la loi salique nous fournit
plus de détails... *Dotem quam anterior maritus*

1. Remarquons que, (César. I, 53), la polygamie n'était,
en Germanie, en usage que chez les princes.
2. César, VI, 19.
3. *Leges Wisigoth.*, lib. IV, tit. V. Cette loi est du roi
Chindaswinthe.
4. T. 24. — (Comp. l. 1, 2, 3, C. Théod.)

*dedit, filii sui* (c'est-à-dire les fils de ce premier mari), *post obitum matris, sine ullum consorcium* (de ceux du deuxième lit), *sibi vindicent ac defendant, de qua dotem* (la *dos* donnée à la femme par son premier mari), *mater nec vendere nec donare præsummat*[1]. — Voici, dans la même loi, une disposition tout à fait originale : l'homme qui voulait épouser une veuve devait payer trois *solidi* et un denier de bon poids au parent mâle le plus proche du premier mari, par les femmes; ainsi au fils de la sœur, au frère de la mère, du mari. Cette somme s'appelait le *reipus*. — Cet usage ne se retrouve pas dans les autres lois barbares : par exemple, la loi des ripuaires n'a aucune disposition de cette espèce. De son côté, la veuve qui se remariait devait payer à ces mêmes parents une prestation appelée *achasius*, et qui ne se confondait pas avec le *reipus;* l'*achasius* est de un dixième du montant de la dot[2]; elle de-

1. Chlodov. capit. VII, 1 (retrouvé par M. Pertz). — Même renvoi pour la suite. — Il me paraît difficile de ne pas reconnaître, dans les lois citées au texte, la trace de la législation du *Code* sur les secondes noces; et cela est d'autant plus concevable que si aucun texte n'a pû être découvert, qui révèle chez les barbares la connaissance des *Pandectes*, il n'en est pas moins certain qu'il en est tout autrement de la législation de Théodose et de celle de Justinien.

2. *Si 63 solidos in dotem accepit (mulier), sol 6. in achasium dentur, hoc est S. per decenos.* Quelle est la raison de ces deux sortes de prestations payées à la famille du précédent mari? Ce n'est pas, précisément, ce me semble, la conséquence d'un système de défaveur pour le convol : mais

vait en outre, —coutume chaste et naïve, — abandonner son lit nuptial aux parents de son premier
époux. — Remarquons enfin que, si elle avait des
enfants issus des œuvres du défunt, les parents du
mari devaient être consultés par elle sur l'opportunité du convol projeté : *Si de anteriore marito
filios habet, parentes infantum suorum consiliare
debet;* et rappelons que, dans le même cas, elle
ne pouvait disposer de la *dot* qu'elle avait reçue
de son premier mari. — Chez les Lombards, la
veuve demeure dépendante de la famille de son
mari, et, si elle se remarie, ce sont les héritiers
de son premier époux qui la donnent à celui qui
veut le remplacer, en recevant le prix du *mundium* qu'ils lui revendent [1]. — Le second mariage de
la veuve lui faisait perdre la tutelle, comme une
juste conséquence de la position nouvelle qu'elle
acceptait.

c'est simplement que le *mundium* du mari était une sorte de
propriété de famille, qu'il fallait racheter si on voulait la
transporter à un autre homme ; le *mundium* du mari avait
fait, à sa mort, partie de sa succession ; c'était donc une
sorte de revente, par les héritiers, du *mundium* qu'avait
acheté leur auteur ; le prix du *reipus* était le double du prix
payé pour le *mundium* d'une vierge. — Bien entendu, si
c'est un homme qui contracte un deuxième mariage, il n'est
soumis à aucune prestation de ce genre envers la famille de
sa première femme. (V. Laboulaye. *Condit. des femmes,*
p. 164 et suiv.)

1. Ed. Rotharis, 183 : *Ipsa per manum simili modo retra-
datur; sicut priori marito tradita fuerit.* — C'est la conséquence de ce que le *mundium* est un droit pécuniaire, acquis

A l'époque féodale, toutes les institutions du droit civil sont dominées par l'intérêt seigneurial. La veuve ne pouvait pas faire elle-même le service du fief[1]. C'est pourquoi le mariage était dû au suzerain par la femme propriétaire d'un fief, comme un service féodal, et elle ne pouvait s'en débarrasser qu'en abandonnant la tenure. — Même si l'héritière d'un fief était, non pas fille, mais veuve, elle devait remplacer au plus vite le trépassé par un mari nouveau, afin de continuer à fournir au seigneur son homme d'armes : *Quand dame a et tient fié, qui doit service de corps, elle le tient en héritage ou en baillage; elle en doit le mariage au seigneur de qui elle le tient : ce il la semond ou fait semondre, comme il doit, de prendre baron*[2]. Ce n'est qu'à soixante ans, âge où le vassal était enfin relevé comme vétéran du métier des armes, et où cessait tout *service de corps*, que cessait aussi, pour la fille ou la veuve, cette

à prix d'argent, lequel tient, non pas à la personne du mari, mais à son patrimoine, et fait partie de sa succession.

1. Principalement le service d'Ost, qui était la condition essentielle de la tenure; Tiraqueau y joint une cause fort impertinente : *Feminæ*, dit-il, *repelluntur ob garrulitatem, quoniam mulier nescit retinere arcana, quod est omnino discrepans a natura feudi.*

2. *Assises de Jérusalem*, chap. 87 (et chap. 244, pour la suite). — Une lettre de Philippe Auguste porte : *Concessimus burgensibus nostris de Cadomo* (Caen), — *quod nec nos, nec hæredes nostri, trademus uxores vel filias eorum aliquibus in maritagium contra voluntatem.* (V. M. Gide, *sup. cit.*, p. 396 et suiv.)

odieuse persécution. — Et non-seulement la veuve
devait se remarier, mais son suzerain avait le droit,
plus vexatoire encore, de choisir lui-même son
nouvel homme lige, *pur ceo que les heirs femelles
de nostre terre ne se mariassent à nos ennemys*, et
sa main devenait l'objet d'une sorte d'encan. — Il
en était de même pour les tenures en vilenage, car
le mainmortable doit *de grands services de corps
et de bras*, dont la femme était incapable. — Ces
vexations durent naturellement cesser lorsque le
service des fiefs se réduisit à des prestations en argent; la femme n'eut plus besoin d'un représentant pour *porter son fief.*

En Angleterre, le même service de mariage
existe pour la veuve; d'abord, elle ne peut rester
en viduité, et en outre, il ne lui est loisible ni de
se donner un mari de son choix, ni de refuser le
mari que son seigneur a choisi pour elle; sa main
était une marchandise que son suzerain mettait
aux enchères, et vendait au plus offrant. Il ne
fallut rien moins que la grande charte pour permettre à la veuve de demeurer en viduité, et de
refuser un mari indigne d'elle : *Nulla vidua dis-
tringatur ad se maritandum, dum vivere voluerit
sine marito.* — Dès l'origine des lois anglaises, un
douaire fut conféré à la femme sur les biens du
mari; elle en avait la jouissance lors de la dissolution du mariage. Si le douaire portait sur des
fiefs, les héritiers du mari conservaient, avec la
uue propriété et la seigneurie de ces fiefs, le droit

de disposer de la main de la veuve douairière, et pouvaient, à leur gré, l'empêcher de se remarier ou l'y contraindre. La grande charte rendit à la douairière son indépendance [1].

VII. Les juges d'Église s'emparèrent bientôt de la connaissance des questions de mariage : ils s'attachèrent à la lettre des décrets des premiers Pères de l'Église. J'ai dit plus haut que le christianisme, dans ses premiers temps, distingua sagement le principe du conseil, et ne considéra pas les seconds mariages comme devant être prohibés, mais seulement comme une faiblesse à éviter. Il est vrai qu'il soumit à des pénitences publiques ceux qui passeraient à d'ultérieurs mariages, mais : *non est quod peccent, sed quod suam incontinentiam manifestent.* Et encore : *viduæ si forsitan continere non poterunt, secundum apostolum nubere nullatenus vetabuntur.* Ces expressions furent prises à la lettre, et, en conséquence, les officiaux considérant les lois des empereurs d'Orient comme constituant une prohibition indirecte des seconds mariages, n'y eurent pas égard.

---

1. M. Gide, p. 284 et 293. Au delà du Rhin, le *Miroir de Saxe* semblait laisser, en cette matière, la plus grande liberté : « Toute fois (traduction de M. Laboulaye) qu'un homme ne peut ou ne veut rester dans le veuvage, il peut prendre une femme en légitime mariage, et cela par trois et quatre fois, et plus. Semblablement, une femme peut avoir successivement plusieurs époux, et les enfants du dernier mariage sont aussi légitimes que ceux du premier; et elle leur transmet, et ses droits, et ses biens. »

Le droit canonique avait même dispensé de l'infamie la femme qui se remariait dans l'an de
deuil; en effet, *cum secundum apostolum, mulier
(viro suo mortuo), ab ejus sit lege soluta, nubendi
cui vult, tantum in Domino, liberam habeat facultatem; — non debet legalis infamiæ sustinere
jacturam, quæ, licet post viri obitum intra annum
luctus nubat, concessa tamen sibi ab apostolo uti-
tur potestate*[1].

Toutefois, dans les *pays de droit écrit*, les tribunaux avaient pris pour règle les compilations
de Justinien. Les peines contre les veuves qui se
remariaient dans l'an de deuil étaient rigoureusement observées[2]; pour ne pas être soumises
aux peines que les lois romaines prononçaient
contre les secondes noces, des femmes obtinrent
quelquefois des lettres du roi, qui les en exem-
ptèrent[3]. Dans nos *pays de coutumes*, il y avait,
quant aux secondes noces, une diversité très-
grande : les coutumes ne s'accordaient pas les
unes avec les autres. Plusieurs coutumes prononçaient des peines contre les secondes noces, mais
dans un grand nombre d'autres, on ne trouvait
rien de semblable, et dans leur silence, les règles
du droit romain n'étaient pas observées[4].

1. Compz. Merlin, *répert.* V° *Sec. noces.*
2. Dupin, *Sec. noces*, p. 20.
3. Laurière, sur Loysel, cite une de ces lettres (liv. I, titre III, 40).
4. Voici ce qu'en dit Rebuffe : « Frustra disputatur de

De quel œil, dans notre France coutumière, les secondes noces étaient-elles vues par le public? D'un assez mauvais œil, nous dit Ferrières : *Principalement lorsqu'elles avaient lieu entre personnes inégales en âge, ou dans l'an du deuil du mari, elles furent, de tout temps, exposées à l'injure, à l'outrage, et à la contumelle du chariuary*[1]. Bouchel parle de cette réprobation populaire contre le convol : *Ludus qui vulgo nuncupatur : chariuary, efficitur cum horridis blasphemiis, vociferationibus, et obscena loquacitate : .... quod fit contra secundo nubentes;* et il dit qu'en définitive il fut décidé que ceux qui feraient de ces charivaris seraient tenus *actione injuriarum*[2]. Ménage rapporte deux arrêts du parlement de Dijon, de 1606 et de 1640, portant défenses à toutes ┤personnes de faire aux secondes noces : *aucune assemblée illicite et tumulte, appelé vulgairement charivari*[3]. Selon Ferrières : *Le public a notable intérêt à ce que les veuves ne se re-*

pœnis secundo nubentium, quia non servantur in hac patria consuetudinaria, » et, d'après P. Dupin (*l. cit.*, p. 19) : « ces peines sont abolies en France par coutume générale. » Je m'occuperai spécialement, plus loin, de ce qui concerne l'an de deuil.

1. Ferrières rapporte qu'il y en a qui estiment que charivary vient de : charlit varié, c'est-à-dire lit changé ; mais, ajoute-t-il, je ne coterai point les auteurs de cette étymologie ridicule.

2. Lib. III *Decret. eccl. Gallic.*, titre VI, *de sec. nupt.*, cap II, § 12.

3. Orig. de la langue française (*verbo : Charivari*).

*marient pas, et ne transportent pas à un deuxième*
*mari l'affection qu'elles doivent à la mémoire du*
*défunt, et aux enfants qu'il a laissés; ce qui*
*produit souvent des troubles, des désordres, et des*
*accidents lugubres et funestes, dans les meilleures*
*familles; « matre jam secundis nuptiis funes-*
*tata, » disent les empereurs romains.* Aussi, ajoute
le même auteur, la coutume établit certaines peines contre les secondes noces. — *a.* La garde noble et bourgeoise finissent par le deuxième mariage (art. 268, Cout. de Paris), soit du père ou
de l'aïeul, soit de la mère ou de l'aïeule; toutefois, dans certaines coutumes (Melun, Troyes,
Sedan, Montargis), cette privation n'a lieu que
pour la mère ou les aïeules. — *b.* La loi romaine
soumettait aux mêmes peines que celle qui vio-
lait le deuil, la veuve qui se remariait sans faire
pourvoir de tuteur ses enfants impubères du premier lit, dont elle avait accepté la tutelle, et sans
avoir rendu compte et payé le reliquat. Cette disposition n'était pas suivie dans la France coutumière[1], mais plusieurs coutumes ôtaient la
tutelle ou curatelle aux mères et aïeules qui convolaient en nouvelles noces, et c'était question

---

1. P. Dupin, *Sec. noces*, p. 77 et 78; mais elle était suivie dans la coutume de Berri, laquelle voulait que, pour ce,
la veuve remariée fût privée des successions et autres droits
qui pourraient lui être déférés par la mort de ses enfants
(art. 31 du titre I$^{er}$); et aux parlements de Toulouse et de
Provence, dont les arrêts, toutefois, variaient sur ce point
(Dupin, *l. cit.*, p. 89).

controversée entre les docteurs, que de savoir si
la mère, dans la seconde viduité, peut reprendre
la tutelle de ses enfants du premier lit ; on jugeait
en général que non, parce que l'on pouvait penser qu'elle était disposée à passer incontinent à
de troisièmes noces, *nam in ea specie delicti, semel malus præsumitur semper malus*. Ajoutons
que, d'après le sentiment de Guy Coquille, la
veuve, quoiqu'elle n'ait pas passé à de secondes
noces, doit perdre la tutelle si elle vit impudiquement en viduité, de même que la vie impudique
de la veuve l'assujettit aux peines prononcées
pour violation de l'an de deuil. Lorsque la veuve
s'est remariée sans avoir rendu compte, et payé le
reliquat, les biens du second mari sont assujettis
à répondre de la précédente administration que
la femme a faite dans le temps de sa viduité. En
effet, nous dit Dupin, les dispositions des lois romaines, qui le décident ainsi, sont reçues dans
l'usage du royaume, comme faites pour l'utilité
publique. Les biens du nouveau mari sont, pour
ce, grevés d'une hypothèque qui prend date du
jour de son mariage avec la veuve. Dans les pays
de droit écrit, l'éducation même des enfants était
quelquefois enlevée à la mère qui convole : ainsi,
un arrêt du parlement de Toulouse, de 1624,
juge que le frère consanguin doit être préféré à
la mère remariée, pour la nourriture et l'éducation des enfants du premier lit. Dupin nous apprend que la tutelle de sa fillâtre ou privigne peut

être baillée par le juge au vitric, mais que le parlement de Paris a jugé qu'il ne pouvait être contraint d'accepter cette tutelle. Remarquons enfin, que le convol du père ne l'empêche pas de conserver la tutelle, et l'administration des biens de ses enfants du premier lit. — *c*. Le *don mutuel* n'est pas possible lorsqu'il y a des enfants d'un premier lit; c'est là une conséquence de l'idée fondamentale d'égalité qui domine dans la théorie du don mutuel : en effet, le conjoint qui n'a pas d'enfants, eût pu disposer de plus que l'autre, de sorte que l'égalité eût été rompue (art. 280. Cout. de Paris). — *d*. L'usufruit du don mutuel continuait d'appartenir à l'époux même remarié. Mais le don mutuel était impossible s'il y avait des enfants; en pareil cas, cependant, l'art. 281 de la Cout. de Paris permettait aux père et mère, mariant et dotant leur enfant, de stipuler de cet enfant qu'il laisserait le survivant de ses dits père et mère jouir, sa vie durant, des meubles et conquêts du prédécédé; si le survivant se remariait, il perdait cette jouissance, et c'est en quoi l'effet d'une pareil stipulation différait de celui du don mutuel (art. 281)[1]. *e*. Les mineurs ne peuvent faire de legs ni donations au profit de leur tuteur, tant que le compte de tu-

---

1. En 1727, un père ayant fait une convention de ce genre, en dotant son fils, ce père survécut à sa femme, se remaria, et continua à jouir des biens de l'ancienne communauté : il fut condamné sur la poursuite de son fils.

telle n'est pas rendu. Ils peuvent, toutefois, disposer au profit de leurs, père, mère, aïeuls, aïeules, encore qu'ils soient de la qualité susdite, *pourvu que, lors du testament et décès du testateur, lesdits père, mère, ou autres ascendants, ne soient remariés* (art. 276, Cout. de Paris). — *f.* La première rédaction de la Coutume de Paris portait (art. 25), en termes généraux, que : Quand une femme à laquelle appartient un fief se marie, il est dû rachapt ou relief au seigneur féodal[1]. Or, la deuxième rédaction de la Coutume décide qu'il n'est pas dû le relief lorsque cette femme se marie pour la première fois (art. 36), tandis que : *si elle se remariait en secondes ou autres noces, est dû relief pour chacun desdits autres mariages* (art. 37). — *g.* Dans la coutume de Paris, le *douaire coutumier* de la femme est le propre héritage des enfants venant dudit mariage (art. 249). Quand le père a été remarié plusieurs fois, le *douaire coutumier* des enfants du premier lit est de moitié des immeubles qu'il avait lors dudit premier mariage, et qui lui sont advenus pendant icelui premier mariage en ligne directe; et le douaire des enfants du deuxième est de

1. Y a-t-il donc changement de vassal? Oui, répond Ferrières (Cout. de Paris, t. 1er, p. 276) : le changement et la mutation en la personne procèdent de ce que la femme étant *sui juris*, dame et maîtresse de ses droits, tombe, par le mariage, sous l'autorité de son mari : *la femme est faite la chair de son mari.*

un quart desdits immeubles, ensemble moitié des immeubles échus en ligne directe pendant le deuxième mariage, et ainsi conséquem-
ment des subséquents mariages (art. 253). Ainsi
le douaire n'avait lieu en faveur de la seconde
femme, et des enfants du deuxième lit, que sur
la portion du patrimoine paternel qui resterait
libre du douaire des enfants du premier lit, et cela
(art. 254), sans qu'il pût accroître par leur mort.
Cette modération du douaire, en cas de secondes
noces, n'est point, dans la coutume de Paris, une
peine contre le convol, mais il en est une dans
l'évêché de Metz : là, tandis que (art. 4 du titre III) la femme mariée fille a pour douaire la
totalité de l'usufruit des acquêts, ou des *anciens*,
de son mari, à son choix, cette femme, si elle ne
reste pas en viduité, doit rendre aux enfants du
premier lit un tiers du douaire qu'elle a opté, et,
d'autre part, elle n'aura aucun douaire sur les
biens de son second mari. Si c'est le père qui
se remarie, tous ses *anciens*, et les acquêts faits
jusqu'au jour de son deuxième mariage, appartiennent privativement aux enfants du premier
lit ; les enfants du deuxième lit n'ont que les acquêts faits constant le mariage duquel ils sont
nés, et la viduité suivante[1]. — *h*. Un plaidoyer
fait en 1578 par l'avocat général Brisson, au sujet du mariage de la veuve d'une personne de

1. Les peines contre le convol se retrouvent hors de France;
partout, en Italie, l'influence canonique tient en défaveur les

qualité avec un de ses domestiques, donna lieu à
une ordonnance que rendit Heuri III aux États de
Blois, en mai 1579. Elle porte que : *D'autant
que plusieurs femmes veuves, mesmes ayant enfants d'aultres mariages, se remarient follement
à personnes indignes de leur qualité, et, qui pis
est, les aulcunes a leurs valets,... déclarons que
tous dons et avantages faits par lesdites veuves
ayant enfants de leurs premiers mariages, à telles
personnes, seront de nul effet et valeur,... et icel-
les femmes mettons en l'interdiction de leurs biens,
leur défendant de vendre, ou autrement aliéner,
en quelque sorte que ce soit, et à toutes personnes
d'en acheter, ou faire avec elles d'aultres contrats
par lesquels leurs biens puissent être diminués* [1].
Le parlement de Paris avait poussé sa prévoyance
plus loin, et Dupin cite un arrêt qui interdit une
femme âgée de cinquante ans, laquelle avait qua-

seconds mariages. Ainsi, les *Statuta Pisana* permettent à la
veuve de succéder à ses enfants pour l'usufruit, mais, seulement : *quousque non nubit.* En Espagne, suivant l'ordonnance
des Cortès de Najera, le noble (fijoldago), peut donner en
douaire à sa femme 1/3 de ses propres (heredamiento); elle
a l'usufruit de ces biens, sa vie durant, pourvu qu'elle mène
honnête vie, *et ne se remarie point.* On trouve aussi, en Espagne, le don mutuel (unidad), contrat par lequel on assure,
au dernier vivant des époux, l'usufruit de tout le bien conjugal, sous la condition que le survivant ne se remariera pas
(sur ces points, Laboulaye, Condition des femmes).

1. Sur quoi Guy-Coquille fait observer qu'effectivement
ces veuves doivent être interdites, puisque leurs affections
déréglées font voir clairement qu'elles ne sont pas en leur
bon sens.

tre filles de son premier mariage, — pour s'être
remariée à un jeune homme de trente ans, qu'elle
avait avantagé par leur contrat de mariage, et
cela : *quamvis, seu per claritatem naturalium,
seu per divitias, haud tamen indignus esset hujusmodi vetulæ*[1]. Au reste, les peines de l'ordonnance contre les veuves qui épousent leurs valets,
n'étaient pas étendues contre leurs maris qui,
dans leur veuvage, épousaient leurs servantes;
c'est ainsi que le décida un arrêt du parlement de
Bordeaux, rendu en 1594[2].

J'ai du réserver jusqu'à maintenant, parce qu'il
était nécessaire de m'y arrêter plus longuement,
l'étude d'un monument de droit considérable en
notre matière, et qui est l'*édit de secondes noces*,
rendu en 1560, sous François II. Il faut aller

1. Un arrêt rendu aux plaids généraux du parlement de
Toulouse, en 1579, prononçait la nullité d'un legs de 600
écus fait par la veuve d'un conseiller à la sénéchaussée de
Tarbes, qui avait deux enfants, au profit de son fiancé, qui
avait été chaussetier. V. aussi un arrêt du 19 février 1654,
cité par Dupin (*l. cit.*, p. 85), relativement à la veuve d'une
personne de fortune qui se maria en secondes noces avec un
inconnu, domestique de la maison de Rohan.

2. Automne explique cette différence, par cette considération que l'homme, à la différence de la femme, reste toujours
maître et supérieur, en sorte qu'il peut protéger ses enfants
du premier lit de toute injure; que, du reste, la vertu peut
se trouver *quelquefois* aussi grande dans une servante que
dans une personne de qualité. Sur quoi Dupin, qui rapporte
ces motifs, ajoute : « Pour moi, je ne conseillerais pas facilement à un maître de s'exposer au risque si sa servante sera
vertueuse et sage. »

jusqu'à cette époque, où le droit romain, plus
conn u et mieux étudié, fait sentir son influence sur toutes les parties de notre droit, pour
trouver une restauration à peu près complète des
lois : *Hac edictali* et *Feminæ*, que nous avons vu
les empereurs chrétiens établir, pour la protection des enfants du premier lit. Tel fut l'objet de
l'édit de 1560. Des abus, paraît-il, s'étaient produits, et il était devenu nécessaire d'y porter
remède en fixant d'une manière uniforme les
règles par lesquelles seraient protégés les enfants
issus des œuvres du précédent époux. On trouva
qu'il était dangereux de permettre à une personne
qui convolait à de secondes noces, de donner
toute la portion disponible à son nouveau conjoint. Sous François II, Marie d'Alègre, mère de
sept enfants, épousant en secondes noces George
de Clermont, lui fit une donation exagérée; la légitime de chacun des enfants de son premier lit, était,
puisqu'ils étaient sept, de un demi-septième, c'est-
à-dire de un quart, et le deuxième mari pouvait
avoir, à lui seul, une moitié de la fortune de sa
femme. Or, la passion du moment peut entraîner
le veuf ou la veuve à de telles libéralités; sans
compter que, le plus souvent, le nouvel époux,
peu flatté de cet apport d'enfants, ne l'accepte
qu'au prix d'avantages pécuniaires considérables.
L'Hospital, alors chancelier de France, jugea, en
conséquence, qu'il était prudent de rééditer d'une
manière générale les mesures prises par les em-

pereurs chrétiens. L'*édit de secondes noces* fut publié dans toutes les cours des provinces du royaume, soumises à François II, excepté au parlement de Bordeaux ; il ne l'a pas été dans les provinces qui n'ont été réunies à la couronne que par Henri IV et ses descendants, comme les Trois-Évêchés, l'Alsace, la Franche-Comté, la Navarre, la Flandre, l'Artois[1]. Mais presque partout, on se conforma à l'édit, ou directement aux lois romaines[2]. Les dispositions de l'édit se retrouvent dans presque toutes les coutumes, lors de leur réformation[3]. Spécialement, comme je le dirai plus loin, la Coutume de Paris, lors de sa réformation, avait donné une grande extension au deuxième chef de l'édit : elle restreignait en effet, dans des limites spéciales, le droit de disposer, de la femme, relativement aux conquêts de la première communauté. Cet *édit de* 1560 constitue un monument législatif d'une importance considérable en cette matière ; qu'il me soit cependant

1. Toutefois, dans la Flandre, l'Artois et le Hainaut, le 2ᵉ chef de l'édit fut érigé en loi expresse par l'art. 28 de l'Édit perpétuel des archiducs Albert et Isabelle, en 1611. Dans les deux duchés de Lorraine et de Bar, on suivait une ordonnance du duc Léopold, de 1711, dont les dispositions sont les mêmes que celles de l'édit de 1560.

2. Dans les Landes, les coutumes d'Acqs (de Dax), et de Saint-Séver, admettent le partage des biens de celui qui a convolé à plusieurs noces, en autant de parts qu'il y a de mariages ; c'est ce qu'on appelait : succéder *par ventrées*.

3. Cout. de Paris, art. 279 ; — Calais, 71 ; — Orléans, 203 ; — Normandie, 391, 90, 405, 406 ; — Sedan, 99.

permis de n'en dire ici que peu de mots ; ce serait m'exposer à d'inévitables redites que d'essayer de m'appesantir actuellement sur les nombreuses controverses auxquelles il donna lieu. Il me sera, en effet, impossible de n'en pas parler avec quelques développements, lorsque je commenterai l'article 1098 du Code civil.

Le préambule de l'édit expose que les femmes veuves, ayant des enfants, sont souvent invitées et sollicitées à nouvelles noces ; ne s'aperçoivent pas qu'elles sont recherchées plus pour leurs biens que pour leurs personnes, et, mettant en oubli les devoirs de la nature envers leurs enfants, devoirs d'autant plus grands que le père est mort, font à leurs nouveaux maris des donations immenses [1]. C'est pourquoi les lois des empereurs sont approuvées, et il est dit et statué : 1° Que les femmes veuves ayant enfants, ou enfants de leurs enfants, ne peuvent donner à leurs nouveaux maris plus qu'à l'un de leurs enfants, ou enfants de leurs enfants ; la donation faite au mari étant mesurée à la raison de celui des enfants qui aura le moins. (L. *Hac edictali*, C. 6. *de sec. nupt.*). 2° Que les dites femmes sont tenues de réserver aux enfants

---

1. Voici l'appréciation de Guy-Coquille : « Ces coutumes et lois sont fondées en très-juste raison, parce que, ordinairement, les femmes demeurant veuves en moyen âge, sont plus ardentes à désirer les mâles qu'en plus bas âge, ce qu'Ovide a remarqué, parlant, entre autres, du trente-cinquième an ou plus grand âge. »

de leur premier mari, les biens qu'elles auraient acquis par dons et libéralités de leur dit mari ; laquelle règle doit être également appliquée aux biens qui seraient venus aux veufs, par dons et libéralités de leurs défuntes femmes. (L. *Feminæ.* C. 3. *de sec. nupt.*).

## RELATIVEMENT AU PREMIER CHEF.

**A.** *Quelles personnes étaient comprises dans la défense du premier chef?* I. —Ce qui frappe tout d'abord, c'est que le premier chef ne parle que des femmes veuves ; fallait-il l'appliquer aux veufs ayant enfants? Il semble bien que ce chef leur est étranger ; effectivement, voyons le préambule de l'édit : *entendant l'infirmité du sexe,* comparons le deuxième chef : il s'applique, lui, formellement aux hommes. Toutefois la jurisprudence s'était prononcée, par identité de motifs, pour l'extension de ce chef aux veufs, *lesquels,* dit Ricard, *ne doivent pas s'en plaindre, attendu que cette extension ne les regarde qu'en tant qu'ils témoigneront autant de faiblesse que les femmes.* On ajoutait que, d'ailleurs, dans le préambule de l'édit, le législateur disait l'avoir fait en approuvant et adoptant les constitutions des empereurs. Or, la loi *Hac edictali,* d'où était tiré le premier chef de l'édit, comprenait expressément dans sa disposition l'homme qui se remariait [1]. —II. Il se pou-

----

1. Pothier, C. de Mar., 7ᵉ part., ch. II, n° 537.

vait que la femme qui se remarie n'eût aucun enfant, ni enfant de ses enfants, mais qu'elle, ou
quelqu'une de ses brus, fût grosse d'un posthume
qui naquît par la suite. Suivant la maxime : *Qui
in utero est pro jam nato,* etc., le posthume, dont
cette femme ou sa bru était enceinte, serait
censé avoir été déjà au monde au moment où
cette femme s'est remariée, et par conséquent elle
serait considérée comme ayant eu dès ce temps
cet enfant ou ce petit enfant[1].

B. *Quels avantages étaient sujets à réduction ?*
— I. On se demanda si la réduction que prononçait l'édit frapperait non pas seulement les donations formelles, mais encore les avantages renfer-
més dans des conventions ordinaires de mariage.
L'affirmative était admise ; toutefois elle donnait
lieu à quelques hésitations, lorsqu'il s'agissait
d'un avantage résultant, au profit de l'un des
époux, de la communauté légale. En effet, pouvait-on dire, le nouvel époux tient, non pas du
convolant, mais de la force même de la coutume,
les avantages qui résultent pour lui de l'inégalité
d'apports. Ce raisonnement n'avait cependant pas
prévalu, et il était constant dans l'usage que de
tels avantages étaient sujets à réduction, de la
même façon que ceux que pouvait produire
l'inégalité des apports dans le cas de la communauté conventionnelle ; d'une part, parce que la

1. Pothier, C. de M., ibid., n° 536.

14

précédente manière de voir eût souvent rendu illusoire l'action en réduction donnée par l'édit;
et, d'autre part, parce que l'on considérait généralement la communauté légale comme procédant
moins de la loi que d'une convention tacite, par
laquelle les parties étaient censées accepter un
contrat que la loi leur offrait tout rédigé. L'avantage que le nouvel époux ressent, de ce qu'il est
tombé dans cette communauté, de la part de
l'époux binube, plus qu'il n'y est tombé de la
sienne, est donc un avantage qu'il tient de la convention tacite ou virtuelle qu'il est censé avoir
eue avec l'époux binube, et, par conséquent, qu'il
tient de cet époux [1]. — II. Mais l'ancien droit,
distinguant entre les apports inégaux faits au moment du mariage, et les successions mobilières
échues pendant le mariage, voulait que ces successions, lorsqu'elles venaient à échoir à l'époux
ayant des enfants d'un précédent lit, ne formas-
sent point un avantage sujet à réduction contre le
nouvel époux, bien qu'il recueille moitié de ces
successions. Car, disait-on, il y a une grande différence entre le défaut de réserve des successions
mobilières, et le défaut de réserve de ce que l'é-
poux binube avait, lors de son mariage, de plus
en mobilier que son second conjoint. L'excédant
du mobilier de cet époux sur celui de son second
conjoint était quelque chose de certain et de dé-

---

1. Pothier, C. de M., ibid., n° 551.

terminé dont le binube se dépouillait, par défaut de réserve, pour le mettre en communauté; il en avantageait son nouvel époux, puisque ce dernier acquérait, à titre lucratif, une part dans cet excédant de mobilier, sans avoir, de son côté, rien conféré à la place. Mais il en est autrement du défaut de réserve des successions mobilières : ce que la femme a manqué de se réserver, en ne stipulant pas, par le contrat de son second mariage, que les successions mobilières, à elle échues, lui resteraient propres, n'était pas, comme dans l'espèce précédente, quelque chose qu'elle eût alors, et dont elle se soit dépouillée pour avantager son second conjoint. Il n'y avait là rien de positif, mais seulement des espérances. Il était incertain si l'époux binube acquerrait des successions mobilières pendant son mariage, et s'il en aurait plus que son second époux; on ne peut donc pas réellement prétendre que l'époux remarié ait voulu se dépouiller lorsqu'il a négligé de se réserver, par son contrat de mariage, les successions mobilières qui pourraient lui advenir; il a simplement laissé aller le cours naturel de la loi de la communauté conjugale [1]. —III. La même décision était donnée quant au douaire *coutumier;* en ce qui concerne le douaire *préfixe,*

---

1. Pothier, C. de Mariage, 7e part., ch. ii, n° 553. — Bretonnier (Observ. sur Henrys, t. II, liv. 4, ch. vi, quest. 58), rapporte en ce sens un arrêt du 25 juin 1703.

qu'un veuf, ayant enfants, avait accordé à sa seconde femme, il n'était regardé comme une donation, et n'était traité comme telle, que pour la portion, relativement à laquelle il excédait le douaire
coutumier[1]. Ainsi le douaire coutumier, ou préfixe jusqu'à concurrence, ne peut être attaqué en
réduction par les enfants que le père a eus de sa
première femme. La raison en étant, que la Coutume accorde à toutes les femmes, aux secondes,
troisièmes et quatrièmes, aussi bien qu'aux premières, un douaire *ex beneficio legis, immediate
et per se, et non beneficio hominis.* — IV. Une
veuve a fait une donation entre-vifs à un homme
qu'elle a depuis épousé en secondes noces. Lors
même que, par l'acte de donation, il ne serait
fait aucunement mention du mariage qu'ils ont
depuis contracté, on présumerait facilement que
la donation a été faite en considération du futur
mariage, et est, en conséquence, sujette à la réduction de l'édit, car autrement il y eût eu là
une voie ouverte pour éluder ses dispositions.
Il en était toutefois autrement lorsque les circonstances résistaient absolument à cette présomption ; par exemple, s'il s'était écoulé un temps
très-considérable entre la donation, et le mariage
que la donatrice a contracté avec le donataire ;
ou, à plus forte raison, si, dans le temps intermédiaire, la veuve donatrice avait, depuis la dona-

1. Pothier, C. de Mar., ibid., n° 537.

tion, contracté un second mariage avec un autre, et n'avait épousé le donataire qu'en troisièmes noces[1].

C. *Comment s'opérait cette réduction?* — I. C'était une question controversée entre les docteurs *tant français qu'ultramontains*, dit Ricard, que celle de savoir si, pour déterminer la part du nouvel époux, il faut prendre pour base ce que l'enfant le moins prenant recueille en fait, ou ce qu'il pourrait recueillir en droit, c'est-à-dire sa légitime, quoique ce qu'il prend en fait soit moindre que cette légitime. Sa légitime, selon la jurisprudence qui finit par triompher[2]. — II. Les *Établissements* de saint Louis, disent que toute fille de gentilhomme, dotée par ses père et mère, perd le droit de leur succéder; et même, dans quelques Coutumes, la fille, une fois mariée, est privée de la succession de ses père et mère, n'eût-elle reçu qu'un *chapel de roses;* dans les Coutumes où l'exclusion n'avait pas lieu de droit, les filles pouvaient, du moins, renoncer à la succession de leurs père et mère qui les dotaient, en faveur, soit de leur aîné, soit de tous leurs frères. Alors s'élevait la question de savoir si la donation faite par la mère de cette fille au deuxième mari de cette mère, devait être réduite à la mesure de

1. Pothier, C. de Mar., 7ᵉ partie, ch. ii, n° 548.
2. Pothier. C. de Mariage, 7ᵉ part., ch. ii, n° 561. (V. infrà)

la dot qu'avait reçue la fille, ou même être annulée dans le cas où celle-ci n'aurait rien reçu. Ricard décide la négative[1]; en effet, malgré ces termes généraux de l'édit: *Enfants*, il ne faut entendre par là que les enfants capables de venir à partage; or, dans l'espèce, les filles étant exclues par la Coutume de la succession de leur mère, ou y ayant renoncé par leur contrat de mariage, ne souffrent aucun préjudice par le fait de leur mère, et, par suite, elles ne doivent pas être considérées à l'égard du retranchement qui est fait en vertu de l'édit. — III. Lorsque le convolant avait des petits-enfants nés d'un enfant du premier lit, lequel enfant était prédécédé, fallait-il réduire les avantages faits au nouvel époux sur le pied de ce que prend le petit-enfant le moins prenant, ou sur le pied de ce dont profitent, tous ensemble, les petits-enfants issus du même père? Dans deux cas on était d'accord pour mesurer ce que peut recevoir le nouveau conjoint sur la part afférente à chaque souche : 1° lorsque l'époux remarié laissait, en même temps que les descendants d'un enfant prédécédé, des enfants du premier degré; 2° lorsque, tous les enfants du premier degré étant prédécédés, il y a des petits-enfants des différentes souches. Dans ces deux cas donc, on prenait pour base de la réduction la souche la moins prenante dans la succession. Tandis qu'il y avait grande

1. Donat. entre-vifs, part. III, ch. ix, glose 4, n° 1266,

difficulté pour le cas où l'époux remarié ne laisserait que des petits-enfants issus d'une même
souche : alors, prendra-t-on encore la souche
pour base de la réduction, ou bien le nouvel
époux n'aura-t-il pu recevoir qu'une part égale à
celle du petit-enfant le moins prenant? Pothier,
argumentant des termes de l'édit : *plus qu'à l'un
de leurs enfants ou enfants de leurs enfants*, et
se fondant en outre sur ce que la représentation
n'a pas lieu dans ce dernier cas, mais sur ce
qu'au contraire ici les petits-enfants succèdent par
têtes, opine que la donation sera réduite à la
portion que prend celui des petits-enfants qui
aura la moindre part dans la succession de son
aïeul[1]. — IV. A quel moment fallait-il se placer
pour examiner si la donation faite au nouvel
époux avait été faite dans les termes de l'édit?
Ricard suit la prescription de la novelle XXII,
chap. 28 : *Tempus illud considerandum est, secundum quod binubus moritur*[2]. — V. Il se peut que
l'époux qui convole en secondes noces donne à son
nouveau conjoint, en termes généraux, *une part
d'enfant*. C'est là une donation de biens à venir,
d'où Pothier conclut que la donation *de part
d'enfant* est subordonnée dans ses effets à la survie de l'époux donataire à l'époux donateur, et
qu'elle devient caduque par son prédécès. Le

1. Pothier, C. de M., 7ᵉ part., ch. ii, nᵒˢ 564 et suiv.
2. Donat. part., III, ch. ix, glose 4, nᵒ 1276.

même jurisconsulte nous apprend que, dans ces
sortes de libéralités, on considérait les enfants à
naître du mariage comme substitués vulgairement
au donataire, pour le cas où il prédécéderait [1].
Le donataire d'une part d'enfant prendra cette
part sur les biens de la succession du donateur,
sauf sur ceux qui proviennent à ce dernier de son
époux défunt, (deuxième chef de l'édit). — VI.
*Quid* dans l'espèce suivante? Une femme, ayant
des enfants d'un premier mariage, fait à son mari
une donation de part d'enfant; ses enfants décè-
dent avant elle, de sorte que, lorsqu'elle meurt,
il ne se trouve aucun enfant; quel est, en ce cas,
le droit du nouvel époux? Nos anciens auteurs
résolvaient cette question diversement; mais, d'a-
près l'opinion qui avait prévalu, c'est moitié de
la succession qu'on lui attribuait : *Une part n'est
pas le total,* disait Pothier [2], et il concluait, avec
Ulpien : *Partis appellatio, non adjecta quota, dimidia intelligitur.* — VII. Que décidait-on lorsque
l'époux, ayant des enfants d'un premier lit, passait successivement à un deuxième, troisième,
quatrième.... mariage, en faisant des donations
à ses nouveaux époux? Sur ce point, actuellement
fort controversé, Pothier était très-explicite [3] :
Une part d'enfant était le *maximum* du disponible

1. Pothier, C. de Mariage, 7e part., ch. ii, n° 596.
2. Pothier, C. de M., ibid., n° 598.
3. Pothier, C. de M., ibid , n°s 538 et 566,

en faveur de tous les nouveaux époux réunis, de telle sorte que, si la donation faite par la femme à son second mari était égale à la part de l'enfant le moins prenant, le troisième n'aurait droit à rien, et *a fortiori* pour le quatrième ; en d'autres termes, tous les conjoints nouveaux étaient comptés pour un seul enfant.

D. *Qui demandait la réduction, et qui en profitait ?* — I. Sans doute, l'action en réduction ne pourrait pas s'ouvrir dans la personne des enfants du deuxième mariage, si tous les enfants issus du premier étaient prédécédés, ou indignes...; mais supposons que les enfants du premier lit viennent à la succession de leur auteur ; une double difficulté était soulevée : — *a*. S'ils exercent l'action en réduction contre le nouvel époux, les enfants du deuxième mariage en profiteront-ils ? — *b*. S'ils restent dans l'inaction, les enfants du deuxième lit pourront-ils, eux-mêmes, mettre l'action en mouvement ? — Sur ce point, nous avons vu le droit romain varier trois fois. La novelle XXII, chap. vii, qui forme le dernier état de cette législation, était suivie dans les pays de droit écrit ; d'après cette *novelle*, qui abroge la loi 9, *de sec. nupt.*, et revient à la loi 6, *hoc titul.*, le bénéfice de la réduction était définitivement réservé aux enfants du premier lit, à l'exclusion de ceux du second mariage. Nos pays coutumiers suivaient, au contraire, la loi 9, et, en conséquence, non-seulement les enfants du deuxième mariage y pouvaient profiter de la réduction demandée par ceux du premier, mais, bien mieux, ils pouvaient la demander eux-mêmes, si les enfants du premier lit, par un motif quelconque, négligeaient ou refusaient d'agir [1]. — II. La question était posée de savoir si, pour demander le retranchement, il fallait que les enfants acceptassent la succession du binube. Ricard et Pothier estimaient que les enfants auraient l'action, lors même qu'ils renonceraient à la succession; et pourtant, en pays de Coutumes, régnait la maxime: *non habet legitimam nisi qui hæres sit*; mais c'est que, ce n'est pas, disaient ces jurisconsultes, la loi des successions, *mais bien l'édit*, qui attribue aux enfants ce retranchement, d'une manière directe, et en leur seule qualité d'enfants [2]. — III. Que devait-on

1. Pothier, C. de M., ibid., n° 567, dit qu'en effet les biens retranchés étant les biens de la mère commune, tous les enfants, de quelque mariage qu'ils soient nés, étant autant à leur mère les uns que les autres, ils doivent avoir un droit égal. Il invoque, pour démontrer que les enfants du 2ᵉ mariage peuvent exercer eux-mêmes l'action, lorsqu'elle est ouverte, la maxime: *Non est novum in jure ut quod quis ex persona sua non habet, ex persona alterius habeat*. Ricard, part. II, I, n° 1288 et suiv.

2. Pothier, C. de M., ibid., n° 568 et 590, et Donat. entre-vifs, sect. III, art 7, § 8. — Renusson, Comm., part. I, ch. 3, art. 80.

Toutefois, tout en accordant aux enfants, quoique renonçants à la succession de l'époux donateur, le droit d'agir en retranchement, ils veulent que ces enfants soient habiles à succéder; ainsi les enfants indignes, exhérédés pour juste cause, les filles exclues par la coutume, n'y peuvent préten-

faire de l'excédant retranché à l'époux ? Devait-il
profiter aux seuls enfants, ou, au contraire, devait-on le répartir, par portions égales, entre les
les enfants et l'époux ? Par exemple, le donateur
laisse quatre enfants d'un premier lit et 72 000 fr.;
il a donné par contrat de mariage, à sa deuxième
femme, 24 000 francs. Devra-t-on dire : la masse
est de 72 000 francs, abstraction faite de la donation faite à la femme ; chaque enfant a donc droit
à 18 000 francs, de telle sorte que la deuxième
femme a reçu 6000 francs en trop ? Et si l'on calcule de cette façon, que fera-t-on de ces 6000 fr. ?
Va-t-on les partager entre l'époux et les enfants,
*ou entre les enfants seulement ?* C'est dans ce dernier sens que décidaient Ricard et Pothier ; en conséquence, l'époux n'aura que 18 000 francs, et il
restera une somme de 6000 francs qui, *partagée
exclusivement entre les quatre enfants*, et réunie
aux 18 000 francs que chacun d'eux a déjà, donnent, à chaque enfant, 19 500 francs. On voit que
ce système aboutissait à attribuer au second
époux, moins d'une part d'enfant le moins prenant ; comment donc Ricard et Pothier le soute-
naient-ils ? Ils s'appuyaient sur les termes de la loi
*Hac edictali*, et de la novelle XXII, chap. VII,
où il est dit : *Quod plus in eo quod relictum aut*

---

dre, car il n'y a que ceux qui souffrent du dommage qui
doivent participer à la réparation, ce qui ne peut s'appliquer à ceux qui, de toute façon, n'ont droit à rien.

*datum est aut novercæ aut vitrico .., compétit fi-*
*liis, et inter eos solos ex æquo dividitur.* Mais cette
doctrine était repoussée par Renusson et par
Lebrun[1]. — IV. Remarquons qu'il y avait présomption d'interposition de personnes, lorsque la
donation était faite : *aux, père, mère, ou enfants
desdits* (nouveaux) *maris, ou autres personnes
qu'on puisse présumer être par dol ou fraude
interposées.* — Cette présomption était étendue aux
donations faites à tous ascendants, même plus
éloignés que le père et la mère du nouvel époux,
extension fondée, et sur l'identité de motifs, et
sur la loi 201, ff. *de verb. signif.* : « *Patris nomine
avus quoque demonstrari intelligitur.* » De même,
on estimait que les expressions : «*enfants* du nouvel époux, » comprenaient aussi ses petits-enfants,
ou, en d'autres termes, toute la descendance directe que l'époux, donataire réel, que nous supposons binube lui-même, a eue, avant son mariage avec l'époux donateur binube. Cette présomption d'interposition de personnes devant toutefois cesser naturellement, si l'époux remarié
n'avait fait la libéralité au père ou à la mère
de son second époux, ou si l'un des époux remariés n'avait fait la libéralité à un enfant du premier lit de son second époux, *qu'après la mort de*

---

1. Pothier, c. de M., 7ᵉ part., chap. ɪɪ, n° 594. — Ricard,
part. 3, chap. IX, nᵒˢ 1317 et 1319. — Renusson, comm.
IV, 3, 67.

*celui-ci*, car alors, évidemment, la disposition ne pouvait pas être censée faite en considération de l'autre époux, puisque celui-ci était décédé lors de la libéralité. — Il n'y avait pas non plus présomption d'interposition de personnes, lorsque la disposition avait été faite en faveur d'un enfant commun. — L'Édit ajoute : *et autres personnes qu'on puisse présumer être par dol ou fraude interposées ;* mais il y avait une différence entre ces *autres personnes* et les père ou mère du subséquent époux, ou les enfants d'un précédent lit de cet époux ; elle était : que les donations faites à ceux-ci étaient sujettes à réduction, par cela seul qu'elles avaient été faites à des personnes de cette qualité ; tandis que les libéralités faites *aux autres personnes,* n'y étaient sujettes qu'autant que les enfants établissaient qu'il y avait eu, dans l'espèce, interposition de personnes[1].

## RELATIVEMENT AU DEUXIÈME CHEF.

I. D'après ce deuxième chef, les veufs ou veuves devaient réserver aux enfants issus des œuvres de leur époux défunt, les biens qu'eux, veufs ou veuves, avaient reçus de cet époux. La jurisprudence appliquait cette disposition, non-seulement aux donations formelles et directes, faites par le précédent conjoint, mais encore à tout avantage indirect résultant des conventions matrimoniales qui avaient régi le mariage dissous. Mais le droit coutumier

1. Pothier, C. de M., part. 7, ch. ii, nos 539 à 543.

n'appliquait pas la loi, 3, § 1, C., *de sec. nupt.*, en vertu de laquelle les biens qu'une femme rema-riée prenait dans la succession d'un enfant du pre-mier mariage, ne lui appartenaient qu'en usufruit. — II. C'était là une véritable substitution en fa-veur des enfants du précédent époux : ainsi Po-thier nous dit que cette réserve est fondée sur le motif que, si les premiers époux eussent prévu les secondes noces, il eussent apposé cette charge, pour empêcher que leur patrimoine ne passât dans des familles étrangères, au préjudice de leurs enfants communs. — De là, il paraîtrait résulter que le premier époux peut remettre à son conjoint une obligation qui n'est introduite que pour sup-pléer sa volonte tacite ; cependant, un arrêt du parlement de Paris, du 19 août 1716, a déclaré nulle la remise qu'un sieur Chétel avait faite de cette obligation, par son testament, en faveur de sa femme[1]. — III. Lorsque la substitution s'ouvre par la mort du grevé, les enfants du premier lit tiennent les biens ainsi réservés, non de la suc-cession de ce dernier, mais, directement, du pré-décédé de leurs auteurs; dès lors, à la différence de ce qui se passait en droit romain, l'époux do-nataire, remarié, ne pouvait pas choisir un des enfants du premier mariage, auquel il restituerait

1. Dans les pays de droit écrit, au contraire, on appli-quait sur ce point la novelle XXII, chap. II ; une pareille remise y était donc valable, à la condition d'être expresse.

les biens provenus de la donation faite par l'époux prédécédé : tous les enfants de cet époux venaient également. — IV. J'ai déjà dit que la Coutume de Paris, lors de sa réformation, celles d'Orléans (art. 293), et de Calais (art. 1), avaient donné une grande extension à ce deuxième chef de l'Édit. — L'art. 279 de la Cout. de Paris, portait qu'en cas de deuxième mariage, la femme ne pourrait aucunement disposer des conquêts de la première communauté, au préjudice des portions dont les enfants desdits premiers mariages pourraient amender de leur mère. Et pourtant, les biens attribués à la femme comme sa part dans la communauté, ce ne sont pas des biens qu'elle tienne de la libéralité de son mari ; aussi devrait-elle pouvoir en disposer comme des biens à elle propres. La Coutume, au contraire, non-seulement lui défend de les donner à son nouveau mari, mais ne lui permet même pas d'en disposer au profit de quelque personne que ce soit. Par exemple, une femme, mariée deux fois, laissait pour toute succession un conquêt de sa première communauté, valant 100 livres. Elle avait un enfant de chaque mariage. Chacun de ses deux enfants avait donc droit, dans la succession, à 50 livres. Mais, dans la Coutume de Paris, la mère eût pu disposer des conquêts, sauf la légitime de l'article 298 : elle aurait donc eu la possibilité, sans la disposition spéciale de l'article 279, d'enlever à chaque enfant 1/2 de sa part, c'est-à-dire de ne lui laisser que 25 livres (art. 298); — or, l'article 279 lui défendait de diminuer la part de l'enfant du premier lit dans les conquêts : la Coutume voulait que cet enfant eût sa part entière. — Mais c'est là, je le répète, une extension tout à fait exceptionnelle du deuxième chef de l'Édit; le droit qui en résulte est local, et particulier à trois Coutumes seulement : partout ailleurs, les conquêts de la première communauté étaient simplement soumis au premier chef de l'Édit. — Il y avait controverse sur le point de savoir si ces dispositions devaient être étendues aux hommes; et on l'avait pensé, en se fondant sur ce que, bien qu'exorbitantes, elles n'en étaient pas moins favorables, et sur ce qu'au surplus, les droits du mari et de la femme étant égaux dans le partage de la communauté et sur les biens qui en proviennent, leurs devoirs envers leurs enfants devaient être les mêmes; c'est pourquoi, par un arrêt du 4 mars 1697, rendu sur les conclusions de d'Aguesseau, le parlement de Paris jugea qu'un homme n'avait rien pu donner *à sa seconde femme* des conquêts de sa première communauté. Le doute, toutefois, était plus grand sur la question de savoir si la défense faite à la femme de disposer, lorsqu'elle se remarie, desdits conquêts *au profit de quelque personne que ce soit,* devait pareillement s'étendre à l'homme [1].

1. Comp. Merlin, Rep. v° Sec. noces, p. 203. — Nous remarquerons que cette disposition spéciale, relative aux

— 225 —

A propos des limites mises au droit de disposer, en cas de secondes noces, nous devons signaler un droit particulier à quelques Coutumes du nord de la France, le *droit de dévolution*. A la mort de Philippe IV, Louis XIV réclama, du chef de sa femme, dans la succession du roi espagnol, les

conquêts, établit un droit *sui generis*, et différent de celui de l'un et de l'autre chef de l'édit. — A. Différent du 1<sup>er</sup> chef, en ce qu'au lieu que la femme y peut disposer de ses propres biens, en faveur de son 2<sup>me</sup> mari, jusqu'à concurrence d'une part d'enfant, elle ne peut, d'après l'art. 279, rien lui donner de ses conquêts, au préjudice des enfants des précédents mariages, et n'en peut également disposer à leur préjudice, au profit de quelque personne que ce soit, à laquelle cependant elle peut donner ses propres biens, à la condition seulement de respecter la légitime. — B. Différent de ce que le 2<sup>e</sup> chef décide relativement aux gains nuptiaux, en ce qu'elle n'établit pas une substitution légale des conquêts au profit des enfants des précédents mariages : au contraire, elle appelle expressément les enfants des mariages postérieurs au partage de ces conquêts, de telle sorte que c'est comme héritiers de leur mère que les enfants du premier lit, de même que ceux du suivant, prennent part auxdits conquêts; « *et néanmoins*, dit l'art. 279, *succèdent les enfants des subséquents mariages auxdits conquêts, avec les enfants des mariages précédents, également venant à la succession de leur mère.* » — En cela, les trois coutumes précitées établissent, relativement aux conquêts de la précédente communauté, une disposition différente de celle que le 2<sup>me</sup> chef de l'édit établit quant aux biens dont la veuve a été avantagée par ses précédents maris; et effectivement l'édit établit, quant à ces derniers biens, un véritable fidéicommis légal, au profit seulement des enfants du 1<sup>er</sup> lit, lesquels, recueillant ces biens, se trouvent les tenir directement du prédécédé de leurs auteurs. — (V. Ferrière, sur l'art. 279 de la Cout. de Paris).

15

provinces flamandes. En effet, disait-il, il est de coutume, en Artois et en Flandre, que les biens que le père ou la mère possédaient au jour du deuxième mariage, soient dévolus aux enfants issus du premier lit, de telle sorte que l'époux survivant ne peut plus en disposer. Or, la reine de France est fille des premières noces de Philippe IV : le nouveau roi d'Espagne, son frère, Charles II, est fils d'un second lit de Philippe IV ; et c'est pourquoi le roi Très-Chrétien soutient que les provinces de la Flandre ont été dévolues à sa femme. — Ce n'est pas le lieu de rechercher si le potentat français eut tort ou raison : ce qui est certain, c'est qu'il fut le plus fort. Je constate seulement que, dans le nord de la France, les biens que le survivant des époux possédait, étaient, entre ses mains, frappés d'indisponibilité au profit des enfants issus des œuvres du défunt.

Quel était l'effet du convol, lorsqu'il y avait *continuation de communauté* entre le survivant et les enfants qu'il avait eus du défunt?—Alors, la continuation de communauté, de simple devenait composée : c'était une *communauté tripartite*, en ce qu'elle se partageait en trois têtes (les enfants du premier lit comptant, à eux tous, pour une seule tête); si le deuxième conjoint de l'époux binube mourait à son tour laissant des enfants de ses œuvres, l'époux, deux fois veuf, restait encore en continuation de communauté (communauté tripartite toujours), avec les enfants

des deux lits; et si les convolants avaient chacun
des enfants d'un précédent mariage, avec lesquels
ils fussent en continuation de communauté, il se
formait alors, entre les deux époux et les enfants
des précédents mariages, une communauté qui
se divisait *en quatre parts;* comme enfin l'un des
époux, ou tous deux, pouvaient se trouver en
continuation avec des enfants de plusieurs lits, la
communauté pouvait se composer *de cinq, six,
sept parties et plus,* d'où d'inextricables embar-
ras[1].

Il ne nous reste plus qu'à dire quelques mots
de ce que devint, dans notre pays, la législation
des empereurs *relativement aux délais de viduité.* — « Bretonnier, dit Dupin[2], prétend que
les peines de l'an de deuil étaient anciennement
observées dans toute la France, ainsi qu'il est justifié par plusieurs exemples tirés de l'histoire de
France, et par les dispenses que nos rois accordaient quelquefois, pour de bonnes raisons, à
nos veuves, de se remarier dans l'année de deuil
(*temps de plor*); et, dans le Trésor des chartes,
il y a des lettres de dispense accordées par Philippe le Long, l'an 1317. — Cependant, presque
tous les auteurs français conviennent que ces
peines ne sont pas observées dans la France coutumière. » — Effectivement, nous avons vu plus

1. La continuation de communauté n'existe plus, (art.
1442 du Code civil).
2. Dupin, Sec. noces, p. 56.

haut que le droit canonique avait repoussé les peines de l'an de deuil[1], et Dumoulin, sur l'ancienne Coutume de Paris, assure qu'on s'est relâché en France sur les peines introduites par les lois romaines contre les femmes qui, avant l'expiration de l'année de deuil, se livrent à un nouvel époux : *nam pœnæ festinationis matrimonii sunt sublatæ;* mais que ces peines sont demeurées dans toute leur vigueur contre celles qui, pendant ce temps-là, mènent une vie déréglée[2]. De même, Laurière rapporte que, dès les rois de la première et de la seconde race, bien que l'Église gallicane se réglât d'après le *Code théodosien*, on n'y suivait point la loi 1, C. Théod., *de sec. nuptiis*, laquelle frappait d'infamie la veuve remariée avant l'an de deuil[3]. — Ainsi, les délais de viduité n'étaient pas observés dans notre France coutumière. La raison en était-elle qu'ainsi l'avait voulu le droit canonique, lequel, comme nous l'avons vu, se fondait sur ce que saint Paul et saint Augustin avaient permis aux femmes de se remarier après la mort de leurs maris, en sorte que les lois canoniques n'osaient mettre en aucune façon d'obstacles, même temporaires, à l'exercice d'une faculté qui était expressément conférée aux veuves

1. Une décrétale du pape Alexandre III, rendue en 1317, avait aboli formellement la peine de l'infamie, qui frappait la veuve.

2. § 30, n° 143.

3. Laurière. Notes sur les Inst. de Loysel, l. I, t. III, règle 40.

par les Pères de l'Église, — ce que n'eussent osé faire non plus les lois civiles? — Ou bien faut-il plutôt en croire Pothier, lequel objecte que c'est là un fort mauvais raisonnement, et que saint Paul, en permettant aux veuves de se remarier après la mort de leur mari, n'entendait le leur permettre qu'en se conformant à cet égard aux lois de la puissance séculière, et, dans l'espèce, aux lois romaines, lesquelles exigeaient un délai de viduité; d'où Pothier conclut que ce ne sont pas les mauvaises raisons données par les papes dans leurs décrétales, qui ont fait admettre dans la France coutumière que la femme peut se remarier sans délai; mais que c'est : « parce que nous avons pensé qu'il était assez inutile d'obliger une femme à attendre une année pour se remarier; et qu'au contraire, il y avait très-souvent des cas auxquels une veuve ne pouvait attendre un aussi long temps, sans se causer un grand préjudice; comme lorsqu'une veuve se trouve, à la mort de son mari, *chargée d'un gros labour ou d'un gros commerce*, qu'elle ne peut soutenir sans le secours d'un second mari[1]. »

1. Toutefois Pothier, avec l'Église, suspecte les seconds et ultérieurs mariages du motif d'incontinence, et il fait remarquer, que pour cette raison, selon plusieurs rituels, on ne prononce pas sur les seconds mariages la bénédiction que l'on prononce sur les premiers. — (C. de M., VIIe part., no 530). — Dans les États du roi de Prusse, le Code Frédéric défendait aux veuves de se remarier avant un temps de neuf

Quoi qu'il en soit de ces raisons, nous remarquerons que les lois romaines sur l'an de deuil n'étaient pas tellement abandonnées que, si une veuve, se remariant par trop rapidement, donnait lieu à des soupçons et à des reproches graves, (comme si elle venait à accoucher après son deuxième mariage, et avant le neuvième mois depuis le décès de son premier mari), elle ne pût encore être privée de ses avantages nuptiaux. Ainsi, le parlement de Paris, quoi qu'il ne fût pas dans l'usage d'infliger cette peine à la veuve trop pressée de se remarier[1], priva de son douaire et de ses avantages nuptiaux, par un arrêt du 10 juin 1664, que rapporte Ferrière, une veuve qui, s'étant remariée trois jours après le décès de son premier mari, mort subitement, accoucha huit mois et 25 jours après son mariage. — Le parlement de Rouen jugeait dans le même esprit[2].

Ce qui est fort remarquable, c'est que, comme vient de nous le dire Dumoulin, tandis que, en

mois écoulés, si ce n'est avec une dispense royale. — Bretonnier trouve surprenant de voir le parlement de Paris étendre la peine des secondes noces contre les veuves, et garder le silence à l'égard des femmes qui se remarient dans l'année de deuil. « O castæ leges! »

1. V. Merlin, Répert., v° Deuil, p. 32.

2. Un arrêt de Rouen, du 16 mars 1649, priva du legs que lui avait fait son défunt mari, une femme qui s'était remariée vingt-cinq jours après la mort de son mari, et cela à cause du peu de temps qui se rencontrait entre la mort du mari et le 2me mariage.

principe du moins, n'est pas frappée de la perte
de ses avantages nuptiaux la veuve qui convole
dans l'an de deuil; au contraire, lorsque dans
ce temps elle se comporte scandaleusement, lorsqu'elle se débauche, ou seulement lorsqu'elle vit
de manière à donner lieu d'être soupçonnée,
l'héritier du mari est recevable à alléguer son impudicité, pour la faire priver du douaire et des
autres avantages qu'elle a reçus de lui [1]. — La
coutume de Clermont en Argonne décide que : *la
douairière, pendant sa viduité, ayant abusé de
son corps, perd son douaire, qui, de ce seul fait,
est réuni à la propriété;* de même des Coutumes
de Gorze (tit. VI, art. 25), et de Saint-Mihiel
(tit. VII, art. 9). Ces Coutumes ne faisaient même
aucune distinction, et frappaient de la perte du
douaire le libertinage de la veuve, même postérieur à l'expiration de l'an de deuil. Renusson et
Coquille pensent que tel est le droit qui doit être
appliqué dans les Coutumes qui n'ont point, là-
dessus, d'autre règle que le droit commun [2].

---

1. Comp. Novelle XXXIX, chap. II. — (Arrêt du Parlement de Grenoble du 9 août 1630.) — Les propres enfants
de la veuve peuvent lui objecter son libertinage. (Arrêt du
Parlement de Provence, du 3 février 1674.) — Il est facile
de comprendre pourquoi, tout en se relâchant quant aux
peines prononcées pour violation de l'année de deuil par un
nouveau mariage, on est demeuré inflexible contre la veuve
qui se livre, dans le même temps, au libertinage : dans ce
dernier cas, l'injure faite à la mémoire du mari est bien plus
grave, et ne peut avoir aucune excuse.

2. Au surplus, quoique, comme je l'ai dit, le Parlement de

Voici pour les parlements de Paris et de Rouen; mais dans ceux de Dijon et de Grenoble, on était plus sévère pour la femme qui se remariait prématurément. — Le 12 août 1628, le parlement de Dijon rendit un arrêt *de règlement,* par lequel il fut dit qu'à l'avenir les femmes qui n'observeraient pas l'année de viduité seraient privées des libéralités provenant de leurs maris[1]. Un autre arrêt, du 5 janvier 1673, porte que la veuve perd son douaire de plein droit, en se remariant dans l'année de deuil. — Le 8 février 1618, le parlement de Grenoble rendit sur le même point un arrêt *de règlement,* portant que les veuves en question seraient sujettes à toutes les peines du droit civil, excepté celle de l'infamie. Un arrêt du même parlement, prive de ses avantages matrimoniaux, et de la succession de son fils du premier lit, une veuve prématurément remariée, et cela quoiqu'elle fût âgée de 52 ans, de telle sorte que la *turbatio sanguinis* était peu à craindre. — D'où l'on voit que la jurisprudence du parlement de Dijon était moins rigoureuse que celle du par-

Paris ne fût pas dans l'usage de priver de leur douaire, et autres avantages nuptiaux, les femmes qui se remariaient dans l'an de deuil, toutefois, en pareil cas, la veuve perdait ses habits de deuil, lesquels, en effet, ne lui étaient accordés qu'à la charge de porter réellement le deuil pendant un an, (jugé au Châtelet, en 1680 et le 4 février 1698); si donc elle les avait reçus, elle devait en rembourser la valeur.

1. Taisand, sur l'art. 2 du tit. IX de la Cout. de Bourgogne.

lement de Grenoble, en ce qu'elle borne la peine des secondes noces dans l'an de deuil à la privation, pour la femme, de ses gains nuptiaux, tandis que le parlement de Grenoble frappe cette veuve de toutes les peines du droit romain, sauf l'infamie.

Au surplus, d'une manière générale, on observait sur ce point le droit romain dans les pays de droit écrit[1]; mais comment y justifiait-on cette viduité d'un an qu'on imposait à la femme? Voici ce que nous dit Dupin : « Une femme qui est dans un âge avancé, et hors d'état de porter des enfants, est encore moins excusable, et c'est en vain qu'elle viendrait alléguer en sa faveur qu'il n'y a pas lieu d'appréhender la confusion et mélange de sang ; *ce n'est pas uniquement pour cette crainte que les secondes noces sont réprouvées dans l'an de deuil, mais encore pour l'honneur que la veuve doit à la mémoire de son mari ;* et, au contraire, ces femmes qui se remarient dans un âge avancé paraissent encore plus punissables, puisque leur unique motif est : « *explendæ libidinis non liberorum procreandorum causa.* » Et encore : « La femme, *quoiqu'accouchée dans les neuf mois de la mort de son mari*, doit attendre que l'année soit finie, *pour l'honnêteté publique[2].* »

1. V. P. Dupin. *Sec. noces*, qui cite des arrêts en ce sens, p. 20.

2. P. Dupin, *Sec. noces*, p. 62 et 58.

En Alsace, on applique sur l'an de deuil le droit romain tel quel, sauf cependant la peine de l'infamie[1]. C'est ce qui résulte d'un arrêt du conseil souverain de Colmar, en date du 20 août 1739; cet arrêt, rendu à la suite d'une délibération que les officiers du conseil prirent dans l'intérieur de leur compagnie, fut sanctionné par une déclaration royale du 12 octobre 1743, portant que les lois 1 et 2, C., *de sec. nupt.*, continuaient d'être observées dans ce ressort, à l'exception seulement de la peine de l'infamie[2].

La législation ancienne des secondes noces vient de passer rapidement sous nos yeux; nous avons vu jusqu'à quel point chacune de ses transformations porte la marque des mœurs et des croyances qui les ont inspirées. Nous arrivons maintenant à l'étude de la législation moderne, et nous devons examiner, la législation intermédiaire, les travaux préparatoires du Code, et enfin

[1]. Les lois romaines étaient regardées comme droit commun dans cette province; elles faisaient partie de ses anciens usages, dans lesquels elle avait été confirmée.

[2]. La ville de Strasbourg avait, sur ce point, un statut particulier : aucun *veuf* dans les six mois, aucune veuve dans les dix mois du décès de l'autre époux, ne peut passer à des fiançailles; spécialement les veuves enceintes ne pourront convoler qu'après les six semaines de leurs couches, et les dix mois entièrement expirés; le tout sous des peines arbitraires. — Le magistrat de Strasbourg pouvait, du reste, déroger à ce statut par des permissions particulières. — Une déclaration royale, du 22 avril 1757 confirma ce statut, en faisant savoir que la déclaration de 1743 n'y portait aucune atteinte.

la loi qui nous régit. Cette loi a-t-elle pour base
une défaveur pour les seconds mariages? Mérite-
t-elle le reproche d'avoir pris le caractère de loi
pénale sur un point de morale privée? C'est ce
que nous aurons à examiner, mais il est utile de
remarquer dès l'abord, que le législateur semble
avoir voulu écarter un tel reproche. *L'expérience
de tous les temps*, disait M. Jaubert au Tribunat,
*a prouvé combien la loi devait veiller à ce qu'un
second époux ne pût trop préjudicier à des enfants
dont l'origine ne laissait que trop souvent des souvenirs importuns*[1]. M. Bigot-Préameneu, dans son exposé des motifs au Corps législatif, n'était pas moins
explicite; il faisait observer, sur l'article 1098,
que c'étaient là des règles que l'on devait : *moins
attribuer à la défaveur des seconds mariages,
qu'à l'obligation où sont les pères et mères, qui
ont des enfants, de ne pas manquer à leur égard,
lorsqu'ils forment de nouveaux liens, aux devoirs
de la paternité*[2]. De même encore, nous trouvons
dans les observations du tribunal d'appel de Paris, que le Code civil n'a eu d'autre préoccupation que : *de tempérer l'amour conjugal par
l'amour paternel*[3]. Telle fut la prétention des législateurs; il sera de notre tâche d'examiner s'ils
sont toujours restés dans cet esprit de sage modération, et de prudente impartialité!

1. Fenet, t. XII, p. 621.
2. Fenet, t. XII, p. 573.
3. Fenet, t. V, p. 268.

# DEUXIÈME PARTIE

## DU CONVOL EN NOUVELLES NOCES SOUS LE CODE CIVIL.

Les seconds et subséquents mariages, sont presque de tous points soumis aux mêmes conditions, et produisent en général les mêmes effets, qu'une première union. Toutefois, ils donnent lieu dans le Code à quelques dispositions spéciales. Ces dispositions s'y trouvent éparses; le travail que nous allons entreprendre aura donc pour objet de les rapprocher les unes des autres, de les présenter dans leur ensemble. Mais, comme les questions que nous allons soulever touchent à de très-nombreuses dispositions de notre Code, il nous est par là même commandé de ne fournir de développements que sur ce qui constitue un droit absolument particulier, et spécial aux conditions et effets du convol en nouvelles noces.

Les questions que nous avons à examiner peuvent se ramener aux deux points suivants : 1° Quelles sont les conditions requises pour la validité d'un nouveau mariage? 2° Quels sont les effets du convol en nouvelles noces?

# CHAPITRE I.

## DES CONDITIONS REQUISES POUR LA VALIDITÉ DES SUBSÉQUENTS MARIAGES.

Parmi les conditions nécessaires pour la validité des nouveaux mariages, les unes leur sont communes avec celles qui sont requises pour la validité d'une première union ; d'autres leur sont spéciales. Nous ne ferons que rappeler les premières ; elles sont :

1° *La puberté et la nubilité.* On peut supposer qu'une dispense d'âge avait été accordée à l'un des conjoints (art. 145), puis, que cet époux est devenu veuf avant sa puberté. S'il veut se remarier, avant d'avoir atteint l'âge légal, sera-t-il nécessaire qu'il demande de nouvelles dispenses ? Nous remarquerons tout d'abord que la question ne peut guère se poser que pour un homme, car il est de jurisprudence et d'usage de ne jamais accorder de dispenses qu'un an avant l'âge légal de puberté ou de nubilité[1]. Pour qu'une femme pût contracter un second mariage avant l'âge de quinze ans, il faudrait, en conséquence de cet usage d'une part,

1. Circulaire du Ministre de la justice des 10 mai 1824 et 29 avril 1832.

et d'autre part du délai de viduité imposé par l'article 228, que son premier mariage et la mort de son premier mari eussent eu lieu dans les deux mois non révolus qui suivent sa quatorzième année accomplie. Au contraire, pour que notre question se présente relativement à un homme, il suffit de supposer qu'il s'est marié et est devenu veuf dans l'intervalle qui sépare sa dix-septième de sa dix-huitième année. Résolvant la question, je déciderais que de nouvelles dispenses ne seraient pas nécessaires. Il est en effet difficile d'admettre qu'une personne que l'on a considérée comme pubère ou nubile, lorsqu'il s'est agi pour elle de contracter une première union, ne soit plus considérée comme telle lorsqu'il s'agit d'en former une seconde. Ajoutons que, du moins en ce qui concerne la femme, la preuve de sa nubilité sera le plus souvent acquise, par la raison que sa grossesse aura été fréquemment la cause qui aura motivé la première dispense.

2° *Le consentement des futurs époux.*

3° *Le consentement, ou du moins le conseil, des personnes sous la puissance desquelles ils se trouvent relativement au mariage.* — Le fils, tant qu'il n'a pas vingt-cinq ans accomplis, la fille tant qu'elle n'a pas vingt et un ans accomplis, doivent obtenir le consentement de leurs ascendants (art. 148). Le fils ou la fille, jusqu'à l'âge de vingt et un ans, doivent, si leurs ascendants sont tous décédés, ou dans l'impossibilité de manifester leur volonté,

obtenir le consentement de leur conseil de famille
(art. 160). Ce consentement doit être requis pour
un second comme pour un premier mariage; il
doit être nouveau et spécial pour chaque union,
car le premier mariage pouvait être très-conve-
nable, et le second serait peut-être extravagant,
ou contraire par un motif quelconque aux intérêts
de l'enfant. L'obligation de faire des actes respectueux, qui commence à vingt-cinq ou vingt et
un ans, suivant le sexe, ne cesse à aucune époque, et se prolonge tant que l'enfant, quel que
soit son âge, et lors même qu'il s'agirait de secondes noces, a encore un ou plusieurs ascendants
(art. 153, 371).

4° *Que les futurs ne soient pas parents à un
degré auquel la loi prohibe le mariage.*

Passons maintenant aux conditions qui sont
spéciales aux subséquents mariages; il est nécessaire :

1° *Que le précédent mariage soit dissous.*

2° *Que les futurs ne soient pas, par l'effet des
précédents mariages, devenus alliés à un degré
auquel la loi interdit le mariage.*

De là deux sortes d'empêchements particuliers
aux nouveaux mariages : l'existence d'un lien matrimonial actuel, *empêchement qui, pour la femme,
se prolonge dix mois encore après la dissolution
de ce lien,* et l'alliance. Ces empêchements exigent une étude spéciale. Nous aurons encore à
nous demander s'il n'existe pas, particulièrement

aussi pour les secondes noces, d'autres empêchements que ceux que nous venons de citer ; et, par
ex., si le divorce, prononcé avant la loi du 8
mai 1816 entre deux époux, serait actuellement
encore un obstacle à la formation entre eux de
nouveaux liens (art. 295). Si le divorce, prononcé
à la même époque contre un époux pour cause
d'adultère, serait, encore aujourd'hui, un empêchement à l'union de cet époux avec son complice (art. 298). Si l'article 298 doit être appliqué à
la séparation de corps, c'est-à-dire si l'époux contre lequel la séparation a été prononcée pour cause
d'adultère, doit être empêché de se marier avec
son complice, après le décès de l'époux outragé.
Si l'on doit admettre à se remarier en France, l'é-
tranger dont le mariage aurait été dissous dans
son pays en vertu d'une cause que nos lois n'admettent pas, etc., etc.

## Section I.

### De l'existence d'un précédent mariage.

Art. 147. *On ne peut contracter un second ma-*
*riage avant la dissolution du premier.*

Art. 227. *Le mariage se dissout : 1° par la mort*
*de l'un des époux ; 2° par le divorce légalement*
*prononcé ; 3° par la condamnation devenue défi-*
*nitive de l'un des époux à une peine emportant*
*mort civile.*

Le divorce a été abrogé par la loi du 8 mai

1846, et la mort civile par la loi du 31 mai 1854.
Toutefois, aujourd'hui encore, peuvent se présenter des questions intéressantes relativement
au convol en secondes noces, par des époux divorcés, par le conjoint d'un mort civilement, ou
par un ex-mort civilement lui-même.

Nous examinerons donc successivement, au
point de vue du convol, les trois causes qui,
selon l'art. 227, amènent la dissolution du mariage; un quatrième paragraphe sera consacré au
cas de convol à la suite d'un précédent mariage
non valable.

§ I. *Du convol en nouvelles noces après la
mort naturelle de l'un des conjoints.* — Lorsqu'une personne a déjà été mariée, elle ne peut
contracter une nouvelle union qu'à la condition
de prouver le décès de son précédent conjoint.
Comment cette preuve sera-t-elle administrée?
En principe, par l'acte de décès. *Quid* cependant
si l'acte de décès n'a pas été dressé ou ne peut
être présenté? Nous devons à cet égard examiner
quelques espèces.

*a.* Une femme demande à se remarier : elle ne
peut présenter l'acte de décès de son précédent
conjoint, mais elle prétend qu'il n'a pas été tenu
de registres à l'époque de la mort de son mari,
au lieu où il est mort; par exemple, par suite
d'une épidémie qui a tout désorganisé, ou d'une
invasion ennemie, ou de troubles politiques; ou
bien encore que les registres sont perdus, détruits

16

en tout ou partie; que les registres de la commune où est mort son mari, sont évidemment mal tenus, sans ordre, pleins de lacunes, etc.... Si cette femme parvient à établir l'un ou l'autre de ces différents points, elle pourra administrer la preuve du décès de son mari, suivant les conditions exceptionnelles de l'article 46, c'est-à-dire que la preuve testimoniale en sera recevable.

*b*. Cette femme présente un acte de décès sur feuille volante : pourra-t-elle se remarier? Elle ne le pourra pas. Il est vrai que la loi n'a pas prononcé la nullité des actes de l'état civil qui ne sont pas dressés conformément à ses prescriptions, mais on ne peut aller jusqu'à conclure de là que tout acte, si informe qu'il soit, puisse être considéré comme un acte de l'état civil, s'il manque des conditions essentielles qui constituent les actes de ce genre; or, il me semble qu'au nombre de ces conditions se trouve l'inscription sur les registres de l'état civil. Autrement où s'arrêterait-on? Admettriez-vous la femme à prouver la mort de son mari, par un acte de décès rédigé sur le carnet, l'agenda, de l'officier? Et, précisément, cette inscription de l'acte de décès du premier mari, sur une feuille volante, doit d'autant plus éveiller les soupçons que nous supposons les registres existants et bien tenus. Il faut même aller plus loin, et ne point admettre cette femme à administrer la preuve exceptionnelle autorisée par l'article 46, car, je le répète, nous supposons que d'ailleurs les registres existent, et sont régulièrement tenus [1].

*c.* Cette femme prétend que l'acte de décès de son mari, qu'elle prétend être mort, a été *omis* dans les registres de l'état civil : sera-t-elle reçue, pour se remarier, à administrer la preuve exceptionnelle qu'autorise l'article 46 ? Ici, comme sur la question précédente, on pourrait être tenté, mais à tort je crois, de répondre par l'affirmative : car enfin rien n'est moins juste que de rendre la femme victime de la négligence de l'officier, ou peut-être même de circonstances fortuites qui auraient empêché de rédiger l'acte. Mais le texte de l'article 46 est trop formel pour tre applicable à une circonstance dans laquelle, nous le supposons, il existe des registres qui sont intacts et réguliers. Il n'y a plus, au reste, la même raison de décider : quand la loi admet par exception une autre preuve que celle résultant des actes inscrits sur les registres, c'est qu'il y a déjà un fait prouvé, un fait matériel important, savoir : l'inexistence ou la destruction des registres, fait qui rend vraisemblable la prétention de celui qui allègue que son titre a dû exister, ou qu'il a été perdu sans sa faute ; mais il n'y a rien de pareil dans notre hypothèse. Ajoutons enfin que si l'on voulait appliquer ici l'article 46, cela reviendrait à dire qu'un conjoint pourrait tou-

1. Demolombe, I, p. 534.

jours prouver, tant par titres que par témoins, le fait de son veuvage, puisqu'il lui suffirait de soutenir qu'il y a eu omission de l'acte de décès de son conjoint, pour être admis à prouver ce décès autrement que par ledit acte[1].

*d.* Une femme qui veut se remarier, prétend que son mari a péri dans un incendie, dans un éboulement, ou dans toute autre catastrophe : mais le corps de celui-ci. n'a pas été retrouvé. D'après l'article 19 du décret du 3 janvier 1813 sur l'exploitation des mines, dont les dispositions à cet égard peuvent s'appliquer à tous les accidents du même genre, s'il y a impossibilité de parvenir au lieu où se trouvent les corps de ceux qui ont péri, un procès-verbal est dressé par un officier public, et ce procès-verbal est annexé aux registres de l'état civil. A défaut de ce procès-verbal, le conjoint ne pourrait pas se remarier ; il y aurait en effet, légalement, incertitude sur la vie ou la mort de l'autre conjoint. Mais si le procès-verbal a été rédigé, il tient lieu d'acte de décès, et, malgré l'opinion contraire de M. Duranton, je pense que le conjoint de la personne dont la mort ne serait prouvée que de cette manière, pourrait néanmoins passer à de nouvelles noces[2].

*e.* Un militaire a disparu pendant une guerre ;

1. Demolombe, I, p. 537.
2. Duranton, I, nº 330. — Demol., I, p. 510.

depuis longtemps on n'a de lui aucunes nouvelles : sa femme pourra-t-elle se remarier ? Les
dangers exceptionnels de la guerre sembleraient
devoir faire présumer ici plus facilement le décès.
En droit romain, lorsqu'un soldat avait disparu,
on admettait que s'il y avait incertitude sur sa
vie, sa femme pouvait se remarier après cinq ans [1].
— Constantin permit à la femme du militaire de
se remarier lorsqu'elle n'en avait aucune nouvelle depuis quatre ans [2]. — Justinien, dans la
Novelle **XXII**, porta ce délai à dix ans. Enfin,
dans la Novelle **CXVII**, chapitre 11, il défendit
absolument à la femme de se remarier avant
d'avoir la preuve certaine de la mort de son
mari, preuve qui pouvait, du reste, résulter d'un
serment prêté sur les Évangiles par le chef du
corps dans lequel servait ce mari. Au fond, on
en était arrivé à l'idée qui a passé dans notre législation moderne, à savoir que l'incertitude sur
la vie de l'un des époux, n'est pas une cause de
dissolution du mariage. Sans doute, on concevrait
que le décès d'un militaire disparu pendant une
guerre fût plus facilement présumé, à raison
même des dangers auxquels il a été exposé, mais
toute distinction à cet égard entre eux et les
autres citoyens est repoussée par un avis du Conseil d'État du 17 germinal an **XIII** (7 avril 1805),

1. Fr. 6. ff. divort. et repud.
2. Const. 7. C. de repudiis. — Comp. Montesquieu,
Esp. des lois, liv. **XXVI**, chap. 9.

relatif aux preuves admissibles pour constater le décès des militaires. Il porte …. *qu'on ne peut déclarer le mariage dissous après un certain nombre d'années; qu'à la vérité plusieurs femmes de militaires peuvent à ce sujet se trouver dans une position fâcheuse, mais que cette considération n'a point paru, lors de la discussion du Code civil, assez puissante pour les relever de l'obligation de rapporter une preuve légale, sans laquelle on exposerait la société à de déplorables erreurs, et à des inconvénients beaucoup plus graves que les maux particuliers auxquels on voudrait obvier. En cet état, le Conseil estime qu'il n'y a pas lieu de déroger au droit commun, et d'y introduire une exception que la législation n'a jamais admise.* — Nous remarquons toutefois que, tandis que le Code autorise uniquement une *déclaration d'absence*, l'article 5 de la loi du 13 janvier 1817 admettait une *déclaration de décès* (comp. art. 1); mais cette déclaration de décès, ne pouvant avoir lieu que dans le cas où les registres n'ont pas été tenus ou ont été perdus, on peut dire que cet article 5 de la loi de 1817 n'était qu'une application, à cette hypothèse particulière, de la règle générale consacrée par l'article 46 du Code, auquel, du reste, l'article 5 de cette loi renvoyait expressément[1]. Les femmes

---

1. Cette loi ne concernait que les militaires ou marins en activité de service pendant les guerres qui ont eu lieu depuis

des militaires sont donc à cet égard soumises au ·
droit commun ; la preuve du décès de leurs maris devra être régulièrement administrée ; mais il
est à remarquer qu'à l'occasion, cette preuve
pourra être fournie conformément au chapitre 5
du titre II du Code, relatif aux actes de l'état
civil concernant les militaires hors du territoire
de la République.

Ainsi, dans notre législation, une personne ne
peut convoler en nouvelles noces sans prouver,
et prouver selon des règles spéciales édictées par
la loi, le décès de son précédent conjoint. L'incertitude sur la vie de ce dernier est absolument
insuffisante ; l'absence n'est pas une preuve du
décès, puisque son effet se borne à rendre l'existence incertaine, douteuse. D'où il suit que le
conjoint d'un absent ne peut pas passer à un
nouveau mariage, même lorsque l'époux absent
aurait atteint sa centième année [1]. Des vraisem-
blances, des probabilités, si puissantes qu'on les

le 21 avril 1792, jusqu'au traité de paix du 20 novembre
1815.

1. Pothier, si scrupuleux pourtant, pensait que la présomption de mort qui résulte de l'expiration d'un siècle depuis la naissance de l'absent, pouvait autoriser l'époux
présent à se remarier. (Du contrat de mariage, n° 106.)
Mais cette doctrine n'était nullement générale. — Dans le
Code de la Louisiane (art. 81), au bout de dix ans d'absence, le conjoint peut se remarier avec autorisation de
justice. — Le Code hollandais se contente du même délai.
(Art. 549, 550, 551.)

suppose, ne pouvaient en effet rompre un tel lien ;
et quelque fâcheuse que puisse être la position
de l'époux présent, ainsi retenu dans une sorte
de veuvage indéfini, le bon ordre, la morale publique, c'est-à-dire l'intérêt suprême de la société, s'opposaient à une dissolution qui n'eût pu
être que définitive. — Il est possible cependant
que, sur la présentation d'un faux acte de décès, par fraude ou par erreur, le conjoint d'un
absent ait convolé en secondes noces? Cette situation donne lieu aux plus graves difficultés, difficultés sur lesquelles nous aurons à insister. (*Infra*, sect. III.)

Nous venons de voir comment un époux devait, pour contracter un nouveau mariage, administrer la preuve de la dissolution du précédent.
Supposons donc maintenant que cette preuve a
été régulièrement administrée ; le [premier mariage n'est-il plus, dès lors, — l'alliance qu'il a
pu engendrer mise à part, — la source d'aucun
empêchement ? Si, dans certains cas. En effet, à
l'égard de la femme, l'empêchement produit par
un précédent mariage, subsiste pendant dix mois
encore après sa dissolution (art. 228, 296 Code
civ. ; 194 Code pén.). Ce délai du reste est,
comme nous le verrons, prescrit d'une manière
générale, c'est-à-dire quels que soient les faits qui
ont produit la dissolution de la précédente union.
Quant à l'homme veuf, il peut se remarier quand
bon lui semble, sauf à observer l'intervalle exigé,

d'une part, entre la première et la seconde publication (six jours d'un dimanche à un dimanche), et, d'autre part, entre la seconde publication et le jour où le mariage peut être célébré
(trois jours depuis et non compris celui de la
seconde publication). — Il peut donc, s'il n'a pas
d'actes respectueux à faire, et en supposant toutes
les formalités remplies, se remarier au minimum
le onzième jour à partir du premier dimanche qui
suit la mort de sa femme. — Sur quel motif repose cette défense faite à la veuve de se remarier
dans les dix premiers mois de son veuvage ? Nous
avons vu qu'en droit romain il semblait bien résulter des § 1 et 2 du fr. 11 *de his qui not. inf.*
que le préteur, autorisant la veuve à se remarier
si elle venait à accoucher dans les dix mois de viduité, avait eu pour but d'éviter la *turbatio sanguinis;* que la loi Julia, donnant à la femme une *vacatio* d'un an après la mort de son mari, et de six
mois après le divorce [1], paraissait bien, de son côté,
avoir considéré un laps de six mois comme suffisant pour éviter la *seminis confusio,* sauf à donner
à la veuve, par une raison de convenance, un délai
plus long, lorsque c'était par la mort de son mari
que le mariage avait été dissous; qu'enfin, les
empereurs chrétiens avaient porté les délais de
viduité de dix mois à douze, et cela évidemment
dans un but de convenance [2]. Nous avons vu enfin,

1. Ulpien, *Regulæ*, t. XVI, § I.
2. Constitution 2, Code, *de sec. nupt.*

que le droit canonique n'exigeait pas l'observation de ces délais, et qu'il en était en général de même dans notre France coutumière; mais qu'il en était autrement dans les pays de droit écrit, et qu'on y justifiait ce délai d'un an, non-seulement par la crainte de la confusion de part, mais encore par *l'honneur que la veuve doit à la mémoire de son mari*.

On ne saurait, sans réunir ces deux raisons, justifier complétement l'art. 228 de notre code. Le premier motif du délai de viduité qu'il impose à la femme, est qu'il était très-essentiel de prévenir la confusion de part, *turbationem sanguinis, generationis aut seminis incertitudinem*. La loi, en effet, dans les articles 312 et 315, suppose que la grossesse de la femme durera cent quatre-vingts jours (ou six mois) au moins, et trois cents jours (ou dix mois) au plus. Or, si la veuve eût pu se remarier immédiatement après la dissolution de son premier mariage, il eût été fort difficile d'attribuer au second plutôt qu'au premier mari, au premier plutôt qu'au second mari, la paternité de l'enfant né après les six mois du second mariage de sa mère, mais avant l'expiration des dix mois de son veuvage. Cette incertitude eût été éminemment scandaleuse et déplorable. Toutefois, cette considération à elle seule ne suffirait pas à justifier la loi; en effet : 1° Il n'eût pas été nécessaire, pour parer à la confusion de paternité, de fixer à dix mois le délai de vi-

duité ; il suffisait, pour qu'aucune confusion ne
fût possible, de fixer ce délai *à quatre mois*. Le
législateur eût pu, en effet, raisonner ainsi : De
deux choses l'une : Ou la femme, remariée plus de
quatre mois après la dissolution de son premier
mariage, accouchera dans les six mois qui suivent
les quatre premiers de son veuvage, auquel cas
je considère l'enfant comme un posthume du défunt, puisqu'il ne s'est pas encore écoulé cent
quatre-vingts jours, depuis le deuxième mariage ;
ou elle accouchera après six mois, et alors, l'enfant sera des œuvres du deuxième mari, puisque
trois cents jours se seront écoulés depuis la mort
du premier mari. 2° Dans le même ordre d'idées,
si la femme accouchait au cours des dix premiers
mois de son veuvage, il faudrait lui permettre de
se remarier sans attendre l'expiration de ces dix
mois[1], car, en cette occurrence, aucune confusion
de part ne serait possible. Cependant, le texte de
l'article 228 est beaucoup trop absolu pour que
cette solution puisse être admise. — Il faut donc,
pour la complète justification de cette incapacité,
trouver un second motif à ajouter au premier. Ce
motif est tiré de nos mœurs, de nos habitudes sociales. Il était convenable que la veuve conservât une certaine retenue, dans les premiers temps
de la mort de son mari, et ne fît pas scandale par la

---

1. C'est ce que décidaient les jurisconsultes romains.
(Frag. 11, § 2, ff. *de his qui not. infam.*)

preuve publique, la plus manifeste, de son indif-
férence, ou même de sa joie. Ces convenances sociales, qui retiennent pendant un certain temps
la femme dans le veuvage, le législateur n'a fait
que les consacrer. Mais est-ce donc que le sentiment public est plus large en ce qui concerne les
veufs ? Ou bien le législateur a-t-il jugé à propos de
se montrer moins rigoriste vis-à-vis des hommes,
puisqu'il ne leur impose aucun temps de veuvage ? Cette inégalité me paraît être la conséquence
de ce que : 1° L'idée dominante a été d'éviter la
confusion de paternité ; l'idée de convenance sociale est secondaire, et eût été sans doute insuffisante pour déterminer à elle seule le législateur.
2° Nos mœurs à tort ou à raison exigent chez la
femme une retenue, une pudeur, plus grandes
que chez l'homme. 3° Enfin, et c'est là une raison plus sérieuse, le mariage est dans bien des
cas pour le veuf une nécessité dont il subit la loi.
Ce n'est pas lui, en effet, qui peut utilement
s'occuper de ses enfants en bas âge. D'autres préoccupations absorbent tout son temps.
Souvent même il est incapable des soins qu'exige
l'enfance. Or, une nouvelle femme légitime le
suppléera bien mieux que la femme étrangère et
salariée, qu'il serait obligé d'appeler dans sa maison.

Quelle est la sanction de cette disposition de
l'article 228 ? Le délai de viduité constitue-t-il
un empêchement dirimant ou simplement pro-

hibitif? En d'autres termes, la sanction de notre article consiste-t-elle uniquement dans l'amende de 16 à 300 francs, que l'article 194 du Code pénal prononce contre l'officier de l'état civil qui procéderait au mariage d'une veuve avant l'expiration du délai de dix mois, ou bien cette sanction se trouve-t-elle dans la nullité du mariage?

Quelques auteurs se sont rangés à ce dernier parti : ils estiment qu'il y a là un empêchement dirimant. En effet, disent-ils, il est impossible d'admettre qu'il suffise, pour qu'un acte soit valable, que la loi n'ait pas directement prononcé la nullité. Toutes les fois que la loi s'est exprimée d'une manière prohibitive, toutes les fois qu'elle a dit : *qu'un individu peut faire tel ou tel acte*, elle a, par cela seul, frappé de nullité l'acte fait contre sa prohibition. Ainsi s'exprime l'article 228 : « *La femme ne peut....* » Or : *Ea quæ lege fieri prohibentur, si fuerint facta, non solum inutilia, sed pro infectis etiam habeantur, licet legislator fieri prohibuerit tantum, nec specialiter dixerit inutile esse quod factum est* [1]. *Particula negativa*, dit Dumoulin, *præposita verbo : potest, tollit potentiam juris et facti, designans actum impossibilem* [2].

Cette manière de voir a été rejetée à bon droit

---

1. Constit. 5, Code, *de Legibus.*
2. En ce sens, — Delvincourt, I, p. 125.

par la généralité des auteurs et par la jurisprudence. Il est de fait que la loi n'a pas prononcé la nullité; or, en matière de mariage, moins que partout ailleurs, les nullités ne se suppléent point. Cette nullité n'existait ni en droit romain ni dans notre ancien droit; comment donc croire que si le législateur eût voulu innover en l'introduisant dans l'article 228, il n'en eût pas parlé dans le chapitre relatif aux nullités de mariages; qu'il n'eût fixé, ni par quelles personnes cette action en nullité pourrait être intentée, ni par quel laps de temps elle serait couverte? Il faut enfin reconnaître qu'il y aurait disproportion choquante, entre les intérêts qui ont donné naissance à l'article 228, et les conséquences de la violation de cet article. M. Delvincourt, qui soutient le système contraire, recule lui-même devant les résultats qu'il entraîne, et se trouve amené à admettre un étrange tempérament : « Si, dit-il, le second mariage a duré longtemps, on pourra penser que : *novo quasi consensu convaluit*, surtout s'il n'est résulté aucun inconvénient de la contravention, et par ex., s'il n'est pas né d'enfants du second mariage, ou si la naissance n'a eu lieu que quelques années après qu'il a été contracté. » Cela est évidemment inadmissible; le fait est que la nullité, une fois reconnue, serait inexorable, et qu'il faudrait annuler le mariage, lors même que la femme ne l'aurait contracté que neuf mois, ou plus, après la mort de son premier mari. Telle n'a pu être l'intention du législateur. Nous remarquerons enfin que plusieurs tribunaux d'appel avaient demandé qu'on assurât l'exécution de l'article 228, par la nullité du mariage prématuré, et qu'on expliquât quand et par qui cette nullité pourrait être demandée; le législateur n'a pas accédé à ce vœu, et cela : *parce qu'annuler le mariage, c'eût été trop pour la contravention à une simple loi de précaution, et qui ne tendait, ni directement, ni indirectement, comme les dispositions du chapitre IV, à réprimer des désordres graves*[1].

Concluons donc de là, que dans le Code civil l'article 228 n'avait d'autre sanction que le devoir pour l'officier public de se refuser à célébrer le mariage; le Code pénal, depuis, a voulu que l'officier contrevenant eût à subir une amende de 16 à 300 francs, ce qui donne en fin de compte des garanties suffisantes, et parfaitement en rapport avec les intérêts qui servent de base à l'article 228[2].

1. Locré, *Esprit du Code civil*, t. II; p. 379.

2. M. Valette, *Cours du Code civil*, p. 188. Demolombe, III, n° 337. Colmar, 7 juillet 1808 (Sirey, 1809, II, 168). Aubry et Rau, IV, p. 74. *En Sardaigne* (art. 145), l'inobservation du délai de 10 mois fait perdre à la femme ses gains nuptiaux, et les libéralités de son premier mari.— *Dans le Code Italien*, la veuve peut se remarier avant dix mois de viduité, dans deux cas : 1° quand elle est accouchée avant ce délai; 2° quand le mariage a été annulé pour cause d'impuissance du mari (art. 57). La loi italienne paraît donc n'avoir été préoccupée que de la confusion de paternité. — *Dans le Code Bavarois*, il est dit expressément que le con-

Une veuve, pressée de contracter de nouveaux
liens, a trouvé un officier public ignorant, ou
qu'elle a su corrompre, et celui-ci a consenti à la
marier avant l'expiration des dix mois de viduité.
De graves difficultés peuvent s'élever sur la filiation de l'enfant né depuis le convol. Examinons
quelques hypothèses :

1° La femme accouche *plus de cent quatre-
vingts jours après la célébration du second mariage, et moins de trois cents jours après la dissolution du premier.* A qui appartiendra l'enfant?
Est-ce au premier ou au second mari ? Deux présomptions légales, également puissantes, se trouvent ici en collusion. Aussi cette hypothèse a-t-elle
merveilleusement exercé l'imagination des anciens
docteurs. Dira-t-on que l'enfant appartiendra en
même temps au premier et au second mari, en se
fondant sur ce que chacune des présomptions qui
le protégent doit produire son effet? Ou bien, à
l'inverse, cet enfant sera-t-il considéré comme
n'étant des œuvres, ni de l'un ni de l'autre mari,
parce que deux présomptions inconciliables se

joint survivant peut se remarier immédiatement (tit. I,
chap. VI, art. 46). — *En Autriche* (art. 120, 121), la femme
peut, si elle était enceinte au moment de la mort de son mari,
contracter un nouveau mariage aussitôt après sa délivrance ;
— s'il s'élève des doutes sur sa grossesse, six mois après la
mort de son mari ;— enfin, si des experts déclarent qu'il n'y
a aucune vraisemblance qu'elle soit enceinte, elle peut être
autorisée à se remarier après trois mois de veuvage.

neutralisent réciproquement? Non sans doute, car
il est inadmissible que cet enfant n'ait pas de
père, pas plus qu'il n'est possible qu'il en ait
deux. Autorisera-t-on l'enfant à choisir, lorsqu'il
sera parvenu à l'âge de raison, entre les deux
pères que la loi lui attribue[1]? Cela nous semblerait plus qu'étrange. Cherchera-t-on, dans la
ressemblance avec l'un ou l'autre mari, une raison
de décider? *Ex vultu partus, et lineamentis, de-
functum maritum superstitemve magis referenti-
bus*[2]. Cet élément de solution serait le plus souvent singulièrement insuffisant. — Ces opinions
quelque peu fantaisistes, étant écartées, nous devons nous livrer à l'examen de deux autres systèmes, auxquels se rallient les auteurs modernes.
D'après l'une de ces opinions, l'enfant doit être
présumé appartenir au second mari. Cela revient
à faire prévaloir la présomption que l'enfant né
cent quatre-vingts jours après la célébration du
mariage, est l'enfant de ce mariage, sur la présomption que l'enfant né moins de trois cents
jours après la dissolution du mariage, est l'enfant
posthume du défunt. Sur quoi motive-t-on la
prééminence de la première présomption? Sur la
probabilité du fait. Car il est très-vraisemblable de
supposer que, puisque la femme s'est remariée,

1. Blackstone, *Comment. des lois anglaises*, t. II, chap. viii,
n° 2.
2. Voet, *ad Pandectas*, lib. I, tit. VI, n° 9.

c'est qu'elle savait n'être point enceinte à cette
époque; supposition conforme aux probabilités,
et qui est en même temps la plus morale. Ce système, toutefois, n'annihile pas absolument la seconde présomption; il lui donne cette conséquence, que l'enfant sera reçu à administrer, s'il
le peut, la preuve qu'il appartient au premier
mari[1]. La majorité des auteurs refuse, à bon droit
ce me semble, de se rendre à ce raisonnement.
Dans l'espèce, nous nous trouvons en face de deux
présomptions qui ont toutes deux la même autorité, l'autorité de la loi; il est donc impossible
de faire plier l'une devant l'autre; d'un autre
côté, ces deux présomptions étant en contradiction entre elles, il faut les écarter toutes deux,
puisqu'elles se neutralisent, et alors nous sommes
amenés, la loi étant hors de cause, à faire décider
la question par les tribunaux, et, en cas de doute,
en conséquence du plus grand intérêt de l'enfant.
Le premier système se condamne lui-même, lorsqu'après avoir fait prévaloir l'une des présomptions sur l'autre, il admet cependant la preuve du
contraire; nous ne disons pas autre chose au
fond, mais seulement, au lieu d'examiner quelle
sera, en général, la solution la plus probable et
la plus morale, pour la faire prévaloir sans distinction dans tous les cas, nous nous en rappor-

1. Demol. V, p. 115. Cette décision avait été déjà proposée par d'anciens auteurs.

tons entièrement aux tribunaux pour décider, selon les espèces, et d'après le témoignage des gens compétents, ce qui est le plus conforme soit à la vérité scientifique, soit à la vérité morale, et, dans le doute, aux véritables intérêts de l'enfant. Ainsi, on recherchera quelle était la conformation de l'enfant au moment de la naissance ; si l'on doit supposer que cette naissance ait été accélérée, ou au contraire retardée ; si, dans le temps qui a précédé la mort du premier mari, il était ou non en état de cohabiter avec sa femme ; si, long-temps abattu par la maladie dont il est mort, il peut être présumé n'avoir eu aucun rapport avec sa femme ; ou si, enlevé par une mort soudaine, il a pu engendrer peu de temps auparavant. De même encore, il y aura lieu de prendre en considération les diverses ressemblances physiques ou morales que l'enfant peut avoir, soit avec le défunt, soit avec le nouveau mari de sa mère[1].

2° La femme accouche *moins de 180 jours après la célébration de son second mariage, moins de 300 après la dissolution du premier.* — Dira-t-on : *A.* Que l'enfant doit alors appartenir sans difficulté au premier mari, par la raison qu'il n'a pu être conçu des œuvres du deuxième mari depuis le second mariage ; que sans doute la pater-nité de cet enfant pourrait être attribuée sans in-

1. Aub. et Rau, IV, p. 583. Delvincourt, I, p. 127. Comp. Briand et Chaudé, *Médecine légale*, p. 175-176.

vraisemblance au deuxième mari, si l'on voulait supposer, *a*, que la conception a eu lieu de ses œuvres depuis la dissolution du premier mariage (l'accouchement ayant eu lieu plus de 180 jours depuis cette dissolution); *b*, ou même que la conception a eu lieu de ses œuvres pendant la durée même du premier mariage (l'accouchement ayant eu lieu moins de 180 jours depuis la dissolution du premier mariage); mais que cette supposition d'immoralité doit céder devant la présomption qui attribue l'enfant, très-légitimement et très-moralement, au premier mari, d'autant plus que, dans la dernière supposition (*b*), l'enfant, s'il était des œuvres du second mari, serait adultérin, et ne pourrait pas, dès lors, profiter de la légitimation tacite que l'article 314 confère à l'enfant né moins de 180 jours après la célébration du mariage. — *B.* Ou bien, prenant directement avec M. Demolombe, le contre-pied de cette manière de voir, attribuera-t-on en tout cas cet enfant au second mari, (en permettant toutefois à l'enfant de revendiquer la présomption, qui l'attribue aussi au premier mariage[1]?) — *C.* Dira t-on, avec M. Demante, qu'il y a lieu de distinguer entre les deux hypothèses précitées : *a.* Que si la femme est accouchée plus de 180 jours depuis la dissolution du premier mariage, les juges décideront en fait entre l'application de l'article 315 ou celle de l'ar-

1. Demolombe, V, p. 117 (et p. 83).

ticle 314 . *b*. Mais que, si la femme est accouchée moins de 180 jours depuis la dissolution du premier mariage, l'article 315 sera nécessairement applicable, parce que l'adultérinité de la conception empêcherait alors l'application de l'art. 314[1]? — *D*. Nous croyons, pour notre compte, que la solution doit être ici la même que sur la question précédemment examinée. En effet, nous nous trouvons encore ici en présence de deux présomptions légales : celle de l'article 315, qui attribue l'enfant au premier mari, et celle de l'article 314, qui l'attribue au second, puisqu'il résulte de cet article, que tout enfant né pendant le mariage, *même avant le* 180e *jour depuis la célébration*, est réputé enfant légitime de ce mariage. D'où il suit que la question de paternité ne peut être résolue qu'en fait, par les tribunaux, et que les juges pourront parfaitement attribuer cet enfant au second mari, le considérer comme enfant légitime du second mari, alors même qu'en fait la conception de cet enfant se placerait nécessairement à une époque où la femme, actuellement remariée, était encore engagée dans les liens d'un premier mariage. Cette décision ne saurait être considérée comme contraire à la loi, par les jurisconsultes qui admettent que l'enfant né dans le mariage, quoique conçu avant, naît sous le bénéfice, non pas d'une légitimation légale et tacite, à laquelle

1. Demante, t. II, n° 42 *bis*, III.

pourrait s'opposer l'adultérinité de sa conception, mais bien sous le bénéfice de la légitimité proprement dite.

3° Une femme veuve accouche, puis se remarie avant l'expiration des quatre premiers mois de son veuvage; 180 jours depuis son second mariage, mais moins de 300 depuis la dissolution du premier, elle accouche une seconde fois; à qui est l'enfant ? Né 180 jours après le second mariage, il peut appartenir au second mari; mais, d'autre part, né moins de 300 jours depuis la mort du précédent mari, il pourrait appartenir à celui-ci. Nous attribuerons cet enfant au second mari, car la femme était déjà accouchée une précédente fois, depuis la dissolution de son premier mariage. — Cette solution, toutefois, cesse d'être certaine, si l'on admet la possibilité d'une superfétation; si l'on admet, veux-je dire, que la femme, enceinte déjà du fait de son premier mari, ait pu concevoir une seconde fois des œuvres de ce même mari, de telle sorte que les deux enfants dont elle est successivement accouchée dans les 300 jours de la dissolution de son premier mariage, pourraient appartenir, l'un et l'autre, à son premier époux. Quoique l'on cite plusieurs exemples de superfétation, les cas de ce genre sont, en tout cas, à ce point exceptionnels, que nous pouvons à peu près sans danger maintenir notre solution d'une manière absolue[1]. En fait, il n'arriverait

1. Briand et Chaudé, *Méd. lég.*, p. 127. Demol., **V**, p. 114.

jamais, sans doute, que l'on osât inscrire ce second enfant sous le nom du mari décédé.

Il ne faut pas hésiter à considérer comme personnelles les lois qui déterminent les conditions du mariage ; il est certain, en effet, que ces lois s'occupent des personnes, et même d'une manière exclusive et absolue. Faut-il pourtant conclure de là qu'un officier public devrait, en France, prêter son ministère à une veuve étrangère, qui voudrait se remarier avant l'expiration d'un laps de dix mois depuis la mort de son précédent mari, en supposant que la loi personnelle nationale de cette femme n'exige pas ce délai de viduité (comme, par exemple, la loi bavaroise) ? — L'affirmative, à première vue, paraît certaine, les jurisconsultes admettant que l'on doit appliquer à l'étranger, en France, la loi personnelle de son pays ; mais le doute peut résulter du tempérament qui se place à côté de cette règle, et qui est qu'il faut, pour l'application à l'étranger dans notre pays, de sa loi personnelle, que le résultat n'en soit pas de nature à compromettre l'ordre public en France ; or, peut-on dire, l'ordre public, dans l'espèce, est intéressé au point de vue de la paternité et de la filiation. — Cette objection, toutefois, ne me déciderait pas à abandonner ma solution : d'abord, parce que, si l'on considère ce délai de viduité comme d'ordre public, il faudra y voir un empêchement dirimant, alors que la presque totalité des jurisconsultes le range dans la classe des empêchements simplement prohibitifs ; et ensuite, par la raison que, en admettant même que *l'ordre public* fût effectivement bien compromis par le danger d'une confusion de part, du moins encore ne faudrait-il considérer ce délai comme d'ordre public, que jusqu'à concurrence de quatre mois ; car, au delà, le délai de viduité, reposant sur des raisons de convenances, ne peut être réellement considéré comme inhérent à l'ordre social. Or, une distinction de ce genre serait, ce me semble, profondément arbitraire [1].

1. La doctrine que nous soutenons peut être appuyée sur un arrêt récent du Tribunal de la Seine, lequel a décidé que la femme restait soumise à son statut personnel sur ce point, et que l'art. 228 devait fléchir devant l'autorité de la loi étrangère. Une dame M..., née à Mayence (Hesse Rhénane), avait épousé le sieur Guillaume S..., sujet prussien. Lors de la déclaration de guerre, en juillet 1870, ce dernier était retourné dans son pays, laissant sa femme en France. Le 24 novembre 1871, le divorce entre ces deux époux était prononcé à Francfort-sur-le-Mein. Puis, le 3 décembre 1871, la dame M.... faisait publier à la mairie du VIIIe arrondissement, à Paris, son mariage avec un Français. Mais, au dernier moment, le maire s'était refusé à procéder à la célébration, en se fondant sur l'art. 228 du Code civil. C'est sur l'instance formée contre cet officier, que le Tribunal de la Seine, par arrêt du 4 janvier 1872, constatant que la législation nationale de la dame M.., tout en interdisant à la veuve de se remarier avant six mois depuis la mort de son mari, et au veuf avant trois mois, *ne leur impose aucun délai préfix au cas de divorce,* — et se fondant sur ce que l'article 228 du Code français ne lui était pas applicable, sa condition quant au mariage étant déterminée par son statut personnel, ordonna que le maire du VIIIe arrondissement devait, sans délai, procéder au mariage projeté. C'était là un bien

A l'inverse, il est entendu que, si la loi personnelle de l'étranger exigeait, en pareil cas, un délai plus étendu, de 15 mois par exemple, l'officier
français, averti de cette circonstance, ne devrait
pas prêter son ministère à la célébration, alors
même que dix mois se seraient écoulés depuis la
dissolution du précédent mariage.

L'officier de l'état civil doit, sous sa responsabilité personnelle, se refuser à célébrer le mariage
d'une personne encore engagée dans les liens
d'une précédente union. Mais il peut advenir que
cette union soit ignorée par l'officier, par les parties, ou par l'une d'elles ; ou encore que ce lien
matrimonial préexistant soit frauduleusement dissimulé par les impétrants à l'officier public. —

---

jugé à notre avis ; toutefois nous devons dire que la Cour
de Paris, sur l'appel du maire, infirma le jugement du Tribunal de la Seine, en s'appuyant sur ce que le statut Franc-
fortois, quoique personnel, était dans l'espèce inapplicable
par raison d'ordre public, et décida en conséquence que le
maire du VIIIe arrondissement s'était à bon droit refusé à
célébrer le second mariage, dans lequel la dame M.... voulait
s'engager 14 jours après la sentence du divorce qui avait
dissous son précédent mariage. J'ai dit les motifs qui, après
quelques hésitations, il est vrai, me font repousser la doctrine
de la Cour. J'ajoute que, spécialement dans cette espèce, il
me semble que la cour, pour rester réellement conséquente
avec elle-même, eût dû, non-seulement retarder, mais défendre le subséquent mariage, en s'appuyant sur le motif
d'ordre public qui sert de base à son arrêt, car à vrai dire
ce motif serait tout aussi vrai en ce qui concerne le principe
admis chez nous de l'indissolubilité du mariage, qu'en ce qui
concerne l'observation des délais de viduité.

Tout parent, ou même en général tout individu, qui apprendra qu'une personne actuellement mariée veut convoler en nouvelles noces, pourra en informer *officieusement* cet officier ; toutefois, cet avertissement ne constituant pas une opposition, l'officier civil est libre de ne pas s'y arrêter, à la condition toutefois de vérifier, sous sa responsabilité personnelle, l'exactitude de la dénonciation ; sans quoi il serait punissable, non pour avoir méprisé une opposition, mais pour avoir sciemment célébré un mariage dont la loi défendait la célébration. — Il en est tout autrement de l'*opposition légale ;* elle engage, dans tous les cas, la responsabilité de l'officier public ; et alors même que les motifs mis en avant par l'opposant sont dénués de tout fondement, il est puni s'il passe outre. — Il est donc important de rappeler qui peut former opposition légale à ce qu'un second mariage soit contracté avant la dissolution du premier. Or, 1° d'après l'article 172, *le droit de former opposition au mariage appartient à la personne engagée par le mariage avec l'une des deux parties contractantes ;* et, 2° d'après l'article 173, *le père, et à défaut du père la mère, et à défaut des père et mère, les aïeuls et aïeules,* et, à la suite, graduellement, les ascendants ou ascendantes d'un degré plus éloigné (art. 174), ont le même droit. Le droit d'opposition légale, fondée sur l'existence actuelle d'un précédent mariage, n'appartient ni aux descendants ni aux collaté-

raux des futurs époux (art. 174). — Appartient-
il au procureur de la République ? Je ne le croirais pas ; en effet, la loi ne le comprend pas dans
son énumération : or, d'une part, l'article 46 de
la loi du 20 avril 1810, pose en règle générale
que le ministère public ne peut agir d'office, en
matière civile, *que dans les cas spécifiés par la*
*loi,* et, d'autre part, l'énumération que fait le Code
des personnes qui ont le droit d'opposition légale,
est évidemment limitative, car tout le monde sait
que c'est afin de prévenir tout abus dans l'exercice du droit d'opposition, que la loi a jugé nécessaire de ne l'accorder qu'à certaines personnes[1].

1 et, 1 bis. La question de savoir si le ministère public
peut, dans certains cas, former *opposition* au mariage, donne
lieu à de grandes controverses. D'après les uns, ce droit lui
appartiendrait toutes les fois que l'empêchement qu'il invoque, — dirimant, ou même simplement prohibitif, — est
fondé sur une loi d'intérêt général et d'ordre public. — Pour
d'autres, ce droit se limiterait aux cas où le ministère public
aurait le droit de demander la nullité du mariage, s'il était
célébré. — Je crois plus exact, pour les raisons énoncées au
texte, de refuser absolument ce droit au procureur de la république. — La première opinion invoque les expressions de
l'art. 46 de la loi du 20 avril 1810, d'après lequel le min.
pub. *poursuit d'office l'exécution des lois dans les dispositions*
*qui intéressent l'ordre public;* mais nous avons remarqué que
le même art. limitait ce droit *aux cas spécifiés par la loi,* et
c'est à cette disposition que je m'en tiens, car elle figure la
première dans l'art. 46, et y est la plus précise, de sorte
que, s'en tenir à la seconde, c'est supposer que le législateur
s'est amusé à poser un principe pour avoir le plaisir de l'a-
broger dans le même article ; ces expressions, comme tant
d'autres, ne sont qu'une redondance. — La seconde opinion

Cette question n'a du reste pas un intérêt très-
grand ; il est en effet bien entendu, que le procureur de la République peut dénoncer l'existence
du premier mariage à l'officier de l'état civil, et il
est également certain que l'officier qui ne tient
aucun compte de cette opposition officieuse, sera
punissable si l'existence de ce premier mariage est
effectivement établie ; ce que je dis seulement,
c'est que si, par aventure, l'opposition du ministère public n'avait pas, dans l'espèce, de juste
fondement, l'officier civil qui aurait passé outre
n'encourrait aucune peine.

De même que l'officier de l'état civil doit se refuser à marier une seconde fois une personne déjà
actuellement mariée, de même cet officier ne devrait pas prêter son ministère au mariage d'une
femme, même réellement veuve, si dix mois ne
s'étaient pas encore écoulés depuis la dissolution
du mariage de cette femme. Le droit de faire opposition de ce chef, n'appartiendrait qu'aux personnes énumérées dans l'article 173, mais non aux
descendants ou collatéraux des futurs époux (art.
174), ni même au procureur de la République [1 bis].

s'appuie sur ce que le droit qu'a le procureur de la république, dans certains cas, de poursuivre la nullité du mariage
célébré, implique le droit d'arrêter la célébration dudit mariage, *par une opposition;* mais cet *a fortiori* n'est pas décisif, car les enfants et collatéraux peuvent demander la nullité du 2me mariage de leur parent bigame, et cependant le
droit d'opposition ne leur appartient pas de ce chef (art. 174).
D'un autre côté, l'opposition même non fondée peut faire

§ II. *Du convol en nouvelles noces, après la mort civile de l'un des conjoints.* — Quels étaient, quant au mariage, les effets de la mort civile?

*a.* La mort civile rompait le mariage. Si la femme, devenue veuve, ne quittait pas son mari, c'était un concubinage qui produisait des bâtards (art. 25).

*b.* Le mort civilement ne pouvait pas se marier, et, par conséquent, la dissolution de son précédent mariage ne lui permettait pas d'en contracter un nouveau. S'il se remariait, le mariage était nul, sauf, toutefois, les conséquences que la bonne foi de son second conjoint pouvait entraîner relativement à ce dernier, et aux enfants issus de ce nouveau mariage (art. 25).

*c.* Le conjoint du mort civilement devenait libre, dans le for extérieur, de contracter une nouvelle union. Il pouvait même se remarier avec son ex-conjoint, si celui-ci rentrait plus tard dans la vie civile; par exemple, s'il était gracié [1].

---

manquer un mariage, tandis que la demande en nullité, lorsqu'elle n'est pas fondée, ne fait tort qu'au demandeur. (Mourlon, I, p. 324, note II. — Comp. Demol, III, p. 250.)

1. Toutefois, Toullier soutenait que, malgré la dissolution du mariage, amenée par la mort civile, l'ex-conjoint ne pouvait pas se remarier, tant que durait la vie naturelle du mort civilement (Toullier, 1, n° 285). Mais cette opinion n'avait pas réussi. — En effet, l'art. 25 porte que le mariage *est dissous;* or l'une des conséquences les plus essentielles de la dissolution du mariage, c'est précisément, pour l'autre

A partir de quel moment l'ex-époux d'un mort civilement pouvait-il contracter un nouveau mariage ?

L'homme, du jour de la dissolution du premier par la mort civile de sa femme ; la femme, seulement après dix mois écoulés depuis l'époque de la dissolution par la mort civile de son premier mari. L'article 228, en effet, est absolu : *La femme ne peut contracter un nouveau mariage*

conjoint, le droit de se remarier (art. 147. — Comp. les art. 227 et 228.) — D'ailleurs, comment caractériser, dans le système de Toullier, l'état de l'autre conjoint, lequel n'eût été ainsi ni marié, ni libre? Les travaux préparatoires du Code ne pouvaient du reste laisser aucun doute sur ce point. Le projet du Code, après avoir dit : « *Le mariage est dissous quant à ses effets civils ;* » ajoutait : « *L'autre époux est libre de contracter un nouveau mariage.* » — Cette dernière disposition ne figurait plus, il est vrai, dans la rédaction définitive, mais pour quels motifs a-t-elle été supprimée? A la discussion au conseil d'État, M. Régnier fait observer « *qu'on a tout dit quand on a déclaré le mariage dissous ; qu'il n'est pas besoin d'ajouter que l'autre époux est libre ; d'autant plus que ces expressions pourraient faire croire aux consciences timorées que la loi entend aussi rompre le lien religieux. Il faut laisser l'autre époux tirer la conséquence du principe général, suivant ses principes et ses opinions.* » M. Tronchet consentit alors à retirer ce membre de phrase : « *l'autre époux est libre de contracter un nouveau mariage.* » — Ce qui est du reste à remarquer, c'est qu'avant 1789 on décidait que le mariage ne se dissolvait pas, *quant au lien*, par la mort civile ; et que, dès lors, le conjoint du mort civilement n'était pas admis à contracter un nouveau mariage pendant la vie naturelle de ce dernier (V. Demol., I, p. 275 ; — Aub. et Rau, I, p. 295, note 15).

*qu'après dix mois révolus depuis la dissolution du mariage précédent.* (Comp., art. 227.)

Mais quand précisément le précédent mariage était-il dissous? *A. Si la condamnation était contradictoire,* du jour de l'exécution, soit réelle, soit par effigie (art. 26). Il est vrai que l'art. 227 3° dit : *par la condamnation devenue définitive...* Or, dès avant l'exécution, la condamnation est rendue définitive faute de pourvoi en cassation, ou par le rejet de ce pourvoi; mais cette formule amènerait ce résultat impossible, que le mariage serait dissous avant la mort civile encourue, puisque, d'après l'art. 26, l'exécution seule, soit réelle, soit par effigie, emporte la mort civile. (M. Valette, C. de C. civil, p. 358.) *B. Si la condamnation était par contumace,* la mort civile n'était encourue qu'après l'expiration d'un délai de grâce de cinq ans, qui comptait du jour de l'exécution par effigie (art. 27). Dès lors, de deux choses l'une : 1° Si le condamné mourait pendant les cinq ans, son mariage n'était dissous que du jour de sa mort naturelle (art. 31). S'il se représentait ou était pris dans le même délai, puis condamné contradictoirement, son mariage n'était dissous que du jour de l'exécution de ce dernier jugement (art. 29). 2° Si le condamné meurt après les cinq ans, sans s'être représenté ou sans avoir été arrêté, il a été en état de mort civile du jour de l'expiration des cinq ans (art. 27). Si, s'étant représenté, ou ayant été capturé depuis les cinq ans, il est condamné contradictoirement à une peine emportant mort civile, il a été en état de mort civile depuis l'expiration des cinq ans, jusqu'au jour de sa comparution en justice (476, 2° Inst. crim.), et depuis l'exécution de la nouvelle condamnation[1]. Si, dans ces dernières circonstances, il est absous, ou n'est condamné qu'à une peine qui n'emporte pas mort civile, il rentre, *pour l'avenir*, dans la plénitude de ses droits civils; mais, *pour le passé*, le premier jugement conserve les effets que la mort civile avait produits dans l'intervalle écoulé depuis l'expiration des cinq ans jusqu'à la comparution en justice (art. 30).—L'application de ces principes au mariage du condamné donnait lieu à des difficultés toutes spéciales. Le conjoint du contumax, une fois les cinq ans expirés, était-il devenu libre et avait-il pu convoler en nouvelles noces? Et ceci étant admis, lorsque la *restitutio in integrum* se produit pour l'avenir, dans le cas de l'art. 30, le mariage du contumax participait-il à cette restitution en entier, de sorte que, si le conjoint du contumax ne s'était pas encore remarié, le premier mariage serait rétabli, et en rendrait un second impossible pour l'avenir? Je rappellerai brièvement les solutions que l'on donnait à ces difficultés. D'abord, *quant au passé*: à partir de quel moment le conjoint du contumax, condamné à une peine em-

1. Demol. I, n° 229. — Comp. Aub. et Rau, I, p. 303.

portant mort civile, avait-il pu se remarier? On avait soutenu que ce n'était qu'après vingt ans depuis l'arrêt que le mariage du contumax était dissous[1]. En effet, disait-on, l'art. 227 dispose que le mariage se dissout *par la condamnation devenue définitive de l'un des deux époux à une peine emportant mort civile;* or, la condamnation ne devenait définitive que lorsque la contumace ne pouvait plus être purgée, c'est-à-dire à l'expiration de vingt années depuis la date de l'arrêt (art. 476, 635, 641 instr. crim.); ce n'était donc qu'après ce délai que le mariage était dissous, et en ce point l'art. 227 dérogeait aux art. 25 et 27; dérogation bien naturelle, si l'on considère les suites irréparables de cette dissolution, en face même de l'arrêt qui, après cinq ans, proclamait l'innocence du contumax. — Mais cette manière de voir était généralement repoussée[2]. Dès que cinq ans étaient expirés, le mariage avait été dissous, et le conjoint du contumax avait pu former de nouveaux liens. L'opinion contraire reposait sur une confusion entre la condamnation *définitive* et la condamnation *irrévocable:* la condamnation par contumace devenait définitive, par la seule expiration des cinq ans; si bien définitive, que tous les effets produits demeuraient mainte-

1. Duranton, I, n° 253. — Delvincourt, I, p. 227.
2. M. Valette; C. de C. civil, p. 358 et 359. — Demol., I, n° 231. — Aub. et Rau, IV, p. 148, note 1.

18

nus pour le passé (art. 30); seulement elle n'était pas irrévocable, c'est-à-dire qu'elle pouvait être révoquée, mais seulement pour l'avenir. — Puis, *quant à l'avenir* : Le conjoint du contumax avait donc pu se remarier impunément au bout de cinq ans; car, au bout de cinq ans, son premier mariage avait été dissous. Mais s'il n'avait pas contracté de nouvelles noces, ne résultait-il pas de l'art. 30 que, dans les cas prévus par cet article, le mariage du contumax, participant de la *restitutio in integrum*, serait rétabli de plein droit, de telle sorte que le conjoint de ce contumax perdrait dès lors le droit de se remarier? — Tel n'était pas le sentiment des jurisconsultes : on remarquait, en effet, que l'art. 227 ne faisait à cet égard aucune distinction entre les différents modes de dissolution du mariage; ils étaient donc tous également absolus et perpétuels. Or, au bout de cinq ans à compter de l'exécution par effigie, le mariage du contumax avait été dissous, donc définitivement dissous, sans qu'il y eût à prendre en considération les événements ultérieurs. Si l'époux du contumax se fût remarié dans l'intervalle écoulé depuis l'époque de l'expiration des cinq ans, jusqu'au jour de la comparution en justice, il est clair que le premier mariage n'eût pu être renoué; or, la loi n'avait pas distingué ces hypothèses, donc le mariage n'était en aucun cas rétabli, et il n'eût pu l'être qu'à la condition que l'époux devenu libre consentît à contracter

un second mariage avec son précédent conjoint[1].

En résumé, dès que cinq ans s'étaient écoulés
depuis la condamnation par contumace, le conjoint du contumax pouvait contracter un second
mariage; et si, dans le cas de l'art. 30, le contumax était, après les cinq ans, restitué *in integrum* pour l'avenir, non-seulement le mariage
contracté depuis les cinq ans par son conjoint
restait cependant valable, mais ce conjoint, s'il
ne s'était pas encore remarié, restait, tout comme
avant, libre de former de nouveaux liens. — En
deux mots, après cinq ans depuis la condamnation
par contumace, le conjoint du contumax reprenait pleinement et définitivement sa liberté.

Un homme a été condamné par contumace à
une peine emportant mort civile, et cinq ans se
sont écoulés depuis l'exécution par effigie. On n'a
eu aucune nouvelle du contumax depuis sa disparition; on ignore s'il est vivant ou décédé. De
cette situation semble naître une sorte de conflit
entre les règles de l'absence et celles de la mort
civile. Dans l'espèce, au bout de cinq ans, la
veuve du contumax pouvait-elle convoler en secondes noces? Oui, si l'on appliquait les règles
de la mort civile (Comb., art. 227 et art. 27);
non, si l'on appliquait les règles de l'absence
(Comb., art. 139 et art. 227). — C'étaient les

1. Demol., I, p. 323.

règles de la mort civile qu'il fallait appliquer, car le conjoint du contumax pouvait alléguer qu'au point de vue de la dissolution de son mariage, les règles de l'absence étaient hors de cause. Cette dissolution était en effet indépendante de la question de savoir si son époux était vivant ou mort; était-il mort, elle résultait de la mort naturelle; était-il vivant, elle résultait de la mort civile[1].

Nous devons enfin rechercher quel était l'effet de la grâce, de l'amnistie, de la réhabilitation, sur le droit qui appartenait au conjoint d'un mort civilement de convoler en nouvelles noces.

*a*. En ce qui concerne la grâce accordée au mort civilement, on distinguait : 1° Si la grâce était accordée avant l'exécution soit réelle, soit par effigie, il n'y avait pas eu mort civile, car la mort civile ne résultait que de l'un ou de l'autre de ces deux modes d'exécution (art. 26). Le conjoint du condamné n'avait jamais été délié du mariage; il ne pouvait même pas prétendre qu'il y avait là pour lui un droit acquis, car les condamnations ne sont prononcées que sous la réserve du droit de grâce du chef de l'État. Nous remarquerons que le résultat eût été le même en cas de commutation de la peine, si la peine nouvelle, substituée à la peine prononcée par la condamnation, n'avait pas emporté la mort civile.

1. Demol., I, p. 325, 330.

2° Si la grâce n'était accordée qu'au cours de l'exécution de la condamnation, la mort civile alors aurait été encourue, et *la grâce ne la ferait pas cesser*[1]. En pareil cas donc, la veuve du mort civilement restait libre de convoler en nouvelles noces, du vivant même de son conjoint gracié.

*b*. La réhabilitation rétablissait le mort civilement dans ses droits, *mais seulement pour l'avenir* (art. 634 instr. crim.). Ainsi, la réhabilitation ne faisait pas revivre le mariage dissous par la mort civile : le conjoint du réhabilité pouvait contracter un nouveau mariage[2].

*c*. Même question pour le cas d'amnistie.—Tandis que la grâce laissait subsister, *même pour l'avenir*, la mort civile; tandis que la réhabilitation faisait cesser la mort civile, *mais seulement pour l'avenir*, l'amnistie faisait cesser la mort civile, *même pour le passé*. En effet l'amnistie, à la différence de la grâce, abolit la condamnation et efface le crime lui-même. — Qu'en faut-il conclure au point de vue du droit de convol du con-

---

1. La combinaison des art. 619 et 634 du C. d'instr. crim., démontre que la grâce n'est qu'un acheminement vers la réhabilitation, et que cette dernière seule fait disparaître les incapacités résultant des condamnations pénales. La grâce, par elle-même, ne fait pas plus cesser la mort civile que la dégradation civique, car elle n'est autre chose que la renonciation au droit d'exécution de la peine. (Av. du C. d'État, du 18 janvier 1823.

2. Aub. et Rau, I, p. 302.

joint d'un mort civilement? Il s'agit de combiner ici ces deux principes : 1° que l'amnistie produit un effet rétroactif ; 2° que toutefois cette rétroactivité ne saurait blesser aucun droit acquis.

Ceci donné, deux situations peuvent se présenter : — I. Le conjoint, devenu libre, *n'était pas encore remarié* lors de l'amnistie. D'après M. Demolombe, l'amnistie ne revalide pas de plein droit le mariage dissous par la mort civile : le conjoint de l'amnistié conservait donc, selon cette opinion, le droit de convoler en secondes noces[1]. Au contraire, d'après MM. Aubry et Rau, il résultait, logiquement croyons-nous, de ce que l'amnistie a un effet rétroactif ; que le conjoint de l'amnistié redevenait son conjoint de plein droit, et perdait en conséquence le droit de se remarier[2]. — II. L'époux, devenu libre, *s'était remarié*. En pareil cas on était d'accord ; le mariage du mort civilement amnistié ne revivait pas, car ici il y avait véritablement un droit acquis pour son conjoint.

La loi du 31 mai 1854 a aboli cette fiction étrange et terrible de la mort civile. Mais les dispositions transitoires de cette loi touchent de très-près la question que nous examinons.

Après avoir aboli la mort civile comme une institution barbare, il était impossible de laisser

1. Demolombe, I, p. 335 et 336.
2. Aub. et Rau, I, p. 301, note 5.

désormais, même les anciens condamnés, sous le poids d'une semblable pénalité. L'art. 5 de la loi de 1854 porte : *Les effets de la mort civile cessent pour l'avenir, à l'égard des condamnés actuellement morts civilement, sauf les droits acquis aux tiers.* En d'autres termes : 1° *Pour l'avenir,* les anciens morts civilement cesseront d'être en état de mort civile, sous la réserve des droits qui seraient acquis à des tiers. — 2° *Pour le passé,* ils continueront d'être considérés comme ayant été, avant 1854, en état de mort civile. — Actuellement aucune condamnation ne saurait rendre libre le conjoint d'un condamné.

Appliquons ces principes aux seconds mariages [1] :

*Les anciens morts civilement continuent, pour le passé, d'être considérés comme ayant été, avant 1854, en état de mort civile.* — Donc, le mariage de l'ex-mort civilement avec son conjoint ne revit pas, et cela sans distinguer si le conjoint du mort civilement s'est ou ne s'est pas remarié. Les conjoints des ex-morts civilement peuvent donc, nonobstant la loi de 1854, qui a rendu leur ancien époux à la vie civile pour l'avenir, convoler en

---

1. Nous avons examiné déjà une situation toute semblable : c'est celle que faisait naître l'art. 30 du Code, qui ne restituait aussi la vie civile que pour l'avenir, au condamné par contumace qui ne s'était représenté qu'après les cinq ans, lors même qu'il avait été acquitté.

nouvelles noces[1]. Le mariage avait été dissous par la mort civile (art. 25 et 227); et, en conséquence, le conjoint du mort civilement était devenu libre; libre il doit rester, car son état avait été changé, non pas pour un temps ni sous condition, mais pour toujours et absolument. — Les liens qui unissaient le mort civilement, restitué à la vie civile, et son conjoint, ne peuvent être renoués que par un nouveau mariage entre eux. — *D'autre part, les anciens morts civilement cessent, pour l'avenir, d'être en état de mort civile.* — L'ex-mort civilement peut donc lui-même contracter un nouveau mariage, soit avec son ex-conjoint, soit avec une autre personne. — Il est clair que le mariage ne peut pas être dissous pour l'un des époux, et n'être pas dissous pour l'autre; et la faculté pour l'un d'eux de se remarier implique évidemment pour l'autre la même faculté.

En somme, les ci-devant époux dont le mariage a été dissous par la mort civile de l'un d'eux, n'en restent pas moins libres, quoique cet époux soit actuellement revenu à la vie civile, de contracter, chacun à sa convenance, une autre union. Ainsi, par exemple, une personne condamnée en 1852 à une peine emportant mort civile, et son conjoint, peuvent aujourd'hui se remarier l'un et l'autre, chacun de leur côté, et ils ne pour-

1. Aub. et Rau, I, p. 505. — Demol., I, p. 374. — M. Valette, Cours de Code civil, p. 359.

raient avoir d'enfants légitimes de leur commerce,
qu'à la condition de se remarier entre eux en secondes noces[1].

Une personne mariée a été condamnée à la déportation avant la promulgation de la loi du
6 juin 1850 ; peut-elle actuellement se remarier ?
Avant la loi du 16 juin 1850, la déportation entraînait la mort civile (art. 18, C. pénal). La loi
de 1850, y substituant la dégradation civique et
l'interdiction légale, déclarait, par son article 8,
n'être applicable : *qu'aux crimes commis postérieurement à sa promulgation.* En conséquence,
au moment où fut portée la loi du 31 mai 1854 ;
les condamnés à la déportation antérieurement à
la promulgation de la loi du 16 juin 1850, étaient
encore en état de mort civile. La loi du 31 mai
1854 les en a-t-elle relevés pour l'avenir, et par
suite peuvent-ils se remarier ? L'article 6 de la

---

1. C'est ce qui a été implicitement reconnu dans les dis-
cussions préparatoires de la loi du 31 mai 1854. Le projet
de la loi, préparé par la commission de l'assemblée législative, impliquait lui-même le maintien de la dissolution du
mariage, puisqu'il ne tendait qu'à donner, aux anciens époux,
la faculté de *réhabiliter* leur mariage au moyen d'une simple
déclaration devant l'officier de l'état civil. Il leur interdisait
formellement toute autre union, jusqu'à la mort de l'un deux
(art. 4 et 5 du projet). Le silence de la loi de 1854, rappro-
ché de ces antécédents, montre bien que les ex-morts civilement, et leurs conjoints, peuvent se remarier respectivement,
à leur convenance, et qu'ils ne peuvent revenir à leur ancien
état qu'en se mariant de nouveau entre eux (Aub. et Rau, I,
p. 306, note 6).

loi du 31 mai 1854 porte qu'elle n'est pas applicable *aux condamnations à la déportation pour
crimes commis antérieurement à sa promulgation.*
Qu'elle ne soit pas applicable aux condamnations
à la déportation pour crimes commis *postérieurement* à la loi du 16 juin 1850, cela se conçoit,
car, pour les condamnés de cette catégorie, le régime de la loi de 1850 est plus doux que celui de
la loi du 31 mai 1854, et par conséquent, il est
naturel que ce régime leur soit maintenu ; mais,
qu'elle ne soit pas applicable aux condamnations
à la déportation pour crimes commis *antérieurement* à la loi du 16 juin 1850, sous la loi qui attachait la mort civile à la peine de la déportation,
cela serait inouï ! Réserver le bénéfice du retour
à la vie civile aux anciens condamnés au bagne à
perpétuité, pour en exclure les anciens condamnés à la déportation ! Concluons donc que les condamnés à la déportation, antérieurement à la loi
du 16 juin 1850, sont actuellement soumis au régime de la loi du 31 mai 1854, et, en conséquence, qu'un déporté de cette catégorie, dont le
mariage a été dissous par sa condamnation avant
la loi de 1850, pourrait, actuellement, contracter un nouveau mariage[1].

1. Demol., I, p. 377 et 378. L'art. 20 du décret du 6
avril 1809, prononçait la mort civile, comme peine principale, contre les Français qui, ayant des fonctions en pays
étranger, ne justifieraient pas de leur retour en France, en
cas d'hostilités avec ce pays. Le mariage de ceux qui ont été

Admettrait-on le conjoint d'un étranger, mort civilement d'après la loi de son pays, à convoler en secondes noces, en France ? Je le penserais. Effectivement, comme nous le constaterons prochainement en traitant une question à peu près semblable, on admet en général, qu'un étranger, divorcé dans son pays, pourrait se remarier en France, et l'on se fonde sur ce que le statut personnel de l'étranger le suit en France ; or, d'après son statut personnel, cet étranger est capable de contracter un nouveau mariage (V. *infra*).

§ III. *Du convol en nouvelles noces, à la suite de divorce.* — La séparation de corps ne fai cesser que l'obligation de vivre en commun ; le divorce, au contraire, rompait le lien conjugal : chaque époux était désormais maître de sa personne, et libre de former de nouveaux liens. Si le divorce avait eu lieu *pour cause déterminée*, l'homme pouvait se remarier immédiatement ; la femme dix mois depuis le divorce prononcé (art. 296)[1].

condamnés pour ce fait, s'est trouvé dissous. Depuis la loi du 31 mai 1854, cessant d'être en état de mort civile, ils ont pu convoler en secondes noces. La question ne peut se présenter pour le décret du 26 août 1811 : ce décret ne prononçait pas la mort civile contre les Français naturalisés à l'étranger sans autorisation. D'après la loi du 28 mars 1793, la mort civile résultait de l'*émigration*. Les conjoints, restés en France, d'émigrés, ont donc pu valablement se remarier. Cette loi a été virtuellement abolie par la Charte du 4 juin 1814. (Ordonn. du 21 août 1814.)

1. Ce délai, dans l'espèce, était ce me semble absolument

Dans le cas de divorce *par consentement mutuel*, aucun des deux époux ne pouvait contracter un nouveau mariage que trois ans après le prononcé du divorce (art. 297)[1].

Deux empêchements particuliers aux seconds mariages naissaient du divorce : 1° article 295. *Les époux qui divorceront pour quelque cause que ce soit, ne pourront plus se réunir;* 2° art. 298. *Dans le cas de divorce admis en justice pour cause d'adultère, l'époux coupable ne pourra jamais se marier avec son complice*[2].

Le divorce a été aboli sous la Restauration, par la loi du 8 mai 1816. Toutefois, aujourd'hui encore, des questions intéressantes peuvent s'élever relativement aux seconds mariages, à la suite de

injustifiable. Il ne s'agissait évidemment ici que d'éviter la confusion de part; or, pour cela un délai de quatre mois eût suffi. Nous n'avons pas, dans ce cas, à la différence de celui où le mariage est dissous par la mort du mari, la ressource de supposer que le législateur a été entraîné par un certain esprit de convenance, à allonger le délai physiologiquement suffisant, attendu qu'on ne voit pas quelle convenance il peut y avoir à ce qu'une femme, qui a obtenu pour les causes les plus légitimes le divorce contre son mari, paraisse affectée d'une douleur qu'assurément elle ne ressent pas.

1. Des délais un peu différents avaient été, pour les mêmes cas, imposés par la loi du 20 sept. 1792. Un an pour la femme, dans le cas de divorce pour cause déterminée; un an pour la femme, ou pour l'*homme*, dans le cas de divorce sur consentement mutuel, ou pour simple cause d'incompatibilité d'humeur.

2. Il en était déjà ainsi en droit romain, fr. 40, pr. ff. *ad leg. Jul. de adult.* (48, 5).

divorces prononcés, soit en France avant la loi
du 8 mai 1816, soit en pays étranger.

I. Si un Français ou une Française, divorcé
avant la loi du 8 mai 1816, demandait aujourd'hui
à se remarier, le pourrait-il encore? Il le pourrait, car la loi du 8 mai 1816, qui a aboli le divorce pour l'avenir, n'a pas défendu aux époux
régulièrement divorcés avant sa promulgation, de
se remarier ultérieurement. Au surplus, en ne res-
treignant aux effets de la séparation de corps, que
les arrêts et jugements restés sans exécution par
suite de la non-prononciation du divorce, l'article 2 de la loi de 1816 reconnaît implicitement
que les divorces définitivement consommés doivent continuer à produire tous les effets, qui s'y
trouvaient attachés d'après la législation sous l'empire de laquelle ils ont été prononcés, notamment celui de dissoudre complétement le lien du
mariage, et de lever ainsi l'obstacle que ce lien
aurait apporté à une seconde union[1].

II. Admettra-t-on à convoler en secondes noces, en France, l'étranger dont le mariage aurait
été dissous dans son pays, en vertu d'une cause

1. Demol., I, p. 121. Aub. et Rau, IV, p. 50, note 2.
Ajoutons que le projet de loi sur les effets de l'abolition du
divorce, présenté aux chambres vers la fin de 1816, contenait
un article qui interdisait aux époux divorcés, de se remarier
l'un avant le décès de l'autre : il reconnaissait ainsi, implicitement, que la loi dn 8 mai 1816 n'avait pas enlevé aux
époux antérieurement divorcés la faculté de se remarier.

que nos lois n'admettent pas? Et, plus spécialement, un Anglais, un Polonais, par exemple, légalement divorcés dans leur pays, pourront-ils
contracter mariage en France avec une étrangère,
ou même avec une Française, et réciproquement,
du vivant de leur premier conjoint?

Pour résoudre cette question, il est avant tout
nécessaire de prendre parti sur celle de savoir si
les étrangers en France sont régis, en ce qui concerne leur état et leur capacité, par les lois personnelles étrangères ou par les lois personnelles
françaises. Sur ce point, nous n'avons pas dans le
Code de texte positif : l'article 3 garde le silence.
Toutefois, il déclare que la loi personnelle française suit le Français à l'étranger ; or, il est à la
fois logique, équitable et politique, d'admettre
sur ce point la réciprocité, et de considérer en
général l'étranger comme étant soumis en France
à la loi personnelle de son pays. Seulement,
comme en fin de compte il n'y a pas en ce sens
de texte positif, nous ferons exception à cette règle dans tous les cas où l'application de la loi
personnelle de l'étranger serait de nature à compromettre un intérêt français, soit public, soit
privé.

Tels sont les principes que nous appliquerons
pour la solution de notre question. Un étranger
divorcé dans son pays, demande en France à convoler en nouvelles noces. Selon sa loi personnelle, son précédent mariage est-il dissous? Si

oui, nous lui reconnaîtrons en France le droit de
se remarier. — Il faut toutefois, avons-nous dit,
que l'application de la loi personnelle étrangère,
ne soit pas de nature à compromettre l'ordre public en France. Si, par exemple, un étranger, appartenant à un pays où la polygamie est admise,
prétendait contracter en France un second mariage avant la dissolution du premier, nous se-
rions en droit de nous y refuser. Mais faut-il
considérer le divorce à l'égal de la polygamie,
comme un attentat à la morale universelle, que
les nations policées ne peuvent reconnaître, de
telle sorte qu'en pareil cas notre devoir serait de
ne point sacrifier à la loi étrangère toutes nos règles de morale, tous nos principes d'honnêteté
publique? C'est à ceci que se ramène réellement
la question. Il n'est pas nécessaire pour y répondre d'exprimer une opinion sur le divorce ; et
pour mon compte, quoique n'en étant nullement
parisan, il me paraît bien difficile d'y voir une
institution profondément immorale. Le divorce
est admis par plus d'une législation de l'Europe;
il l'a été chez nous depuis 1792 jusqu'en 1816,
et, trois fois, sous la monarchie de 1830, l'une
des branches du pouvoir législatif en a voté le
rétablissement. C'est donc, après tout, un mode
de dissolution civile du mariage, que nous avons
pu rejeter à bon droit, mais que nous ne pouvons
raisonnablement considérer comme étant à ce
point subversif de l'ordre public, qu'il nous soit

impossible d'en reconnaître les effets dans la personne des étrangers. Attendu donc, que la question de savoir si un premier mariage contracté par un étranger subsiste encore ou se trouve dissous, ne peut se décider que d'après la loi nationale de cet étranger; et attendu d'autre part que, dans l'espèce, l'admission de la loi personnelle étrangère n'est nullement de nature à troubler l'ordre public en France; nous admettons l'étranger, légalement divorcé dans son pays, à se remarier en France, du vivant même de son premier conjoint.

On a toutefois objecté que la capacité personnelle de l'étranger ne saurait relever le Français qu'il veut épouser, de son incapacité personnelle, des empêchements dirimants du Code qui le régit. Mais cette objection me paraît reposer sur une confusion entre les deux lois et les deux capacités personnelles différentes de chacun des époux. L'argument invoqué serait sans doute en forme, s'il s'agissait d'un empêchement fondé sur une qualité commune aux deux futurs époux : voici qu'un étranger, capable dans son pays d'épouser sa nièce sans dispenses, prétend épouser sa nièce française, sans dispenses accordées par le chef de l'État : il ne le pourra pas, car la femme française se trouve être, dans l'espèce, personnellement incapable. Tout autrement en est-il ici, car le divorce qui a dissous le mariage de l'étranger, *est un fait tout relatif et personnel à ce dernier.*

Le principe que nous appliquons ici est identiquement le même que celui que nous avons appliqué sur la question précédente; c'est à savoir que, *le mariage est valablement dissous : lorsque cette dissolution a été prononcée en vertu de la loi par laquelle il était régi*[1].

III. — Nous avons vu que, d'après l'article 295, les époux divorcés ne pouvaient plus se remarier entre eux. Actuellement, le divorce étant abrogé, deux époux divorcés avant la loi du 8 mai 1816

---

1. *En ce sens :* Nancy, 30 mai 1826 (Sirey, 1826, II, 256). Cass. 16 déc. 1845. (Sirey, 1846, I, 100). — Cass. 21 juin 1858 (1858, II, 265). — Cass. 28 février 1860 (1860, II, 210). — Orléans, 19 avril 1860 (1860, II, 196). — Plaidoirie de M. Dufaure, *Gazette des Tribunaux*, du 5 juillet 1859. — M. Labbé, *Journal du Palais*, 1860, p. 15. — *Contra*, Paris, 30 août 1824, Mary Brian (Daloz, 1825, II, 67). — Paris, 28 mars 1843. Maire du VII⁰ arrondissement (Dev. 1843, II, 566). Ces deux arrêts ont rejeté des demandes formées contre l'officier de l'état civil, aux fins de le faire condamner à procéder au mariage d'un étranger divorcé, avec une Française. — Paris, 20 novembre 1848 (Dev. 1849, II, 11). — (Comp. Aub. et Rau, p. 116 et 117, note 10, Demangeat, Rev. prat. de dr. français, I, 1856, p. 57.) — Il est du reste bien entendu que, dans notre opinion, si le divorce prononcé en pays étranger l'avait été en fraude de la loi française, à la demande d'un Français qui s'y serait fait naturaliser dans ce but, un pareil divorce serait à considérer en France comme non avenu; et, en conséquence, le second mariage que cet individu aurait contracté, fût-ce même en pays étranger, serait frappé de nullité aux yeux de la loi française. (Poitiers, 7 janvier 1845 (Sirey, 1845, II, 215). Req. rej., 16 décembre 1845 (Sirey, 1846, , 100). — C'est là une question de fait.

pourraient-ils convoler entre eux en secondes noces ?

Sans doute, a-t-on dit, car la loi qui a aboli le divorce, a virtuellement rendu, aux époux antérieurement divorcés, le droit de se réunir ; — toute loi nouvelle doit être immédiatement appliquée, à moins qu'elle n'enlève un droit acquis ; or, qui donc ici pourrait prétendre que cette application de la loi est rétroactive et viole un droit acquis ? Les futurs ? Non, certes, puisqu'ils invoquent eux-mêmes la loi de 1816. La société dans l'intérêt du bon ordre ? Mais la réunion des époux autrefois divorcés, loin de blesser la morale publique, lui donne au contraire une éclatante réparation. L'article 295 avait surtout pour but d'empêcher les époux de se quitter et de se reprendre capricieusement : le divorce, rendu irréparable, devait être plus rare ; — or, ce but d'exemplarité ne peut plus être atteint, puisqu'il n'y a plus de divorce ; donc l'article 295 est aujourd'hui sans motif[1].

Ces considérations seraient sans doute très-puissantes, s'il s'agissait de discuter dans une assemblée législative le maintien ou la levée de la prohibition établie par l'article 295, mais je ne crois pas que, dans l'état actuel de la législation, elles puissent prévaloir contre le texte de la loi

---

1. Delvincourt, p. 65, note 7. — M. Valette sur Prudhon, I, p. 406. — Marcadé, II, p. 46, n° 4.

du 8 mai 1816. Il résulte en effet, par *a contrario*,
de l'article 2 de cette loi, qu'en abolissant le divorce pour l'avenir, elle a laissé subsister les
effets *des divorces antérieurement prononcés.* —
La loi du 8 mai 1816 ne touche pas au passé :
cela est si vrai que, comme nous l'avons dit, cette
loi laissait aux époux, divorcés avant sa promulgation, la liberté que le divorce leur avait faite
de se remarier ; *il est donc logique de convenir,
en même temps, qu'elle a laissé subsister les empêchements particuliers qui restreignaient l'exercice de cette liberté.* — La loi du 8 mai 1816 eût
dû peut-être abroger l'empêchement qui résulte,
pour les époux divorcés, de l'article 295 ; mais
encore le maintien de cet article n'est-il pas absolument inexplicable ; l'article 295 n'avait pas seulement pour but de parer aux divorces faits à la
légère et avec l'arrière-pensée d'un rapprochement possible ; il avait aussi un autre fondement :
la société, après avoir eu le spectacle des dissen-
sions des deux époux, édifiée sur l'incompatibilité
de leurs caractères, avait de bonnes raisons pour
se refuser à ce que l'expérience fût recommencée.
Ce motif a survécu à l'abolition du divorce, et
justifie, même aujourd'hui, l'application de l'article 295[1].

1. Si tant est qu'une situation pareille puisse encore se
présenter, car des époux, divorcés avant 1816, auraient
actuellement plus de soixante-dix ans. Paris, 14 juin 1847
(Sirey, 1847, II, 400). Demol., III, p. 173. — Aub. et Rau,
IV, 74, note 8.

IV. — Nous avons dit aussi que, d'après l'article 298, dans le cas de divorce admis en justice pour cause d'adultère, l'époux coupable ne pouvait pas convoler en secondes noces avec son complice. — Sur cet article, deux questions peuvent se poser, qui ont encore, en notre matière, un intérêt actuel :

1° Depuis la loi du 8 mai 1816, l'époux contre lequel le divorce aurait été prononcé pour cause d'adultère, pourrait-il se remarier avec son complice ?

2° Faut-il appliquer l'article 298 *à la séparation de corps ;* et l'époux contre lequel la séparation a été obtenue pour cause d'adultère, doit-il être empêché d'épouser en secondes noces son complice, après le décès de l'autre époux ?

En ce qui concerne, d'abord, la première de ces deux questions, on a soutenu que cet empêchement, particulier au second mariage d'une personne divorcée, n'existait plus depuis la loi du 8 mai 1816 ; qu'assurément il était regrettable de voir l'époux, divorcé pour cause d'adultère, épouser son complice ; mais, somme toute, ce mal est aujourd'hui beaucoup moins grand qu'il ne l'eût été à l'époque où l'institution du divorce existait encore, par cela même qu'il ne saurait plus être contagieux. L'article 298 ne doit donc plus être appliqué aujourd'hui[1]. — La réponse à

1. Dalloz, Jurispr. gen. V. Mariage, p. 49, n° 1.

aire à ce système est la même que celle que j'ai
développée sur la question précédente, et le
triomphe est même plus facile ici que dans cette
question, car, dans l'espèce actuelle, nous avons
de notre côté toutes les considérations de morale,
tandis qu'elles nous étaient, à vrai dire, plutôt
contraires dans l'espèce précédemment examinée.
On peut, en effet, législativement parlant, considérer comme actuellement regrettable l'application de l'article 295, et s'applaudir au contraire
de l'application de l'art. 298. Ce serait, en effet,
de tout temps, un spectacle affligeant pour la morale publique, que de voir l'époux dont l'adultère
a causé le divorce, épouser son complice[1].

En ce qui concerne la question de savoir si
l'article 298 doit recevoir son application en matière de séparation de corps, après le décès de
l'époux qui a obtenu la séparation pour cause
d'adultère, elle peut prêter aussi à controverse.

---

1. Tel est le sentiment général : M. Valette sur Proudhon,
I, p. 406, note *a*, — et p. 407, note 6. — Aub. et Rau,
IV, p. 75, note 10. — Delvincourt, I, p. 132, note 8. —
Demol., III, p. 173 et 174. — Marcadé, II, p. 45, n° 4. —
Les auteurs ne sont pas d'accord sur la question de savoir si
les empêchements prononcés par les art. 295 et 298 , contre
les seconds mariages, sont dirimants, ou seulement prohi-
bitifs. Proudhon et M. Valette (I, p. 407) soutiennent que
cet empêchement est dirimant. Au contraire, Aub. et Rau
(IV, p. 75, note 9), Demol. (III, n° 339), — Duranton,
(II, n° 178), le considèrent comme simplement prohibitif.
La loi, en effet, n'a pas donné d'action en rescision contre
de tels mariages.

On a soutenu que celte extension était la conséquence naturelle de ce que la même cause, c'est-
à-dire l'adultère, devait produire dans les deux
cas les mêmes effets ; les motifs de décence et de
moralité publique sont les mêmes dans les deux
cas ; enfin, l'extrême laconisme de notre code
dans le chapitre de la séparation de corps, l'évidente insuffisance de ce chapitre, seraient inexpli-
cables si le législateur n'avait pas entendu s'en
référer, lorsqu'il y a identité de motifs, aux articles du divorce [1].

Cette doctrine ne me paraît pas bien fondée,
et j'estime que l'époux contre lequel la séparation
de corps a été obtenue pour cause d'**adultère**, ne
doit pas être empêché de convoler en secondes
noces avec son complice, après le décès de l'autre
époux. Je fonderai mon opinion sur deux raisons : 1° L'article 298 contient une prohibition
qui a un caractère véritablement pénal ; or, les
dispositions pénales ne sont pas susceptibles d'être
étendues d'un cas à un autre ; 2° la raison de
l'article 298, en matière de divorce, est que la
loi n'avait pas voulu que l'époux contre lequel le
divorce a été prononcé pour cause d'adultère,
pût, en épousant immédiatement son complice,
trouver dans le divorce même la récompense de
ses déportements. Mais, comme la séparation de

---

1. Delvincourt, I, p. 132, note 8. — Comp. Pothier,
n° 231 ; — Merlin, Rép. IV, V° Empêch., § 4, p. 555.

corps ne dissout pas le mariage, et comme l'époux séparé ne peut se remarier qu'après la mort de son conjoint, les motifs qui servent de base à la disposition de l'article 298, ne s'appliquent pas à la séparation de corps comme au divorce [1].

§ IV. *Du convol en secondes noces à la suite d'un précédent mariage non valable.* — La personne engagée dans les liens d'un mariage qui serait infecté d'une nullité, ne peut en contracter un nouveau avant l'annulation de ce mariage.

---

1. Demol., III, n° 126. — Aub et Rau, IV, p. 75, note 11. — Duranton, II, n° 179. — Un arrêt de la Cour de cassation, du 23 mai 1845 (Devill. 1845, I, 321), applique à la sép. de corps l'art. 299 du divorce, qui porte que : « *l'époux contre lequel le divorce aura été admis, perdra tous les avantages que l'autre époux lui avait faits.* » — Faut-il conclure de cet arrêt, que les dispositions pénales du titre du divorce, *et, par conséquent, l'art.* 298, doivent être étendus à la séparation de corps, ce qui infirmerait l'un des arguments sur lesquels nous nous sommes appuyés ? — Je ne le crois pas; on peut, sans contradiction, étendre à la séparation de corps l'art. 299, et non l'art. 298. En effet, la révocation des donations, par l'effet du divorce, ne constitue point, à la différence de la disposition de l'art. 298, une peine proprement dite : ce n'est qu'une déchéance purement civile, fondée sur l'intention des parties. Les donations que se font les époux, sont faites en contemplation du mariage, et, par conséquent, elles renferment cette condition implicite, qu'elles seront révoquées si le donataire viole ses devoirs d'époux. Leur révocation n'est point, à proprement parler, *pénale :* elle n'a d'autre fondement que *l'inexécution* de la condition tacite sous laquelle elles avaient été faites. On ne peut donc tirer argument, contre notre doctrine sur l'art. 298, de l'arrêt de la Cour suprême sur l'art. 299.

Toutefois, l'existence d'un premier mariage ne
constitue un empêchement dirimant que lorsqu'il
est valable ; elle constitue seulement un empêchement prohibitif, lorsque la première union n'est
pas valable, tant qu'elle n'a pas été effectivement
annulée. C'est ce qui résulte de l'article 189 :
*Si les nouveaux époux opposent la nullité du pre-
mier mariage, la validité ou la nullité de ce mariage doit être jugée préalablement.* Ainsi, la nullité d'un premier mariage pouvant être proposée
comme exception préjudicielle à la demande en
annulation dirigée contre le second, il en résulte
que l'empêchement produit par l'existence du
premier mariage, n'est dirimant que dans le cas
où cette union a été valablement formée. Cela
revient à dire que, quelqu'évidente que soit la
nullité, l'officier de l'état civil doit refuser son
ministère, tant qu'on ne lui présente pas un jugement qui ait déclaré le premier mariage nul ;
mais que si l'officier, trompé par les parties, ou
de concert avec elles, avait célébré le second
mariage, il faudrait, avant d'en prononcer la
nullité, commencer par statuer sur la validité
du premier [1].

Le premier mariage d'une femme a été annulé ; peut-elle immédiatement se remarier, ou
bien doit-elle attendre l'expiration d'un délai de

1. Aub. et Rau, IV, p. 51. — Demol., III, p. 132. —
Delvincourt, p. 149, note 3.

dix mois? Je crois que l'article 228 doit être appliqué à notre hypothèse. Je sais bien que, textuellement, l'art. 228 ne comprend que le cas
*de dissolution*, et que la femme, dans cette situation, pourrait alléguer qu'il n'est pas permis
d'étendre cet article à une hypothèse que ses
termes ne comprennent pas, pour restreindre
sa liberté. Mais enfin, le motif essentiel de la loi
se retrouve ici, et si l'article 228 a une raison
d'être dans le cas de dissolution, il a aussi une
raison d'être dans le cas *de l'annulation* du précédent mariage. En somme, si la lettre de la loi
n'est pas avec nous, son esprit du moins est bien
de notre côté[1].

Ni les délais d'appel, ni le pourvoi en cassation, ne sont suspensifs de l'exécution des jugements. Faut-il en conclure que, si la nullité d'un
mariage est prononcée en première instance, il
peut être procédé à un nouveau mariage dès
avant l'expiration des délais d'appel ? et qu'il
peut également être procédé à un nouveau mariage, dès avant l'expiration du délai pour se
pourvoir en cassation, ou avant qu'il ait été statué sur ce pourvoi? Il est certes regrettable que
la loi n'ait pas consacré formellement à cet égard
une exception aux principes généraux ; toutefois, peut-être, pourrait-on cependant établir que
cette exception existe, sans quoi, en fin de compte,

1. Demol., III, n° 124. — Duranton, II, n° 176, noté 1.

le pourvoi en cassation de l'époux défendeur ne serait qu'une dérision, si l'autre époux pouvait néanmoins contracter un nouveau mariage. Dans le sens d'une exception aux principes, pour ce cas particulier, on pourrait dire : 1° que les articles 264, 265, l'avaient formellement prononcée pour le cas de dissolution du mariage par le divorce; or, il y a une grande ressemblance entre ces deux situations; 2° que, comme nous venons de le dire, on s'accorde généralement pour étendre l'empêchement résultant de l'article 228, même à l'hypothèse d'un mariage déclaré nul ; or cette extension est légitimée, dans notre espèce, par des considérations non moins impérieuses.

Peut-être donc serait-il permis en notre matière, dans le but de retarder ainsi la possibilité de célébrer un nouveau mariage, de déclarer exceptionnellement suspensifs le délai d'appel et le pourvoi en cassation[1].

## Section II.

*Du cas où, par l'effet des précédents mariages, les futurs époux se trouveraient alliés à un degré auquel la loi prohibe le mariage.*

L'alliance, qu'on nomme aussi quelquefois affinité, est le lien juridique qui unit l'un des

1. Demolombe, III, n° 350.

époux et les parents de l'autre. Elle suppose donc un mariage antérieur.

L'empêchement aux secondes noces, résultant de l'alliance, a ceci de particulier qu'il ne produit ses effets qu'après la dissolution du mariage dont l'alliance est résultée ; car, tant que ce mariage existe, il y a bien un autre obstacle à ce que l'un des conjoints épouse l'un des parents de son conjoint : il y a l'existence même de ce mariage, qui l'empêche d'épouser qui que ce soit. Ce n'est donc que lorsque l'un des époux est redevenu libre par la mort de l'autre, que l'alliance résultant de son précédent mariage, l'empêche de convoler en secondes noces avec certains parents de son époux décédé, c'est-à-dire avec ses alliés à lui-même.

L'alliance produit, dans la ligne directe, les mêmes obstacles au mariage que la parenté légitime. Donc prohibition à l'infini. Ainsi, je ne puis épouser en secondes noces, ni la mère ni la grand'mère, légitime ou naturelle, de ma première femme ; ni la fille que ma première femme a eue de son premier mari (art. 161). Dans la ligne collatérale, l'alliance ne fait obstacle à un second mariage qu'entre les alliés à titre de frères et sœurs (art. 162). Ainsi je ne puis pas épouser en secondes noces la sœur légitime ou naturelle de ma femme prédécédée ; mais, au contraire, je puis me remarier avec sa tante. Toutefois, tandis que, sous le Code civil, il était impossible à

un homme d'épouser en secondes noces la sœur
de sa femme, ou à une femme de se remarier
avec le frère de son mari, la loi du 16 avril 1832
a décidé que le chef de l'État pourrait, en raison
de causes graves, lever la prohibition existante
entre beaux-frères et belles-sœurs (art. 164 du
Code civil[1]).

Telles sont les règles générales; mais plusieurs
difficultés peuvent être soulevées :

I. J'épouse Marie, fille de Primus et de Prima.
Marie meurt, et c'est seulement après sa mort
que Primus et Prima, mon beau-père et ma belle-
mère, ont une autre fille, Louise. Puis-je, sans
dispenses, épouser Louise en secondes noces? Je
le crois : en effet, légalement, Marie et Louise
n'ont jamais été parentes, car la parenté est un
lien qui ne peut se former qu'entre deux personnes
qui ont coexisté, et cela est si vrai que Louise
n'aurait aucun droit à la succession de Marie

---

1. Les parties qui sollicitent de pareilles dispenses les fon-
dent souvent sur la grossesse de la belle-sœur; elles sont, en
cela, fort mal conseillées, car le gouvernement a pour règle
de n'accorder les dispenses qu'à ceux dont la conduite est
irréprochable. (Circulaire du Ministre de la justice du 29
avril 1832. Devill. 1832, II, 219.) — Elle porte qu'on croit
pouvoir : « *invoquer comme un titre l'existence antérieure
d'un commerce scandaleux; la faveur accordée à de pareils
motifs serait un encouragement donné à la corruption des
mœurs. — Les circonstances qui méritent d'être prises en
considération, sont surtout celles qui doivent rendre les mariages
profitables aux familles.* »

(art. 725). Que l'on n'objecte pas que Louise, étant la fille de mon beau-père et de ma belle-mère, est, par cela même, ma belle-sœur, car l'alliance ne produit pas l'alliance : *affinis affinem non generat*[1].

II. Étant veuf, puis-je épouser en secondes noces ma belle-mère, si ma femme est décédée sans enfants? En d'autres termes, l'alliance cesse-t-elle s'il ne reste pas d'enfants du mariage dissous? Je répondrais négativement, et, en conséquence, je considérerais un tel mariage comme impossible. L'alliance a été légalement formée par le mariage : donc elle ne peut se dissoudre que légalement; or, je ne vois pas que la loi ait déclaré nulle part que l'alliance ne survivrait à la dissolution du mariage qui l'a produite, qu'autant qu'il resterait des enfants de ce mariage[2].

III. Étant veuf de Jeanne, fille d'Hélène, je me remarie avec Julie. Ma seconde femme étant morte à son tour, puis-je épouser en troisièmes noces Hélène, la mère de ma première femme?

---

1. Fr. 4, ff. de Grad. et affin. — V. une hypoth. à peu près semblable au § 9, *Inst. de nuptiis*, lib. I, tit. 10.
2. Paris, 18 mars 1850 (Sirey, 1850, II, 593). — Cass. 17 juin 1834. — Aub. et Rau, IV, p. 52. — Il est vrai que l'art. 206 fait cesser l'obligation alimentaire lorsque celui des époux qui produisait l'affinité, et les enfants issus de son union avec l'autre époux, sont décédés; mais il est à remarque cet art. ne dit pas que l'*alliance* cesse; il ne fait cesser, au contraire, que l'*obligation qu'elle produisait* de fournir des aliments.

En d'autres termes, l'alliance résultant d'un premier mariage cesse-t-elle dans le cas où l'époux survivant a contracté un nouveau mariage, lequel a produit de nouvelles alliances? Ici encore je ne crois pas le mariage possible, car aucun texte ne déclare l'alliance détruite dans ce cas[1].

IV. Mon premier mariage ayant été déclaré nul, puis-je épouser en secondes noces la mère ou la sœur de ma première femme? ou même la fille qu'elle avait d'un autre lit?

Cette question se rattache à celle de savoir si le concubinage forme une alliance naturelle entre chacuns des concubins et les parents de l'autre. Si l'alliance ne peut naître que du mariage, cet effet n'aura pas été produit dans notre hypothèse, puisque le mariage est nul. Et pourtant comment permettre à un homme d'épouser par ex. la mère de la femme avec laquelle il avait contracté ce mariage annulé? comment permettre à une femme d'épouser le père de celui qu'elle a eu, en fait du moins, pour mari?

Plusieurs auteurs soutiennent que le mariage, même déclaré nul, produit une alliance, d'où les conséquences que nous venons de signaler relativement au convol en nouvelles noces. Cette affinité étant naturelle, et résultant uniquement du fait de cohabitation de ceux dont le mariage est

1. Sur cette hypothèse et la précédente, Demol., III, n° 117.

annulé, il n'y a nullement à distinguer si le mariage avait été contracté de bonne ou de mauvaise foi. Le Code n'a pas défini l'alliance, et le
droit canonique donne positivement le nom d'affinité au lien naturel qu'engendre une cohabitation illégale. De même, il était généralement
admis, dans notre ancien droit, comme l'atteste
Pothier, que cette espèce d'affinité engendrait un
empêchement de mariage [1].

Dans une autre opinion, on soutient que le
Code civil ne reconnaît pas cette espèce d'affinité.
En effet. — 1° Le Code ne prohibe le mariage
qu'entre certains alliés, et, pour les alliés, les articles 161 et 162 n'ajoutent pas, comme pour les
parents, ces mots : *légitimes ou naturels;* donc le
commerce illégal, même légalement prouvé (et
telle est notre espèce), ne saurait créer d'empêchement, puisqu'il n'en résulte ni alliance ni alliés. — 2° Qui admettrait qu'une personne, pour
reprocher un témoin en raison de son alliance
(art. 975. C. civ., 268, 263. C. de proc.), fût
admise à fournir la preuve qu'un tel a vécu en
concubinage avec une telle ? Or, ne pas admettre
une telle prétention, c'est admettre que l'alliance
ne résulte pas du concubinage. — 3° Enfin, nous
avons vu que, d'après l'article 298, l'époux divorcé pour cause d'adultère, ne pouvait pas con-

---

1. Aub. et Rau, p. 52, et note 12, IV. — Pothier, Du
C. de Mariage, n° 162.

voler en secondes noces avec son complice; mais
on ne voit nulle part qu'il résulte de l'adultère
un empêchement de mariage, entre l'un des coupables, et les parents de son complice, lors même
que l'adultère serait légalement prouvé. Ainsi,
l'affinité ne peut naître que du mariage; *c'est un
effet civil du mariage.* Si, maintenant, on applique
cette solution à l'espèce proposée, voici quels
sont les résultats auxquels on arrive : Une femme
épouse un homme déjà marié, et ce mariage est
déclaré nul; après quoi, cette femme prétend
épouser en secondes noces le père de son ex-
conjoint. Le peut-elle? Une distinction est nécessaire : Si cette femme, lors de son premier mariage, était de bonne foi, c'est-à-dire si elle avait
cru épouser un célibataire, l'alliance sera au
nombre des effets qu'aura produits le mariage putatif, et il y aura lieu d'appliquer les empêchements qui résultent de cette alliance. En conséquence, cette femme ne pourra épouser en secondes
noces le père de son ex-conjoint. Mais il en sera
autrement si cette femme était de mauvaise foi,
car en ce cas, le mariage annulé étant réputé n'a-
voir été qu'un véritable concubinage, n'a produit
aucun effet civil, et partant aucune alliance; elle
pourra donc épouser en secondes noces le père
de son ex-conjoint [1].

1. Démol., III, p. 154, 155. — Merlin, Répert., t. XVII,
v°, Empêch., § 4, art. 3, n° 3.

Ni l'un ni l'autre de ces deux systèmes ne me paraît satisfaisant. Avec les auteurs du second, j'admets que l'alliance ne peut résulter que du mariage : *affinitatis causa fit ex nuptiis;* or, le mariage annulé est réputé n'avoir jamais existé; donc, il n'a pu produire d'alliance; sur ce point, je repousse le premier système. Mais je ne puis admettre la distinction que fait le second entre le cas où le mariage annulé aurait été contracté de bonne foi, et le cas où il aurait été contracté de mauvaise foi. En effet : — 1° Elle est, d'abord, singulièrement injuste, puisque, dans l'espèce proposée, nous voyons la femme de bonne foi, plus maltraitée, plus gênée dans sa liberté, que la femme de mauvaise foi. Et, en effet, on autorise l'époux de mauvaise foi à convoler en secondes noces avec un parent de son conjoint, tandis que l'on décrète un empêchement légal à ce que l'époux de bonne foi se remarie avec un parent de son conjoint. — 2° Ensuite, reproche peut être plus grave, je ne la crois pas juridique. Elle est, je crois, fondée sur une application erronée des articles 201 et 202, dont l'unique objet est de faire maintenir, au profit des époux de bonne foi, les effets civils que le mariage a produits, *jusqu'au moment de son annulation;* et j'estime que ce serait aller directement contre les dispositions de ces articles, en exagérer la portée, que d'en faire découler, au détriment de ces mêmes époux, un empêchement

20

qui continuerait de subsister même après l'annulation du mariage, même après l'anéantissement de la cause qui n'avait produit cet empêchement *qu'en apparence*. Et c'est pourquoi, admettant que l'alliance civile, proprement dite, engendre seule un empêchement de mariage, je me crois obligé, pour être conséquent, à conclure que, malgré la bonne foi des époux, l'annulation de leur union a pour effet de faire disparaître tout empêchement de mariage entre l'un d'eux et les parents de l'autre [1]. C'est ainsi que, dans notre exemple, j'admettrais la femme, qu'elle ait été de bonne ou mauvaise foi au moment de son premier mariage ensuite annulé, à convoler en secondes noces avec le père de l'homme qu'elle avait épousé.

Dans le cas où une personne se proposerait de se remarier au mépris des rapports d'alliance qui sont nés du précédent mariage, le droit d'opposition légale appartiendrait aux ascendants (art. 173), mais non aux enfants nés du précédent lit, ni aux collatéraux (art. 174), ni même au procureur de la République [2].

---

1. Compz. Aubry et Rau, l. sup. cit. IV. Le système que je viens d'exposer n'est du reste pas celui de ces auteurs; ils se rangent du côté du premier.

2. Sur ce point, v. supra, Sect. I, p. 267.

## Section III.

*Des seconds mariages contractés en violation
de ces empêchements.*

Cette section sera consacrée à l'examen des
conséquences que peut entraîner la violation de
l'une ou de l'autre des conditions que nous avons
signalées, comme spécialement nécessaires pour
la validité des seconds ou subséquents mariages.

§ I. — *Des effets qu'ils peuvent produire, selon
que les nouveaux époux étaient de bonne ou de
mauvaise foi.* Nous supposons qu'un second mariage a eu lieu malgré l'existence actuelle, certaine ou incertaine, du précédent mariage[1], ou

---

1. L'art. 340 du Code Pénal porte : « *Quiconque, étant
engagé dans les liens du mariage, en aura contracté un autre
avant la dissolution du premier, sera puni de la peine des
travaux forcés à temps. L'officier public qui aura prêté son
ministère à ce mariage, connaissant l'existence du précédent,
sera condamné à la même peine.* » — Nous remarquerons
incidemment qu'il n'y eut pas de tout temps, à Rome, des
peines portées contre la bigamie. En effet, à l'époque où l'on
admettait les répudiations tacites, le crime de bigamie n'était
pas concevable ; or, encore à l'époque de Cicéron, on soutenait que le divorce pouvait résulter d'une manifestation tacite de volonté, et, par ex., précisément d'un second
mariage, que le mari aurait contracté sans répudiation préalablement signifiée à sa première femme. Ce ne fut que la
loi Julia, *de adulteriis,* qui exigea des formes spéciales pour
le divorce ; la volonté de répudier devait être exprimée en
présence de sept témoins (fr. 9, ff. *de divort.*; — fr. 1, § 1,
ff. *unde vir et uxor,* 38, 11). — Il devint dès lors possible

en violation des prohibitions légales résultant de l'alliance. Dans l'un et l'autre cas, la seconde union est frappée de nullité; il importe toutefois de distinguer si le nouveau mariage a été contracté de bonne ou de mauvaise foi :

A. *Supposons d'abord que le nouveau mariage a été contracté de mauvaise foi, par les deux époux.*

1° Quelle sera la condition des enfants qui naîtront de ce second mariage? Examinons d'abord le cas où cette union a été contractée malgré l'existence actuelle d'un premier mariage. Ces enfants seront adultérins, du moins ceux qui seront nés à une époque où le premier mariage subsistait encore. Si, pendant le second mariage, le premier venait à se dissoudre, cette dissolution ne couvrirait pas la nullité du second mariage, mais elle aurait toutefois cet effet important, qu'à l'avenir les enfants qui naîtront du second mariage seront naturels simples. Mais s'ils sont nés avant la dissolution du premier mariage, quels droits auront-ils vis-à-vis de leurs auteurs? Lorsque le

---

d'atteindre la bigamie. La première peine qui la frappa fut l'infamie, (fr. 1, in fine, ff. *de his qui not. inf.*). Plus tard, Dioclétien et Maximien décident (Const. 2, C. *Incest.*), qu'une peine sera prononcée par le juge; mais ils n'indiquent pas quelle sera cette peine. Théophile (tit. X, § 6 et 7,) nous apprend que, sous Justinien, cette peine était la mort. — L'ancien droit punissait l'homme des galères, les femmes du bannissement, avec, dans l'un et l'autre cas, exposition préalable au pilori.

second mariage de la mère est déclaré nul pour
cause de bigamie, la maternité adultérine se trouve
légalement constatée par l'annulation du mariage
pendant lequel ces enfants sont nés; ces enfants
ont donc droit à des aliments[1], mais ils ne peuvent les demander qu'à leur mère, et non à
l'homme qu'elle avait épousé en secondes noces,
car la paternité de celui-ci n'est pas constatée :
rien n'établit en effet, que cet homme est le père
desdits enfants, car, son mariage étant radicale-
ment nul, la règle *pater is est....* est inapplicable.
Si c'est le mari qui était coupable de bigamie, les
enfants nés pendant cette nouvelle union seront
enfants naturels de la mère (ils ne seront pas
adultérins, car rien ne prouve qu'ils sont issus
des œuvres du bigame, puisque, pour les raisons
ci-dessus énoncées, la règle *pater is est* ne peut
s'appliquer); mais ils n'auront aucun droit du
côté du bigame, car la paternité de celui-ci n'est
pas constatée.

Supposons maintenant que ce second mariage
a été contracté malgré l'existence d'un empêchement résultant de l'alliance. Paul, veuf de Julie,
épouse en secondes noces, sans dispenses, Hélène,
sœur de Julie. Quels sont les droits des enfants
nés de ce second mariage? S'ils ont été reconnus,
comme ils sont incestueux, cette reconnaissance
est nulle, mais *l'aveu de fait* de leurs auteurs leur

1. Aub. et Rau, IV, p. 722, b. — Demol., V, p. 660.

donne, vis-à-vis d'eux, droit à des aliments[1]. Dans
le cas contraire, ils sont enfants naturels d'Hélène,
(et non incestueux, car il faudrait pour cela que la
paternité de Paul fût prouvée, et elle ne l'est pas,
puisque, le mariage étant nul, la règle *pater is
est....* ne peut s'appliquer); du côté de leur père
ils n'ont aucun droit, car la paternité de celui-ci
n'est pas prouvée[2].

2° Quant aux conventions matrimoniales de ce
second mariage, elles ne produisent aucun effet,
de telle sorte que l'association de fait qui aura eu
lieu entre les conjoints, devra se régler conformément aux principes des sociétés ordinaires, et ne
participera en rien aux faveurs et aux avantages
des associations conjugales[3]. Les donations faites
en faveur du mariage, soit par l'un des époux à
l'autre, soit par des tiers aux époux ou à l'un
d'eux, seront considérées comme non avenues
(art. 1088).

3° En ce qui concerne l'application de l'article

1. Discours de M. Siméon, au Corps législatif.
2. Ces différentes solutions sont très-controversées, et,
pour beaucoup d'auteurs, lorsque la nullité d'un mariage
entaché de bigamie ou d'inceste est reconnue, la filiation
adultérine ou incestueuse des enfants nés pendant cette
union, est constatée, soit à l'égard du père, soit à l'égard de
la mère. — Comp. Demol, V, n° 587, et III, n° 345. —
Aub. et Rau, t. IV, p. 722. — Dans le sens des solutions
données, Valette sur Proudhon, II, p. 155 à 158. — Mourlon, II, p. 85 et 86.
3. Rodière et Pont., C. de M., I, p. 145. — Demol., III,
p. 548.

228, nous avons vu qu'un effet de ce second mariage, quoique nul, serait de faire obstacle, dans le cas où le premier mariage se serait dissous avant l'annulation du second, à ce que la femme contractât un troisième mariage, avant l'expiration du délai de dix mois à compter du jugement d'annulation.

4° Le second mariage de la mère, quoique déclaré nul, produit encore cet effet remarquable, qu'il lui fait perdre le droit de jouissance qu'elle a sur les biens de ses enfants du premier lit. Ainsi, ce résultat serait produit, lors même que les secondes noces de la femme auraient eu lieu avec un homme déjà marié, ou avec le père de son mari défunt [1].

B. *Plaçons-nous maintenant dans l'hypothèse où le nouveau mariage aurait été contracté de bonne foi par les deux époux.*

1° Les enfants qui naissent de ce mariage naissent légitimes. Mais ce mariage putatif aura-t-il pour effet de légitimer les enfants que les époux auraient eus d'un commerce antérieur à ce mariage? Je crois qu'il est ici nécessaire de distinguer si les enfants nés d'un commerce antérieur sont incestueux ou adultérins, ou bien s'ils sont simplement naturels. — a. Un homme marié a eu des enfants d'une fille qui le croyait célibataire.

---

1. Nous aurons à revenir sur cette solution, qui, du reste, est controversée.

Ensuite, cet homme, contractant un second mariage malgré l'existence du premier, épouse sa concubine; ou bien un homme veuf a eu des enfants de la mère de sa femme défunte, et l'a ensuite épousée en secondes noces, sans qu'ils connussent l'empêchement qui était résulté entre eux du mariage. Ces seconds mariages légitimeront-ils les enfants en question? Je ne le crois pas : le mariage, même valable, ne peut pas légitimer un enfant adultérin ou incestueux (art. 331-335); donc, le mariage putatif ne saurait produire plus d'effets que le mariage valable. Et en effet, en supposant même qu'au moment de son second mariage cet homme fût devenu veuf, ou qu'une dispense eût levé l'obstacle résultant de l'alliance, les enfants ne seraient pas légitimés (art. 331); comment donc serait-il possible qu'un simple mariage putatif produisît cet effet? La fiction ne peut avoir plus de force que la vérité. — *b*. Un célibataire a eu des enfants de sa concubine; puis cet homme, abandonnant sa concubine, a épousé une autre femme. Enfin, avant la dissolution de son premier mariage, il épouse en secondes noces sa concubine, laquelle le croyait toujours libre; ou bien un homme a eu des enfants d'une autre femme dont il épouse ensuite la fille. Devenu veuf, il épouse en secondes noces la mère de sa femme, son ancienne maîtresse, sans avoir jamais su que sa première femme fût la fille de cette dernière, et, par conséquent, dans l'ignorance de l'empêchement qu'oppose à son second mariage l'alliance que le premier avait créée entre lui et sa concubine. Dans l'un et l'autre de ces deux cas, les secondes noces de cet homme légimeront les enfants qu'il a eus d'un commerce antérieur. Cela résulte, d'une part, de ce que ces enfants ne sont ni adultérins, ni incestueux, mais bien, dans l'une et l'autre espèce, naturels simples; et, d'autre part, de ce que, d'après l'article 201, le mariage putatif produit les effets civils, *à l'égard des enfants*, sans distinguer entre les enfants nés avant, et les enfants nés depuis, la célébration du mariage [1].

2° Quant aux conventions matrimoniales,...— *a*. Dans le cas où le second mariage a eu lieu en contravention d'un empêchement résultant de l'alliance, la conséquence de la bonne foi est que les conventions matrimoniales faites entre le veuf, ou la veuve, remariés, et leur nouveau conjoint, reçoivent leur pleine exécution. La communauté, par ex., se liquide et se partage comme si le jugement, au lieu d'annuler le mariage, l'avait seulement dissous. — *b*. Dans le cas où le second mariage a eu lieu malgré l'obstacle résultant d'une précédente union encore existante, des difficultés sérieuses se présentent par suite de cette situation singulière, qui met en présence et en conflit deux

---

1. Sur ces diverses solutions, Demol., III, n°ˢ 364 et 365.

ou plusieurs contrats de mariage, dont chacun
doit être exécuté, en conséquence de la bonne foi
des époux.

Il est bien évident qu'il est impossible de tracer, sur ce point, une règle générale et absolue,
s'appliquant aux stipulations multiples que peuvent contenir ces contrats de mariage : dans le
silence de la loi, qui ne contient aucune disposition sur cette situation compliquée, il faudra d'a-
près les faits et les circonstances appliquer la solution qui paraîtra la plus équitable (art. 4). Nous
devons, toutefois, essayer de tracer les règles de
cette liquidation, en supposant que le bigame a
contracté ses secondes noces comme ses premières
noces sous le régime de communauté. (Il est toujours bien entendu, que sa seconde femme le
croyait veuf ou célibataire). — Un premier système
consiste à considérer les acquisitions faites pendant la durée de la cohabitation avec chaque
femme, comme le résultat d'une société, telle
qu'elle aurait pu exister entre deux personnes
étrangères l'une à l'autre, et, en conséquence, à
partager les bénéfices selon les règles générales
des sociétés [1].

1. Ainsi le décidait un arrêt du 7 juillet 1584, rapporté
par Carondas. (liv. VIII, rep. 7). Il s'agissait dans l'espèce,
d'un homme qui, ayant déjà deux enfants, avait abandonné
sa famille, s'était remarié sous un autre nom, et avait eu un
fils de cette seconde union. Le père, cependant, se livrant à
un trafic criminel, et craignant des poursuites, s'enfuit dans

Mais cette liquidation blesserait les droits de
l'une et de l'autre femme. La première étant légitime, et la deuxième étant réputée telle, elles
sont en droit de réclamer, quant aux biens, les
effets, non pas d'une société ordinaire, mais de
la communauté conjugale. Aussi, dans un second
système, estime-t-on qu'il faut liquider successivement les deux communautés; on commencera
par la première, tant parce qu'elle est la plus ancienne, que parce qu'elle a sa source dans un
mariage régulier, et que la première épouse ne
doit pas souffrir de l'erreur de la seconde. En
conséquence, les droits de la première femme
seront tout d'abord à régler de la même manière
que s'il n'existait pas de second mariage. On
commencera par déduire de la masse, telle qu'elle

un autre pays, où il contracte un troisième mariage. Reconnu par un parent de sa première femme, et saisi d'épou-
vante, il tombe malade et meurt. Sa succession, qui ne se
composait que de meubles et d'acquêts, fut disputée aux
deux femmes nouvelles, et à leurs enfants, par les enfants
du premier mariage, dont la mère était décédée peu de temps
avant son mari, Ceux-ci invoquaient la nullité du second et
du troisième mariage de leur père, d'où cette conséquence
qu'il ne pouvait y avoir pour ces femmes, dot, douaire, ni
communauté. — De leur côté, les femmes survivantes exci-
paient de leur bonne foi. Elles ne devaient pas, disaient-
elles, être dépouillées de la moitié des biens qu'elles avaient
acquis et ménagés avec l'homme qu'elles regardaient comme
leur légitime et vrai mari, et l'on ne devait pas exclure
leurs enfants de la succession de leur père. — L'arrêt attri-
bua aux enfants du premier lit, comme héritiers de leur

existe au jour de la dissolution ou de l'annulation, l'apport de la seconde femme, plus une part proportionnelle au dit apport dans les acquêts faits depuis le second mariage. La première femme réclamera alors moitié de la communauté ainsi composée, et le partage aura lieu entre elle et son mari, comme si aucune autre communauté ne s'était formée en concurrence avec elle. Puis on viendra à la liquidation des droits de la seconde femme ; celle-ci prendra moitié de la communauté, diminuée de la part de la première femme. Mais comme, à raison de sa bonne foi, et vis-à-vis de son mari, elle n'a pas à tenir compte de l'attribution préalablement faite à la première femme, elle exercera, sur les

mère, moitié de tous les biens que comprenait la communauté, à l'époque du second mariage, et à chacune des deux femmes subséquentes, moitié des meubles et conquêts faits pendant leur cohabitation respective ; enfin, à chacun des enfants, à titre de succession, la part du mari dans chacune de ces trois communautés. Telle était aussi l'opinion du nouveau Denizart, (v° Bonne foi des contractants, § 3, n° 3, t. III, p. 614.) — « *Le parti le plus raisonnable semble être de considérer les acquisitions faites pendant la durée de la cohabitation avec chaque femme, comme le résultat d'une société telle qu'elle aurait pu exister entre personnes étrangères, et de partager les bénéfices, non pas selon les règles de la communauté conjugale coutumière, mais plutôt selon les règles générales du contrat de société.* » — Cette solution a été reproduite par Toullier (I, n° 665); Vazeille (I, n° 285); et Duranton, (I, n° 370), d'après lequel : «on pourrait adopter ce système, sauf à le modifier pour les cas où l'équité le demanderait. »

biens de son mari, un recours qui lui permettra
d'atteindre le chiffre qu'elle eût obtenu, si l'on
n'eût pas tenu compte de l'existence de la première communauté. — Prenons des chiffres : je
suppose qu'un homme et une femme, mariés, ont
un actif de communauté de 60000 francs. A ce
moment, le mari épouse une seconde femme, qui
le croit célibataire ou veuf, et qui lui apporte
40000 francs. A l'époque de la dissolution ou de
l'annulation du mariage, il y a 10000 francs de
bénéfices, et, par conséquent, 110000 francs,
dans cette sorte de communauté tripartite. Je retranche fictivement de la masse l'apport de la seconde femme, = 40000 fr., + une part dans
les bénéfices, proportionnelle à cet apport, c'est-
à-dire deux cinquièmes de 10000 francs = 4000
francs = 44000 francs; ce qui réduit la masse,
sur laquelle doivent s'exercer les droits de la première femme, à 110000 francs — 44000 francs,
= 66000 francs. Réglant alors les droits de la
première femme, comme s'il n'y avait pas eu de
second mariage, je partage cette masse entre elle
et son mari : $\frac{66000}{2}$ = 33000 francs, qui ap-
partiendront à la première épouse. Il reste donc
actuellement, comme masse de communauté entre le mari et la seconde femme, 110000 — 33000
= 77000 francs. La seconde femme a droit à la
moitié de cette masse = 38500 francs. Mais cette
somme ne saurait lui suffire, car elle était de

bonne foi au moment de son second mariage, et elle peut alléguer que, l'actif étant au moment de la dissolution de 110 000 francs, elle a droit à 55 000 francs, sans avoir à tenir compte de l'attribution préalablement faite à la première femme, dont elle ignorait l'existence lorsqu'elle s'est mariée. En conséquence, elle aura un recours sur les biens personnels de son mari pour la différence entre 38 500 francs et 55 000 francs, c'est-à-dire pour 16 500 francs [1].

1. Ce mode de procéder a été indiqué en 1842 par M. Marcadé (p. 228, 1re édit., t. I), (p. 557 de la 4e, sur l'art. 202), puis, en 1846, par M. Demolombe (III, p. 581). Les principes qui lui servent de base se déduisent parfaitement d'un arrêt rendu en 1852 par la cour de Bordeaux. Un Français, Jean Lamaud, réfractaire à la conscription, se réfugie en Espagne, et y épouse Antonia Martinez, en 1813. Il abandonne ensuite sa femme, passe en Amérique, et contracte un second mariage avec Claudia Arguellès, qui ignorait le premier. En 1832, il revint en France, et, en 1837, il y mourut sans héritiers à réserve. Les deux mariages avaient été faits sans contrat. Il y avait dix ans que la seconde femme était en possession, en qualité de légataire universelle de son mari, et elle était même remariée avec un sieur Labrousse, quand Antonia Martinez, en qualité de veuve Lamaud, l'assigna devant le tribunal de Périgueux, en délaissement des biens de la communauté de feu Jean Lamaud. Claudia Arguellès, dame Labrousse, excipa de sa bonne foi, prétendit qu'une communauté spéciale avait existé entre elle et son défunt mari, réclama en conséquence une 1/2 de cette communauté comme copartageante, et la seconde, comme légataire universelle de son mari. Les juges du tribunal de Périgueux suivirent la tradition de l'arrêt de 1584, et un jugement du 11 juillet 1851, décida que la communauté qui avait existé entre Lamaud et sa première femme, avait cessé le jour du second

3° Quant aux droits de succession. — Paul, marié à Jeanne, épouse en secondes noces Hélène, qui le croit veuf ou célibataire. Il meurt sans parents au degré successible. La seconde femme partagera son hérédité avec la première, car ces

mariage de celui-ci (29 janvier 1821), ordonna que la 1/2 appartenant à Lamaud dans cette première communauté, était tombée dans la deuxième communauté, considéra que tout ce qui s'était passé depuis le 29 janvier 1821, jusqu'au décès de Lamaud, était une société nouvelle, partageable entre lui et sa seconde femme. En conséquence, adjugea à la première veuve, la dame Labrousse, la 1/2 de la seconde communauté, comme épouse de bonne foi, et la part de Jean Lamaud dans les deux communautés, comme légataire universelle. La cour de Bordeaux, sur l'appel, réforma ce jugement, par arrêt du 18 mai 1852. Elle maintint que les biens acquis depuis le premier jour jusqu'au second mariage, se partageaient entre Lamaud et Antonia Martinez, sa première femme ; mais elle ordonna, en outre, que les biens acquis depuis le second mariage, seraient attribués pour 1/2 à Antonia Martinez, épouse légitime, et pour 1/2 à Claudia Arguellès, épouse de bonne foi, à la charge par les deux femmes, de contribuer par parts égales au payement des dettes. La cour attribuait ainsi à la femme légitime la 1/2 de la communauté, depuis le jour du mariage légitime jusqu'à sa dissolution par la mort du mari, en 1837. Or, il résulte de cet arrêt : 1° *Que le fait de la nouvelle union ne doit en rien diminuer les droits de communauté de la femme légitime*, et qu'en conséquence celle-ci a droit à 1/2 de la communauté, pendant toute la durée du mariage, et jusqu'à la mort de son conjoint remarié. C'est ce que disait expressément la cour : « Attendu que la communauté d'Antonia Martinez avec Jean Lamaud, embrasse toute la durée du mariage, et s'est continuée nonobstant l'union indûment contractée par Lamaud avec Claudia Arguellès, jusqu'au décès du mari ; que, par conséquent, tous les biens acquis depuis le second mariage, sont pour elle, comme ceux qui avaient été acquis auparavant, des ac-

deux épouses se présentent au même titre, et ont
les mêmes droits. Mais il en serait autrement si la
nullité du second mariage avait été prononcée du
vivant du mari bigame ; dans cette hypothèse, la
femme légitime succéderait seule, car au moment
de l'ouverture de la succession, le titre d'épouse
manquerait à la seconde femme[1].

quêts de cette communauté, dont la loi lui attribue la moitié,
et que la première épouse ne peut voir diminuer son droit,
ni par le crime du mari, ni par l'erreur de la seconde femme ;
2° *Que la seconde épouse, de bonne foi, n'est pas une simple
associée de fait, mais peut prétendre à un vrai droit de communauté.* Si en effet les mariages nuls, accompagnés de bonne
foi, produisent civilement la validité des pactes matrimoniaux, et, par conséquent, la communauté à défaut d'un tel
pacte, dans tous les cas, on le reconnaît, autres que celui
de bigamie, on ne doit pas inventer, pour le cas de bigamie, une prétendue société universelle de biens, telle qu'on
pourrait la contracter avec une personne étrangère. Les effets civils du mariage de bonne foi sont les mêmes, quel que
soit le vice dont le mariage est entaché : « C'est vainement,
dit l'arrêt, que l'on objecte qu'il faut considérer la communauté comme une sorte de société civile, qui s'est formée
dans le cours de la première communauté ; si la communauté
était obérée, et donnait des pertes, Claudia Arguellès eût eu
certainement le droit d'y renoncer, ce qui ne pourrait être
permis dans une société purement civile ; » 3° *que, du reste,
la seconde femme de bonne foi ne peut rien prendre dans les
biens de la communauté, tant que la première femme n'est pas
remplie de ses droits matrimoniaux* (conséquence du 1°). (Sirey, 1852, II, 609). Dans le même sens, Demol., III, p. 581,
Aub. et Rau, IV, p. 49. Coin-Delisle, *Revue crit. de jurispr.,*
1854, p. 216 et suiv.

1. Cette solution ressort nettement de l'art. 767, dans lequel nous voyons que le conjoint même, à la demande duquel le divorce aurait été prononcé, perd le droit de succéder

C. *Supposons enfin que l'un des conjoints était de bonne foi, et l'autre de mauvaise foi.* Une femme a épousé un homme qu'elle croyait célibataire, et qui se savait marié ; — ou, a épousé sans dispenses le mari de sa sœur décédée, ce dernier seul connaissant l'existence de l'obstacle qui, dans l'espèce, résulte de l'alliance. — Les enfants qui naissent de ce mariage naissent légitimes. — Quant aux conventions matrimoniales, la seconde femme dans les espèces précitées, ou le second mari en renversant les mêmes espèces, pourra à son gré, soit demander l'exécution des dispositions du contrat de mariage, communauté légale ou conventionnelle, ou tout autre régime, — soit demander que ses droits soient liquidés d'après les règles ordinaires des sociétés. En d'autres termes, l'époux de bonne foi pourra se prévaloir de sa qualité d'époux pour faire régler ses droits pécuniaires, ou, s'il le préfère, se présenter comme un étranger[1]. Ce droit d'option est une conséquence du principe : que l'époux qui est de bonne foi, peut seul réclamer les effets civils du mariage (art. 202).

Remarquons enfin que la seconde femme d'un bigame, — que la mère ou la sœur de la première femme d'un homme qui les aurait épousées au

à son conjoint ; et, pourtant, il n'est certes pas moins digne d'intérêt que le conjoint dont le mariage a été précédemment déclaré nul. V. Demol., III, nos 370 et 378.

1. Rodière et Pont, C. de Mar., I, p. 146. Demol., III, p. 579. Aub. et Rau, IV, p. 48.

mépris des prohibitions légales résultant de l'alliance, pourraient, sans aucun doute, en se fondant sur ce que cet homme a surpris leur bonne foi en leur cachant l'empêchement résultant de son premier mariage, obtenir contre lui une condamnation à des dommages-intérêts (art. 1382). Il est vrai que, pour le passé, cette femme n'a pas souffert de l'annulation, puisque, quant à elle et à ses enfants, le mariage a produit ses effets civils ; mais pour l'avenir, elle souffre de la nullité du mariage, et peut exiger la réparation de ce dommage [1].

§ II. — *Des personnes qui peuvent en faire déclarer la nullité.* — Nous avons vu plus haut quelles personnes avaient droit de faire opposition légale à la célébration d'un second mariage, lorsque le premier n'était pas encore dissous, — ou lorsque, le premier même étant dissous, il en était résulté une alliance de nature à faire obstacle au second. — A supposer, toutefois, que ce second mariage ait été célébré par un officier public dont on a surpris la bonne foi, ou acheté l'honnêteté, qui pourra en demander la nullité ?

Il s'agit, dans l'un et l'autre cas, d'une nullité absolue, introduite dans un intérêt d'ordre public, et qui, par suite, peut être en général proposée par toute personne. Toutefois, l'intérêt est la base des actions ; l'action en nullité du second

1. Demolombe, t. III, p. 552.

mariage ne peut donc être intentée que par une personne intéressée. — Or, ont un intérêt à la nullité du second mariage (art. 184) :

1° L'époux dont le conjoint a contracté un second mariage[1].

2° Les époux eux-mêmes. Ainsi, *en cas de bigamie : a.* l'époux bigame, et cela même si, durant le second mariage, le premier était venu à se dissoudre. Objectera-t-on que cet époux est criminel, que : *nemo auditur, propriam turpitudinem allegans,* et cela, surtout si l'on suppose qu'au moment où il agit en nullité de son second mariage, le premier est dissous ? L'argument pourrait paraître quelque peu vague, en présence des termes absolus de l'article 184 : « *les époux,* » sans distinguer. Et même, législativement parlant, ne peut-on justifier cette solution ? Si : la loi a voulu atteindre sûrement cette union scandaleuse, et c'est pourquoi elle l'a livrée à une action en nullité, même de la part du bigame. *b.* Le second époux du bigame. — *En cas d'inceste* résultant d'un mariage contracté au mépris de l'alliance, l'époux remarié comme son second époux.

3° Les père et mère et les autres ascendants. Ils le peuvent, alors même qu'ils ont donné leur consentement au second mariage : c'est ce qui résulte par *a contrario* de l'article 186, qui établit

---

1. V. *supra*, § 4, ce qu'il faut décider si les nouveaux époux soutiennent l'invalidité du premier mariage.

pour le cas spécial d'impuberté ou de non-nubi-
lité une disposition contraire. — Mais, exigerons-
nous qu'ils aient un intérêt pécuniaire à exercer
cette action en nullité, ou nous contenterons-nous,
pour leur donner ce droit, d'un intérêt d'honneur
et d'affection ? C'est à ce dernier parti qu'il faut
se ranger. Cette solution résulte par *a contrario*
de ce que l'article 187 n'exige un intérêt né et
actuel, autrement dit un intérêt pécuniaire, que
pour les collatéraux et les enfants d'un précédent
lit, de telle sorte que le droit des ascendants reste
compris dans la généralité des termes de l'article 184, lequel accorde l'action en nullité à tous
ceux qui y ont intérêt, sans spécifier de quelle espèce d'intérêt il s'agit [1]. — Le droit de proposer
la nullité appartient-il à tous les ascendants concurremment, ou au contraire, ne peut-il être
exercé que graduellement, c'est-à-dire à défaut
l'un de l'autre, et dans l'ordre suivant lequel la
loi appelle les ascendants à consentir au mariage
(art. 148 et suiv., art. 173)? — Il semblerait que
le premier parti est seul admissible, comme une
conséquence logique de l'idée que nous venons
d'exprimer, à savoir que, dans l'espèce, le droit
de l'ascendant est fondé sur un intérêt purement
moral, sur un intérêt d'affection et d'honneur,
intérêt qui existe chez tous les ascendants, sans

1. Aub. et Rau, IV, p. 54. Demol., III, p. 505. Mourlon,
I, p. 338.

hiérarchie de rang. Mais ce serait, à mon sens, pousser trop loin les conséquences de cette idée. L'action en nullité est une prérogative du pouvoir paternel, qui ne doit dès lors appartenir qu'à celui qui, d'après l'organisation hiérarchique des pouvoirs domestiques, en est alors seul investi ; autrement, ce serait l'anarchie dans la famille[1]. Il faudrait donc un texte bien formel pour faire admettre un tel résultat.

Dans le cas où l'époux serait mineur, son conseil de famille pourrait proposer la nullité. En effet, l'article 186 refuse l'action en nullité fondée sur l'impuberté, au conseil de famille qui a consenti au mariage : le conseil aurait donc, en pareil cas, l'action en nullité s'il n'avait pas consenti au mariage ; — or, si on reconnaît au conseil de famille le droit d'attaquer un mariage pour cause d'impuberté, on ne peut, à plus forte raison, lui refuser le droit d'attaquer le second mariage qu'aurait contracté un parent mineur déjà marié, ou le second mariage que ce parent aurait contracté au mépris d'une alliance produite par le premier. C'est un *a fortiori*[2].

4° Par les collatéraux. — Toutefois, d'après l'article 187, leur droit d'action n'existe pas *du vivant des deux époux, mais seulement lorsqu'ils*

---

1. Toutefois, la question me paraît très-délicate. En ce sens, Demol., III, p. 507. Contra, Aub. et Rau, IV, p. 54.
2. Demolombe, t. III, p. 509.

*ont un intérêt né et actuel.* Ce qui, strictement in-terprété, signifie : — qu'il faut un intérêt pécuniaire, — que cet intérêt doit être un intérêt de succession ; — ou, en d'autres termes, que les collatéraux ne sont recevables à agir en nullité, que lorsqu'ils prétendent, après le décès de leur parent remarié, repousser de sa succession les enfants nés du mariage dont ils demandent la nullité.

Mais que décider dans le cas où, *du vivant même des époux,* les collatéraux auraient un intérêt pécuniaire, né et actuel, à opposer la nullité? Jacques meurt, laissant un frère Paul et un fils. Ce dernier est deux fois marié, et a des enfants de sa seconde femme seulement. Le fils de Jacques est renonçant ou indigne, et par conséquent la succession va être dévolue aux enfants qu'il a eus de sa seconde femme, à l'exclusion de Paul, le frère du défunt. Il est bien évident que ce frère a un intérêt pécuniaire né et actuel à opposer aux enfants de son neveu la nullité, pour cause de bigamie de leur père, du mariage dont ils sont issus. Peut-il agir? Non, si l'on applique textuellement l'article 187, d'après lequel l'action en nullité ne peut, du vivant des époux, être intentée par un collatéral. Mais on s'accorde généralement à considérer que les termes de cet article 187, sont, à cet égard, plutôt énonciatifs que restrictifs. Si cet article exprime que l'action ne peut pas être intentée du vivant des deux époux,

c'est qu'en effet, *le plus souvent*, l'intérêt ne naîtra et ne deviendra actuel que par la mort de l'un
des époux, qui ouvrira une succession.

5° Par les enfants nés d'un précédent mariage.
— Les règles qui restreignent leur droit d'action
sont exactement celles que nous venons d'énoncer. — Ainsi, le droit d'action leur appartiendra,
toutes les fois qu'ils auront un intérêt né et actuel,
ou autrement dit pécuniaire, à faire constater la
nullité du second mariage de leur auteur. Cette
nullité, ils peuvent, sans aucun doute, la proposer après le décès de leur auteur, pour empêcher
les enfants nés du second mariage de celui-ci, de
concourir avec eux. Mais peuvent-ils attaquer le
second mariage de leur auteur, de son vivant, si,
dès cette époque, ils y ont un intérêt pécuniaire ?
— Jacques a des enfants d'un premier mariage ;
il se remarie avant la dissolution de ce mariage,
et, de ce second mariage, il a un enfant. L'un des
enfants du premier lit décède du vivant des nouveaux époux. Jacques, son père, a droit à 1/4 de
sa succession ; quant aux trois autres quarts, ils
doivent appartenir à l'enfant du second lit, concurremment avec ceux du premier. Ces derniers,
pour écarter l'enfant du second lit de leur père,
ont donc intérêt à faire déclarer nul le second
mariage, du vivant même de leur père. Le peuvent-ils ? Nous avons montré, à l'instant, que les
termes de l'article 187 ne doivent pas être considérés comme s'opposant à ce que cette action leur

appartienne, même du vivant de leur auteur.
Mais, à vrai dire, une objection toute spéciale se
présente dans notre hypothèse : *L'enfant, à tout
âge, doit honneur et respect à ses père et mère*
(art. 371); or, ce serait, de la part des enfants du
premier lit, manquer à ce respect que d'attaquer
en nullité le second mariage de leur auteur. Ne
serait-ce pas un déplorable spectacle, que celui
d'un fils demandant la nullité du second mariage
de son père, du vivant de son père, et contre lui-
même ? Dira-t-on que l'adversaire direct de l'enfant du premier lit serait l'enfant du second lit ?
Mais n'est-il pas évident que le père lui-même serait mis en cause, et qu'en tout cas il intervien-
drait ? — Toutefois, pour mon compte, j'admettrais cependant l'enfant du premier lit à provoquer
la nullité du second mariage de son auteur, du
vivant même de ce dernier. L'article 184 donne
l'action à tous intéressés : cet enfant est intéressé,
pécuniairement, actuellement; donc l'action en
nullité lui appartient. Quant à l'article 371, il est,
sans doute, le frontispice et la base des dispositions du législateur sur la puissance paternelle;
mais, en dehors de ces dispositions, je doute fort
que cet article nous donne le droit de régler, ar-
bitrairement, discrétionnairement, les rapports
juridiques des père et mère et de leurs enfants [1].

1. Contra, Demol., III, p. 514 et des arrêts. L'opinion
contraire, que j'ai suivie, me paraît pouvoir parfaitement se

6° Les créanciers des époux. — Par exemple, Jeanne, veuve du frère de Paul, épouse ce dernier en secondes noces, sans dispenses ; — les créanciers de Jeanne peuvent avoir intérêt à invoquer l'inceste, pour mettre à l'abri de la rescision telle ou telle obligation que la femme a, sans autorisation, contractée envers eux (art. 217), ou pour, lorsque Paul est insolvable, écarter l'hypothèque légale au moyen de laquelle Jeanne serait payée avant eux sur les biens de son mari (art. 2121). Peuvent-ils, en pareil cas, provoquer la nullité ? Mais, a-t-on dit, leur donner le droit d'action, c'est admettre que l'intérêt le plus minime, quelques centaines de francs compromis, autoriseront le premier venu à mettre en question la validité du mariage ! — Sans doute, mais enfin, si l'intérêt des créanciers est quelquefois minime, il peut être fort grave, dans certains cas ; faut-il donc alors le sacrifier pour l'honneur d'un mariage criminel ? Au reste, l'article 184 est général ; il accorde l'action à *tous ceux qui y ont intérêt* ; et n'oublions pas qu'il s'agit en effet d'une nullité absolue et d'ordre public.

7° Le procureur de la République. — Non-seulement *il peut*, mais *il doit* demander la nullité

baser sur cette idée, que la loi a estimé que l'ordre public serait très-grièvement atteint, s'il était permis à des enfants, nés d'une union criminelle, de l'invoquer provisoirement, à l'effet de s'emparer en partie d'une succession à laquelle ils n'ont aucun droit. (En ce sens, Mourlon, I, p. 339.)

du second mariage d'un bigame, ou du second
mariage d'un homme qui se serait remarié au mépris d'une alliance produite par son premier mariage. C'est ce qui résulte de l'article 190[1]. — Il
est bien entendu, au reste, que le ministère public ne peut agir que du vivant des époux (art. 190).
En dissolvant le mariage, la mort a fait cesser le
scandale qu'il causait; la société, dès lors, n'est
plus intéressée. Je penserais même que, dans le cas
de bigamie, le procureur de la République perdrait le droit d'action, du vivant même des époux,
si le premier conjoint venait à décéder, car, par
cela même le scandale aurait cessé[2]. D'après l'article 190, le ministère public, obtenant la nullité

**1.** Il dit, en effet, que le M. P. : *peut et doit....* agir, dans
les cas prévus par l'art. 184, lequel renvoie aux art. 147,
161, 162. Toutefois, MM. Aub. et Rau (IV, p. 55), n'admettent pas que l'art. 190 force, même dans le cas de bigamie,
le Proc. de la Rep. à introduire une action qui, dans certaines circonstances, occasionnerait peut être plus de scandale que le mariage contre lequel elle se trouverait dirigée.
D'après ces jurisconsultes, la pensée de l'art. 190 serait celle-
ci : Le M. P., à la différence des collatéraux, auxquels
l'art. 187 retire cette faculté, *peut* agir *du vivant des époux,*
mais il ne le peut que *tant qu'ils vivent.* En d'autres termes,
une faculté lui est conférée, mais, s'il en use, *il doit* le faire
*du vivant des époux.* (En ce sens, Demol., III, p. 517.) Mais
un orateur du Tribunat, M. Boutteville, a formellement ex-
primé l'opinion que nous avons indiquée au texte, et cette
opinion me paraît d'autant plus raisonnable, que la bigamie
et l'inceste constituent toujours des infractions dangereuses
pour l'ordre social, et qu'il importe de réprimer à toute occasion (Locré, *Législ. civile,* t. IV, p. 561).
**2.** Aub. et Rau, IV, p. 55. Demol., III, p. 516,

du mariage, doit *faire condamner les époux à se séparer*. Mais je ne crois pas que cela puisse être pris à la lettre ; le procureur de la République ne pourrait pas empêcher le bigame et sa seconde femme, dont le mariage est annulé sur sa demande, de continuer leurs relations à l'état de concubinage [1].

Nous devons remarquer, pour terminer, que la nullité du second mariage, pour cause de bigamie, n'est couverte, ni par la dissolution du premier mariage, survenue postérieurement à la dissolution du second ; ni par la prescription trentenaire, car le titre du Mariage ne prononce pas ici de prescription semblable ; ni par la prescription du crime de bigamie, sans que l'on puisse invoquer en sens contraire l'article 637 du Code d'instruction criminelle, qui enveloppe dans la même prescription l'action publique et l'action civile ; car il ne s'agit pas ici de cette espèce d'action civile dont s'occupent les articles 637, 638, — de l'action civile qui a pour cause immédiate le dommage résultant du fait punissable, et qui tend à la réparation pécuniaire de ce dommage, mais bien d'une action toute spéciale, indépendante de la criminalité du fait, et qui est exclusivement régie par les dispositions particulières du titre du Mariage [2]; ni

1. Demolombe, III, p. 516.
2. Aub. et Rau, IV, p. 58. Paris, 1er août 1818 (Sirey, 1819, I, 41).

enfin par la possession d'état[1]. — Nous remarquerons de même, que la nullité du second mariage contracté malgré l'alliance résultée du premier, nesera couverte, ni par les dispenses obtenues postérieurement à la célébration du mariage, ni par la possession d'état[1 bis].

§ III. — *Même question pour le cas où le second mariage aurait été contracté par le conjoint d'un absent.* — La plupart des règles que nous venons d'exposer, reçoivent d'assez profondes modifications, lorsque le *second mariage a été contracté pendant l'absence du premier conjoint.*

Nous avons dit plus haut de quelles façons, selon notre législation, une personne qui voulait contracter un nouveau mariage, devait prouver la mort de son précédent conjoint. Nous avons indiqué aussi, que l'incertitude sur la vie ou la mort de l'un des conjoints, — autrement dit *son absence,* — ne saurait autoriser l'époux présent à se remarier, même lorsque l'époux absent aurait atteint sa centième année. Ces principes étaient déjà admis dans notre ancienne jurisprudence. L'Assemblée nationale, dans la loi du 20 sep-

---

1 et 1 *bis.* La possession d'état ne peut être invoquée comme fin de non-recevoir (art. 196), qu'autant que la demande en nullité est formée à raison de vices *extrinsèques* dont se trouverait entachée la célébration du mariage, et non lorsqu'elle est fondée sur des vices *intrinsèques,* inhérents au mariage lui-même (Demol., III, p. 538; Aub. et Rau, IV, p. 58).

tembre 1792 (art. 1, 2 et 3), admit comme causes
de divorce : l'abandon pendant deux ans, *l'absence de nouvelles pendant cinq ans*, et l'émigration. — Mais, actuellement, il est parfaitement
certain que l'absence, quelque longue qu'elle
soit, ne saurait être une cause de dissolution du
mariage : « *Suivant une jurisprudence presque
universelle*, disait M. Bigot de Préameneu, dans
l'exposé des motifs, *la présomption résultant de
l'absence la plus longue et de l'âge le plus avancé,
fût-il même de cent ans, n'est point admise comme
pouvant suppléer la preuve du décès de l'un des
époux. Le plus important de tous les contrats ne
saurait dépendre d'une simple présomption, soit
pour déclarer anéanti celui qui aurait été formé,
soit pour en former un nouveau, qui ne serait, au
retour de l'époux absent, qu'un objet de scandale
ou de trouble.* » — Et, dans le projet du Code, se
trouvait un article 26, ainsi conçu : « *L'absence
de l'un des époux, quelque longue qu'elle soit, ne
suffira pas pour autoriser l'autre à contracter un
nouveau mariage; il ne pourra y être admis que
sur la preuve positive du décès de l'autre époux.* »
Cet article a été supprimé comme inutile.

L'officier de l'état civil ne doit donc pas accepter l'absence de l'un des époux comme la preuve
de son décès, et il doit refuser son ministère au
nouveau mariage que voudrait contracter l'époux
présent. — Mais enfin, supposons que, sur la représentation d'un faux acte de décès, par fraude

ou par erreur, le conjoint de l'absent ait contracté
un nouveau mariage :

*Art. 139. — L'époux absent, dont le conjoint a
contracté une nouvelle union, sera seul recevable
à attaquer ce mariage, par lui-même, ou par son
fondé de pouvoir muni de la preuve de son existence.*

Ainsi, l'incertitude résultant de l'absence ne
suffit pas pour troubler le second mariage contracté par le conjoint de l'absent. Le même doute
qui empêchait d'abord la célébration à faire, protége ensuite la célébration faite; le second mariage, *tant que l'absence dure*, est à l'abri de toute
atteinte, de la part de qui que ce soit. — Il est possible que ce nouveau mariage soit valable, et l'on
n'annule pas un mariage sur un *peut-être*.

Cette théorie se résume en deux mots : l'incertitude de la mort de l'un des époux ne peut
suffire par autoriser son conjoint à contracter un
nouveau mariage — mais cette incertitude ne doit
jamais suffire non plus pour troubler le nouveau
mariage contracté.

Toutefois si, dans l'ancien droit comme actuellement, la nullité du second mariage qui avait été
formé par le conjoint d'un absent ne pouvait être
prononcée durant l'absence, du moins tant que
durait cette incertitude on obligeait : *Ceux qui ont
été mariés dans cet état d'incertitude à demeurer
separément*[1]. Aucun texte dans nos lois ne per-

1. D'Aguesseau, 28ᵉ plaidoyer. Affaire Coliquet. Toutefois

mettrait de forcer ainsi, en cas de doute, les époux
à se séparer. Je douterais même fort que l'un des
époux pût, en conséquence de cette incertitude,
obliger l'autre à se séparer de lui. Il est clair que
si la conscience des nouveaux époux se trouble,
que si dans leur for intérieur ils conçoivent des
doutes sur la légitimité de leur union, la loi ne
s'oppose point à ce qu'en vivant désormais séparément, ils fassent taire leurs scrupules par un
sacrifice réciproque et volontaire. Mais si la femme,
par exemple, se fondant sur ce qu'elle doute de
la mort de son premier mari, prétendait, contre
le gré du second, quitter le domicile conjugal
pour se soustraire à ce qui, dans sa conscience,
n'est qu'une cohabitation adultère, je ne vois pas
sur quels moyens une telle prétention pourrait
être appuyée devant les tribunaux. La loi, en reconnaissant la validité du second mariage, en
reconnaît par là même toutes les conséquences
nécessaires[1].

Nous supposons maintenant que cette incertitude se dissipe :

a. *L'absent a reparu.* — Qui peut attaquer le
second mariage de son conjoint?

b. L'absent a reparu, puis est mort après son
retour. — Le second mariage peut-il être attaqué?
Par qui?

cette solution n'était pas unanimement reconnue dans l'ancien
droit (Boucheul, Cout. de Poitou, t. I, p. 712).
1. Demol., II, p. 374. Comp. Demante, *Encyclop.*, n° 133.

*c. L'absent n'a pas reparu.* — Mais on demande à prouver qu'il existe actuellement. Le peut-on?

*d.* L'absent n'a pas reparu. — On demande à prouver que, mort actuellement, il vivait encore au moment de la célébration du second mariage. Cela est-il possible?

La solution de ces différentes questions dépend de l'interprétation que nous donnerons à l'article 139. D'après cet article : *l'époux absent dont le conjoint a contracté une nouvelle union sera seul recevable à attaquer ce mariage par lui-même, ou par son fondé de pouvoir, muni de la preuve de son existence.*

Il s'en faut bien que les opinions soient unanimes sur le sens de cet article 139.

Un *premier système* opte pour le sens strictement grammatical de la loi. L'absent seul, ou son fondé de pouvoirs, a qualité pour attaquer le second mariage contracté pendant l'absence. En effet, la loi déclare formellement que l'époux absent sera *seul* recevable. Le texte est clair et décisif[1].

Pour un *deuxième système*, la loi n'a voulu dire que ceci, dans l'article 139 : à savoir que l'incertitude sur la vie de l'absent ne suffit pas pour faire annuler le second mariage de son conjoint, mais

1. Merlin, Répert., v° Absence, art. 139. — Toullier, I, n°° 485, 528, 529. — Zachariæ, I, p. 316. — Vazeille, C. de Mar., I, n° 225.

que, dès que cette incertitude disparaît, (— et
elle disparaît quand l'absent se représente ; — ou
même quand, indépendamment de son retour, on
prouve son existence actuelle ; ou, s'il est mort,
son existence au moment où le second mariage
a été contracté,) — *dès lors le droit commun reprend son empire.* Or, d'après le droit commun,
(article 184) le mariage entaché de bigamie peut
être attaqué, ainsi que nous l'avons dit, par l'é-
poux abandonné, les nouveaux époux, les ascendants, les enfants du précédent lit, les collatéraux,
et le procureur de la République. Le cas que
prévoit l'article 139, est celui *où l'absence dure* ;
— dès qu'elle cesse, ce n'est plus l'article 139,
mais bien l'article 184, qu'il faut appliquer. L'article 139 revient à dire que nul ne peut agir
pendant l'absence ; — il ne s'occupe nullement du
cas où l'absence aurait cessé.

*Tant que dure l'absence,* l'absent seul peut attaquer le second mariage de son conjoint, *parce que
lui seul sait qu'il est vivant* ; mais, si l'absence
cesse, on se trouve en dehors de l'article 139, et,
puisqu'on n'est plus dans l'exception, on retombe
forcément dans la règle ; or, la règle, c'est l'article 184.

Les travaux préparatoires, confirment, dit-on,
cette interprétation. — Dans le projet du Code, à
la place de l'article 139, il y avait deux articles
ainsi conçus : article 26 : *L'absence de l'un des
époux, quelque longue qu'elle soit, ne suffira*

22

*point pour autoriser l'autre à contracter un nou-*
*veau mariage ; il ne pourra y être admis que sur*
*la preuve positive du décès de l'autre époux.* — Article 27 : *Si néanmoins il arrivait qu'il eût con-*
*tracté un nouveau mariage, il ne pourra être dis-*
*sous sous le seul prétexte de l'incertitude de la vie*
*ou de la mort de l'absent, tant que l'époux ne se*
*présente pas, ou ne réclame point par un fondé*
*de procuration spéciale, muni de la preuve positive*
*de l'existence de cet époux.* — Dans la discussion
qui s'e gagea au conseil d'État, sur ces deux articles, M. Bérenger remarqua que l'article 26 et
l'article 27 paraissaient se contrarier : le premier
décidant que l'absence de l'un des époux n'autorise en aucun cas l'autre époux à contracter un
nouveau mariage, et le second supposant qu'un
tel mariage a pu être contracté. A quoi M. Tronchet répondit, que ces articles ne se contrariaient
nullement ; qu'ils ne faisaient qu'ériger en lois les
belles maximes de l'avocat général Gilbert des
Voisins, lequel disait : *L'incertitude de la mort de*
*l'un des époux ne doit jamais suffire pour contrac-*
*ter un mariage nouveau ; mais elle ne doit aussi*
*jamais suffire pour troubler un mariage contracté.*
M. Thibeaudeau objecta encore, que, quoique la
sagesse de ces maximes ne pût être contestée,
cependant il y avait quelqu'inconvénient dans
la manière dont elles étaient rédigées ; l'exception
présentant une contradiction trop formelle avec
la règle. Il ne fallait pas que la loi, en prévoyant

la possibilité de tels mariages, parût les autoriser
ouvertement. En conséquence, le consul Cambacérès, proposa : *d'effacer l'article 26, d'énoncer
d'abord la disposition de l'article 27, et de rédiger ainsi la fin de cet article. Néanmoins, si l'é-
poux absent se représente, le mariage sera déclaré
nul.*—M. Thibeaudeau, chargé de la rédaction nouvelle, déclara qu'il la ferait dans le sens indiqué
par le consul, et la discussion se termina par ces
mots significatifs : *la proposition du consul Cambacérès est acceptée.*—Le nouveau texte qu'ap-
porta M. Thibeaudeau, et qui fut adopté, ne reproduit pas réellement la pensée de Cambacérès,
mais cette pensée même doit servir à l'expliquer.
Or, cette pensée, que nous avons rapportée, est
que, si l'époux absent se représente, c'est-à-dire
si l'absence cesse, *le mariage sera déclaré nul.* A
la requête de qui?—Conformément au droit commun de l'article 184! Si les expressions employées
par le consul eussent été substituées, comme
cela avait été convenu, à la seconde partie de
l'article 27 du projet, seul conservé, le doute
serait-il possible? Or, telle avait été la volonté du
conseil d'État.

Ainsi, *tant que dure l'absence,* l'absent seul peut
attaquer le nouveau mariage de son conjoint; 
*dès que l'absence a cessé,* l'article 184 reprend son
empire. Tandis que, dans le premier système,
l'article 139 devrait recevoir son application,
*même au cas où l'absence a cessé.*

Dans ce second système, l'article 184 s'applique : 1° si l'absent se représente; 2° si, s'étant représenté, il meurt après son retour; 3° si, même l'absent n'ayant pas reparu, on demande à prouver son existence actuelle; 4° si la mort de l'absent ayant été apprise, on demande à prouver que cette mort est postérieure au second mariage[1]. C'est-à-dire que toute personne intéressée peut, *dès que l'absence, ou en d'autres termes l'incertitude, a cessé,* demander la nullité du second mariage, en prouvant que le premier existait encore au moment où le second a été célébré[2].

Objecte-t-on à ce système, que l'article 139 deviendrait sans objet et sans application, s'il devait avoir seulement pour effet d'exclure la recevabilité de l'action en nullité, de la part des autres intéressés, tant et aussi longtemps qu'ils n'offriraient pas la preuve de l'existence de l'absent au moment de la célébration du second mariage, puisqu'à défaut de cette preuve leur action serait déjà non recevable d'après les principes du droit commun; — qu'en effet c'est au demandeur à prouver le fondement de son action, c'est-à-dire la coexistence des deux mariages, et que, cette

1. Marcadé, I, art. 139, II.
2. M. Valette sur Proudhon, I, p. 302, n° 2, et explicat. somm., p. 74-75. — Demolombe, II, p. 380, 381. — Delvincourt, I, sur la p. 55, note 2, p. 110 et suiv. — Duranton, I, n° 527. — Duc. Bonnier, et Roust., I, n° 333. — Massé et Vergé sur Zachariæ, I, p. 161.

preuve étant en fait impossible, *tant que dure l'absence*, c'est-à-dire l'incertitude sur la vie du premier conjoint, un article qui aurait pour but d'interdire une preuve impossible serait inutile? On répondra dans ce système, que même entendu ainsi, c'est-à dire appliqué au cas où l'absence dure encore, l'article 139 n'est pas inutile, car, loin de consacrer le droit commun, il y fait exception. En effet, dit-on, si je conclus à la nullité d'une donation, en me fondant sur l'état d'interdiction du donateur, il me suffira de prouver que le donateur a été, antérieurement à cette donation, interdit par une décision judiciaire que je représente; mais sans doute on ne m'imposera pas la preuve qu'au moment même de la donation il n'y avait pas eu mainlevée de l'interdiction. Et de même si je conclus à la nullité d'un mariage contracté par une personne que je prétends être actuellement mariée, il me suffira de prouver la célébration d'un précédent mariage, mais on n'exigera pas que je prouve la validité du premier mariage; si les nouveaux époux allèguent la nullité du précédent mariage, c'est à eux de la prouver (article 189). De même, lors que je conclus à la nullité d'un mariage contracté par le conjoint d'un absent, il devrait me suffire de prouver l'existence d'un précédent mariage, sans que l'on puisse m'imposer la preuve qu'au moment du second mariage il n'y avait pas eu dissolution du premier; et si les nouveaux époux prétendent que ce précédent mariage est dissous, ce devrait être alors à eux, demandeurs dans leur exception, d'en prouver la dissolution. L'article 139 fait donc exception aux règles générales[1], en mettant à la charge du demandeur non-seulement la preuve de l'existence d'un précédent mariage, mais encore la preuve de la non-dissolution de ce mariage, ou, en d'autres termes, car cela revient au même, en lui refusant toute action, puisque cette dernière preuve est précisément supposée impossible. C'est que l'intérêt de la société elle-même exigeait que ce mariage ne fût pas dissous; or il l'eût été infailliblement si l'on eût distribué la charge des preuves selon le système indiqué, car les nouveaux époux, mis en demeure de prouver la dissolution du précédent mariage, eussent été, par le fait même de l'absence, dans l'impossibilité de faire cette preuve.

Dans un *troisième système*, proposé sur cette question difficile, il ne faudrait, *après la cessation de l'absence*, ni, comme dans le premier système, réserver l'action en nullité à l'absent ou à son mandataire, — ni, comme le fait le second, l'accorder à tout intéressé, en appliquant le droit commun de l'article 184. Ces deux opinions étant l'une et l'autre trop absolues, on adoptera une solution intermédiaire, on distinguera.

*L'absence ayant cessé*, l'action en nullité ap-

1. Demolombe, III, p. 373,

partient, non-seulement à l'absent ou à son fondé
de pouvoirs, mais encore à tous ceux qui sont
intéressés à faire cesser le fait immoral d'un commerce notoirement adultérin. Quant à ceux qui
n'ont qu'un intérêt *privé et pécuniaire*, à la nullité
du mariage, ils n'ont point qualité. — Donc, *avec
le second système*, on donnera l'action en nullité,
non-seulement à l'absent ou à son fondé de pouvoirs, mais encore *aux nouveaux époux*, car la loi
n'a pas pu leur imposer un adultère légal, *et au
ministère public*, qui ne peut pas être forcé de
tolérer une si grave atteinte aux bonnes mœurs.
— Mais, *avec le premier système*, on la refusera
aux collatéraux, et aux enfants que l'un des époux
aurait du précédent lit.

La loi divise effectivement en plusieurs classes
les personnes qui peuvent provoquer la nullité d'un
mariage : « *les nouveaux époux,... tous ceux qui
y ont intérêt,... et le ministère public* (art. 184). »
C'est donc dans la classe des intéressés en général,
qu'il faut ranger l'époux au préjudice duquel le
nouveau mariage a été contracté (art. 188), et
dès lors, quand l'article 139 déclare que seul il
sera recevable dans le cas d'absence, cela signifie :
« *seul parmi les personnes de la classe à laquelle
il appartient, — seul parmi les parties intéressées
de l'article 184....* » Quant aux nouveaux époux,
quant au ministère public, la loi n'y a même pas
songé : et effectivement, comme nous l'allons
constater, la préoccupation des orateurs du gou-

vernement était seulement d'écarter les actions en
nullité qui n'auraient pas un motif de morale,
mais bien un but pécuniaire : « *On a voulu,* disait
M. Bigot de Préameneu, *que le mariage contracté
pendant l'absence ne pût être attaqué que par
l'époux même, à son retour, ou par celui qui serait
chargé de sa procuration : la dignité du mariage,
ne permet pas de le compromettre pour l'intérêt
pécuniaire des collatéraux, et il doit suffire aux
enfants nés d'une union contractée de bonne foi,
d'exercer leurs droits de légitimité, droits qui,
dans ce cas, ne sauraient être contestés par les
enfants mêmes du premier mariage.* » Au Corps
législatif, M. Huguet n'était pas moins explicite :
« *Alors, disait-il, des tiers, des parents collatéraux,
seront-ils admis à attaquer le second mariage?
leur donnera-t-on le droit, comme dans l'ancienne
jurisprudence, d'interjeter appel comme d'abus, de
ces seconds mariages, et d'en demander la nullité?
Et, parce que cette nullité pourrait convenir à
l'intérêt des collatéraux, autorisera-t-on des demandes qui porteraient un trouble aussi notoire
dans les familles? L'article du projet que je viens
de citer, refuse ce droit à ces collatéraux.* »

Ainsi, dans ce système, *tant que dure l'absence,*
l'absent seul ou son mandataire peuvent agir (sur
ce point on est d'accord); mais, *dès que l'absence
a cessé,* peuvent agir : l'époux dont l'absence a
cessé ou son fondé de pouvoirs, les nouveaux
époux, et le ministère public

Reprenons maintenant les quatre questions posées plus haut : 1° l'absent se représente : nous venons de dire qui peut agir; 2° l'absent s'est représenté, mais il est mort depuis son retour : nul, alors, ne peut faire annuler le nouveau mariage, car la mort de l'absent a mis fin à tout scandale; 3° l'absent n'a pas reparu, mais on demande à prouver son existence actuelle : cette demande est recevable de la part des nouveaux époux et du procureur de la République; elle ne l'est pas de la part des autres intéressés; 4° l'absence a cessé par la mort connue de l'absent : peut-on prouver que sa mort est postérieure au second mariage ? Non : le second mariage est inattaquable pour tout le monde, car il n'y a plus adultère ni scandale [1].

Enfin, un *quatrième système* a été proposé. Dans ce système, on ne distingue plus si l'absence dure ou ne dure plus, *mais bien si l'absent s'est représenté ou ne s'est pas représenté*, ce qui n'est pas tout à fait la même chose, car l'absence peut fort bien cesser sans que l'absent se représente.

*Tant que l'époux ne se représente pas,* lui seul est recevable à attaquer le mariage par lui-même ou par son fondé de pouvoirs, muni de la preuve de son existence (art. 139). *S'il se représente,* on retombe sous l'empire du droit commun (art. 184):

1. M. Demante, Encyclop. du droit, n° 123-134; et Cours analyt., I, n° 177 bis, II à VII.

les nouveaux époux, le ministère public, et tous les intéressés, sont autorisés à demander (soit pendant sa vie, soit après son décès, suivant la distinction établie aux articles 184, 187, 188 et 190), la nullité du second mariage contracté par le conjoint présent.

En reprenant nos quatre questions, nous rendrons sensibles les différences qui séparent ce système des précédents : 1° l'absent a reparu : application de l'article 184 ; 2° l'absent s'est représenté, mais il est mort depuis son retour : application de l'article 184 ; 3° l'absent n'a pas reparu, mais on demande à prouver son existence actuelle : une fin de non-recevoir absolue, doit accueillir toute demande de cette espèce, sauf si elle est faite par le procureur de l'absent ; 4° l'absence a cessé par la mort connue de l'absent ; on demande à prouver que sa mort est postérieure au second mariage : cette preuve est inadmissible [1].

Telles sont les quatre principales interprétations qui ont été données de cet article 139. On ne peut guère s'étonner qu'une si grande diversité d'opinions se soit produite sur cette disposition importante, car elle est aussi elliptique et aussi obscure que possible. En effet, l'acception grammaticale de ses termes, ne saurait suffire pour faire accepter la solution à laquelle ont été con-

1. Aubry et Rau, I, p. 566 et 567.

duits les auteurs du premier système. Appliquez en effet ce système : que direz-vous si l'absent, de retour, reste indifférent, satisfait peut-être, en présence de la nouvelle union de son conjoint ? La morale publique sera désarmée en présence d'un commerce légalement adultérin ; on verra publiquement une femme avec deux maris légitimes, auxquels elle partagera peut-être notoirement ses faveurs ; ou un homme avec deux femmes légitimes ! Quant aux enfants qui naîtront de ce commerce tripartite, ils auront, de par la loi même, deux pères légitimes. Le texte de la loi est là ; mais son esprit ? On peut, on doit, ne pas le croire.

Ce système écarté, toutes les autres doctrines ont été condamnées à s'éloigner plus ou moins de la loi ; c'est entre elles, cependant, que nous nous trouvons amenés à hésiter, et forcés de choisir. Comme nous avons écarté le premier système, nous écarterons le second. Il nous semble qu'un double reproche peut lui être adressé : *a*. Un mariage n'est pas nul par cela seul que celui des époux qui se trouvait engagé dans les liens d'une précédente union, n'a pas rapporté la preuve du décès du premier conjoint. Le nouveau mariage ne serait entaché de nullité, qu'autant que la première union aurait encore subsisté, à l'époque où la seconde a été célébrée. *C'est donc la coexistence des deux mariages qui forme le fondement de la demande en nullité*, et elle doit dès lors être établie par le demandeur. Or, *tant que dure l'absence*, cette preuve est impossible, par la force même des choses. Dès lors donc que le second système restreint l'application de l'article 139 *à la durée de l'absence*, il suppose par là même que cet article prohibe une preuve qui, par elle-même, ne pourrait pas être fournie : la preuve de l'existence de l'absent, pendant l'absence, au moment de la célébration du second mariage. *b.* On peut en outre s'étonner que ce système, après avoir si scrupuleusement examiné les travaux prépara-toires, en tire une conclusion qui n'en découle nullement. « *Néanmoins, si l'époux absent se re-présente*, a dit le consul Cambacérès, dont la proposition fut adoptée, *le mariage sera déclaré nul.* » Ces expressions, on les interprète ainsi : « *Néanmoins, si l'absence cesse, le mariage sera déclaré nul.*» Cette interprétation modifie absolu-ment le sens de la proposition, *car l'absence peut fort bien cesser, alors que cependant l'absent ne se représente pas.* — Le troisième système est in-génieux et favorable ; mais je crois qu'il y a quelque contradiction dans la distinction qu'il admet. *L'absence a cessé;* de deux choses l'une : ou le droit commun de l'article 184 doit reprendre son empire, ou c'est l'article 139 qu'il faut appli-quer. Or, ce système concède que, même après la cessation de l'absence, le droit commun, l'ar-ticle 184, ne doit pas s'appliquer, puisqu'il refuse l'action en nullité aux collatéraux et aux enfants

d'un précédent lit. D'autre part, il n'accepte pas
les termes absolus de l'article 139, puisqu'il donne
l'action au procureur de la République et aux
nouveaux époux. Si l'on applique l'article 184,
de quel droit le scinder ? Si l'on applique l'article 139, de quel droit l'étendre ? N'est-il pas
arbitraire de se placer entre ces deux alternatives ?

Celui des trois systèmes qui nous paraît le moins
en désaccord avec l'article 139 est le quatrième :
Tant que l'époux *ne se représente pas*, lui seul est
recevable à attaquer le mariage, par lui-même ou
par son fondé de pouvoirs; tous les autres intéressés, et le Ministère public lui-même, seraient
non recevables à en provoquer l'annulation, bien
qu'ils offrissent de prouver que l'absent vit encore
actuellement, ou n'est décédé que depuis la célébration du second mariage. S'il *se représente*,
on retombe sous l'empire du droit commun
(art. 184) : les nouveaux époux, le ministère
public, et tous les intéressés, sont recevables à
demander, (soit pendant sa vie, soit après son
décès, suivant les distinctions établies aux articles 184, 187, 188 et 190), la nullité du second
mariage contracté par le conjoint présent. Bien
plus que le second système, on est autorisé à
invoquer en ce sens les travaux préparatoires, car
tel est littéralement le sens de la proposition du
consul Cambacérès, proposition qui fut acceptée :
*Néanmoins, si l'époux absent* SE REPRÉSENTE, *le
mariage sera déclaré nul.* D'un autre côté, cette

proposition ainsi entendue se justifie parfaitement :
« Si le retour de l'absent, disent MM. Aubry et Rau,
établit d'une manière irréfragable son existence,
il n'en est pas de même des moyens plus ou moins
concluants à l'aide desquels on chercherait à justifier l'existence d'une personne qui n'a pas reparu
à son domicile, et l'on comprend que le législateur
n'ait pas voulu faire dépendre le sort d'un mariage, d'éléments de preuve dont l'appréciation
ne serait pas à l'abri de toute chance d'erreur.
D'ailleurs, les raisons de haute moralité, qui
veulent qu'en cas de retour de l'absent l'action
en nullité puisse être formée par toute personne
intéressée, ne se présentent pas, du moins avec
la même gravité, dans l'hypothèse où l'absent,
qu'on prétend existant, n'a cependant pas reparu
à son domicile. »

Nous ne nous dissimulons pas que cette solution
a l'inconvénient, — qui lui est commun avec les deux
précédentes, — de ne pas s'attacher exclusivement
et rigoureusement au texte de l'article 139; mais
elle a pour avantage : de s'écarter moins que toute
autre de l'esprit de cette disposition, révélé par
la discussion du conseil d'État, et de combiner,
d'une manière raisonnable, les exigences de l'intérêt général et celles de l'intérêt particulier. Dans
l'impossibilité absolue de découvrir ce que le législateur *a voulu*, nous avons été obligés de rechercher ce qu'il *a dû vouloir* [1].

1. On ne peut, sur cette obscure question, connaître l'o-

Dans toute cette discussion j'ai dû, pour ne pas m'attarder dans des détails et pour ne pas m'embarrasser de nouvelles complications, laisser provisoirement de côté certaines difficultés qui peuvent encore s'élever sur l'interprétation de cet article 139.

Et d'abord, l'article 139 ne doit-il recevoir d'application qu'autant que le second mariage du conjoint présent a eu lieu après la déclaration de l'absence de l'époux qui a disparu? Ou faut-il l'appliquer aussi dans le cas ou la nouvelle union a été célébrée pendant la période de présomption d'absence? Il est vrai que l'article 139 fait partie du chapitre III, qui traite de l'absence déclarée, mais, d'un autre côté, la généralité des termes de

pinion de la jurisprudence, qu'en la faisant résulter, par *a contrario*, d'arrêts qui n'ont pas spécialement résolu la difficulté qui nous occupe. Un arrêt de cassation, ainsi interprété, nous serait plutôt contraire. En effet, dans un arrêt du 17 avril 1838, (Sirey, 1838, I, 296), il est dit : « Attendu que les demandeurs ne pourraient légitimement attaquer le second mariage de leur mère, *qu'autant qu'ils auraient apporté la preuve qu'en 1827, époque à laquelle fut contracté ce second mariage, leur père*, (le sieur Desailly, ex-officier à la 15ᵉ demi-brigade, disparu en 1801), *existait encore,....* attendu que les demandeurs n'ont pas produit cette preuve, etc. » D'où il semble que l'on pourrait conclure que, *l'absent même n'ayant pas reparu*, les intéressés peuvent être admis, comme le veut le 2ᵉ système, à prouver qu'il existe encore, ou même seulement qu'il existait au moment du second mariage, et que si, dans l'espèce, cette preuve eût été fournie, la Cour eût admis la nullité du second mariage. — Mais nous avons repoussé cette doctrine.

l'article 139, nous paraît exclure toute distinction que l'on voudrait faire pour son application, entre le cas où le second mariage aurait été contracté après la déclaration d'absence et celui où il l'aurait été avant cette déclaration. Au reste, la raison est toujours la même, car la présomption d'absence est déjà l'absence, c'est-à-dire l'incertitude entre la vie et la mort de la personne qui a disparu. Nous croyons donc que, alors même que le second mariage aurait été célébré avant la déclaration d'absence, personne autre que l'absent ou son procureur, ne serait recevable à en provoquer l'annulation, tant que l'absent ne se serait pas représenté, quand même le demandeur offrirait de prouver que l'absent vit encore actuellement, ou n'est décédé que depuis la célébration de ce second mariage [1].

Une troisième difficulté s'élève sur l'article 139. L'absent peut attaquer le nouveau mariage de son conjoint, soit par lui-même, *soit par son fondé de pouvoirs, muni de la preuve de son existence.* Mais, peut-on objecter, qu'est-il besoin que le mandataire apporte la preuve de l'existence de l'absent ? Cette preuve ne résulte-t-elle point de l'acte par lequel l'absent lui a donné pouvoir d'agir pour lui et de le représenter (art. 2008) ?

1. Aub. et Rau, I, p. 566 et note 2. — Comp. Demol, II, p. 384. — Lyon, 3 fév. 1830, (Dalloz, 1830, II, 145). — Cass., 21 juin 1831. (1831, II, 201.)

On a dit que la loi permettait, par ses expressions, à un mandataire général que l'absent
aurait, avant son départ, préposé à la gestion de
ses affaires, d'attaquer le second mariage du conjoint de l'absent. En effet, lorsque la procuration donnée par l'absent est spéciale à cet effet,
la preuve de l'existence de l'absent résulte de
cette procuration même. Tel n'est donc pas le
cas prévu par la loi : elle suppose un mandataire
général, et lui permet d'agir en nullité du mariage. Toutefois, tandis que ce mandataire peut,
sans être obligé de rapporter la preuve de l'existence de son mandant, exercer les actions qui
intéressent son patrimoine, la loi veut que l'action en nullité du mariage ne puisse être par lui
intentée, qu'à la condition de prouver que l'absent, au nom duquel il agit, existe réellement.
Rien de plus juste que, pour l'exercice d'une
action aussi grave, on déroge au droit commun,
et qu'on exige du fondé de pouvoirs la preuve
que son mandat n'a pas pris fin par la mort de
celui qui le lui avait conféré. Ce qui prouve bien
que tel est le sens de la loi, c'est que dans le
projet on exigeait, pour attaquer le second mariage, des pouvoirs spéciaux, et que ces expressions ont disparu dans la rédaction définitive[1]. Mais,
a-t-on répondu, cette explication est à peu près

1. Marcadé, I, art. 139, n° 3. — Delvincourt, note 2 sur
la p. 55, p. 112.

invraisemblable : d'abord parce que le mandataire
général qu'a laissé l'absent, ne saurait avoir qualité pour provoquer la nullité du mariage ; il n'a
que les pouvoirs que l'absent a eu vraisembla-
blement l'intention de lui conférer, et il n'est pas
raisonnable de supposer, qu'en le chargeant du
soin de ses affaires, il ait songé à comprendre
dans ce mandat le pouvoir de demander la nullité du mariage que son conjoint pourrait contracter pendant son absence ; ensuite parce que,
les pouvoirs laissés par l'absent cessant par la
déclaration d'absence (art. 121, 122), le législateur eût ainsi prévu l'hypothèse assurément la
plus rare, celle où le second mariage aurait été
célébré pendant la présomption d'absence.

Tenons donc pour certain qu'il s'agit dans
l'article 139 d'un mandataire *ad hoc*, d'un fondé
de pouvoirs spécial, et efforçons-nous d'expliquer
cette disposition de l'article 139, en restant dans
cet ordre d'idées. En droit commun, un mandat
est censé durer tant que la mort du mandant
n'est pas prouvée (2008) ; ici, par exception, le
mandat ne dure qu'en tant que la vie du mandant
est prouvée. C'est en effet de cette question que
dépend le sort du second mariage. Or un pouvoir sous seing privé suffirait bien pour intenter
l'action (art. 1985), mais suffirait-il pour prouver
l'existence de l'absent lorsqu'il l'a donné ? On
exige d'ordinaire pour prouver l'existence d'un
individu un *certificat de vie*, c'est-à-dire l'affir-

mation d'un officier public. Que si la procuration
était authentique, ce certificat ne serait sans doute
pas nécessaire, mais il nous suffit de montrer qu'il
peut se présenter tel cas où l'on comprenne cette
condition exigée même d'un mandataire spécial,
pour donner un sens utile aux derniers mots de
l'article 139. En somme, la loi a voulu qu'en pareil cas l'existence de l'absent fut *authentiquement*
démontrée [1].

---

# CHAPITRE II

## DES EFFETS DU CONVOL EN NOUVELLES NOCES.

Nous verrons, dans trois sections différentes,
ceux de ces effets qui sont particuliers au second
mariage de l'homme, ou au second mariage de
la femme, ou enfin ceux qui sont communs aux
secondes noces de l'homme, et à celles de la
femme.

### SECTION I.

*Effets particuliers au second mariage de l'homme.*
Le nouveau mariage de l'homme modifie l'exercice de la puissance paternelle sur les enfants de

1. Demolombe, II, n° 263. — Duranton, I, n° 524,
note 1.

son précédent mariage, *au point de vue du droit de correction.*

On sait que, dans l'exercice de son droit de correction, le père agit tantôt *par voie d'autorité,* et tantôt *par voie de réquisition.* Par voie d'autorité, lorsque, sur sa demande, le président du tribunal est *obligé* de délivrer, sans connaissance de cause, l'ordre d'arrestation; par voie de réquisition, lorsqu'il est obligé de faire connaître ses motifs au président, qui, après les avoir pesés dans sa sagesse, et en avoir conféré avec le procureur de la République, accorde ou refuse l'ordre d'arrestation (art. 376, 377). La voie d'autorité n'est admise que tant que l'enfant a moins de seize ans commencés. Même lorsque l'enfant est au-dessous de seize ans, la voie d'autorité ne peut plus être employée par le père, si, la mère de l'enfant étant morte, le père a convolé en nouvelles noces (art. 380) : « *Si le père est remarié, il sera tenu, pour faire détenir son enfant du premier lit, lors même qu'il serait âgé de moins de seize ans, de se conformer à l'article* 377. » En effet, l'expérience a montré que l'homme qui s'est remarié n'a plus toujours, pour les enfants de son précédent lit, cette affection qui sert de modérateur à sa puissance.

Mais c'est une question assez vivement débattue que celle de savoir si le père, qui après un second mariage aurait perdu sa seconde femme, resterait encore privé du droit de faire détenir, *par voie d'autorité*, les enfants du premier lit, encore âgés de moins de seize ans, et n'ayant d'ailleurs ni fortune personnelle, ni profession (art. 382). Quelques auteurs professent que le père remarié ne recouvre pas, par son second veuvage, le droit de correction *par voie d'autorité*. En effet, allèguent-ils, ce droit, d'après l'article 380, a été perdu par le second veuvage du père. Il ne pourrait donc recouvrer le pouvoir que la loi lui a enlevé, qu'autant que la loi elle-même le lui rendrait ; or, aucun texte ne restitue au père, après la dissolution de son second mariage, le droit qu'il a perdu par le fait même de ce mariage ; donc il en demeure toujours déchu. Quel est, au surplus, le fondement de l'article 380 ? Le législateur nous l'a fait connaître : lorsque le père s'est remarié, « *il ne lui suppose plus la même tendresse et la même impartialité* [1]. » Or, sans doute, ce motif est surtout puissant lorsque la marâtre existe encore ; mais il s'en faut de beaucoup que sa mort fasse, du moins en thèse générale, disparaître complétement le danger dont la sollicitude de nos législateurs s'est ici préoccupée. Par le fait seul du second mariage, la situation du père envers les enfants de son premier lit a été changée, altérée, souvent pour toujours ; son amour a été amoindri par le partage qu'il en a fait, et le souvenir de la belle-mère pourra être

---

1. M. Réal. Exposé des motifs, Fenet, t. X, p. 520.

funeste aux enfants, aussi longtemps que ce souvenir vivra dans le cœur de leur père. Or, cette
influence survivra peut-être encore longtemps,
surtout s'il y a eu des enfants du second lit. Il y
aura de part et d'autre de l'irritation, de l'ai-
greur, qui pourra rendre excessive et injuste
l'autorité sans contrôle qu'exerce le père, lorsqu'il exerce son droit de correction par voie d'autorité. — Je crois, au contraire, qu'il faut décider
que le père, redevenu veuf, recouvre le droit
d'agir par voie d'autorité, et sans discuter l'argumentation de sentiment, un peu exagérée, à
laquelle se livre le système que je viens d'exposer, j'examine le texte même de l'article 380 :
« *Si le père est remarié*, dit-il : eh bien, lorsque
la seconde femme est morte, le père *n'est pas
remarié; il a été remarié.* Ce serait tout autre
chose si la loi disait : « *Si le père s'est remarié.* »
Je dois toutefois convenir que mon argumentation
est peut-être trop subtile, mais, dans le doute, le
plus sûr est de s'y attacher[1].

## Section II.

*Effets particuliers au second mariage de la femme.*
§ 1. *Au point de vue du droit de correction.*
— Prompte à s'alarmer, accessible aux influences

---

1. Aub. et Rau, IV, p. 606. — Marcadé, II, art. 375,
n⁰ˢ 2 et 3. — *Contra*, Demol., VI, p. 254. — Demante, t. II,
n° 120 bis, IV.

étrangères, la mère est exposée à prendre des décisions irréfléchies. En conséquence, l'article 384
ne lui permet d'user de son droit de correction
que *par voie de réquisition*, et encore ne le peut-
elle qu'avec le concours des deux plus proches
parents paternels de l'enfant. D'autre part, tandis que le père remarié conserve son droit de
correction, *mais restreint*, la mère qui se remarie *perd complétement* son droit de correction (art. 384).

La raison de cette différence se tire de la condition
différente qu'un second mariage fait au père et à la
mère : l'homme qui prend une nouvelle femme,
ne s'absorbe point en elle; il en subit sans doute
l'influence, mais enfin on peut présumer qu'il
conserve toujours son autorité, et une certaine
indépendance. C'est donc assez qu'on modifie
son droit de correction par le pouvoir modérateur confie au magistrat chargé de délivrer l'ordre d'arrestation. La veuve, au contraire, lorsqu'elle se remarie, est, le plus souvent du moins,
entièrement soumise à l'autorité, à l'influence, de
son nouveau mari. Si donc la loi lui eût laissé son
droit de correction, ce n'est pas elle qui l'eût
exercé en fait. C'est pourquoi l'on a estimé, qu'il
serait imprudent, et par suite injuste, de laisser
un tel pouvoir entre les mains d'un homme étranger, qui serait peut-être hostile aux enfants.

Remarquons toutefois que si la mère remariée
avait été maintenue dans la tutelle, elle pourrait,

comme tutrice ; de concert avec son nouveau mari, et avec l'autorisation du conseil de famille, exercer le droit de correction, conformément à l'article 468.

De même que l'on se demande si le père, re-devenu veuf, recouvre le droit de correction *par voie d'autorité*, sur ses enfants de moins de seize ans, de même on discute si la mère, redevenue veuve, recouvre le droit de correction *par voie de réquisition*, après l'avoir perdu par son se-cond mariage. Les arguments à invoquer de part et d'autre, sont ceux que j'ai indiqués sur la pre-mière de ces deux questions, et, décidant dans le même sens, je pense que la mère devrait recou-vrer, par son second veuvage, son droit de cor-rection, tel qu'elle le possédait pendant sa pre-mière viduité.

§ 2. *Au point de vue de la jouissance légale.* — L'usufruit légal ayant son fondement dans le devoir d'éducation, et ce devoir étant, pendant le mariage, à la charge du mari, celui-ci a seul, de son vivant, le bénéfice de ce droit. Il passe à la mère, alors que le devoir d'éducation lui in-combe, c'est-à-dire lorsqu'elle devient veuve. Mais l'article 386 dispose que cette jouissance : « *Cessera à l'égard de la mère, dans le cas d'un second mariage.* »

D'après l'article 268 de la coutume de Paris, la garde cessait au cas où *le père ou la mère se remariaient*. Dans le droit du Code, au con-

traire, le père, par son convol en nouvelles noces,
n'est pas dépouillé de l'usufruit légal. Pourquoi
cette différence entre le père et la mère ? Elle
repose sur deux raisons ; d'abord sur : « *L'in-*
*convenance qu'il y aurait à établir en principe,*
*que la mère peut porter, dans une autre famille,*
*les revenus des enfants du premier lit, et enrichir*
*ainsi à leur préjudice son époux*[1]. » Mais cette
raison n'explique pas suffisamment la différence
que nous signalons, car enfin on pourrait dire
aussi que le père qui se remarie va enrichir sa
nouvelle femme, et ses nouveaux enfants, des
fruits des biens de ses enfants du premier lit,
tout en reconnaissant, du reste, que le danger
est ici moins grand, par ce que l'homme, malgré
son nouveau mariage, garde plus d'indépendance
que la femme remariée, et doit être présumé
avoir plutôt la force morale nécessaire pour conserver exclusivement à ses enfants du premier lit
les produits de leurs biens. Mais il est une seconde considération, qui explique d'une manière
plus satisfaisante cette différence entre le veuf
et la veuve remariés. Elle est que, sous presque
tous les régimes, les fruits et revenus, qui appartiennent à la femme, sont perçus par le mari,
qui en a seul la libre disposition. Ainsi en est-il
sous le régime de la communauté (art. 1401,

1. M. Réal, au Corps législatif. (Locré, Législ. civ., **VII**,
p. 65.)

1421, 1428); sous le régime exclusif de communauté (1530); sous le régime dotal (1549); et, même sous le régime de la séparation de biens, il arrive presque toujours, en fait, que le mari, chef de la famille, a la disposition des revenus, et que, malgré le texte du contrat, il prend en main l'administration des biens de la femme (Comp. art. 1539). Ainsi nanti de ces valeurs, le nouveau mari en eût disposé, bien plus en conséquence de ses intérêts, et de ceux de ses propres enfants, que pour l'entretien et l'éducation des enfants qui ne sont pas de ses œuvres; et la mère, le plus souvent, eût été dans l'impuissance de prévenir cette sorte de détournement. Or, le même danger n'existe pas quand c'est le père qui se remarie, car c'est bien lui (du moins faut-il le supposer), qui exercera ses droits.

Il est bien entendu, du reste, que la jouissance légale ne s'éteint que pour l'avenir : l'article 386 n'en prononce pas la résolution *in præteritum*, mais seulement la cessation.

Supposons maintenant que la mère ne s'est pas remariée; mais elle vit dans la débauche, son impudicité est notoire, elle accouche d'enfants naturels; — allons même plus loin : un homme, peut-être, s'est installé dans sa maison, ils vivent maritalement en concubinage. Eh bien, cette mère que, si elle se fût honnêtement remariée, nous déclarerions déchue de l'usufruit légal des biens de ses enfants,

cette femme que nous supposons maintenant
dans le libertinage, livrée à des influences plus
fortes et plus malsaines, lui laisserons-nous entre
les mains la libre disposition des revenus des enfants de son premier lit? On a soutenu qu'elle serait privée de l'usufruit légal, mais je regrette de
ne pouvoir admettre cette solution plus morale
que juridique. Pour la soutenir, on peut sans
doute invoquer les précédents. De tout temps,
les veuves qui vivaient en état de libertinage notoire ont été frappées des mêmes déchéances que
les femmes qui se remarient. Ainsi en était-il
en droit romain, et encore dans notre ancien
droit[1]. Et cela, ajoute-t-on, est rationnel : si la

---

1. V. la Const. 7, au Code, *de revoc. donat.* « *His solis
matribus, quæ non in secundi matrimonii fœdus nupserint,
sed unius tantum matrimonii sunt, revocandarum donationum
quas in filios fecerint, ita decernimus facultatem, si eos ingra-
tos circa se esse ostenderent.... De cæteris autem quæ porten-
tosæ vilitatis abjectæque pudicitiæ sunt, satis, etiam tacite,
cautum putamus. Quis est enim qui his aliquid arbitretur
tribuendum esse, quum etiam illis quæ jure secundas tantum
contraxerint nuptias, nihil ex his privilegiis tributum esse
velimus ?* » (*Constantinus et Constantius.*) C'est le même
esprit qui préside à la disposition suivante, de Justinien :
« *Si ante luctus tempus pepererit mulier circa terminum anni,
— ut indubitatum sit sobolem non ex priori consistere matrimonio,.... subdendam omnibus pœnis, ac si secundas eam
contigisset ante luctus tempus legitimas celebrasse nuptias. Non
enim aliquid amplius habebit castitate luxuria.* » (Novelle
**XXXIX**, *de muliere quæ peperit undecimo mense*, chap. II.)
— *Dans l'ancien droit*, Pothier nous apprend que : *la garde
noble finit pour cause de débauche publique, à l'égard de la*

veuve qui se remarie est privée de la jouissance légale, c'est à plus forte raison que la même déchéance doit atteindre la femme qui, dans des habitudes de débauches, détourne les revenus de ses enfants de leur destination, bien plus, certes, que ne pourrait le faire un nouveau mari. On invoque encore l'article 444, d'après lequel sont exclus de la tutelle et même destituables s'ils sont en exercice, *les gens d'une inconduite notoire.* Que ce texte soit applicable à la mère tutrice, après la dissolution du mariage, cela est certain, car ses termes sont absolus. Ainsi la mère d'une inconduite notoire pourrait être privée de la garde de la personne de ses enfants, et de l'administration de leurs biens ; or, ne serait-il pas au moins

---

gardienne. (Cout. d'Orléans. Introd. au titre des fiefs, n° 346). — Et Pierre Lemaistre, après avoir rapporté l'art. 268 de la Cout. de Paris, ajoute qu'il en serait de même si une mère vivait impudiquement ; il cite en ce sens un arrêt du 18 janvier 1567. — Cette déchéance de la garde, par suite de l'inconduite de la mère, se produit même dans les coutumes qui ne font pas cesser la garde, par le second mariage, soit du gardien, soit de la gardienne (art. 157, Cout. d'Artois, et art. 180, Cout. d'Orléans). V. aussi ce que nous avons dit dans la 1re *partie*, au sujet des peines qui frappaient la veuve, lorsque, pendant l'an de deuil, elle se débauchait, ou seulement vivait de manière à donner lieu d'être soupçonnée, coutume d'autant plus remarquable, que les peines contre les veuves qui se remarient dans l'an de deuil n'étaient pas en général observées dans notre France coutumière. C'est ainsi que la Coutume de Clermont en Argonne, décidait que : « *la douairière, pendant sa viduité, ayant abusé de son corps, perd son douaire.* »

singulier, qu'elle conservât encore, après cela, l'usufruit de leurs biens, alors qu'elle ne remplit aucune des conditions et des charges dont cet usufruit est la récompense ?

A mon sens, ce qu'il faut conclure de toutes ces raisons, c'est que le Code a eu tort, peut-être, de ne pas suivre les précédents, et qu'en cela il a consacré un système assez peu moral ; mais avec toute la bonne volonté possible, nous ne pouvons pas lire dans ses articles ce qui n'y est pas écrit. En effet : 1° L'article 384 n'enlève l'usufruit à la veuve *qu'en cas d'un convol en nouvelles noces* : or, la veuve n'est pas remariée, elle vit dans le libertinage ; 2° Raison de plus, dit-on. Mais est-ce que les déchéances s'étendent, *même par a fortiori*. Et puis *cet a fortiori* est-il bien évident ? Peut-être, si l'on considère la privation de l'usufruit légal comme une *peine* contre la femme qui se remarie, mais pas nécessairement si, croyant aux protestations du législateur contre l'attribution d'un tel caractère (V. *supra*, 1.$^{re}$ partie), nous ne considérons cette disposition que comme une protection pour les enfants du premier lit. Sans doute, la mère débauchée mérite plus d'être frappée que la mère remariée ; mais la débauche de la mère compromet-elle, en thèse générale, beaucoup plus les intérêts des enfants, que son second mariage ? Si elle est remariée, c'est son mari qui touche les revenus *légalement ;* si elle est dans le libertinage, elle est *en fait* peut-être sous la domination de son concubin, mais elle ne s'y trouve pas *légalement*, et il se peut fort bien que, malgré son impudicité, elle s'occupe de ses enfants, et ne détourne pas leurs revenus de la destination qu'ils doivent avant tout remplir. 3° Objectera-t-on que l'article 335 du Code pénal attache cette déchéance à certains faits d'immoralité du père ou de la mère[1]? Mais ce ne pourrait être qu'une raison de plus pour ne pas étendre cette déchéance, très-certainement pénale dans ce cas. 4° On invoque enfin l'article 444 du Code civil ; mais l'extinction de la puissance paternelle, et du droit de jouissance légale qui y est attaché, n'est pas une conséquence de la perte de la tutelle. C'est ainsi que le père qui s'est fait excuser de la tutelle de ses enfants, et la mère qui l'a refusée, conservent, malgré cela, la puissance paternelle, et ne la perdent même pas lorsqu'ils sont exclus ou destitués de la tutelle. Aucun texte n'enlève à la mère l'usufruit légal des biens de ses enfants, alors même qu'elle aurait perdu la tutelle pour cause d'inconduite notoire[2].

---

1. Prostitution ou corruption de la jeunesse de l'un ou de l'autre sexe, au-dessous de 21 ans, par le père ou la mère.—
2. Aubry et Rau, IV, p. 615. — Demolombe, VI, p. 472 et suiv., et les arrêts que citent ces auteurs. — Il est du reste à remarquer que, d'après plusieurs auteurs, si la mère impudique ne remplissait pas les charges de la jouissance légale, elle pourrait être déchue de cet usufruit. (V. Demol.,

La mère remariée est redevenue veuve : l'usufruit légal renaît-il à son profit, si les enfants du
premier lit n'ont pas encore atteint l'âge de dix-
huit ans ? Je ne le crois pas : *Elle* (cette jouissance), *cessera à l'égard de la mère, dans le cas
d'un second mariage,* ce qui n'est pas dire du
tout : *qu'elle sera suspendue pendant la durée du
second mariage de la mère.* « *Qui est sorti de garde,
n'y rentre plus,* » disait Ferrière. Il ne faut pas re-
faire la loi. mais bien la prendre telle qu'elle est.
Objectera-t-on que, quand la mère est redevenue
veuve, les motifs qui ont fait évanouir le droit
d'usufruit légal, ne subsistent plus? En admettant
même cette assertion comme absolument indiscu-
table, elle serait insuffisante pour nous autoriser
à rétablir l'usufruit légal. Ce qu'il faudrait, en
effet, pour faire revivre un droit éteint, surtout
lorsque ce droit est, jusqu'à un certain point,
exorbitant, c'est un texte ; or, ce texte nous fait
défaut. On allègue, il est vrai, que tous les motifs par lesquels l'usufruit légal est retiré à la
mère remariée, disparaissent par suite de la dissolution de son second mariage, parce que ce

---

VI, p. 503 et suiv.) ; mais, outre que cette interprétation
très-extensive, de l'art. 618, est fort contestable, il n'en resterait pas moins vrai que l'impudicité de la mère, par elle-
même, ne serait pas la cause de cette déchéance, puisque,
d'après cela même, l'usufruit devrait lui être laissé, quelque scandaleux que fussent ses dérèglements, si elle remplissait les charges de cette jouissance (Demol., VI, p. 473).

n'est qu'autant que dure le second mariage, que les revenus des enfants du premier lit de la mère peuvent passer entre les mains du second mari. Soit, mais enfin, des enfants ont pu naître du second lit, et il se peut fort bien qu'en fait la mère traduise ses préférences pour eux, en détournant de leur affectation les revenus des biens de ses enfants du précédent lit. Ce motif eût-il été suffisant pour faire cesser l'usufruit existant? Je ne voudrais pas l'affirmer ; mais ce que l'on peut concevoir, c'est qu'il ait pu paraître assez grave pour empêcher l'usufruit *déjà éteint*, de renaître [1].

Il est possible que le second mariage de la

---

1. Delvincourt, I, sur la p. 97, note 8, p. 248. — Demolombe, VI, p. 466. — Aub. et Rau, IV, p. 615. — Nous avons, il est vrai, décidé plus haut, que la mère, redevenue veuve, reprenait son droit de correction ; mais alors la loi ne disait pas : « *La mère, dans le cas d'un second mariage, perd le droit de correction* » ; elle disait : « *La mère remariée* » , or, quand le second mari de la mère est mort, *la mère n'est plus remariée : elle a été remariée.* Et cette différence n'est pas inexplicable, car, en fin de compte, le droit de correction de la mère n'est pas fort dangereux pour les enfants ; elle ne l'exerce jamais que par voie de réquisition, avec le concours des deux plus proches parents paternels de ses enfants du premier lit ; — ce sont là des garanties qui peuvent sembler suffisantes contre les influences laissées dans le cœur de la mère, par son second mari défunt. — Nous pouvons, du reste, invoquer à cet égard la haute autorité de MM. Aubry et Rau, auxquels ces deux solutions inverses n'ont point paru contradictoires : « La mère remariée, disent-ils, perd le droit de requérir la détention de ses en-

mère soit déclaré nul. Dira-t-on que la jouissance légale a cessé dans ce cas, ou bien, au contraire, que la mère doit être réputée ne l'avoir jamais perdue ?

Appliquant la maxime : *Quod nullum est nullum producit effectum*, on a dit : le mariage nul ne produit aucun effet; or la privation de la jouissance légale est un effet du second mariage, donc la mère n'a jamais perdu cet usufruit. Toutefois il en sera autrement si son second mariage a été contracté de bonne foi, car le mariage putatif produit les effets d'un mariage valable (art. 201 et 202)[1].

Singulier résultat! Une veuve épouse sciemment son frère ou un homme déjà marié : elle conserve son droit de jouissance sur les biens des enfants de son premier lit. Était-elle dans l'ignorance de l'empêchement qui s'opposait à ce mariage, elle perd cette jouissance. Cette solution, nous ne devons l'admettre que si les textes nous y mènent irrésistiblement. — L'art. 386 dit que la jouissance légale *cessera à l'égard de la mère dans le cas d'un second mariage*. Or, la mère a contracté un second mariage : sa jouissance a donc cessé. Ce mariage, dit-on, a été déclaré nul, et par

---

fants du premier lit, mais elle le recouvre après la mort de son second mari. » — « L'usufruit légal, ajoutent-ils, éteint par le second mariage de la mère, ne renaît pas par la dissolution du second mariage. » (IV, p. 615.)

1. Duranton, III. n° 387. Vazeille, *du Mariage*, II, n° 470.

conséquent il est réputé n'avoir jamais existé. — Mais cette objection ne fait que réduire notre question aux termes suivants : la loi attache-t-elle la privation de l'usufruit légal *à l'existence d'un second mariage*, ou seulement *à la célébration d'un second mariage?* Or, ne semble-t-il pas que la loi attache cet effet à la célébration d'un second mariage, lorsqu'elle dit en termes absolus : *Dans le cas d'un second mariage*[1].

Cette question, sans doute, est des plus délicates, et je ne voudrais pas affirmer une conviction profonde à l'égard de la solution que je viens de donner. Mais enfin, dans le doute, elle est favorable. *A.* D'abord, parce que le motif de la cessation de jouissance paraît être exactement le même que dans le cas où le second mariage est valable. Et, en effet, que le mariage soit valable ou non, le mari aura pu disposer en fait, dans son intérêt, dans celui de ses propres enfants, des revenus des biens qui appartiennent aux enfants du précédent lit de sa femme. Pourquoi donc ces enfants seraient-ils moins protégés dans ce cas? — *B.* Et puis, nous l'avons montré, les résultats qu'entraîne le système contraire sont singulièrement injustes, puisqu'il arrive à cette conséquence :

1. Aub. et Rau, **IV**, p. 615. Marcadé, sur les art. 386 et 387, n° 6. Demol., **VI**, p. 469. Demante, I, n° 131 *bis*, V. Toutefois les auteurs exceptent de cette solution le cas où le mariage serait annulé parce que le consentement de la mère aurait été arraché par violence. V. aussi, Mourlon, I, p. 534.

que la mère coupable peut se faire un titre de sa mauvaise foi. — C'est pourquoi, dans le doute, je préfère rester dans la généralité, si l'on veut même dans le vague, des expressions de l'art. 386, et m'en tenir au deuxième système.

§ 3. *Au point de vue de la tutelle.* — Citons d'abord les articles du Code que nous avons à interpréter :

Art. 395. — *Si la mère tutrice veut se remarier, elle devra, avant l'acte de mariage, convoquer le conseil de famille, qui décidera si la tutelle doit lui être conservée. — A défaut de cette convocation, elle perd la tutelle de plein droit, et son nouveau mari sera solidairement responsable de toutes les suites de la tutelle qu'elle aura indûment conservée.*

Art. 396. — *Lorsque le conseil de famille dûment convoqué conservera la tutelle à la mère, il lui donnera nécessairement pour co-tuteur le second mari, qui deviendra solidairement responsable avec sa femme de la gestion postérieure au mariage.*

Art. 399. — *La mère remariée, et non maintenue dans la tutelle des enfants de son premier mariage, ne peut leur choisir un tuteur.*

Art. 400. — *Lorsque la mère remariée, et maintenue dans la tutelle, aura fait choix d'un tuteur aux enfants de son premier mariage, ce choix ne sera valable qu'autant qu'il sera confirmé par le conseil de famille.*

Le père qui se remarie conserve de plein droit la tutelle, parce qu'en droit, et en fait même, du moins faut-il le supposer, il conserve son autorité, et par suite la liberté pleine et entière de ses actions. Il n'en est pas de même de la mère qui convole en secondes noces. En droit et en fait, elle subit l'autorité de son nouvel époux ; elle n'a plus sa liberté d'action, ou plutôt c'est lui qui agit pour elle. — En présence de cette nouvelle condition de la mère, qu'y avait-il à faire ? Deux partis extrêmes se présentaient : enlever ou laisser dans tous les cas la tutelle à la mère remariée. Mais chacun de ces partis avait ses dangers, car, selon les cas, l'un ou l'autre pouvait être préjudiciable aux enfants. C'est pourquoi la loi a reconnu qu'il y avait là une question de fait, et que, par conséquent, elle ne pouvait pas la trancher elle-même d'une manière absolue ; elle a confié au conseil de famille le soin de la résoudre. La mère qui veut convoler en nouvelles noces est tenue de convoquer ce conseil pour qu'il délibère sur la question de savoir si elle sera ou non maintenue dans la tutelle. Le mariage qu'elle a en vue est-il favorable aux intérêts de l'enfant, l'homme qu'elle veut épouser est-il solvable, bon administrateur et honnête, à quoi bon lui retirer la tutelle ? Dans le cas contraire, il serait dangereux de la lui laisser.

Dès lors, deux hypothèses se présentent à notre examen : ou la mère a convoqué le conseil de

famille avant de se remarier, ou elle ne l'a pas
convoqué.

*Supposons d'abord que la mère ne l'a pas con-
voqué.* — L'art. 395 prévoit le cas où la mère ne
s'est pas conformée au prescrit de la loi. *Elle perd
la tutelle de plein droit*, ce qui donne ouverture
à une tutelle dative. La famille nomme alors un
tuteur. — Peut-elle nommer la mère qui a cessé
d'être tutrice légitime? Pourquoi non? Il est vrai
que l'art. 12 du projet primitif portait que si la
mère s'est remariée sans avoir convoqué le conseil de famille, *la tutelle ne peut lui être conservée*[1]. Mais cet article a été supprimé. — Il est
vrai encore qu'aux termes de l'art. 445, la personne qui a été *exclue* ou *destituée* d'une tutelle
ne peut plus être membre d'un conseil de famille,
ce qui emporte par *à fortiori* l'incapacité d'être
tuteur; mais la mère n'a été ni exclue, ni destituée de la tutelle, dans le sens des art. 443 et 444
auxquels se rapporte l'art. 445. L'exclusion, la
destitution, telles que l'entendent ces articles,
sont fondées sur une cause déshonorante : sur
l'inconduite, sur l'immoralité. L'art. 445 ne saurait se rapporter à un fait d'omission, d'ignorance
même, qui peut être très-excusable. Au reste, si
nous l'appliquions, nous ne manquerions pas d'arriver à une conséquence insoutenable : il faudrait
dire en effet que la mère, plus tard, ne pourra

1. Fenet., X, p. 572.

même pas être tutrice des enfants de son nouveau
mariage[1].

Mais il est bien entendu qu'en *restituant* la tutelle à la mère, le conseil de famille devrait nécessairement lui donner pour cotuteur son nouveau
mari, afin qu'il devienne solidairement responsable avec elle de la gestion postérieure au mariage. L'art. 396 le décide ainsi pour le cas où le
conseil *conserve* la tutelle à la mère, et quoique
la lettre de la loi ne porte pas formellement la
même disposition pour le cas où il la lui *restitue*, les motifs de décider sont absolument les
mêmes dans l'un et l'autre cas. Ajoutez qu'il serait assez étrange de se montrer moins défiant
alors que la mère a, comme nous le supposons,
négligé de convoquer le conseil de famille avant
de se remarier, que lorsqu'elle a observé la loi.
Dans les deux cas, l'intérêt des mineurs est menacé de l'immixtion du nouveau mari de leur
mère dans leur fortune personnelle; la qualité de
cotuteur du second mari doit donc, dans les
deux cas, garantir sa responsabilité[2].

Ainsi, la mère qui ne s'est pas conformée au
prescrit de l'art. 395 perd la tutelle, sauf au con-
conseil de famille à la lui rendre si cela lui paraît

1. Aub. et Rau, I, p. 367. Demol., VII, p. 130, et les
nombreux arrêts, cités par cet auteur. Demante, II, n° 144
*bis*, II.
2. Aub. et Rau, I, p. 367. Demol., VII, p. 77. *Contra*,
Marcadé, II, art. 442, n° 3.

convenable. Pour le même cas, l'art. 395 décrète en outre : 1° que la mère qui a perdu la tutelle sera responsable de toutes les suites de la tutelle qu'elle a indûment conservée; 2° que son nouveau **mari** partagera solidairement avec elle cette responsabilité. — Nous examinerons successivement ces deux décisions :

I. — *La mère est responsable de toutes les suites de la tutelle qu'elle a indûment conservée,* c'est-à-dire non-seulement, ce qui est évident, de la gestion *antérieure au mariage,* mais aussi de sa gestion *postérieure au mariage,* et encore — la remarque en a été faite au tribunat — *du défaut de gestion* depuis son second mariage jusqu'au moment où le conseil de famille a nommé un nouveau tuteur[1].

Quel est, au juste, le caractère de cette gestion intérimaire? Ce n'est pas une *tutelle de droit,* puisque, dans l'espèce, la mère a cessé d'être tutrice; ce n'est pas non plus une *gestion ordinaire :* la loi l'appelle elle-même une *tutelle* indûment conservée. C'est donc une *tutelle de fait.* — Essayons de

---

1. Cette vérité n'a pas besoin de démonstration. C'est ainsi que l'art. 394 porte, qu'au cas où la mère *refuse* la tutelle, *elle devra en remplir les devoirs, jusqu'à ce qu'elle ait fait nommer un tuteur.* De même, l'art. 419 décrète que si les héritiers d'un tuteur sont majeurs, ils sont tenus de continuer la gestion de leur auteur, jusqu'à la nomination d'un nouveau tuteur. D'après l'art. 440, le tuteur datif qui propose des excuses devant les tribunaux doit administrer provisoirement, pendant le litige.

préciser les conséquences de cette situation assez
équivoque. Voici, je crois, quel est le principe
qui doit ici servir de guide : cette tutelle de fait
étant maintenue dans l'intérêt du mineur, tous
les avantages qu'un mineur retire d'une tutelle
légale devront pouvoir être invoqués par lui. Mais
si les actes faits par la mère en qualité de tutrice
de fait, ne sont pas avantageux au mineur, ils ne
lui seront pas opposables. Ainsi, les actes que,
postérieurement à la déchéance par elle encourue,
la mère aura faits en qualité de tutrice, ne seront
pas opposables au mineur. Il sera au contraire
toujours admis à s'en prévaloir, lorsqu'il le jugera
convenable à ses intérêts [1]. — Le payement même
qu'un débiteur aurait fait entre les mains de la
mère devrait être déclaré nul, si le mineur n'en
avait pas profité (art. 1239); car le tiers devait
s'informer si la mère était remariée, si elle avait
été maintenue dans la tutelle. D'un autre côté,
les tiers qui seraient recherchés par la mère,
comme tutrice, seraient recevables à lui opposer
son défaut de qualité [2]. — Toutefois, la nullité
des actes passés par la mère, depuis son mariage,
ne serait que relative, proposable seulement du
chef du mineur. Les tiers n'auraient pas qualité

1. Aub. et Rau, I, p. 366, 367. Limoges, 17 juillet 1822
(Sirey, 1822, II, 295). Cass., 28 mai 1823 (Sirey, 1824,
I, 7).

2. Demol., VII, p. 64. Aub. et Rau, I, p. 366. Nîmes,
19 prairial, an XIII. (Sirey, 1806, II, 30.)

pour s'en prévaloir, car, en traitant avec la mère en qualité de tutrice, ils lui ont reconnu cette qualité[1]. — La mère peut et doit faire tous les actes conservatoires du patrimoine du mineur, renouveler les inscriptions, interrompre les prescriptions, etc... Elle serait responsable, si elle négligeait les actes de ce genre, tant qu'un autre tuteur n'a pas été nommé (art. 395). — Les immeubles de la mère remariée continuent d'être grevés de l'hypothèque légale, pour raison de sa gestion ou de son défaut de gestion depuis le mariage (art. 2124). Cette dernière solution, toutefois, est contestée. — On a dit : la mère n'est pas tutrice, puisque l'art. 395 la déclare déchue de la tutelle; or, il n'y a d'hypothèque légale que dans les cas déterminés par la loi (art. 2415, 2416), et, en particulier, l'hypothèque établie par l'article 2421 ne frappe que les immeubles *du tuteur*, *du véritable tuteur*; donc l'hypothèque légale a été éteinte par la contravention de la mère à l'art. 395. — Il me semble que l'on pourrait répondre :

1. Demol., VII, p. 65. Cass., 28 mai 1823. (Sirey, 1824, I, 7.) Je pense que le tiers ne pourrait se prévaloir de sa bonne foi, car le second mariage de la mère est un fait public, qu'il n'a pas dû ignorer. J'excepterais toutefois le cas où l'acte aurait été passé avec l'autorisation du conseil de famille : en ce cas, l'acte devrait être opposable au mineur, car les tiers alors ont pu et dû supposer que la mère avait été maintenue dans la tutelle (Aub. et Rau, I, p. 366, note 29 de la p. 367).

1° Qu'il importe de remarquer que, tout en déclarant la mère déchue de plein droit de la tutelle, l'art. 395 n'en qualifie pas moins de *tutelle* la gestion indûment conservée, indiquant par là que cette gestion doit, en ce qui concerne du moins les obligations de la mère et la garantie du mineur, *être considérée comme une tutelle*, et non comme une gestion ordinaire. La mère, en pareil cas, gère *pro tutore*. — 2° Que, du reste, en négligeant de se conformer aux prescriptions de l'art. 395, la mère qui veut convoler en secondes noces commet, *comme tutrice*, une faute dont toutes les conséquences doivent être garanties par les sûretés attachées à la tutelle. — 3° Que l'enfant dont la mère n'a pas rempli ses devoirs ne doit pas être dans une position pire que l'enfant dont la mère a satisfait aux siens, et qu'il serait singulièrement étrange que la loi imposât moins de garanties à la mère, précisément au cas où elle devient le plus suspecte aux yeux de la loi. — 4° Que si le conseil de famille *restituait* à la mère la tutelle qu'elle a perdue, on arriverait à ce bizarre résultat qu'il y aurait eu une lacune dans l'existence de l'hypothèque légale du mineur, sur les immeubles de sa mère, et que cette hypothèque eût cessé dans l'intervalle de son nouveau mariage à sa nomination de tutrice par le conseil. — Tels sont les motifs qui me portent à croire que les immeubles de la mère, *tutrice de fait*, sont grevés de l'hypothèque légale, pour

raison de sa gestion ou de son défaut de gestion,
depuis le second mariage[1].

II. — *Le nouveau mari de la mère, partage solidairement avec elle cette responsabilité ;* — c'est-
à-dire qu'il est : « *solidairement responsable de
toutes les suites de la tutelle qu'elle,* (la mère),
*aura indûment conservée.* » — La raison de cette
disposition est que nos législateurs ont pu présumer que le nouveau mari était le plus souvent
complice de la contravention de sa femme à l'article 395, et que cette faute de sa part pouvait
éveiller des soupçons; on pouvait remarquer, en
outre, que, presque toujours, l'exercice de la tutelle
serait, *en fait,* pris par le mari[2].

Mais faut-il conclure de la généralité de ces
termes : « *toutes les suites de la tutelle indûment
conservée,* » que le second mari est solidairement
responsable, non-seulement de la gestion *postérieure* au nouveau mariage, mais qu'il l'est encore,
et de même, de la gestion *antérieure ?*

L'affirmative est admise généralement, et pour

---

1. Cass., 15 déc. 1825 (Sirey, 1826, 1, 298). Pont, *Priv.
et hyp.,* I, p. 534, n° 6. Demol., VII, p. 65. Aubry et
Rau, II, p. 670.

2. Il ne faudrait pas exclure de cette solution, le cas où
le second mariage aurait eu lieu sous le régime de la séparation de biens; il est vrai qu'en pareil cas le second mari
ne doit pas avoir l'administration de la fortune de sa femme,
ni, par suite, des biens des enfants du premier lit de sa
femme, mais, si cela est exact *en droit,* le plus souvent, *en
fait,* le mari s'emparera de cette administration.

les raisons suivantes : 1° Le droit romain était
formel à cet égard, et tel était aussi le sentiment
de nos anciens auteurs [1]. — 2° D'après l'article 396, lorsque la mère a convoqué le conseil
de famille, et a été maintenue dans la tutelle, son
nouveau mari, devenu son cotuteur, est, avec
elle, solidairement responsable : « *de la gestion
postérieure au mariage.* » Lors au contraire que,
comme nous le supposons, il est simplement son
cotuteur *de fait*, la loi le déclare responsable :
« *de toutes les suites de la tutelle indûment conservée.* » L'antithèse est manifeste entre les expressions de ces articles, 396 et 395 ; — et ce con-
traste indique bien que, *dans le cas de cotutelle de
fait*, la responsabilité du second mari, plus étendue, comprend même la gestion de la mère, *antérieure au second mariage.* — 3° Cette différence
s'explique rationnellement : En omettant de se
conformer au prescrit de l'article 395, la mère

---

1. Le Const. 6, Code, *in quib. causis pig.*, s'exprime en
effet ainsi : *Si mater, legitime liberorum tutela suscepta, ad
secundas, contra sacramentum præstitum, adspiraverit nuptias, antequam eis tutorem alium fecerit ordinari, eisque quod
debetur ex ratione tutelæ gestæ persolverit ; mariti quoque ejus
præteritæ tutelæ gestæ ratiociniis bona jure pignoris tenebun-
tur obnoxia.* Et Domat (*Lois civiles*, 1re partie liv. II, tit. I,
n° 37) : « Si la mère, tutrice de ses enfants, convole en secondes noces sans leur avoir fait nommer un tuteur, rendu
compte de son administration, et acquitté ou assuré ce qu'elle
pouvait leur devoir, les biens de son second mari seront hy-
pothéqués envers le mineur, pour tout ce qui pourra être dû
par le compte, *tant pour le passé que pour l'avenir.* »

s'est virtuellement soustraite à l'obligation que lui
eût immédiatement imposée le retrait de la tutelle, à l'obligation de fournir son compte de gestion, et d'en solder le reliquat. Comme son nouvel
époux a participé à la faute qu'elle a commise, il
doit, par là même, devenir responsable du payement de ce reliquat. — 4° L'art. 8 du projet,
(correspondant à l'article 395), limitait la responsabilité du second mari, cotuteur de fait, à :
« *l'indue gestion qui aura eu lieu depuis le nouveau
mariage.* » Or, cette limitation a été effacée : on
ne la retrouve plus dans la rédaction définitive.
Ce retranchement par le Conseil d'État, à la suite
de la conférence tenue avec le Tribunat, ne' peut
s'expliquer que par un revirement d'idées sur
l'opportunité de la distinction que l'article 8 du
projet, avait pour but de sanctionner [1].

Ces raisons sont très-sérieuses ; mais j'incline-
rais pourtant à croire que la responsabilité du cotuteur *de fait* est limitée à la gestion *postérieure
au second mariage.* — C'est, en effet, ce qui me
paraît ressortir des travaux préparatoires. — Voici
quel était le projet primitif : Art. 12 : *Si c'est la
mère qui s'est remariée, sans avoir rempli la même
obligation,* (la convocation du conseil de famille),
*la tutelle ne peut lui être conservée, et son nouveau*

1. Telle est la jurisprudence. Aub. et Rau, I, p. 366,
note 26. Marcadé, II, art. 395, n° 2. M. Valette sur Proudhon, II, p. 290, obs. 7.

*mari est solidairement responsable de la gestion,
à compter du jour de l'acte de mariage.* — Voici
maintenant la nouvelle rédaction, présentée à la
séance du Conseil d'État, du 6 brumaire an X,
par M. Berlier : Art. 8, (2ᵉ partie) : *A défaut de
convocation, elle perdra la tutelle de plein droit,
et son nouveau mari sera solidairement responsable de l'indue gestion qui aura eu lieu depuis le
nouveau mariage.* — Art. 9 : *Lorsque le conseil
de famille, dûment convoqué, conservera la tutelle
à la mère, il lui donnera nécessairement pour cotuteur le second mari, qui deviendra solidairement
responsable avec sa femme, de la gestion postérieure au mariage.* — Ces deux articles corres-
pondent : l'article 8, à l'article 395, — et l'ar
ticle 9 à l'article 396. — Ainsi, ces deux articles
ne rendaient le cotuteur *de fait*, comme le cotuteur *de droit*, responsable que des suites de la tutelle *postérieure au mariage.*

Le Tribunat fait observer que : L'expression
littérale de l'article 8 semblerait autoriser le nouveau mari à prétendre, en pareil cas, qu'il n'est
responsable *que de l'indue gestion* qui aurait eu
lieu depuis le nouveau mariage ; il demande que
l'article soit conçu de manière qu'il ne puisse y
y avoir aucune méprise sur l'esprit de la loi, qui
est que le mari réponde du *défaut de gestion* comme
de l'*indue gestion.* Il propose en conséquence de
dire : « et son nouveau mari sera solidairement
responsable avec elle *depuis le nouveau mariage*[1].»

C'est d'après cette observation que le Conseil
d'État rédigea l'article 395 du Code. Eh bien, dit-
on, les expressions : *depuis le nouveau mariage*,
ne se retrouvent pas dans la rédaction définitive.
— Sans doute, mais pourquoi ? On l'explique par
un revirement d'idées ; mais il faut avouer que
cela est absolument contredit par l'observation
du Tribunat. Dira-t-on que ce revirement a eu
lieu au Conseil d'Etat ? Mais comment concevoir
que le Conseil d'État ait changé son système en
conséquence d'une observation du Tribunat qui en
était l'approbation ? — L'article du projet a été
sans doute remanié, mais l'observation faite au
Tribunat explique parfaitement ce remaniement :
il avait pour but d'éviter qu'il y eût aucune
méprise sur ce fait que le mari n'est pas responsable seulement de l'indue gestion, mais qu'il l'est
aussi du défaut de gestion.

Il y a, il est vrai, une sorte d'antithèse entre la
rédaction de l'article 395 et celle de l'article 396.
Mais outre que cette antithèse n'existait pas dans
les articles 8 et 9 du projet, que nous venons de
citer, et dont l'esprit, d'après les observations que
nous avons présentées, ne paraît pas avoir été
changé, — admettra-t-on qu'il suffise d'une antithèse pour mettre à la charge d'une personne une
gestion à laquelle cette personne a été totalement
étrangère ? Ne faudrait-il pas pour cela un texte
formel ?

1. Fenet., t. X, p. 610.

J'irai même plus loin : le texte de la loi, di-
rais-je, limite implicitement à la gestion *posté-*
*rieure au mariage* la responsabilité du mari cotuteur de fait. Qu'y est-il dit en effet? Que le
mari est responsable de toutes les suites *de la tu-*
*telle indûment conservée*, c'est-à-dire *en tant qu'elle*
*a été indûment conservée*; or, la tutelle de la
mère, avant son mariage, n'était pas indûment
conservée. La tutelle indûment conservée est celle
qui, en fait, a été gérée *depuis le mariage*.

C'est à ces clauses que je conclus que le second
mari, cotuteur de fait, n'est responsable qu'à raison de la gestion *postérieure au mariage*, de la
tutelle des enfants du premier lit de sa femme [1].

Lorsque le second mari est cotuteur de droit,
ses immeubles sont, comme ceux de sa femme,
frappés de l'hypothèque de l'article 2121. En est-
il de même lorsque le second mari n'est cotuteur
qu'en fait? Nous avons vu que l'on discutait la
question de savoir si les immeubles de la mère,
*tutrice de fait*, étaient grevés de l'hypothèque légale en garantie de la gestion même postérieure
au mariage; et nous avons pensé devoir résoudre
cette question affirmativement. Faut-il en dire autant des immeubles du mari de cette femme ? —
Je le crois. Si en effet nous avons admis que les
biens de la mère étaient en pareil cas grevés de

1. M. Valette, *Cours de C. civ.*, p. 517. Demante, II,
n° 144 *bis*, IV. Demolombe, VII, p. 69.

l'hypothèque légale, c'est que nous avons constaté que, d'après le texte même de l'article 395, elle était *tutrice, tutrice de fait*. Or le second mari de cette femme n'est-il pas dans l'espèce *cotuteur de fait?* «*Qui épouse la veuve, épouse la tutelle.*» L'article 395 déclare en effet qu'il est solidairement responsable avec elle, et dès lors aussi *comme elle*. — Sur quoi repose cette obligation solidaire du nouveau mari, si ce n'est sur la présomption légale qu'il gère en fait la tutelle? Or si la loi présume qu'il gère la tutelle, et si elle le déclare à cause de cela solidairement responsable de toutes ses suites, c'est donc qu'elle le considère comme cotuteur de fait, et la conséquence certaine est dès lors qu'il doit être grevé de l'hypothèque légale, aussi bien que la mère, tutrice de fait, en est grevée. On comprendrait difficilement que le mineur se trouvât privé, à raison de la faute que sa mère a commise, et à laquelle le second mari a participé, du bénéfice de l'hypothèque légale dont il eût incontestablement joui sur les biens de ce dernier, si les prescriptions de la loi eussent été observées. Et l'on pourrait s'étonner que la responsabilité solidaire qui pèse sur le second mari, fût destituée, en ce qui le concerne, de la garantie que la loi attache à toute gestion tutélaire, et qui, d'après l'opinion générale, s'applique à la tutelle indûment conservée par la mère [1].

1. Les citations que nous avons faites à la note (voyez *supra*, p. 380) font voir que le droit romain et notre

Nous arrivons maintenant à notre seconde hypothèse : celle de l'article 396. *La mère a convoqué le conseil de famille avant de se remarier.* Le conseil peut, soit lui conserver la tutelle, soit la lui enlever.

I. — *Supposons d'abord qu'il la lui enlève :* il doit alors nommer un tuteur datif. Ce tuteur pourra être même le nouveau mari. Ainsi, la famille, sans conserver la tutelle à la mère, pourrait nommer seulement le nouveau mari tuteur. Cette hypothèse serait bizarre, elle ne saurait sans doute se présenter que bien rarement, mais enfin, comme le fait observer M. Demolombe, cela n'est pas juridiquement impossible [1].

La délibération qui enlève la tutelle à la mère lorsqu'elle va se remarier, n'a pas besoin d'être motivée : l'article 395 ne l'exige pas. L'article 447 porte il est vrai, que : *toute délibération du conseil de famille qui prononcera l'exclusion ou la destitution du tuteur sera motivée;* mais il faut remarquer que l'article 447 se réfère aux articles 443 et 444, qui déterminent limitativement les causes d'exclusion et de destitution, — et que,

ancien droit français frappaient d'hypothèque les biens du cotuteur de fait. Telle est aussi la jurisprudence actuelle. Colmar, 26 nov. 1833 (Sirey, 1834, II, 231). Cass., 14 déc. 1836 (Sirey, 1837, I, 88). Aub. et Rau, II, p. 670, note 14. Demolombe, VII, p. 73. Comp. Pont, *Priv. et hypoth.*, I, p. 536. *Contra*, M. Valette, *C. de C. civ.*, p. 516.

1. Demolombe, VII, p. 83.

d'autre part, dans notre hypothèse, il n'est pas question d'une exclusion que le conseil de famille ne pourrait prononcer qu'autant que la mère se trouverait dans un cas d'exclusion ou de destitution prévu par ces articles 443 et 444. Le conseil de famille a sur ce point une libre appréciation.

Je croirais même que la mère ne pourrait pas se pourvoir contre la délibération qui ne l'aurait pas maintenue dans la tutelle. En effet, le Code ne détermine pas les causes en vertu desquelles la famille peut légalement écarter la mère : elle est donc souveraine appréciatrice de ces causes. Ajoutons qu'en pareil cas les membres du conseil seraient le plus souvent dans l'impossibilité de défendre leur décision, car les motifs qu'il leur faudrait donner pour justifier l'exclusion de la mère pourraient la blesser, porter peut-être atteinte à son honneur, et par suite les exposer à une demande en dommages-intérêts [1].

Nous remarquerons enfin que la dissolution du nouveau mariage ne réintégrerait pas de droit la mère dans la tutelle [2]. Il se peut en effet que la mère, même veuve de son second mari, ne convienne plus à la tutelle des enfants de son premier lit, particulièrement si elle a des enfants du second. Il me semblerait toutefois qu'en pa-

1. Demolombe, VII, p. 86. Aub. et Rau, I, p. 350.
2. Au contraire, l'art. 406 du Code hollandais porte que: *dans le cas où le second mariage serait dissous, la mère serait réintégrée de droit dans la tutelle.*

reil cas, on pourrait appliquer par analogie l'article 431 : *Si à l'expiration de ces fonctions, services ou missions* (à raison desquels un tuteur aurait été excusé), *le nouveau tuteur réclame sa décharge, ou que l'ancien redemande la tutelle, elle pourra lui être rendue par le conseil de famille.* On peut donc penser qu'à la dissolution du second mariage, le conseil de famille aurait la faculté de rendre la tutelle à la mère, si elle la réclamait, ou si le tuteur datif en exercice sollicitait lui-même sa décharge[1].

II. — *Supposons maintenant que le conseil de famille convoqué par la mère, lui a conservé la tutelle.* Lorsque la mère, ayant perdu la tutelle pour n'avoir pas convoqué le conseil de famille avant de se remarier, est *réintégrée* dans la tutelle par le conseil, il est bien certain qu'il y a là une tutelle *dative;* mais faut-il en dire autant dans notre hypothèse ? D'après l'article 396, la tutelle est *conservée* à la mère; il semble donc bien que c'est toujours la tutelle *légale* qu'elle avait déjà, et qu'elle n'a point perdue. Le conseil de famille la *maintient,* il ne la *nomme* pas; d'où il suit que cette tutelle *légale* ne devient pas véritablement *dative,* par la consécration que lui donne le conseil de famille.

Le conseil, avons-nous dit, peut ne pas main-

1. Rouen, 30 mars 1844 (Dalloz, 1844, II, 156). Demolombe, VII, p. 86, 87.

tenir dans la tutelle la mère qui l'a convoqué.
Admettrons-nous, par *à fortiori*, que le conseil
pourrait, en conservant la tutelle à la mère qui
se remarie, lui imposer certaines conditions d'administration? Pouvant enlever la tutelle à la
mère, n'est-il pas naturel d'admettre qu'il peut,
s'il la lui conserve, en restreindre l'exercice entre
ses mains? S'il peut le plus, il peut le moins. Solution non-seulement logique, mais favorable, en
ce qu'elle ne place pas le conseil entre deux alternatives extrêmes, et lui permet ainsi un moyen
terme, pour le plus grand intérêt des enfants du
premier lit. J'hésiterais pourtant beaucoup à me
ranger à cet avis. On ne peut déroger aux lois qui
intéressent l'ordre public (art. 6); or, la tutelle a
certainement ce caractère : c'est la loi elle-même
qui en a organisé la mécanisme et le fonctionne-
ment. « Tout cet ensemble, » dit M. Demolombe,
« forme l'organisation constitutionelle et, pour
ainsi dire, la charte de la tutelle. » On convient
que le conseil de famille ne pourrait pas augmenter les pouvoirs du tuteur, et, par exemple,
le dispenser de la nécessité de l'autorisation dans
les cas où la loi l'exige; qui permet dès lors d'admettre qu'il peut les restreindre? Et puis, où
s'arrêter dans cette voie? Dira-t-on, par exemple,
que la mère ne pourra toucher les capitaux
qu'avec l'assistance du subrogé tuteur? Ira-t-on
jusqu'à permettre à la famille de nommer à la
mère remariée, et maintenue dans la tutelle, un

conseil sans l'assistance duquel elle ne pourrait rien faire? Mais tout cela devient absolument arbitraire! Est-ce que l'article 391 ne restreint pas ce droit de nommer un conseil à la mère, au père prémourant?

Nous refusons au conseil de famille le droit de modifier les conditions d'administration de la tutelle de la mère, non-seulement lorsqu'elle est *légale* (c'est-à-dire, comme nous l'avons dit, *conservée* à la mère par le conseil), mais même lorsqu'elle est *dative* (*restituée* à la mère, qui l'avait perdue, par le conseil). Toutefois, en reconnaissant que la famille ne pourrait pas imposer à la mère, en lui conservant la tutelle, ou même en l'y *réintégrant*, des conditions ou des formes d'administration auxquelles elle ne serait pas autorisée à soumettre tout autre tuteur *datif*, ou, à plus forte raison, *légitime*, on peut hésiter plus sérieusement sur la question de savoir si le conseil de famille pourrait soumettre la mère à certaines mesures auxquelles les tuteurs sont soumis *de droit commun*, mais dont la loi les dispense dans le cas de tutelle des père et mère. Ainsi, le conseil pourrait-il régler la somme à laquelle devra s'élever la dépense annuelle du mineur, quoique l'article 454 ne prescrive cette mesure que dans le cas de tutelle *autre que celle des père et mère?* Ou bien encore, pourrait-il assujettir la mère remariée à remettre au subrogé-tuteur des états de situation, quoique l'article 470

ne lui permette cette exigence que vis-à-vis d'un
tuteur *autre que le père et la mère?* — Il me semble, tout d'abord, que les articles 454 et 470, en
faisant cette exception à leurs dispositions, n'ont
eu en vue que la tutelle *légale;* d'où je conclus
immédiatement que ces mesures seraient parfaitement applicables au cas où la mère, déchue de
la tutelle *légale,* par défaut de convocation du
conseil de famille, avant de se remarier, serait
ensuite *réintégrée* dans une tutelle *dative* par ce
conseil. Mais la question est beaucoup plus délicate dans l'hypothèse qui nous occupe. Nous
avons remarqué, en effet, que lorsque la loi parle
de la tutelle *conservée* à la mère par le conseil de
famille, elle suppose que la tutelle de la mère n'a
pas changé de caractère. On *conserve* ce qu'on a
déjà : or, la mère avait la tutelle légale; donc la
tutelle, qui lui est *conservée,* est *légale,* et non pas
*dative.* Donc, nous nous trouvons dans le cas
des articles 454 et 470, qui, je le répète, en faisant exception à leurs dispositions pour le cas de
la tutelle des père et mère, paraissent bien avoir
eu en vue le cas de tutelle légale; donc le conseil
de famille, en *conservant* la tutelle à la mère, ne
peut pas : 1° régler la somme à laquelle devra s'é-
lever la dépense annuelle du mineur; 2° obliger
la mère à remettre au subrogé tuteur des états de
situation.

Ce raisonnement me paraît rigoureusement logique, mais il nous mènerait à un résultat inac-

ceptable. Il est certain en effet que, quant au
second mari, cotuteur de la mère maintenue
dans ses fonctions, les articles 454 et 470 s'appliquent sans difficulté, puisqu'il n'est pas le père
des mineurs. Or, il est impossible d'admettre que
la tutelle, qui en définitive est une, soit régie,
quant à la mère, par des principes différents de
ceux qui s'appliquent au second mari. Nous conclurons donc que l'exception faite par les articles 454 et 470 aux restrictions qu'ils comprennent, ne doit avoir d'application qu'au cas où la
tutelle de la mère est *purement légale*, et non au
cas où elle est *dative* (mère *réintégrée* dans la tutelle), ou *non purement légale* (mère *maintenue*
dans la tutelle (art. 396)[1].

D'après les termes de notre article 396, le conseil de famille, lorsqu'il conservera la tutelle à la
mère, *lui donnera nécessairement pour cotuteur
le second mari*[2]. Cette prescription est facile à
justifier : elle est, en effet, fondée sur l'intérêt des
enfants du premier lit, menacés de l'immixtion
du nouveau mari de leur mère dans leur fortune ;
la qualité de cotuteur garantit la responsabilité
de leur beau-père ; — sur l'intérêt de la mère tu-

1. Aub. et Rau, I, p. 367 et note 35. Demol., nos 142 à
147, spécialement n° 146, VII, et des arrêts.
2. Nous avons examiné plus haut (p. 374), la question de
savoir si la même obligation existait pour le conseil de famille dans le cas où il *restituerait* à la mère la tutelle, par elle
perdue pour contravention à l'art. 395.

trice, car il n'eût pas été équitable de lui imposer
à elle seule la responsabilité d'une tutelle qu'elle
n'aurait pas, en fait, été libre de gérer seule ; —
et enfin, sur l'intérêt même du second mari, car
assurément la conservation de la fortune personnelle de sa femme lui importe fort ; or, la gestion
de sa femme, s'il ne pouvait légalement y prendre
part en sa qualité de cotuteur, eût pu compromettre la fortune de celle-ci.

Le conseil doit *nécessairement* le nommer.
Cette cotutelle est donc, à vrai dire, plutôt légale
que dative. Qu'arrivera-t-il cependant si le conseil de famille oublie de le nommer ? Il est bien
clair que l'oubli devra être réparé le plus tôt possible ; mais, dans cette supposition, un intervalle
ayant eu lieu entre la délibération qui a maintenu
la mère et celle qui a nommé le second mari, ce
second mari aura-t-il partagé la responsabilité de
la gestion pendant cet intérim ? On peut, je
crois, le soutenir, en tirant argument de l'article 395, puisque, d'après cet article, dans le cas
même où la femme n'est tutrice qu'en fait, son
second mari partage sa responsabilité[1].

L'article 396 déclare que le second mari, cotuteur, *deviendra solidairement responsable, avec
sa femme, de la gestion postérieure au mariage*[2].

1. Demolombe, VII, p. 79.
2. Il s'agit ici d'une solidarité légale, et en admettant
même la distinction de cette dernière espèce de solidarité,

En outre, comme il est *tuteur*, ses immeubles
sont grevés de l'hypothèque légale. Mais comment
la tutelle sera-t-elle gérée à la fois par la tutrice
et par le cotuteur? Rien dans la loi n'indiquant
qu'elle doive être gérée par l'un à l'exclusion de
l'autre, il faut répondre, ce me semble, qu'elle
devra être gérée concurremment par la tutrice et
par le cotuteur, de telle sorte qu'un acte, pour
être opposable aux mineurs, devra avoir été
passé concuremment par la mère et son second
mari. Si donc c'est la femme qui agit, il faudra
que son second mari l'assiste; et si c'est le mari
qui agit, il faudra que la mère signe avec lui les
actes, ou que du moins elle lui donne sa procura-
ration. Les tiers, pour leur sûreté, devront donc
s'adresser collectivement à la tutrice et au cotuteur[1]. L'un et l'autre, le mari ou la femme,

en parfaite et en imparfaite, la solidarité légale de l'art. 396
(comme celle de l'art. 395), serait *parfaite*, car elle existe
ici entre deux personnes unies par un intérêt commun, qui
ont entre elles des rapports, non-seulement fréquents, mais
continus (Mourlon, II, p. 644).

1. Je considère comme inacceptable la doctrine de quelques auteurs, qui ont prétendu faire dépendre la solution de
notre question, du régime matrimonial sous lequel sont mariés la tutrice et le cotuteur. D'après cette opinion, si le régime matrimonial donne au mari un pouvoir d'administration sur les biens de sa femme, il faudra dire que lui seul
aura le droit de gérer la tutelle, tandis qu'il en serait autrement si le régime matrimonial du second mariage était la
séparation de biens. On peut répondre, ce me semble, que
le pouvoir d'administration sur les biens de la femme *n'emporte pas le droit d'administrer les biens d'un tiers*, les biens

pourra donc faire opposition aux actes de son conjoint; et, en pareil cas, ce ne serait pas répondre que d'affirmer la nécessité d'une abstention ; il faut agir le plus souvent : par exemple, c'est une maison qui n'est pas louée, un capital qu'il faut placer. On s'en référera donc au conseil de famille, arbitre naturel de ce différend[1].

De ce que le second mari n'est que cotuteur, il faut conclure que ses pouvoirs cesseront quand la tutelle de la mère prendra fin. Il ne peut y avoir *cotutelle* que s'il y a tutelle. Toutefois, je ne vois pas ce qui s'opposerait à ce que le nouveau mari fût ensuite nommé tuteur par le conseil de famille, soit que la mère fût morte, soit qu'elle fût destituée. — Mais faut-il admettre de même la proposition inverse, et dire que la tutelle de la mère expirera lorsque la cotutelle cessera d'exister? Il semble que l'on pourrait, d'une manière générale, répondre à cette question par l'affirmative, car le texte de l'article 396 est absolu : il n'admet la femme remariée, comme tu-

du pupille. Cette opinion paraît encore moins acceptable, si l'on considère que l'intérêt du mineur s'oppose à ce que la tutelle soit concentrée dans la personne du cotuteur, à l'exclusion de la tutrice ; et même aussi l'intérêt de la femme, qui, solidairement responsable, est, par là même, quelles que soient ses conventions matrimoniales, en droit de concourir, avec son nouveau mari, aux actes de la tutelle. Grenoble, 17 août 1831 (Dalloz, 1832, II, 47). Aub. et Rau, I, p. 368, note 37.

1. Aub. et Rau, I, p. 369. Demolombe, VII, p. 81.

trice des enfants de son premier lit, qu'à la condition que son nouveau mari sera *nécessairement*
cotuteur. Toutefois, il est des cas où l'application rigoureuse de l'art. 396 n'aurait aucune
raison. Ainsi, la cotutelle finit par la mort du
second mari; comment admettre, en pareil cas,
que la tutelle de la mère cesse? Ou encore, la
cotutelle cesse parce que le nouveau mari est interdit (art. 442, 2°) : la cessation de la cotutelle
entraînera-t-elle la cessation de la tutelle? Mais il
faudra alors arriver à cette conclusion bizarre,
que cette femme, que nous pouvons supposer tutrice de son second mari (art. 507), perd en
même temps la tutelle de ses enfants! — Que faut-
il donc décider? Que la tutelle de la mère survivra
à la cotutelle de son second mari, dans les cas
où ce second mari ne pourra pas réellement reprendre, *en fait*, la cotutelle qu'il aura perdue en
droit; mais qu'il en sera autrement dans le cas
contraire, et, par exemple, dans le cas où le second mari aura été excusé ou destitué, car alors
il aurait, *en fait*, malgré son excuse ou sa destitution, la haute main sur la tutelle de la femme,
sans que sa responsabilité fût engagée par son
titre de cotuteur; en pareil cas, donc, la cessation de la cotutelle entraînera la cessation de la
tutelle[1].

---

1. Demol., VII, p. 81 ; et de nombreux arrêts cités par
cet auteur. Aub. et Rau, I, p. 369.

Il est possible que la séparation de corps soit prononcée entre la mère et son nouveau mari. On demande quel en sera l'effet, en ce qui concerne la tutelle de la mère et la cotutelle de son second mari ? Admettre qu'elles vont continuer comme devant, c'est admettre pour bien des cas une impossibilité, car l'éloignement, l'inimitié des époux séparés de corps, y mettront le plus souvent obstacle. Il faut à toute force mettre un terme à une pareille situation. M. Demolombe propose comme remède, l'application de l'article 444, c'est-à-dire la destitution de celui des époux contre lequel aurait été prononcée la séparation de corps, en se fondant sur ce que la décision judiciaire a rendu notoire l'inconduite de cet époux. En suivant cette donnée : *a*. Si la mère tutrice est destituée, la cotutelle de son second mari cesse de droit. Mais le conseil de famille pourrait le nommer tuteur. — *b*. Si le nouveau mari est destitué, la tutelle de la mère cessera par application de l'art. 396, qui n'admet la tutelle qu'à la condition *nécessaire* de la cotutelle du second mari. En appliquant strictement cet article, le conseil de famille ne pourrait même pas la renommer tutrice ; toutefois, M. Demolombe estime qu'on pourrait peut-être ici laisser de côté l'article 396, car il s'agit là d'une situation exceptionnelle, à laquelle cet article n'a pas songé[1]. Je me range à ces solutions.

1. Demolombe, VII, p. 84.

Nous arrivons à l'explication des articles 399 et 400. — Le *dernier mourant* des père et mère, a le droit de désigner son successeur, dans l'exercice de la tutelle des enfants que son décès rendra orphelins (art. 397). Le père, *quoique remarié*, conserve intact le droit de désigner son successeur dans l'exercice de la tutelle. Il n'en est pas de même de la mère qui a convolé en secondes noces; son nouveau mariage *éteint* ou *modifie* son droit de nomination; la loi fait, à cet égard, une distinction :

*A.* La mère remariée, qui n'est pas restée tutrice de ses enfants du premier lit, soit parce qu'elle a négligé de convoquer le conseil de famille avant de convoler, soit parce que le conseil, convoqué par elle, ne l'a pas maintenue, *a perdu le droit de choisir un tuteur* (art. 399).

*B.* La mère remariée, et *maintenue* dans la tutelle par le conseil de famille qu'elle a convoqué, ou *replacée* dans la tutelle par le conseil qu'elle avait négligé de convoquer, *conserve son droit de nomination ; mais,* comme le choix qu'elle fait pourrait être dicté par son nouveau mari, il importe, pour la garantie des enfants, que le tuteur désigné par elle, soit *confirmé* par le conseil de famille. C'est une *indication* plutôt qu'une élection qu'elle fait, car le conseil est libre d'accorder ou de refuser sa confirmation (art. 400)[1].

___

1. La délibération par laquelle le conseil de famille inva

Mais, peut-on dire, où donc est la différence entre les deux hypothèses qui viennent d'être réglées? Supposons que la mère remariée, *et non maintenue dans la tutelle*, ait nommé un tel pour tuteur : sans doute, cette nomination n'est pas valable, mais le conseil de famille peut déférer la tutelle à cet individu, car la circonstance qu'il a été désigné par la mère, ne saurait être pour lui une cause d'exclusion. Ainsi, dans l'espèce, la famille peut choisir pour tuteur, ou la personne désignée par la mère, ou toute autre personne. Et maintenant, pour comparer, supposons que la mère remariée *et maintenue dans la tutelle*, a choisi un tel pour tuteur : cette nomination n'est valable qu'autant qu'elle est confirmée par le conseil de famille. Or, le conseil est libre de ne pas accorder la confirmation : il peut donc élire à la tutelle ou la personne désignée par la mère, ou toute autre personne. Eh bien donc, le résultat est le même dans les deux cas : la mère remariée, même maintenue dans la tutelle, n'exerce aucun pouvoir en réalité.

On répond qu'effectivement le résultat est identique dans les deux cas, si l'on suppose que les

liderait le choix fait par la mère, devrait être, je crois, considérée comme inattaquable (Aub. et Rau, I, p. 350). V., à ce sujet, ce que nous avons dit plus haut, en ce qui concerne la délibération par laquelle le conseil retirerait à la mère, qui va se remarier, la tutelle de ses enfants du premier lit (p. 387, et note 1).

enfants n'ont pas d'ascendants ; mais qu'il en est tout autrement dans le cas contraire. D'après l'article 402, la tutelle légitime des ascendants ne s'ouvre, *que s'il n'a pas été choisi aux pupilles un tuteur, par le dernier mourant des père et mère.* Or, la mère remariée conserve ou perd le droit d'écarter par sa nomination la tutelle légitime des ascendants, suivant qu'elle a été ou non maintenue dans la tutelle :

*a.* Si la mère n'a pas gardé la tutelle, par suite de son convol, — à sa mort, le tuteur qu'elle aura nommé ne pourra entrer en exercice, car la nomination qu'elle aura faite est de nul effet (art. 399), et le conseil de famille lui-même, n'aurait pas le droit de nommer un tuteur, pas plus la personne que la mère a désignée, que toute autre personne. C'est la tutelle légitime des ascendants qui s'ouvre (art. 402).

*b.* Au contraire, si la mère remariée a gardé la tutelle, l'élection qu'elle a faite, confirmée ou non par la famille, a du moins pour effet d'exclure la tutelle légitime des ascendants. En effet, l'article 402 subordonne l'ouverture de la tutelle légitime des ascendants, à cette condition : *s'il n'a pas été choisi au mineur un tuteur.* Or, dans l'espèce, ce choix a été fait, *et régulièrement fait* (art. 400) ; donc, quels que soient les événements postérieurs, il y a exclusion de la tutelle légitime des ascendants. Le tuteur choisi par la mère, l'emporte sur les ascendants, s'il est confirmé ;

dans le cas contraire, le conseil de famille nom-
mera un tuteur datif[1].

La mère, pendant sa première viduité, a nommé
un tuteur testamentaire à ses enfants du premier
lit : son second mariage n'infirme évidemment pas
cette nomination. — Si cette nomination avait
eu lieu pendant son second mariage, nous avons
vu comment la question serait réglée par les articles 399 et 400. — Mais une troisième hypothèse
peut se présenter : la mère est devenue veuve de
nouveau ; son second mari était déjà décédé à la
date de l'acte par lequel elle a nommé un tuteur
testamentaire à ses enfants du premier lit. Le droit
de nommer ce tuteur a-t-il pu être exercé par
la mère, dans la seconde viduité, de la même façon que si elle était encore dans la première viduité, c'est-à-dire avec la même latitude que si
ce droit était exercé par le père? Ou bien les articles 399 et 400, sont-ils encore applicables à la
mère, dans sa seconde viduité? — En ce qui concerne l'article 399, je crois qu'il continuerait de
lui être applicable, car la mort de son second
mari ne peut pas faire qu'elle puisse déléguer un
droit qu'elle n'a pas été jugée digne d'exercer.
Quant à l'article 400, qui suppose la mère maintenue dans la tutelle, et subordonne la validité de
l'élection qu'elle fait pour après son décès, à la
confirmation du conseil de famille, j'opinerais

1. Mourlon, I, p. 550, 551. — Demol. VII, p. 109.

qu'il cesse de lui être applicable, car le motif principal qui sert de base à cette dernière condition, l'influence du nouveau mari, ne se retrouve plus au même degré après la mort de celui-ci. Sans doute, on pourrait encore alléguer que la mère est entrée dans une famille nouvelle, qui est peut-être plus ou moins hostile aux enfants qu'elle a eus de son premier mariage, et qu'en conséquence la nomination qu'elle fera pendant sa seconde viduité pourra se ressentir de la malveillance supposable de la famille du second mari défunt; mais, outre qu'il ne faut pas pousser les précautions à l'extrême, et se défier par trop d'influences posthumes, le texte de l'article 400, quoiqu'assez vague, paraît favoriser notre opinion : *lorsque la mère remariée....* dit-il; or, quand le second mari de la mère est mort, la mère *n'est plus* remariée, *elle a été* remariée [1]. Je pencherais donc à croire que le conseil de famille n'a aucun droit de contrôle sur l'élection qu'aurait faite la mère, maintenue dans la tutelle nonobstant son second mariage, *pendant sa seconde viduité.*

La mère, après avoir *refusé* la tutelle de ses enfants du premier lit, contracte ensuite un second mariage. Faut-il appliquer l'article 399, et lui refuser le droit de choisir un tuteur testamentaire? La solution de cette difficulté suppose

----

1. V. supra, ce que nous avons dit sur les art. 380 et 381. — Comp. Demol. VII, p. 109.

préjugée une autre question : celle de savoir si la mère survivante, *qui a refusé la tutelle*, peut nommer un tuteur testamentaire, pour l'époque de son décès. La discussion de cette question sortirait de notre cadre[1]; je me borne donc à remarquer que, si l'on admet que ce droit ne lui appartient pas, la mère a perdu le droit, dans l'espèce, de choisir un tuteur testamentaire à ses enfants; solution qui serait vraie encore, à supposer même que la mère n'eût point convolé en secondes noces. Mais que, si l'on admet que ce droit lui appartient, son second mariage ne le lui aura pas enlevé, sauf seulement à appliquer l'article 400, et à exiger une confirmation de l'élection qu'elle aurait faite, par la famille. On est, en effet, absolument en dehors de l'hypothèse prévue par l'article 399 ; car cet article prévoit le cas où la mère *a perdu* la tutelle, pour n'avoir pas convoqué le le conseil de famille, ou *n'a pas été maintenue* dans la tutelle, par ce conseil, après l'avoir convoqué, et non pas le cas où elle *a refusé* la tutelle. Il serait donc impossible, si on l'admettait à choisir un tuteur testamentaire, quoique n'étant pas tutrice, par suite de son refus, de lui enlever ce droit, à raison de son second mariage[2].

1. Sur cette question, Demol. VII, p. 103. — Mourlon, I, p. 550.

2. Comp. Demol. VII, p. 110. — Il est bien entendu que la mère remariée peut, suivant le droit commun, (art. 397), nommer un tuteur testamentaire aux enfants de son nouveau mariage.

§ IV. *Au point de vue de la dette alimentaire.*
— D'après l'article 206, les gendres et belles-filles doivent des aliments à leurs beau-père et belle-mère, lorsqu'ils sont dans le besoin, *mais cette obligation cesse, lorsque la belle-mère a convolé en secondes noces.*

Il est, avant tout, nécessaire de préciser quel est ici le sens de l'expression : *belle-mère.* En effet, dans le langage usuel, ce mot a un sens double ; c'est : 1° pour un homme, la mère de sa femme (*socrus*), et, pour une femme, la mère de son mari ; 2° pour un homme ou pour une femme, la seconde épouse de leur père (leur marâtre, *noverca*).

L'obligation alimentaire existe-t-elle à l'égard de la *socrus* et de la *noverca ?* Elle n'existe qu'à l'égard de la *socrus.* Le mot *gendre*, qu'emploie l'article 206, précise en effet le rapport d'alliance qui se forme entre l'un des époux et la mère de son conjoint. Ainsi donc, je dois des aliments à la mère de ma femme, ou à la mère de mon mari, mais non à la seconde femme de mon père.

Toutefois, d'après l'article 206, je cesse de devoir des aliments à la mère de ma femme ou à la mère de mon mari, *lorsqu'elle a convolé en secondes noces*[1]. Au contraire, quoique le beau-

----

1. Mais il est bien entendu que, si cette obligation cesse à mon égard, elle reste toujours à la charge de ma femme ou de mon mari, en sa qualité de fille ou de fils. L'art. 206

père se remarie, sa créance d'aliments reste intacte. Pourquoi cette différence? La raison en est,
a-t-on dit, que la loi voit d'un mauvais œil les
secondes noces des veuves, tandis qu'elle voit
avec moins de défaveur l'homme qui passe à de
nouveaux liens[1]. Mais j'ai montré que les rédacteurs mêmes du Code, avaient très-formellement
protesté contre une semblable interprétation de
leurs dispositions législatives sur les secondes
noces. Et avec raison, sans doute, car, après tout,
se remarier n'est pas un méfait, même pour une
femme! — On a encore essayé de justifier cette
différence par cette considération que la belle-mère
qui se remarie passe dans une autre famille, dont
elle prend le nom, et qui par conséquent doit
la nourrir; tandis que le beau-père qui prend une
seconde femme reste avec son nom dans sa propre
famille. Cette raison n'est pas plus concluante
que la première. Que la belle-mère remariée
doive s'adresser, lorsqu'elle est dans le besoin,
à son nouveau mari ou à ses nouveaux alliés,
plutôt qu'à son gendre ou à se bru, je le conçois;
mais si son nouveau mari, si ses nouveaux alliés,
sont impuissants à la secourir, comment démon-

___

ne s'applique en effet qu'aux alliés. Il pourra résulter de
là, que le gendre ou la belle-fille, qui ne devrait plus personnellement d'aliments à sa belle-mère, se trouvera, de
fait, appelé à supporter l'obligation qui continue de peser
sur son conjoint, (art. 1409).

1. Mourlon, I, p. 377 et 378.

trer qu'il est juste et équitable que son gendre ou
sa bru soient, dans ce cas, affranchis envers elle de
la dette alimentaire? — Voici, je crois, quelle est
la raison de cette différence entre le beau-père remarié et la belle-mère remariée : c'est qu'alors
la belle-mère ne s'appartient plus à elle-même ;
c'est qu'alors le montant de la pension alimentaire passerait, en droit ou en fait, entre les
mains de son second mari. Personnellement elle
n'en aurait à peu près jamais ni la disposition,
ni peut-être même, en fait, le profit. Le beau-
père, au contraire, est le chef de sa nouvelle
famille ; bien différente donc est sa position[1].

La belle-mère est redevenue veuve de son second mari : recouvre-t-elle le droit de demander
des aliments à son gendre ou à sa bru? Nón :
qu'elle en demande à son beau-père ou à sa belle-
mère, c'est-à-dire au père ou à la mère de son
nouveau mari. En effet, quoiqu'à vrai dire les
motifs qui lui ont fait perdre le droit de s'adresser
à son gendre ou à sa bru n'existent plus, le texte
de l'article 206 est trop absolu : « *lorsque la belle-
mère a convolé en secondes noces ;* » il est impossible en face de ce texte de restituer son droit à
la belle-mère, quoique redevenue veuve[2].

Supposons maintenant que c'est, non plus ma

3. Comp. ce que nous avons dit plus haut, sur l'art. 386.
— Demol. IV, p. 30 et 31.
2. Demol. t. IV, p. 34.

belle-mère, mais ma bru, qui, veuve de mon fils,
s'est remariée. A-t-elle perdu le droit de demander des aliments à moi, son beau-père ou sa belle-
mère ? On a soutenu que ce droit lui est conservé,
car : 1° le texte manque ici, et les peines ne s'é-
tendent pas par analogie. 2° L'analogie du reste
n'est pas complète, car la bru est presque toujours
plus pardonnable que la belle-mère, par cela même
qu'elle est plus jeune [1]. — Mais je crois au contraire qu'il faut sur ce point assimiler la bru à la
belle-mère. La théorie que je viens de rappeler
repose sur cette idée qui, je le répète, est inexacte
à mon sens, d'après laquelle la perte du droit aux
aliments serait une *peine* contre le convol. Si je
pensais qu'il y eût là un méfait et une pénalité,
sans doute je n'étendrais pas l'article 206 à une
hypothèse qui, je le reconnais, ne s'y trouve pas
textuellement ; mais j'ai indiqué quel était le fondement de cette déchéance. Il est, qu'en fait, ce
ne serait pas la belle-mère, mais bien son nouveau
mari, qui aurait le profit de la pension ; or ce
motif est identiquement le même lorsque la bru se
remarie. La bru, dit-on, est plus jeune, et en conséquence son second mariage est moins délictueux.
Mais, je l'ai souvent rappelé, c'est là une idée
contre laquelle ont protesté les rédacteurs même
du Code, et si nous écartons ce fondement, il est
bien clair que la plus ou moins grande jeunesse de

1. Mourlon, Rép. écr. I, p. 378.

la femme remariée, sera absolument indifférente
au point de vue du motif que j'ai indiqué, et qui,
selon moi, sert de base à l'article 206. Ajoutons
que l'on peut facilement supposer telle hypothèse
où cette question d'âge sera hors de cause : une
femme veuve a un gendre, et en outre le père ou
la mère de son mari défunt, son beau-père ou sa
belle-mère, dont elle est la bru. Elle se remarie :
alors on lui refuse, d'après l'article 206, le droit de
demander des aliments à son gendre, mais on veut
qu'elle puisse en demander encore à son beau-
père ou à sa belle-mère, père ou mère de son
premier mari. Pourquoi? Elle n'est certes pas
plus jeune vis-à-vis de ces derniers que vis-à-vis
de son gendre. — Je sais bien que l'article 206
ne prevoit pas explicitement cette hypothèse :
mais la raison en est qu'il ne s'occupe du droit de
la mère remariée, que vis-à-vis de son gendre ou
de sa belle-fille, et l'on peut argumenter de l'article 207, combiné avec l'article 206, pour démontrer que ces obligations sont réciproques aussi
quant à leur durée [1].

Ainsi donc, la belle-mère remariée perd le droit
de demander des aliments à son gendre ou à sa
bru; et réciproquement la bru remariée perd le
droit d'en demander à son beau-père et à sa belle-
mère. — Mais en revanche, la belle-mère ou la

---

1. Aub. et Rau, IV, p. 622. — Demolombe, IV, p. 31.
— Marcadé, II, sur l'art. 207, n° 2.

bru remariée est-elle libérée de son obligation
alimentaire envers son gendre ou sa bru, son
beau-père ou sa belle-mère? La question est très-
délicate. On a soutenu avec une très-grande force
que le gendre ou la bru conservent une action
alimentaire contre leur belle-mère remariée, que
le beau-père ou belle-mère conservent une action
alimentaire contre leur bru remariée. On argumente ainsi : 1° l'article 206 déclare bien que l'o-
bligation des gendres et brus cesse par le convol
de la belle-mère, — et, ajoutons-nous, que celle
des beaux-pères et belles-mères cesse par le convol
de la bru; — mais aucun texte ne fait cesser l'o-
bligation de la belle-mère ou de la bru remariées,
à l'égard de ceux-ci. — 2° Il est vrai que l'article
207 établit la réciprocité des obligations alimen-
taires *dans leur naissance,* mais elle ne l'établit
pas *pour leur extinction ;* et, d'une manière générale, la déchéance encourue par l'une des personnes au profit desquelles un droit réciproque
est établi, ne fait pas obstacle à ce que ce droit
continue de subsister au profit de l'autre: c'est
ainsi que dans le cas des articles 299 et 300, l'é-
poux contre lequel le divorce a été admis perd
tous les avantages que l'autre époux lui avait faits,
tandis que l'époux qui a obtenu le divorce les
conserve, *encore qu'ils aient été stipulés récipro-*
*ques* ; et de même, selon l'article 1518, lorsque
la dissolution de la communauté s'opère par le
divorce ou par la séparation de corps, l'époux qui

a obtenu le divorce ou la séparation conserve ses
droits au préciput, tandis que son conjoint les
perd, quoique pourtant il soit souvent stipulé réciproque, au profit de celui des époux qui survivra. — 3° Au reste, la réciprocité est de la nature
et non de l'essence de l'obligation alimentaire ;
est-ce que, si un fils avait, par ingratitude (art. 727),
perdu le droit de demander des aliments à son
père, le père aurait aussi perdu son droit contre
le fils? 4° Enfin les principes ne permettent pas
que cette déchéance atteigne le gendre et la bru
de la belle-mère remariée, le beau-père et la
belle-mère de la bru remariée, car, ils ne sauraient être privés de leur droit par un fait qui
leur est étranger [1].

Dans un second système, on admet que le gendre ou la bru, délivrés de toute obligation alimentaire envers leur belle-mère remariée, perdent,
de leur côté, toute action alimentaire contre elle ;
— que le beau-père ou la belle-mère, libérés de
l'obligation alimentaire envers leur bru remariée,
ne sauraient, réciproquement, exiger des aliments.
— C'est ce qui résulte, dit-on, de la corrélation
des articles 206 et 207. Quel est le but de l'article
206? Il a été double : 1° édicter l'obligation des
gendres et brus envers leurs beau-père et belle-
mère ; 2° indiquer deux cas dans lesquels cette obli-

1. Aub. et Rau, IV, p. 622. — Marcadé, art. 204, 207,
n° 1. — Mourlon, I, p. 378.

gation cesserait. Quel est ensuite le but de l'article
207 ? De renvoyer à l'article 206 tout entier, pour
l'hypothèse inverse, et par conséquent : 1° édicter l'obligation des beau-père et belle-mère, envers leurs gendres et brus ; 2° faire connaître
que, de même, leur obligation cesserait dans
deux cas. Et en effet, cet article établit le principe
de réciprocité ; il a pour but de placer le beau-père
et la belle-mère, vis-à-vis de leurs gendres ou de
leurs brus, dans une position réciproquement
égale. Il paraît donc renvoyer *à l'article* 206
*tout entier* [1].

La question me paraît très-délicate : toutefois
dans le doute, je crois qu'il est préférable d'admettre le second système, et, retranché derrière
le principe de réciprocité, de conclure que la belle-
mère ou la bru, que son nouveau mariage a privé
d'une action alimentaire, la première contre son
gendre ou sa bru, la seconde contre son beau-père
ou sa belle-mère, se trouve en même temps libérée de toute obligation alimentaire envers ceux-
ci. D'autant plus que, je le répète, le second mariage de la belle-mère ou de la bru n'est pas un
méfait, et que ce serait les traiter véritablement
comme des coupables, que de les déclarer toujours grevées de l'obligation alors qu'on leur enlève le droit qui y est corrélatif [2].

1. Demol. IV, p. 33. — Delvincourt, I, sur la p. 92, note
7, p. 225.

2. Remarquons qu'il n'est pas douteux que, dans tous les

§ 5. *Au point de vue du droit de consentir
au mariage de ses enfants du premier lit.* — Lorsque le père est mort, le consentement de la mère
suffit pour le mariage des enfants nés de leur union,
si le fils a moins de 25 ans, ou la fille moins de
21 ans (art. 149). — Toutefois on a soutenu que
la mère remariée ne pouvait pas consentir au mariage des enfants de son premier lit, pour les raisons suivantes :

1° Cette solution est nécessaire *dans le cas surtout ou la mère n'a pas été maintenue dans la tutelle.* En effet, d'après l'article 1398, le mineur,
habile à contracter mariage, peut consentir valablement toutes les donations dans son contrat de
mariage, pourvu qu'il soit assisté dans ce contrat
par les personnes dont le consentement est nécessaire pour la validité du mariage. Dès lors, si le
consentement de la mère remariée suffisait pour
le mariage de son enfant, mineur quant au mariage, il s'ensuivrait que ce même consentement
suffirait pour autoriser cet enfant à disposer de ses
biens par son contrat de mariage. Or, puisque
nous supposons la mère non maintenue dans la
tutelle, il en résulte qu'elle ne peut autoriser la
disposition de l'objet le plus modique appartenant
à ses enfants. Et on voudrait qu'elle pût seule les

cas, l'obligation alimentaire demeure toujours réciproque
entre la mère qui se remarie et les enfants d'un précédent
mariage. L'art. 206, en effet, ne s'applique qu'aux alliés.

autoriser à disposer d'eux-mêmes, et, par suite, de tous leurs biens! Il y aurait là une contradiction manifeste. — 2° Ne doit-on pas considérer comme étant dans l'impossibilité de manifester sa volonté, cette mère remariée, désormais soumise à la volonté de son nouveau mari, qui toujours l'inspirera, et peut-être même lui imposera ses volontés personnelles? Cette raison peut également s'appliquer à la mère remariée *qui aurait été maintenue dans la tutelle* ; et c'est pourquoi il faut lui appliquer la même solution qu'à la mère remariée et non tutrice. — 3° Enfin, ce qui confirme cette opinion, c'est qu'on avait proposé au Conseil d'État d'ajouter qu'en cas de mort du père ou de la mère, le consentement du survivant suffirait, *quand même il aurait contracté un second mariage.* » Or on a supprimé ces derniers mots, sans doute parce qu'on a pensé que la circonstance d'un nouveau mariage pouvait avoir dans ce cas quelqu'influence. A ces causes on soutient que, si le mariage de l'enfant du premier lit n'était pas encore célébré et qu'il y eût opposition de la part de la famille, les juges pourraient y avoir tel égard que de raison; mais que toutefois, si le mariage était une fois célébré du consentement de la mère remariée, il serait difficile de l'attaquer pour raison d'insuffisance de ce consentement [1].

Je ne puis me ranger à cette manière de voir.

1. Delvincourt, sur la p. 59, note 2, p. 115 et 116.

En effet : 1° Les termes de l'article 149 sont absolus : « *Si l'un des deux est mort,...le consentement de l'autre suffit.* » Il en est de même du
texte de l'article 173. Partout les termes de la loi
résistent à la distinction qu'on voudrait y introduire. — 2° Le Code a déterminé dans plusieurs
articles les effets que devaient produire, à l'égard
des enfants d'un précédent mariage, le convol de
leur mère; sans doute, il n'eût pas manqué, s'il
eût voulu enlever à la mère remariée le droit que
l'on met en question, de s'en expliquer formellement. — 3° Enfin, l'argument tiré de l'article 1398,
prouverait beaucoup trop. Est-ce que la mère tutrice et non remariée, est-ce que le père lui-même,
tuteur, pourrait autoriser son enfant à consentir
une donation? Non certes; et pourtant il est incontestable que l'enfant, assisté par lui, pourrait
consentir toutes les donations dont le contrat de
mariage est susceptible (art. 1398). Cette contradiction n'aurait donc rien de particulier au cas où
ce serait la mère remariée, qui consentirait au mariage. C'est qu'en effet, cet article 1398 est véritablement une exception au mécanisme ordinaire
de la tutelle. En général, le mineur est représenté
par son tuteur, auquel la loi confère ce mandat,
sous des conditions déterminées (art. 450 et suiv.),
ici, au contraire, c'est le mineur qui est en scène,
et qui contracte (art. 1095 et 1309). — Nous
sommes en dehors des règles ordinaires [1].

1. Bastia, 3 février 1836. — (Devill. 1836, II, 247.) —

§ 6. *Au point de vue de l'établissement de ses enfants du premier lit.* — Nous allons ici nous placer dans un cas où il est fait exception aux règles ordinaires de la matière que nous étudions, en ce sens que la femme remariée se trouve avoir une capacité qu'elle n'aurait pas eue pendant son premier mariage. Il est vrai que cette capacité est toute dans l'intérêt des enfants du premier lit, et qu'elle a pour but d'empêcher que ces enfants ne puissent être victimes de la malveillance de leur beau-père.

D'après l'article 1556, la femme peut, « *avec l'autorisation de son mari, donner ses biens dotaux, pour l'établissement de leurs enfants communs.* » Il faut donc que le père des enfants y consente ; l'autorisation de justice ne pourrait suppléer la sienne ; s'il refuse son consentement à l'établissement de ses propres enfants, on doit croire que c'est qu'il a de justes raisons de s'y opposer. — Mais supposons, maintenant, que cette femme, devenue veuve, convole en secondes noces, également sous le régime dotal. Elle veut aliéner sa dot, pour l'établissement des enfants de son premier lit. L'article 1555 prévoit cette hypothèse : « *La femme,* y est-il dit, *peut, avec l'autorisation de son mari, ou, sur son refus, avec permission de justice, donner ses biens dotaux, pour l'établissement des enfants qu'elle aurait*

Demol. III, p. 72 et suiv. — Duranton, II, n° 90. — Zachariæ, III, p. 265.

*d'un mariage antérieur; mais, si elle n'est auto-
risée que par justice, elle doit réserver la jouissance à son mari.* » Ainsi, la mère *mariée* ne
pourrait, sans l'autorisation de son mari, aliéner
ses biens dotaux pour l'établissement de ses enfants; — la mère *remariée* a, pour l'établissement
de ces mêmes enfants, une capacité plus étendue,
*puisque, en ce cas, l'autorisation de justice pourra
suppléer celle de son second mari.* La loi n'a pas
voulu que les enfants du premier lit fussent privés
d'un établissement, par suite de la mauvaise volonté de leur beau-père.

Nous avons dit que, en cas de refus du second
mari, la femme s'adresserait à la justice; — mais
ce n'est pas à dire que la justice soit obligée d'accueillir la demande. De justes motifs peuvent, en
effet, s'opposer à la concession de l'autorisation
demandée; comme si, par exemple, la femme
possède des paraphernaux qui lui permettent de
doter convenablement son enfant du premier lit;
ou si la donation projetée par la femme, sur ses
biens dotaux, pouvait, par son étendue, devenir
préjudiciable aux enfants du second mariage. Il
eût été en effet inutile, pour le législateur, d'exiger l'autorisation de justice, si cette autorisation
ne pouvait jamais être refusée.

Le mot: *établissement* ne doit pas être restreint
à l'établissement par mariage, mais il doit s'entendre de toute position quelconque qui doit,
selon les apparences, mettre l'enfant du premier

lit à même de se passer des secours de sa mère
remariée, lui procurer une existence indépendante[1].

Le second mari, ou la justice, pourraient-ils
autoriser la femme, non pas seulement à *donner*
ses biens dotaux pour l'établissement des enfants
du premier lit (selon l'expression employée par
l'art. 1555), mais aussi à les *vendre* ou à les *hypothéquer*, à l'effet de se procurer les sommes nécessaires à l'établissement desdits enfants ? La
solution de cette question peut donner lieu à des
doutes. En effet, comme le remarquent MM. Aubry et Rau, il existe entre la *donation directe* d'un
immeuble dotal et la *vente*, ou l'*affectation hypo-
thécaire* d'un pareil immeuble, consenties dans le
but de se procurer les sommes nécessaires à l'établissement desdits enfants, une différence importante. En effet, bien que l'enfant du premier lit,
donataire de l'immeuble dotal, soit autorisé à

---

1. Sans doute, on ne saurait considérer comme : *établissement*, des essais, et des spéculations passagères, en agri-
culture, en commerce, ou entreprise de travaux publics ;
mais il en serait autrement, par exemple, de la pension à
payer pour les enfants du premier lit, aux écoles, polytech-
nique, de Saint-Cyr, ou navale, ou même à toute autre
école, où les élèves ont la certitude d'avoir à leur sortie un
emploi qui leur donne à vivre. De même encore, l'entrée
d'un fils dans les ordres, ou d'une fille en religion, l'achat
d'un office ministériel, ou d'un fonds de commerce. C'est là
du reste un point de fait, livré à l'appréciation des juges.
(Aub. et Rau, IV, p. 491. — Rodière et Pont, C. de M.
III, p. 355, et les nombreux arrêts que citent ces auteurs).

l'aiéner, la réserve des autres enfants reste, dans
ce cas, garantie au moyen de l'action subsidiaire
en revendication, qui leur compète, en vertu de
l'article 930, contre le tiers acquéreur de cet immeuble ; tandis que, dans le cas où l'aliénation
émanerait directement de la mère, le tiers acquéreur serait à l'abri de toute recherche, et les autres
enfants n'auraient qu'une action personnelle en
rapport ou en réduction contre le donataire, action qui peut devenir illusoire par l'insolvabilité
de ce dernier. « D'après cela, continuent les sa-
vants auteurs, et en s'attachant à la considération
que l'inaliénabilité des immeubles dotaux est établie dans l'intérêt de la famille tout entière, on
pourrait être porté à prendre le mot : *donner*, dont
se sert l'article 1555, dans son sens technique et
restreint. » Malgré ces observations, MM. Aubry
et Rau estiment qu'il n'y a pas lieu de s'arrêter à
cette interprétation restrictive. — Nous admet-
trons avec eux que le mari, ou la justice à son
défaut, pourraient, à fin d'établissement des enfants du premier lit de la mère remariée, autoriser,
non-seulement la *donation*, mais la *vente* des immeubles dotaux, ou encore leur *affectation hypo-
thécaire*, car la mère remariée peut désirer de ne
pas se dépouiller immédiatement d'une propriété,
dont elle tire peut-être un revenu considérable,
ou qui, peut-être encore, est un domaine de famille [1].

1. En ce sens, Aub. et Rau, IV, p. 492. — Rodière et

## Section III.

*Effets communs au second mariage de l'homme,
et au second mariage de la femme.*

§ 1. *Au point de vue de la quotité disponible entre
époux.*

1. Retour sur le droit romain et sur l'édit
de 1560. — Droit intermédiaire. — Projet
du Code. — Article 1098. — Caractère de
la prohibition édictée par cet article. —
Lorsque nous esquissions sommairement les règles du droit romain sur les secondes noces,
nous remarquions spécialement : 1° Que les empereurs Gratien, Valentinien et Théodose avaient
voulu que la femme qui se remarie, ayant des enfants de son précédent lit, ne conservât que l'usufruit des dons et avantages que son premier mariage avait pu lui procurer, à quelque titre que
ce fût[1], et que les empereurs Théodose le Jeune
et Valentinien rendirent cette prescription également applicable à l'homme qui, ayant enfants,
convolerait en nouvelles noces[2]; 2° Que Léon et
Anthémius, avançant encore dans ce système protecteur, avaient décidé que le père ou la mère

Pont, III, p. 357, et les arrêts qu'ils citent. — Mourlon, III,
p. 155, note 1. — Marcadé, sur les art. 1555 et 1556. La
même question se présente, dans le cas de l'art. 1556.

1. Loi *feminæ* (Const. 3, Code, *de sec. nupt.*).
2. Constit. 5, Code, *de secundis nuptiis.*

veufs, qui se remarieraient ayant des enfants, ne pourraient disposer, en faveur de leur nouvel époux (*novercæ vel vitrici*), que d'une part d'enfant le moins prenant[1].

Nous avons vu ensuite, comment l'*Édit de secondes noces, en* 1560, avait restauré, dans notre ancien droit, ces mêmes dispositions. — Il était dit, au 1ᵉʳ chef de cet édit, que les femmes veuves, ayant des enfants, ne peuvent donner à leurs nouveaux maris plus qu'à l'un de leurs enfants, ou enfants de leurs enfants, la donation faite au mari étant mesurée à la raison de celui des enfants qui aura le moins ; — et au 2ᵉ chef, que lesdites femmes sont tenues de réserver aux enfants de leur premier mari, les biens qu'elles auraient acquis par dons et libéralités de leur dit mari ; laquelle règle devait être également appliquée aux biens qui seraient venus aux veufs, par dons et libéralités de leurs défuntes femmes. — La jurisprudence avait étendu de même le 1ᵉʳ chef aux hommes veufs.

Dans le *droit intermédiaire*, la loi du 17 nivôse de l'an II, avait, à son article 16, défendu de faire des libéralités aux successibles, de donner aux étrangers plus de 1/2 des biens, si le disposant laissait des ascendants ou des descendants, quel que fût leur nombre ou leur degré, et plus de 1/6, s'il ne laissait que des collatéraux. —

---

1. Loi *Hac edictali* (Const. 6, C. *de sec. nupt.*).

Mais, chose étrange, cette loi, si hostile aux dispositions gratuites entre étrangers, entre parents, les permit largement entre époux, et créa pour eux un droit tout de faveur et d'exception. Les articles 13 et 14 donnaient aux époux, pour le cas où ils ne laisseraient point d'enfants, un droit plein et entier de disposition, l'un en faveur de l'autre; mais si les époux laissaient des enfants, *de leur union ou d'un précédent mariage,* ils ne pouvaient se donner que l'usufruit de la 1/2 de leurs biens; les dons d'usufruit supérieurs à cette quotité, y étaient réduits, et ceux de propriété étaient réduits à l'usufruit des objets donnés, sauf, bien entendu, à n'excéder jamais l'usufruit de la 1/2 des biens. — Mais la loi de nivôse an II, ne parlait pas explicitement du convol; la question de savoir si l'Édit de secondes noces était par elle abrogé, s'éleva donc bientôt. La Cour de cassation jugea, par arrêt du 8 juin 1808, que le premier chef était abrogé par l'article 13 de la loi de l'an II, lequel article permettait de donner une 1/2 en usufruit, au cas où il y avait des enfants, *soit communs, soit d'un précédent mariage.* (Il résultait de cet article 13, que l'époux remarié pouvait, en certains cas, donner à son nouveau conjoint, plus qu'à un enfant, tandis qu'en d'autres cas, il ne pouvait pas lui donner autant.) — Mais la même Cour jugea que le second chef de l'Édit, qui ordonne à l'époux binube, de conserver aux enfants du premier mariage, les gains nuptiaux provenus de ce mariage, — que ce chef n'était pas abrogé ; — doctrine inexacte à mon sens, puisque l'article 61 de la loi de nivôse, abrogeant toutes les lois, les coutumes et les statuts, sur la transmission des biens, par donations et successions, avait par là même abrogé le second chef de l'Édit[1]. — Le convol était donc, sous la législation intermédiaire, destitué de l'influence que lui avaient attribuée la législation romaine et notre ancien droit français. Ce changement dans la manière d'envisager le convol, correspondait à un changement dans la manière d'envisager le mariage : ce lien sacré avait perdu son caractère indissoluble, et une législation complaisante, pour le divorce devait être facile pour les seconds mariages.

L'article 176 du *projet du Code*, avait reproduit les deux chefs de l'Édit · *L'homme ou la femme qui, ayant des enfants d'un autre lit, contractera un second ou subséquent mariage, ne pourra donner à son nouvel époux qu'une part d'enfant légitime le moins prenant, et en usufruit seulement.* — Par ces derniers mots : *en usufruit seulement,* était même aggravé le premier chef de l'Édit. — *Il ne pourra disposer, à titre gratuit ou onéreux,*

---

1. Une loi du 4 germinal de l'an VIII restitua aux citoyens le droit de disposer de leurs biens, dans une mesure plus rationnelle ; une part d'enfant, sans pouvoir jamais excéder le quart. Mais le disponible entre époux, resta tel que la loi de nivôse l'avait fixé.

*des immeubles qu'il a recueillis de son époux, ou de ses époux précédents, tant que les enfants issus des mariages desquels sont provenus ces dons, existent.* — Ainsi était reproduit le deuxième chef de l'Édit.

Mais la discussion qui eut lieu au Conseil d'État, amena un triple résultat. — I. *Quant au premier chef,* deux modifications furent faites au projet : 1° On autorisa les donations, *même de propriété.* En effet, M. Regnault de Saint-Jean-d'Angely faisait observer que le projet restreignait beaucoup trop la quotité disponible en faveur du second conjoint, et qu'en mettant ainsi, comme à plaisir, obstacle aux seconds mariages, elle tendait à faire vivre dans le concubinage les personnes qu'elle empêchait de s'avantager. Le consul Cambacérès, reconnaissant la justesse de cette observation, pensa que la part d'enfant que pourrait recevoir le second conjoint, *pourrait lui être donnée en toute propriété, au lieu de lui être donnée en usufruit seulement.* — 2° Mais, on décida qu'elle ne *pourrait dépasser le quart des biens,* de telle sorte que cette quotité disponible spéciale se trouvera, dans certains cas, plus faible que celle qu'eût autorisée l'Édit, plus faible qu'une part d'enfant. C'est M. Berlier, qui proposa cette modification afin d'empêcher que, s'il n'y avait que deux enfants, ou même un seul enfant, le nouvel époux ne pût avoir dans le partage, 1/3, ou même 1/2, de la succession. Ainsi fut élaboré *l'art.* 1098, qui porte que : *L'homme ou la femme qui, ayant des enfants d'un autre lit, contractera un second ou subséquent mariage, ne pourra donner à son nouvel époux qu'une part d'enfant légitime le moins prenant, et sans que, dans aucun cas, ces donations puissent excéder le quart des biens.* — II. *Quant au 2ᵉ chef, nous ne le retrouvons pas dans le Code.* M. Treilhard avait fait observer que la seconde disposition de l'article 176 du projet, ne serait véritablement utile, qu'autant que les biens dont elle défend de disposer seraient réservés à ceux seulement des enfants qui seraient du premier lit, conformément à la législation antérieure ; — et, sur cette observation, la seconde partie de l'article fut retranchée. Il y avait différentes raisons pour qu'il en fût ainsi. — D'abord, cette disposition était contraire aux principes nouveaux de notre droit ; car, d'une part, elle recherchait l'origine des biens, et, d'autre part, elle grevait l'époux remarié d'une véritable substitution, en faveur des enfants de son premier lit (art. 732 et 896). — Et ensuite, elle créait des inégalités choquantes entre des enfants qui, pour être de lits différents, n'en sont pas moins tous du même père ou de la même mère, tandis que l'esprit de notre droit nouveau paraît bien être de maintenir l'égalité entre les enfants du même père ou de la même mère, lors même qu'ils sont issus de lits différents (art. 745).

En résumé, l'article 1098 diffère du projet en

ce que : α, la part d'enfant est de propriété, et non d'usufruit comme dans le projet, β : dans le Code, elle ne peut jamais dépasser 1/4 des biens, ce qui se pouvait dans le projet. γ : et en ce que dans le Code, la donation peut porter même sur les biens donnés par l'époux prédécédé, ce qui était impossible dans le projet, où ces biens étaient grevés de substitution fidéicommissaire, au profit des enfants du premier lit[1].

1. Quelle appréciation porterons-nous, au point de vue législatif, sur cet art. 1098 ? Je sais bien, qu'en principe, il est du devoir de l'interprète de chercher toujours à justifier la loi, plutôt qu'à la critiquer ; mais je dois avouer que, dans le cas proposé, j'ai vainement cherché cette justification. Il est évident en effet que, si elle est possible, elle consisterait à démontrer que les enfants du premier lit ont, dans l'espèce, besoin, à l'encontre du nouvel époux, d'une réserve plus forte que celle que leur assigne le droit commun. La loi leur donne effectivement, vis-à-vis de leur beau-père ou de leur belle-mère, un droit à une quotité exorbitante du droit commun. Une personne qui a deux enfants, et qui peut donner à un étranger 1/3 de ses biens, ne peut en donner que 1/4 à son nouveau conjoint. Une personne qui a cinq enfants, peut donner 1/4 de ses biens à un étranger, et 1/6 seulement à son nouveau conjoint. Pourquoi donc ? C'est que, dit-on, il était à craindre que la tendresse de l'époux remarié envers son nouveau conjoint ne le portât à des libéralités excessives, et telles qu'il n'eût jamais consenti à les faire au profit d'un autre.... Est-ce là répondre à la question ? Supposons que, pour cette situation spéciale, la loi eût pris des mesures plus énergiques, eût renforcé les précautions, pour sauvegarder la réserve des enfants du premier lit, *leur réserve de droit commun*, contre les entraînements passionnés de leur auteur remarié ; alors la justification proposée se rapporterait parfaitement à une mesure de ce genre. Mais ce n'est pas là ce

L'article 1098, édicte-t-il une règle d'*indisponibilité*, ou une règle d'*incapacité*?' La question offre un très-grand intérêt, car des différences profondes séparent les règles *de disponibilité réelle*, des règles de *capacité personnelle*. 1° Pour apprécier la capacité personnelle du disposant, il faut se placer au moment de l'acte de donation ou de la confection du testament; s'il s'agit ici d'une question de *capacité*, c'est à ces époques

qu'ont fait nos législateurs ! Ils n'ont pas maintenu le chiffre ordinaire du disponible, sauf à protéger plus énergiquement la réserve : *ils ont augmenté cette réserve*, vis-à-vis du nouvel époux, et, à cette disposition, ne me paraît plus correspondre la justification donnée. Du moment que le législateur fixait, aux articles 913 et suivants, la mesure qui devait atteindre la réserve des enfants, il reconnaissait, par cela même, qu'ils pouvaient, sous le couvert même de la loi, être dépouillés de tout ce qui n'est pas cette réserve. Si donc, dans un cas spécial, nous trouvons la quotité disponible abaissée au-dessous du tarif du droit commun, nous ne pouvons pas dire que c'est l'intérêt des enfants du premier lit, qui exige cette faveur, *puisque l'intérêt qu'ils méritent trouve précisément sa formule dans la réserve, fixée par le droit commun.* Supposez tous les entraînements possibles : *est-ce que cette réserve en sera plus menacée?* Si vous le croyez, *protégez-la davantage; mais pourquoi l'augmentez-vous?* Quel rapport y a-t-il entre ces deux idées? Je puis sans doute facilement me tromper, mais je ne le saisis pas. Ce qui est plus menacé, c'est la quotité disponible : mais qu'importe, puisque le législateur a reconnu qu'elle n'était pas nécessaire aux enfants? Si elle est *disponible*, c'est qu'il peut en être disposé ! — Mais, si la disposition de l'art. 1098 ne me paraît pas complétement justifiable, du moins est-elle très-explicable : ici, la loi s'est laissé entraîner par une tradition immémoriale, et, avec les siècles passés, a vu d'un mauvais œil

qu'il faudra se placer pour apprécier la libéralité faite par l'époux. Au contraire, pour savoir si une règle de *disponibilité* a été violée, il faut nécessairement se placer à l'époque du décès du disposant, de sorte que, lors même qu'au moment de la confection du testament, il n'aurait pu disposer, en raison du nombre de ses enfants du premier lit, que d'une certaine portion de ses biens, il se peut que la libéralité qu'il a faite, et

les seconds mariages (V. l'*épilogue*). Cet abaissement de la quotité disponible est dû à la défaveur avec laquelle nos législateurs ont vu l'époux binube, et son conjoint, son complice (Aub. et Rau, IV, p. 654, note 17). C'est là, croyons-nous, qu'il y a prise à la critique. Jusqu'ici nous avons pu expliquer les restrictions au droit de correction, la perte de l'usufruit légal, les dispositions spéciales relatives à la tutelle, à la dette alimentaire, tous effets des seconds mariages, sans faire intervenir l'idée d'une réprobation législative pour le convol. Cette dernière idée y avait peut-être bien quelque place, mais enfin, à côté, toujours on pouvait trouver une justification rationnelle, qui était, en général, la protection des enfants nés du précédent mariage. Mais ici, cette explication ne nous paraît plus possible : nous ne voyons plus que la défaveur pour les seconds mariages. Or, reconnaître un tel fondement à la loi, ce n'est que trop la critiquer. Se remarier n'a rien en soi, indépendamment de circonstances toutes particulières, qui soit répréhensible, et peut-être bien la loi eût-elle mieux fait, au lieu d'avoir en vue une perfection ascétique, de voir dans une seconde union une garantie contre des tentations de désordre. — Une loi qui n'appelle pas le conjoint à succéder à son conjoint, qui fait passer avant lui les collatéraux du douzième degré, a-t-elle le droit de se montrer scandalisée de ce qu'un époux puisse disposer de sa quotité disponible, en faveur de son époux, et lui assurer ainsi, dans son veuvage, l'indépendance et la dignité ?

qui comprend une portion plus forte, reçoive son
exécution si, au moment de sa mort, les enfants
ou quelques-uns des enfants de son précédent lit,
sont décédés. Et de même, une donation qui serait réductible, si le disposant mourait aussitôt
après l'avoir faite, peut valoir pour le tout, si,
lors de sa mort, sa fortune a notablement augmenté. 2° S'il s'agit d'une règle d'*indisponibilité*,
la libéralité qui dépasse le disponible est simplement *réductible*, à l'époque du décès de l'époux
disposant. S'il s'agit d'une *incapacité* de donner
au delà d'un certain chiffre, la donation qui excédera ces limites sera *nulle*, *ab initio*, dans la
mesure de l'excédant, comme faite par un incapable. 3° Une règle d'*incapacité* édictée par la
loi française ne régit que les Français, mais non
les étrangers, même en France. Une règle d'*indisponibilité*, au contraire, régit tous les biens si-
tués en France, qu'ils appartiennent à des Français ou à des étrangers (art. 3).

En d'autres termes, la disponibilité réelle, sans
s'attaquer au principe de la disposition sous le
point de vue de sa validité, ne soulève qu'une
question d'exécution ; tandis que la capacité personnelle se rattache au principe même de la disposition, sous le rapport de sa validité légale.

Pour soutenir qu'il s'agit ici d'une *incapacité*
de donner dans une certaine mesure, on a fait
remarquer : 1° que la vraie réserve produit une
indisponibilité absolue des biens réservés, indis-

ponibilité envers et contre tous, et qu'il n'y a pas
une vraie réserve dans le sens technique du mot,
là où les biens prétendus réservés peuvent, quoiqu'il ne puisse pas en être disposé au profit d'une
certaine personne, être donnés librement à toutes
les autres. Le prétendu réservataire n'en peut pas
moins alors être dépouillé de ces biens là, et un
réservataire qui peut être dépouillé n'est pas un
véritable réservataire; 2° que la loi, dans l'espèce,
veut frapper les seconds mariages, et en conséquence inflige une *incapacité* spéciale au veuf ou
à la veuve ayant enfants lorsqu'ils se remarient;
3° que du reste, l'article 1098 est, en quelque
sorte, conçu *in personam : l'homme ou la femme
ne pourra donner*, à la différence des articles 913
et 915, qui sont au contraire conçus *in rem : les
libéralités ne pourront excéder*, précisément parce
qu'ils traitent une question de disponibilité réelle.

Les commentateurs repoussent cependant, avec
raison, l'attribution de ce caractère à l'article 1098.
En effet, pour distinguer si une loi est réelle ou
personnelle, il ne faut pas tenir compte de la
tournure de phrase qu'elle emploie : mais il faut
rechercher, en allant au fond des choses, quel
est le but définitif que s'est proposé le législateur.
Si la loi a voulu altérer la capacité juridique dans
son essence, il y a une règle de capacité personnelle; or, on reconnaît en général, chez le législateur, l'intention de faire résider dans la personne le principe de la restriction, *lorsque c'est*

*la personne elle-même qu'il a voulu princi-*
*palement protéger, sans se préoccuper de savoir*
*s'il existe ou non certaines personnes à qui cette*
*incapacité profite*[1]. Si, au contraire, la loi a voulu
*empêcher que ces libéralités exagérées vinssent*
*compromettre les intérêts de certains tiers*, il y a un
principe de disponibilité réelle[2]. La capacité reste
intacte, mais l'exercice en est comme paralysé
dans l'intérêt de ces tiers ; tant qu'ils existent la limite posée est maintenue, mais s'ils viennent à disparaître, la restriction s'évanouit. Or, ce dernier
cas est précisément le nôtre, puisque les restric-

1. Ainsi, dans le cas de l'art. 904, car, en l'édictant, le
législateur a eu pour but de protéger le mineur, parvenu à
l'âge de 16 ans, contre les dangers auxquels l'inexpérience
et les passions de son âge, auraient pu l'exposer. Cet article n'est pas fondé sur des considérations relatives aux héritiers eux-mêmes, et n'a pas spécialement pour but de
garantir leurs droits, mais il repose, plus sensiblement, sur
des considérations déduites de la personne du mineur, et
est indépendant de la qualité et du nombre des héritiers
qu'il peut laisser. (Demol., XVIII, n. 423.)

2. Ainsi, dans le cas de l'art. 908, (lequel décrète que
les enfants naturels ne pourront rien recevoir au delà de ce
qui leur est accordé au titre des successions). — C'est en
effet non pas l'intérêt du père ou de la mère naturels que
la loi a voulu sauvegarder, mais c'est bien, plutôt, l'intérêt
de la famille légitime qu'elle a voulu garantir contre des libéralités par lesquelles les père et mère naturels eussent pu
dépouiller, au grand détriment de la morale publique, leurs
parents légitimes, en faveur du fruit de leurs désordres.
C'est une sorte de réserve, — *sui generis*, — en faveur des
parents légitimes, à l'encontre de l'enfant naturel. — (Demol.
XVIII, n. 555.)

tions de l'article 1098 s'évanouissent quand il n'existe plus d'enfants du premier lit. Ainsi, dans l'espèce, le but définitif, l'idée capitale de la loi, n'est pas de rendre l'époux remarié *incapable* de disposer au delà de telle fraction, puisqu'en retirant les enfants de son premier lit nous le voyons capable de disposer d'une plus forte fraction, et qu'en retirant tous les héritiers à réserve nous le trouvons capable de donner tous ses biens à son nouveau conjoint. — D'autre part, l'article 1098 est une exception à l'article 913, qui règle certainement une question de disponibilité : c'est un abaissement, pour un cas spécial, du chiffre de la quotité disponible, d'où il semble bien résulter que le fonds même de la disposition de l'article 1098 est de la même nature juridique que la disposition des articles 913 et 915. A ce point même, que ces deux réserves se confondent absolument l'une avec l'autre, lorsque le veuf ou la veuve laisse trois enfants, puisque le disponible est alors de un quart, soit d'après l'article 913, soit d'après l'article 1098.

*C'est donc là une question de disponibilité réelle*[1]; d'où je conclus que, pour apprécier le sort de la libéralité faite en faveur du nouveau conjoint, il

1. M. Colmet de Santerre, IV, n. 278 bis, I, — Demol., XXIII, n. 552. — Aub. et Rau, V, p. 628. — Marcadé, IV, p. 266; 267. — « *Tempus illud considerandum est*, dit la Novelle XXII, chap. 28, *secundum quod binubus moritur*. »

faut se placer, non pas à l'époque de sa confection, mais à l'époque du décès du disposant, tant pour ce qui concerne la quotité des biens du *de cujus*, que le nombre des enfants à compter dans le calcul de la part d'enfant le moins prenant. Une autre conséquence de la réalité de cette règle, c'est qu'elle devra s'appliquer à tous les biens français, alors même qu'ils appartiendraient à des époux étrangers; et qu'au contraire elle ne s'appliquera pas aux biens étrangers, même appartenant à des époux français (art. 3).

2. QUELS SONT LES INDIVIDUS DANS LA PERSONNE DESQUELS PEUT S'OUVRIR L'ACTION EN RÉDUCTION DE L'ARTICLE 1098? A QUELLE ÉPOQUE? — Donne ouverture à l'article 1098, la présence :

*I.* D'un *enfant légitime* du précédent mariage. L'article 1098, dit : *des enfants;* mais le nombre des enfants du premier lit est indifférent quant à la question de savoir si l'article 1098 est applicable ou non : il suffit d'un enfant pour que la donation ne puisse dépasser un quart. Le nombre des enfants n'est à considérer que lorsqu'il s'agit de calculer le disponible, en ce qu'il pourra le faire descendre bien au-dessous d'un quart. — Remarquons encore que ce ne sont pas seulement les enfants d'un premier lit, dont la présence donne lieu à l'application de l'article 1098, mais aussi les enfants d'un deuxième, troisième, quatrième ou ultérieur mariage. Cela résulte directement de notre texte, dont les termes s'appliquent à l'homme ou à la femme, qui contractera *un second ou subséquent mariage*. Il est du reste bien évident que : si l'on considère l'article 1098 comme une loi de protection, les mêmes raisons existent, de protéger les enfants d'un second lit contre un troisième mariage, ceux du troisième lit contre une quatrième union, etc., que de protéger les enfants d'un premier lit contre un deuxième mariage ; et que si l'on voit dans cet article la défaveur pour les subséquents mariages, et par conséquent pour un second, il y a un *a fortiori* pour les troisièmes ou ultérieurs.

*II.* D'un *enfant légitimé* par le précédent mariage, car, d'après l'article 333, ces enfants ont les mêmes droits que s'ils étaient nés de ce mariage[1].

*III.* De *petits enfants*, à quelque degré que ce soit, qu'ont eus les enfants d'un précédent lit, prédécédés. L'Édit de 1560 s'expliquait formellement sur ce point : *veuves ayant enfants, ou enfants de leurs enfants.* Et l'article 913, qui établit les règles de la disponibilité de droit commun, est suivi de l'article 914, lequel dispose que : *sont compris dans l'article précédent, sous le nom d'enfants, tous les descendants, en quel-*

---

1. De plus, comme dans notre loi la légitimation ne résulte que du mariage, l'enfant naturel légitimé par le précédent mariage serait bien réputé issu de ce mariage ; il aurait bien pour père un premier époux, et pour adversaire un nouvel époux.

*que degre que ce soit;* de sorte que l'on peut supposer que, si les rédacteurs de l'article 1098 n'ont
pas répété cette disposition, à la suite dudit article,
c'est qu'il leur a paru inutile de s'expliquer sur
ce point.

Il faut donc, pour que l'article 1098 soit applicable, qu'il existe, au moment du second
mariage, au moins un enfant légitime ou légitimé, se rattachant au premier mariage de
l'époux binube, ou un petit-enfant d'un enfant prédécédé, de cet époux. On appliquerait
du reste la règle que l'enfant conçu est réputé né,
lorsqu'il s'agit de ses intérêts ; par ex., un homme
était veuf, lorsque son fils est mort laissant sa
femme enceinte, et c'est avant l'accouchement de
sa belle-fille, que cet homme s'est remarié. La
belle fille est accouchée ensuite d'un enfant vivant et viable. Son enfant, le petit-enfant de l'é-
poux binube, pourra, quoique sa naissance soit
postérieure au second mariage de son grand-
père, invoquer l'application de l'article 1098 [1].

L'article 1098 cesserait d'être applicable, si,
au moment du décès de l'époux binube, il n'existait ni enfant, ni petit-enfant, de son premier lit ;
comme, en effet, l'action en réduction n'est que
l'exercice d'un droit successoral, il est clair que,
pour l'exercer, il faut exister quand s'ouvre ce
droit, c'est-à-dire au décès.

1. Demolombe, t. XXIII, n. 558.

On peut se demander si l'action en réduction de l'article 1098, s'ouvre dans la personne des enfants renonçants ou indignes? Il faut décider, je crois, que cette action ne peut naître en la personne des enfants, qu'autant qu'ils acceptent la succession de leur auteur, et n'en ont pas été exclus comme indignes. Nous avons indiqué il est vrai, que dans l'ancien droit, aux pays mêmes de coutumes, où régnait pourtant la maxime : *Non habet legitimam nisi qui hæres est*, on décidait que cette action, par une dérogation à ladite règle, était attribuée à la seule qualité d'enfant, *jure sanguinis*, et cette doctrine y était fondée sur ce que ce n'est pas la loi des successions, *mais bien l'Édit*, qui attribue aux enfants ce retranchement, d'une manière directe, et en leur seule qualité d'enfants[1]. Mais il me paraît actuellement impossible, étant admis que c'est une réserve spéciale que l'article 1098 établit en faveur des enfants d'un précédent lit, et étant admis de plus, que la la réserve est une partie de la succession, de telle sorte que ceux qui invoquent l'indisponibilité, ne

1. Cette contradiction dans le droit Coutumier, peut ce semble, s'expliquer historiquement. — Cette réserve spéciale, créée par la loi *hac edictali*, et admise par le droit écrit, n'exista pas d'une manière générale en droit Coutumier, jusqu'en 1560, époque à laquelle l'édit de secondes noces étendit aux coutumes la règle du droit écrit. L'institution, ayant été empruntée au droit écrit, lui fut empruntée telle quelle, et l'action attribuée aux mêmes personnes qu'en droit écrit, à savoir même aux renonçants.

sauraient l'invoquer qu'en qualité d'héritiers, —
impossible dis-je, de soumettre les conséquences
de l'indisponibilité spéciale de l'article 1098, à
des règles exceptionnelles. Comment prétendre
encore, sous l'empire de notre Code, que l'action
en réduction de l'article 1098 appartient aux enfants du premier lit, non pas en qualité d'héritiers, mais en qualité d'enfants, *jure sanguinis?*
Est-ce donc là une manière d'acquérir, dans notre
droit ? Les jurisconsultes anciens, qui admettaient
la solution que nous combattons, la fondaient du
reste sur un raisonnement peu démonstratif : ils
disaient que l'époux *avait mis hors de ses biens
tout ce qui est compris dans la donation:* que
l'objet donné *ne se retrouvait plus dans sa succession;* et que dès lors, les enfants n'avaient pas
besoin d'être héritiers pour avoir ce qui doit en
être retranché. Mais d'abord, est-ce que cet argument serait proposable, s'il s'agissait de biens légués par testament, biens qui sont alors certainement dans la succession ? Est-ce que, d'autre part,
appliqué aux donations entre-vifs, ce même argument ne prouverait pas beaucoup trop, puisqu'il serait de nature à être présenté dans tous
les cas, et quelque fût la personne à laquelle la
libéralité a été faite? Et par conséquent, ne ten-
drait-il pas inévitablement à poser, en règle absolue, qu'il n'est pas nécessaire d'être héritier
pour avoir droit à la réserve? Or, je le répète,
j'estime qu'en principe il faut être héritier pour

avoir l'action en réduction. La dissertation de ce point de droit m'entraînerait en dehors des limites de mon sujet, mais ce que je voulais seulement indiquer ici, c'est que, si cette solution est admise quant à la réserve de droit commun, elle ne saurait être repoussée en ce qui concerne l'indisponibilité spéciale qu'établit l'article 1098.

Ne donne pas ouverture à l'article 1098, la présence :

I. — D'un *enfant naturel.* « La présence d'un enfant naturel de l'homme ou de la femme qui se remarie, ne saurait donner ouverture à l'action de notre article. *L'homme ou la femme qui, ayant des enfants d'un autre lit, contractera un second ou subséquent mariage.* etc. Si le mariage qui nous occupe est *second* ou *subséquent*, c'est que c'est d'un *premier ou précédent mariage*, que ces enfants sont supposés être nés. Par ex., si nous supposons le second conjoint en face d'un enfant naturel, il pourra recevoir exactement ce que pourrait recevoir à sa place un étranger; c'est-à-dire, en supposant que le disposant n'a pas d'autre parents au degré successible, la fortune totale, sous la déduction d'un sixième seulement. Il faut en dire autant de l'enfant naturel qu'aurait laissé un enfant légitime prédécédé du veuf ou de la veuve remarié, car le lien de filiation naturelle ne rattache l'une à l'autre que deux personnes, le père ou la mère et l'enfant (article 756, al. 2).

II. — D'un *enfant adoptif*. En d'autres termes, si l'adoptant s'est marié postérieurement à l'adoption, la présence de l'enfant adoptif ne pourra donner ouverture à l'article 1098. Pour soutenir le contraire, on a argumenté de la manière suivante : L'article 350 dispose que : *l'adopté aura sur la succession de l'adoptant les mêmes droits que ceux qu'y aurait l'enfant · né en mariage*, et l'on en conclut que la même réserve qui appartient à l'enfant né en mariage appartient dès lors à l'adopté. Or, l'article 1098 ne fait que régler, pour une certaine hypothèse, les droits de l'enfant né en mariage, dans la succession de son auteur. Cet article est donc applicable à l'enfant adoptif, auquel l'article 350 accorde absolument les mêmes droits sur la succession de l'adoptant. Il est vrai que le texte de l'article 1098 s'applique aux enfants d'un autre lit, mais il n'y a pas à s'en étonner, car : — 1° on sait que l'adoption fut étrangère aux lois et aux mœurs de la France jusqu'à l'époque de la Révolution ; que le 18 janvier 1792 seulement, l'Assemblée nationale décréta que son comité de législation comprendrait dans son plan général des lois civiles celles relatives à l'adoption. On peut donc comprendre que cette institution, nouvelle pour nos législateurs, ne se soit pas toujours présentée à leur pensée. — 2° Au surplus, l'article 350 ayant une fois pour toutes établi l'assimilation entre l'enfant adoptif et l'enfant du mariage, en ce qui concerne la succession de l'adoptant, il n'était pas nécessaire que la loi reproduisît ensuite cette assimilation dans toutes les occasions ou elle réglerait les droits hérédi- taires de l'enfant légitime [1]. — Je suis d'un avis contraire, et j'estime que l'action en retranche- ment, de l'article 1098, ne peut s'ouvrir dans la personne de l'adopté. En effet : — 1° la lettre de la loi s'applique : *aux enfants d'un autre lit*, et par conséquent aux enfants du sang. — 2° Son esprit aussi s'oppose à ce que l'adopté puisse s'en pré- valoir, puisque dans l'espèce l'article 1098 pour- rait être aussi invoqué *dans le cas même d'un premier mariage*, dans le cas où une personne, après avoir fait une adoption, se serait mariée. Or nous croyons avoir démontré que cet article est principalement édicté en faveur des secondes no- ces [2]. La lettre et l'esprit de l'art. 1098 s'opposent donc à cette extension. Peut-être objectera-t-on que ma proposition est contraire à la disposition de l'article 350, lequel accorde à l'adopté, sur la succession de l'adoptant, les mêmes droits que ceux dont jouit l'enfant né en mariage ? Sur ce point

1. Cass., 26 av. 1808 (Sir. 1808 I, 333). — Demol., VI, n° 163.
2. Il faudrait, du reste, donner la même solution dans le cas même où, un homme ayant été adopté par deux époux, dont le mariage était resté stérile, et l'un des deux adoptants étant prédécédé, le survivant se *remarierait*. Il est vrai qu'en pareil cas, l'adopté pourrait être facilement assimilé à un enfant du premier mariage, *mais ce ne serait qu'une assi- milation*.

il faut s'entendre : L'article 1098, avons-nous dit, consacre une indisponibilité plus forte que l'indisponibilité ordinaire ; il est une exception vis-à-vis des articles 913 et suivants. Ceci admis, je raisonne ainsi : l'article 350 assimile l'enfant adoptif à l'enfant légitime, quant aux droits auxquels il peut prétendre dans la succession de l'adoptant, d'où il résulte effectivement que l'enfant adoptif jouit du droit de réserve des articles 913 et suivants, *car ce droit de réserve est attaché à la seule qualité d'enfant légitime*, et qu'au point de vue des articles 913 et suivants, il n'y a pas de différence à faire entre un enfant adoptif et un enfant légitime. Mais l'article 1098 contient une exception à ces articles. Au profit de qui cette exception existe-elle? *Au profit des enfants d'un autre lit.* En d'autres termes, le droit d'invoquer l'indisponibilité spéciale de l'article 1098 est attaché, non plus comme dans le cas de l'article 913 à la seule qualité d'enfant légitime (auquel cas les adoptés pourraient l'invoquer), *mais à la qualité d'enfant d'un précédent lit*, ce qui met absolument hors de cause les enfants adoptifs [1].

*A quelle époque s'ouvre l'action en réduction de l'article* 1098? Elle ne pourrait s'ouvrir du vivant du disposant. L'article 920 s'y opposerait formellement : *Les dispositions qui excéderont la quotité disponible seront réductibles à cette quotité, lors*

1. Aubry et Rau, IV, p. 654.

*de l'ouverture de la succession.* Je ne crois pas qu'il puisse y avoir de dissidence sur ce point : mais j'estime qu'il faut aller encore plus loin, et refuser aux enfants du premier lit le droit de faire des *actes conservatoires,* ayant pour but d'assurer l'exercice de leur droit de réduction à sa naissance. C'est, par ex., un enfant, issu d'un premier mariage, qui dénonce une simulation par laquelle son père a reconnu, dans le contrat de mariage de sa seconde femme, un apport que celle-ci n'a pas fait et qui dépasse la quotité dont il peut disposer à son profit. Cet enfant intervient dans une instance de séparation de corps ou de biens, entre son père et la seconde femme de celui-ci, pour s'opposer à ce que cette clause reçoive son exécution. Il me paraîtrait difficile d'admettre cette intervention de l'enfant, pour dénoncer par avance cette clause d'apport simulée, car le droit qu'il a d'invoquer l'indisponibilité de l'article 1098 est un droit de succession, et : *nulla est viventis hæreditas.* Ce droit ne saurait être assimilé au droit d'un substitué, pas plus qu'au droit d'un donataire de biens à venir, qui ont leur principe dans un acte volontaire, et ne constituent pas seulement une simple expectative. D'ailleurs l'indisponibilité dépend de la valeur des biens, et du nombre des personnes qui peuvent l'invoquer : double élément qui peut toujours changer jusqu'à l'époque de l'ouverture de la succession.

De ce principe, que l'article 1098 ne confère aux enfants du premier lit qu'un droit de succession, nous conclurons donc : 1° qu'ils n'ont pas l'action en réduction du vivant de leur auteur ; 2° qu'ils ne sont même pas autorisés à provoquer de son vivant des mesures conservatoires pour assurer l'exercice postérieur de leur action ; 3° qu'ils ne pourraient pas renoncer à leur action du vivant de leur auteur, et qu'ils ne pourraient même faire d'avance aucun pacte relatif à leur droit futur.

3. QUELS SONT LES INDIVIDUS QUI PEUVENT PROFITER DE L'ACTION EN RÉDUCTION DE L'ARTICLE 1098 ET L'INTENTER ? — Ce sont tout d'abord, cela va de soi, ceux que nous avons signalés sous le précédent numéro, c'est-à-dire ceux dans la personne desquels *s'ouvre* cette action. Mais il est des individus dans la personne desquels cette action en réduction ne s'ouvrirait pas, et qui cependant pourront en profiter si elle est intentée, ou mieux, l'intenter eux-mêmes.

Une condition essentielle pour intenter cette action, est évidemment d'avoir le droit d'en profiter, à la supposer intentée par un individu dans la personne duquel elle se serait ouverte. C'est pourquoi nous devons rechercher tout d'abord s'il est des personnes qui, outre celles indiquées au précédent numéro, peuvent profiter de la réduction, à la supposer demandée. Ensuite nous rechercherons si le droit d'intenter l'action existe, comme conséquence du droit d'en profiter, en faveur de ces personnes.

*Première question. — Est-il des individus dans la personne desquels l'action en réduction de l'article 1098 ne pourrait s'ouvrir, mais qui cependant pourront profiter de cette action, à la supposer intentée ?*

I. — C'est tout d'abord en ce qui concerne les *enfants du second mariage* que cette question se présente. Il est certain que l'action en réduction fondée sur l'article 1098 ne pourrait s'ouvrir dans leur personne si tous les enfants du premier mariage étaient prédécédés, renonçants ou exclus comme indignes. Il est nécessaire que ces enfants existent et viennent à la succession, pour que la règle sur le disponible soit celle de l'article 1098, car c'est directement et *primario* dans leur intérêt que cette indisponibilité spéciale a été établie.

Mais nous supposons que les enfants du premier mariage viennent à la succession de leur auteur et qu'ils acceptent sa succession. S'ils exercent l'action en réduction contre le nouvel époux, les enfants du second mariage en profiteront-ils ? En droit romain, nous avons constaté une triple variation sur ce point. D'abord la Const. 6, C. *de sec. nup.*, voulait que les enfants du premier lit profitassent seuls du retranchement. Puis Justinien, par la Const. 9, ibid., veut que le retranchement profite tant aux enfants du deuxième lit qu'à ceux du premier. Enfin, le même empereur, dans la Novelle XXII, chap. 27, rendit la préférence aux enfants du premier lit, par cette seule raison : « *Hoc tamen etiam nunc nobis non placet.* » Nous avons vu aussi que dans notre ancien droit, les pays coutumiers suivaient non pas cette Novelle XXII, mais bien la Const. 9, *de sec. nup.* Telle est la solution qu'admettent encore aujourd'hui les jurisconsultes. Elle est complétement dans l'esprit de l'article 745, et est équitable, car, disait Pothier : « Les biens qui sont retranchés de la donation faite au second mari, étant les biens de la mère commune, tous les enfants, de quelque mariage qu'ils soient nés, étant autant à leur mère les uns que les autres, ils y doivent avoir un droit égal. » En conséquence, le montant du retranchement opéré rentrera dans la masse et se partagera avec le reste de la succession.

II. — Nous avons dit que l'action en réduction, de l'article 1098, ne pourrait s'ouvrir dans la personne d'un *enfant adopté* par l'un des époux avant son mariage. Mais si, postérieurement à l'adoption et antérieurement à un second mariage, il était né des enfants du premier mariage de l'adoptant, la présence desdits enfants permettrait d'appliquer l'article 1098, et l'enfant adoptif partagerait le bénéfice de la réduction obtenue par ceux-ci [1].

III. — De même en est-il des *enfants naturels.*

1. Aub. et Rau, V, p. 620, note 7, et p. 631, note 40.

`S'il est vrai que l'action en réduction de l'article 1098 *ne peut s'ouvrir dans leur personne,* du moins faut-il, je crois, admettre qu'ils profiteront, dans la limite de leurs droits, de cette réduction, à la supposer opérée. C'est ce qui paraît bien résulter de l'article 757, aux termes duquel l'enfant naturel a droit à une fraction, plus ou moins forte, selon les cas, *de la portion héréditaire qu'il eût obtenue, s'il eût été légitime;* ce qui revient à dire que, *sauf la quotité,* l'enfant naturel doit être traité comme s'il était légitime. Il faudra donc déterminer quel serait son droit, s'il était enfant légitime du premier mariage, et c'est sur cette base que devra être calculée la quotité que la loi lui attribue[1].

IV. — Le *nouvel époux* peut-il profiter du retranchement opéré contre lui-même? En d'autres termes, a-t-il aussi une part d'enfant dans les biens dont il vient de subir le retranchement?

Renusson et Lebrun soutenaient l'affirmative, par la raison qu'autrement l'époux n'aurait pas la part que lui attribuait l'édit[2]. Par exemple, l'époux binube laisse quatre enfants de son premier lit, et 72 000 francs. Il a donné par contrat de mariage, à sa seconde femme : 24 000 francs. Devra-t-on dire : la masse est de 72 000 francs,

1. V. infra, même §, n° 5, p. 480 et suiv.
2. R. Comm. part. IV, chap. III, n° 67. — L. succ. liv. II, chap VI, sect. 1, dist. 3, n°ˢ 19-21.

or $\frac{72\,000}{4} = 18\,000$. Chaque enfant a droit à
18 000 francs, de sorte que la femme, n'ayant
droit qu'à une part d'enfant, a reçu en trop 24 000
— 18 000 = 6000 francs. Puis, si l'on calcule ainsi,
que va-t-on faire de ces 6000 francs? Va-t-on
les partager entre les enfants seulement? auquel
cas chaque enfant aurait : 18 000 + ($\frac{6000}{4}$ = 1500)
= 19 500 francs, et la femme seulement 18 000
francs? Mais ainsi, la femme n'aurait pas une part
d'enfant! Il faut donc qu'elle profite, pour une
part, des biens dont elle a subi le retranchement,
et par suite, il faut lui donner, ainsi qu'à chaque
enfant : 18 000 + $\frac{6000}{5}$, ou 1200, = 19 200. Ou,
plus simplement, faire le calcul sur une masse
composée : 1° des biens existants et 2° des biens
donnés à la femme. Cette masse se montera à
72 000 + 24 000 = 96 000 francs; on la divisera
par le nombre des enfants, plus un, et on donnera
en conséquence un cinquième à la femme et à
chaque enfant. Ainsi, $\frac{96\,000}{5} = 19\,200$, ce qui
est le même résultat.

Toutefois, Pothier et Ricard admettaient que
l'époux du binube ne devait pas profiter du retranchement. Leur système aboutissait donc,
comme nous venons de le montrer, à ne pas
donner réellement à l'époux donataire une part
d'enfant le moins prenant. Comment le soute-
naient-ils? Ils invoquaient : 1° la loi *hâc edictali*,
laquelle portait (*pr. in fine*), que ce qui excéderait
une part d'enfant serait considéré comme non

donné et partagé entre les enfants : *tanquam non donatum, ad personas deferri liberorum, et inter eos dividi jubemus*; 2° sur la Novelle XXII, chapitre 27, qui porte : *competit filiis, et inter eos solos ex æquo dividitur;* 3° sur ce que les enfants ne prenaient pas la portion retranchée, à titre de succession, et comme venant de leur mère, mais en vertu de l'Édit[1].

Quoi qu'il en soit de cette controverse ancienne, il est certain que c'est d'après les principes de notre Code en matière de réserve et de quotité disponible, que la question doit être aujourd'hui résolue. Nous repoussons donc le système de Pothier, et nous pensons que le calcul devra se faire de la manière suivante, en gardant dans notre exemple les mêmes chiffres. *a.* Ou bien l'on calculera la part de chaque enfant, sur la masse des biens existants (720000). Donc, $\frac{720000}{4} = 18000$. Réduire à ce quantum la donation de 24000, qui a été faite à la seconde femme, et partager en cinq portions l'excédant de 6000, ce qui donnera respectivement à chaque enfant et à la femme $18000 + \frac{6000}{5}$ ou 1200, $= 19200$. *b.* Mais ce mode de procéder, qui consiste dans la double opération d'un retranchement suivi d'une restitution, tout en étant exact, est bizarre. Il est inutile d'enlever au second époux ce qu'on lui

1. Pothier, C. de M. n°ˢ 575, 594. — Ric. part. III, chap. IX, n°ˢ 1317 et 1319.

rend ensuite, Nous procéderons donc plus simplement, en remettant fictivement les biens donnés dans la masse des biens existants (24 000 + 72 000 = 96 000), en cherchant ensuite sur cette masse la part afférente à chaque enfant et à la femme, en comptant cette dernière pour un enfant de plus ($\frac{96\,000}{5} = 19\,200$), puis enfin en réduisant à ce taux la donation faite au nouvel époux. Ainsi, la réduction ne profitera qu'aux enfants, et cependant, en fin de compte, ils n'auront pas plus que le nouvel époux.

Si j'adopte ces modes de calcul, c'est que j'estime que le système contraire, *d'après lequel le calcul se ferait seulement sur les biens existants, pour partager ensuite l'excédant de la donation sur une part d'enfant ainsi obtenue, exclusivement entre les enfants*, constitue à la fois une fausse application de l'article 921, et une violation formelle des articles 922 et 1098. 1°. *Une fausse application de l'article* 921 : cet article porte en effet que : *les donataires, les légataires.... du défunt, ne pourront demander la réduction, ni en profiter.* Or, dit-on, quand le nouvel époux, donataire, prend sa part de l'excédant retranché, *il profite de la réduction*, et, qui mieux est, d'une réduction exercée contre lui. Je réponds que l'on ne peut pas réellement dire qu'il en profite; le vrai est qu'il ne la subit qu'en tant qu'il est soumis à la subir. Ce que le nouvel époux soutient, c'est qu'il n'y a pas lieu de le réduire

au-dessous de cette part d'enfant, qu'il peut recevoir. Appliquez le système de Pothier : ne
donnez à l'époux que 18 000 francs tandis que
vous donnez 19 500 francs à chacun des quatre
enfants. Sans doute, cet époux va se plaindre
qu'il n'a pas une part d'enfant, puisqu'il a moins
que chacun d'eux ! Pourrez-vous lui répondre
qu'il demande à profiter de la réduction. Mais
en aucune façon, dira-t-il, ce que je demande,
ce n'est pas à profiter de la réduction, *c'est tout
simplement à ne pas être réduit au-dessous d'une
part d'enfant* : c'est une demande *en non-réduc-
tion* que je forme. Si cela est, si le nouvel époux
ne profite pas de la réduction, il n'y a pas lieu
de faire sonner bien haut l'absurdité qu'il y a
pour lui, à profiter *d'une réduction exercée contre
lui-même;* — 2° *une violation des articles 922 et
1098.* De l'article 922 d'abord, car, d'après cet
article : *la réduction se détermine en faisant une
masse de tous les biens existants au décès du donateur ou testateur. On y réunit fictivement ceux
dont il a été disposé par donations entre-vifs*, etc.
Or, tel est le système de calcul que j'ai effectivement suivi, et qui mène inévitablement à égaliser
les parts respectives de chacun des enfants et de
l'époux[1]. Tandis que M. Troplong arrive, en suivant

1. En admettant toutefois que, par ce mode, la part de
l'époux, quoiqu'égale à celle des enfants, ne se trouve pas
excéder le quart des biens. Dans le cas contraire, il faudrait

le système contraire, à une violation manifeste de l'article 922. Il suppose que Titius, remarié en secondes noces, a laissé quatre enfants d'un premier mariage, a institué sa femme *légataire universelle*, et est mort ayant 80 000 francs de biens. Le disponible, relativement à un étranger, serait de $\frac{80\,000}{4} = 20\,000$. La réserve ordinaire est des 3/4 de 80 000 = 60 000. Partage de ladite réserve entre les quatre enfants, ce qui fait 15 000 pour chacun d'eux. Donc, la femme ne doit avoir que 15 000. Cette somme de $15\,000 \times 5, = 75\,000$. Il reste donc 5000, provenant de la réduction, et que M. Troplong partage entre les enfants seuls, soit : $\frac{5000}{4}, = 1250$. La part de chaque enfant est de $15\,000 + 1250 = 16\,250$, tandis que la femme devra se contenter de 15 000. Pour nous, au contraire, chaque enfant et la femme ont droit, respectivement, à $\frac{80\,000}{5} = 16\,000$. Ce qui est beaucoup plus simple, et a en même temps l'avantage de ne pas violer l'article 922. Au reste, le système que nous combattons ne laisse pas seulement de côté l'article 922, mais, pour mieux faire, il viole

réduire au quart. C'est ce qui arriverait si, dans l'espèce même qui nous sert d'exemple, il n'y avait que deux enfants, car alors la masse, 96 000 fr., étant divisée en trois, donnerait à l'époux 32 000 fr., alors que le maximum de ce qu'il peut recevoir est, dans l'espèce, de 24 000 fr. Il est clair qu'en ce cas, les 8000 fr. qu'il aurait reçus en trop, si c'était 32 000 fr. qui lui eussent été donnés, devraient se partager exclusivement entre les deux enfants : soit, pour chacun d'eux, 36 000 fr.

encore notre article 1098, puisque le nouvel époux reçoit moins d'une part d'enfant le moins prenant, alors que cependant, dans cette mesure, son droit est incontestable[1].

Lorsque l'on demande donc si le nouvel époux profite du retranchement opéré contre lui-même, je réponds qu'il ne profite en aucune façon de la réduction ; mais il ne faut nullement en conclure qu'il ait une part inférieure à celle d'un enfant le moins prenant du *de cujus*. Le fait est qu'il ne profite pas de la réduction, mais qu'il ne subit pas une réduction excessive[2].

*Deuxième question. — Les individus dans la personne desquels ne pourrait s'ouvrir l'action en réduction de l'art. 1098, mais qui cependant sont appelés à profiter de cette action, à la supposer intentée, peuvent-ils l'intenter eux-mêmes, si ceux dans la personne desquels cette action est ouverte, négligent d'agir ?*

1. M. Troplong ne peut nier que l'art. 1098, ne doive s'appliquer si la donation était *d'une part d'enfant.* Comment donc explique-t-il qu'il en soit autrement si la donation est universelle, ou a pour objet un corps certain. C'est, dit-il, que, dans ces derniers cas, l'époux a contrevenu à la loi, en donnant plus d'une part d'enfant, et que son conjoint, complice de ladite contravention, doit en être puni. Que peut-on imaginer de plus arbitraire que cette peine, qui consiste à enlever à l'époux plus que ne lui enlèveraient les règles, régulièrement appliquées, de la réduction. Sans compter que, le plus souvent, les parties seront fort innocentes de cet excès dans la disposition.

2. Aub. et Rau, V, p. 627. — M. Colmet de Santerre, t. IV, n° 278 *bis*, VI. — Demolombe, XXIII, p. 678 à 683.

Relativement aux *enfants du second mariage*, nous avons dit: 1° Que l'action en réduction de l'art. 1098 , ne pouvait pas s'ouvrir en leur personne. 2° Que si les enfants du second mariage exerçaient cette action, ceux du second mariage en profiteraient. Nous nous demandons actuellement, 3° si, l'action étant ouverte dans la personne des enfants du premier lit et ceux-ci négligeant d'en user, les enfants du second mariage pourront eux-mêmes l'exercer. En d'autres termes si, quant à ces derniers, la solution de la *question du profit*, doit entraîner une solution conforme de la *question de l'exercice.*

On a soutenu que, de ce que les enfants du second mariage sont admis à partager l'émolument de la réduction avec ceux du premier, il ne fallait nullement conclure également qu'ils aient l'action[1]. On allègue à l'appui, que : 1° l'art. 1496, dans un cas où il voit un avantage excessif fait au second époux, donne *aux enfants du premier lit* l'action en retranchement. Or, *qui dicit de uno, negat de altero.* 2° On invoque, dans le système contraire, cette considération, que toute personne à qui appartient un droit, doit avoir les moyens de le réaliser, et qu'il ne faut donc pas laisser le droit reconnu des enfants du second lit, à la discrétion des enfants du premier. Cette règle est juste, sans doute, — mais, strictement appliquée dans l'espèce, elle ne conduit pas à la conséquence qu'on prétend en tirer. Quel est le droit des enfants du second lit? De partager l'émolument de la réduction exercée. Pour cela, sans doute, ils ont une action *contre leurs cohéritiers*, mais il ne résulte nullement de là qu'ils aient le droit propre de demander, en vertu de l'art. 1098, la réduction *contre le nouvel époux*, leur auteur. Si l'on suppose l'action exercée, il est bien vrai qu'en raison de l'égalité entre héritiers de la même qualité, il en résulte un émolument pour eux ; mais l'action ne saurait leur appartenir en vertu de l'art. 1098, lequel n'a point été porté pour eux [1].

Mais cette doctrine ne me parait pas fondée, et j'estime que, l'action de l'art 1098, *étant ouverte dans la personne des enfants du premier lit*, les enfants du nouveau mariage sont recevables à exercer cette action, dans la proportion de leurs parts héréditaires, lors même que les enfants de la précédente union négligeraient de la mettre en mouvement. En effet : 1° Telle était la solution admise sur ce point dans l'ancien droit, et, à ce sujet, Pothier citait fort à propos la maxime : *Non est novum in jure, ut quod quis ex personá suá non habet, ex persona alterius habeat.* 2° Le système précédent s'accorde avec nous, pour

---

1. Toutefois ce système reconnaît que, s'il y avait collusion entre les enfants du premier lit et le nouvel époux, pour ne pas exercer l'action en retranchement, ceux du second lit pourraient agir, parce que : *fraus omnia corrumpit.* — Marcadé, sur l'art. 1098, n° 5.

reconnaître que les enfants communs, du binube et de son nouvel époux, pourront profiter de l'action en réduction, à la supposer intentée. Or nous prétendons que, ces prémisses admises, il devient inconséquent de refuser à ces enfants l'action en retranchement, puisque l'on ne saurait leur reconnaître un droit, sans leur donner le moyen de l'exercer; et puisqu'il n'y a aucune raison pour les placer dans une position inférieure, à l'égard de leurs frères et sœurs, lesquels pourraient souvent, à la suite de collusions frauduleuses, vivifier ou paralyser leur droit. Ainsi, par exemple, le nouvel époux proposera aux enfants du premier lit de ne point l'actionner en réduction, et, pour les y décider, leur abandonnera à l'amiable le profit pécuniaire qu'ils pourraient recueillir en exerçant leur action ou même davantage, de sorte que l'époux bénéficiera de tout ce qu'il devrait abandonner *aux enfants du second lit*, si l'action était exercée, et que les enfants du premier lit trouveront, eux-aussi, leur compte à cette combinaison. Toutes ces collusions sont évitées dans notre système. 3° L'opinion adverse se retranche dans cette idée, que les enfants du second lit ne sauraient exercer un droit, en vertu d'une disposition qui n'a pas été édictée dans leur intérêt; mais, s'il veut s'en tenir strictement à la lettre de son critérium, il devrait aller beaucoup plus loin: il lui faudrait refuser à l'enfant du deuxième lit le droit de *profiter* de

la réduction demandée par son frère du premier
lit! Car, si celui-ci intente l'action, il ne peut
agir *que pour sa part*, dans son propre intérêt,
de sorte que, comme le dit M. Colmet de Santerre, pour la portion de l'enfant du second
mariage, se représenterait toujours la même
difficulté; peut-il exercer un droit, en vertu d'une
disposition qui n'est pas édictée dans son intérêt ?
En d'autres termes, si le principe de l'égalité
entre enfants du même père ou de la même
mère, quoique de lits différents, nous force à
admettre les enfants du second lit à *profiter* de
l'action, nous devons, par là même, les autoriser
à l'*intenter*. C'est en admettant la première de ces
propositions, pour rejeter ensuite la seconde,
que, à notre estime, le précédent système se
met en contradiction avec lui-même. 4° Remarquons au surplus que, si les enfants du second
mariage ne pouvaient pas demander la réduction,
en vertu de l'art. 1098, il faudrait bien toutefois
leur reconnaître le droit d'agir, le cas échéant,
en vertu de l'art. 1094. Ainsi seraient ouvertes en
même temps deux actions en réduction, qui,
prescriptibles toutes deux par 30 ans, depuis
l'ouverture de la succession, appartiendraient
séparément, l'une aux enfants du premier lit de
l'époux binube, l'autre aux enfants du second
mariage, séparés ainsi en deux camps, contrairement au principe de l'égalité ; et les enfants de
ces deux camps seraient respectivement libres

d'exercer, à leur convenance, leur action en réduction, dans le délai de 30 ans. Double opération, qui rend incertaine la position de l'époux donataire, et peut le laisser encore, pendant de longues années, sous le coup d'un autre retranchement, après le premier. 5° Toutefois, le système que nous combattons invoque un argument qui, à première vue, peut sembler décisif: c'est le texte de l'art. 1496. Cet article, comme nous le verrons, suppose que l'un des époux a retiré de la communauté légale un avantage supérieur à celui qui est autorisé par l'art. 1098, et statuant sur cette hypothèse, il décrète que : *les enfants du premier lit de l'autre époux auront l'action en retranchement.* D'où le système précédent conclut que la loi refuse cette action aux enfants du second mariage. Cette argumentation semblera moins décisive, si nous remarquons : qu'il n'est pas de règle plus dangereuse, plus incertaine, que la maxime : *qui dicit de uno, negat de altero,* surtout lorsqu'il s'agit, comme dans le cas qui nous occupe, d'interpréter un article qui, loin du siége de la matière, ne parle qu'incidemment de la difficulté que nous agitons ; que d'autre part, le législateur a dû être porté tout naturellement à s'occuper des enfants du premier lit, parce que ce sont ceux qui seront les plus intéressés à agir contre un beau-père ou une belle-mère, tandis que les enfants du second mariage seront, en fait, beaucoup moins portés

à actionner leur propre père, ou leur propre
mère, en réduction; et qu'enfin, l'on peut très-
bien interpréter ces termes de l'art. 1098, d'une
façon moins restrictive; l'action en réduction,
en effet, appartient exclusivement aux enfants du
premier lit, *en ce sens qu'elle ne peut s'ouvrir
que dans leur personne.*

C'est à ces causes que nous concluons que,
l'action étant supposée ouverte dans la personne
des enfants du premier lit, ceux du second mariage doivent pouvoir l'exercer, lors même que
les enfants de la précédente union négligeraient
de la faire valoir, ou y renonceraient [1].

Telle serait encore la solution que nous donne-
rions, s'il s'agissait d'un *enfant adoptif.* Nous
avons dit en effet que si, d'après nous, l'action en
réduction de l'art. 1098 ne pouvait *s'ouvrir* dans
leur personne, du moins ils pouvaient *en profiter*
à la supposer intentée par des enfants qui seraient nés à l'adoptant, postérieurement à l'adoption, et antérieurement au second mariage de
l'adoptant. Pour les raisons développées ci-
dessus, nous penserions que l'enfant adoptif
pourrait intenter l'action en réduction de l'art.
1098, ouverte dans la personne des enfants
légitimes de l'adoptant.

---

1. M. Colmet de Santerre, t. IV, n° 278 *bis*, X. —
M. Bufnoir à son cours, (15 mai 1872). — Aub. et Rau, V,
p. 631, note 40. — Demolombe, XXIII, n° 602.

Mais nous ne reconnaîtrions en aucune façon le droit d'agir en réduction, à *l'époux binube*, donateur, et ceci nous paraît nécessairement découler de ce qu'il s'agit ici d'une question *de disponibilité*, de sorte que l'action ne s'ouvre qu'au décès de l'époux donateur, et au profit seulement de ses héritiers (art. 920)[1]..

Il est bien entendu que l'action en réduction, basée sur l'art. 1098, est transmissible aux *héritiers de ceux qui ont le droit de l'intenter*; cette action, en effet, doit être régie par les mêmes principes que l'action ordinaire en réduction : elle est donc héréditairement transmissible. C'est bien en effet ce que décide l'art. 921, lequel porte que la réduction peut être demandée, non-seulement par les héritiers à réserve eux-mêmes, mais aussi *par leurs héritiers ou ayants cause*; ce qui comprend les héritiers légitimes, les successeurs irréguliers, les cessionnaires, légataires, et même les créanciers. Les *créanciers des enfants*, pourraient donc exercer l'action en retranchement, en vertu de l'article 1166, et aussi faire révoquer, en vertu de l'art. 1167, la renonciation que ces enfants y auraient faite, en fraude de leurs créances[2].

1. Un arrêt de la cour de Bordeaux, a cependant concédé l'action en réduction à l'époux binube, donateur, (5 juillet 1824. — Sirey, 1824, II, 218). — Mais cette doctrine, est réprouvée par les jurisconsultes. (Demol. XXIII, n° 603. — Aub. et Rau, V, p. 629.)

2. Demolombe, t. XIX, n°s 209 et 210,

4. DU TAUX DE LA QUOTITÉ DISPONIBLE FIXÉE
PAR L'ART. 1098, VIS-A-VIS DU NOUVEL ÉPOUX. —
D'après l'art. 1098, il ne pourra être donné :
*qu'une part d'enfant légitime le moins prenant,
sans que, dans aucun cas, ces donations puissent
excéder 1/4 des biens*. Donc : 1° S'il y a un seul
enfant, ou deux enfants, du premier mariage,
l'époux binube, qui pourrait donner 1/2 ou 1/3
à un étranger, ne pourra donner que 1/4 à son
nouvel époux ; le disponible est donc plus faible
que de droit commun. 2° S'il y a trois enfants, le
disponible reste toujours fixé à 1/4, mais ici il se
trouve être le même, soit au profit du nouvel
époux, soit au profit d'un étranger ; les deux
quotités se rencontrent exceptionnellement dans
ce cas. 3° S'il y a quatre, cinq, six enfants, ou
plus, le disponible, qui serait de 1/4, au profit
d'un étranger, se restreint à 1/5, 1/6, 1/7, au
profit du nouveau conjoint. D'où l'on voit que
*la quotité disponible spéciale de l'art. 1098, est
inférieure, sauf dans un seul cas, à la quotité
disponible ordinaire*.

Il importe de remarquer, que l'art. 1098 ne
restreint la faculté de disposer, que vis-à-vis du
nouvel époux, sauf que l'art. 1100, établit en
outre, à l'égard de certaines autres personnes,
une présomption légale d'interposition. En dehors
de là, l'art. 1098 n'a pas d'application, et c'est
ainsi que le veuf ou la veuve, ayant enfants d'un
précédent mariage, et qui s'est remarié, n'en

conserve pas moins la faculté de disposer, *jusqu'à concurrence de la quotité disponible ordinaire,* soit au profit des enfants de son précédent mariage, soit même au profit des enfants issus de son mariage avec son nouvel époux[1].

Il ne faudrait pas conclure des termes de l'art. 1098, qu'il ne puisse être donné au nouvel époux, qu'une : *part d'enfant.* Dans cette limite, toute espèce de libéralité est possible ; donation ou legs de sommes d'argent, d'immeubles, etc. ; la libéralité ne sera réduite, qu'autant qu'elle sera

---

1. Toutefois nous devons dire, que cette dernière déduction avait paru contestable, dans l'ancien droit. Ricard dit que ç'a été une grande question de savoir si l'édit. de 1560 était applicable aux enfants communs, que la femme qui avait convolé en secondes noces aurait de son second mari, et, pour l'affirmative, on disait qu'il importe de défendre les enfants du premier lit, non-seulement contre la prédilection de la mère pour son second mari, mais aussi contre sa prédilection pour les enfants de son second mariage, qui n'est elle-même que la conséquence de son entraînement pour son second mari, vers lequel ses affections sont tournées. — Il faut reconnaître que cette considération est sérieuse, et que l'on peut en effet redouter que le nouvel époux n'abuse de son influence, pour obtenir, en faveur des enfants communs, des avantages qui préjudicieront aux enfants du premier lit de son époux. Mais, d'un autre côté, l'art. 1098 ne restreint la faculté de disposer, *qu'à l'égard du nouvel époux,* et non point à l'égard des enfants communs. Le Code maintient au reste, avec une jalouse sollicitude, une égalité stricte, entre les enfants de tous les lits, et cette égalité serait violée, si l'époux remarié pouvait faire, à ses enfants du premier lit, des libéralités plus fortes que celles qu'il pourrait faire à ceux du second. Cette solution est, en outre, conforme aux termes de l'art. 1100.

d'une valeur supérieure à la part d'enfant, où à 1/4, suivant les cas, en se plaçant au moment du décès. La libéralité peut donc être faite *à titre particulier*.

. Si elle est faite *à titre universel*, elle pourra être déterminée ou indéterminée. *Déterminée*, si l'époux donne une quote-part qu'il juge être la représentation exacte de la part d'enfant le moins prenant : par exemple, 1/5 ou 1/6. En ce cas, la disposition sera réduite au disponible de l'article 1098, si elle le dépasse ; maintenue, si elle lui est égale ou inférieure. — *Indéterminée*, si l'époux donne une part d'enfant, sans fixer la quote-part à laquelle il l'évalue, ou encore s'il donne : tout ce dont la loi lui permet de disposer.

*A.* — Arrêtons-nous d'abord à l'hypothèse où la donation a été faite : *d'une part d'enfant*, d'autant plus que telle est celle que la loi prévoit spécialement, et qu'elle sera effectivement d'autant plus fréquente en pratique que le disposant se trouve dans l'impossibilité d'apprécier à l'avance le disponible, soumis, quant à son chiffre, à des éventualités qui dépendent du nombre des enfants qui viendront à la succession du binube, et du quantum des biens qu'il laissera à son décès. La disposition *d'une part d'enfant*, par le binube, si elle est faite *par testament*, sera un legs à titre universel, et il faudra, le cas échéant, appliquer l'article 1039, d'après le-

quel : *Toute disposition testamentaire sera caduque, si celui en faveur de qui elle est faite n'a
pas survécu au testateur.* — Que si cette libéralité a été faite *à titre de donation,* soit par le
contrat de mariage, soit pendant le mariage, elle
constitue une donation de biens à venir, qui a
pour objet un droit éventuel de succession (1082),
de sorte que, de même que dans le cas précédent, elle est subordonnée à la survie du nouvel
époux à l'époux binube, et devient caduque par
le prédécès du nouveau conjoint (1089)[1]. Renusson nous apprend même que, dans une donation de part d'enfant, faite au second époux par
contrat de mariage, on considérait les enfants à
naître du mariage, comme substitués vulgairement au donataire, pour le cas où il prédécéderait. Mais cette doctrine ne serait plus soutenable
actuellement, en face de l'article 1093, d'après
lequel les donations de biens à venir, faites entre
époux par contrat de mariage, ne contiennent
pas de substitution vulgaire tacite, au profit des
enfants à naître du mariage. En conséquence, la
caducité n'en aurait pas moins lieu, par le prédécès de l'époux donataire, lors même qu'il laisserait des enfants issus du nouveau mariage. Outre
le texte de l'article 1093, nous avons encore pour

---

1. Demol. XXIII, n° 579. — Arg. art. 1093. — Aub. et
Rau, V, p. 633, et note 46. — M. Colmet de Santérre, t. IV,
n° 278 *bis*, III.

raison de décider ainsi, qu'une substitution vulgaire, au profit des enfants du second mariage, nuirait aux enfants du premier.

En restant dans l'hypothèse où il a été disposé *d'une part d'enfant,* il peut y avoir difficulté sur l'étendue de cette libéralité. Ici, tout dépend de l'intention du disposant. — A-t-il entendu disposer en faveur de son nouvel époux, de ce qui constituait la part d'enfant au moment de la disposition, ou de ce qui la constitue à sa mort? Si le disponible au jour du décès est inférieur à ce qu'il était au jour de la disposition, il faudra nécessairement appliquer le disponible au jour du décès, qui peut bien être atteint, mais jamais dépassé. Mais si c'est l'inverse, si le disponible a augmenté, soit par suite de l'accroissement de la fortune du disposant, soit parce que le prédécès d'un certain nombre d'enfants a rendu plus forte la part d'enfant, que décider? Si l'on peut préciser l'intention du donateur, on l'appliquera, puisqu'elle est souveraine en cette matière; sinon, on appliquera le disponible, tel qu'il se comporte au jour du décès. Car le disposant, faisant une libéralité dont l'émolument ne devait être connu qu'au décès, a dû se reporter à l'état de choses qui existerait à ce moment, et non point borner sa vue à l'horizon actuel, qu'il savait être changeant et éphémère. — *Quid* encore, si tous les enfants issus de mariages précédents, qui existaient lors de la disposition, sont prédécédés lors

du décès? ou renonçants? ou indignes ? Nous
avons vu que, dans l'ancien droit, d'après l'opinion qui avait prévalu, c'était 1/2 de la succession qu'on attribuait au nouveau conjoint. Le
fait est qu'il faut voir là, avant tout, une question d'interprétation de la volonté du disposant.
Or, je ne voudrais pas poser en principe que le
disposant a voulu, en donnant à son nouveau
conjoint *une part d'enfant*, que le donataire eût
toujours autant de droit qu'un enfant en aurait
eu, s'il se fût trouvé à sa place. Et, en effet,
donner une part d'enfant, ce n'est pas nécessairement assimiler de tous points, et dans toute
circonstance possible, le donataire à un enfant,
puisque, pour que cette assimilation fût exacte,
il faudrait qu'il fût démontré que le disposant a
prévu le cas où tous ses enfants prédécéderaient,
ou renonceraient à sa succession, ou en seraient
déclarés indignes, ce qui n'est guère probable, à
moins d'une circonstance de fait, décisive à cet
égard. Je le répète donc, la question doit être
résolue selon les circonstances; mais, en l'absence de tout indice, je jugerais que l'époux binube, en disposant *d'une part d'enfant*, a tout
simplement voulu assurer à son nouveau conjoint, la quotité disponible de l'article 1098,
quotité qui ne peut dépasser 1/4 des biens[1].

1. Aub. et Rau, V, p. 633. — Demol. XXIII, n° 590. —
Marcadé, IV, p. 263. — Je penserais, avec MM. Aubry et

*B.* —˙Nous avons dit que la disposition à, titre universel pouvait être indéterminée d'une autre manière; l'époux peut avoir donné à son conjoint : *le disponible le plus large dont la loi lui permet de disposer*, ou, de même : *tout ce qui se trouvera disponible à sa mort.* Alors évidemment, le donataire aura le disponible le plus large, compatible avec les circonstances; celui de l'article 1098, s'il est en face d'enfants d'un lit précédent, celui de l'article 1094, s'il est en face d'enfants communs, ou d'ascendants réservataires, et tous les biens enfin, s'il n'est en face d'aucuns réservataires.

L'article 1098 dit que la donation peut comprendre *une part d'enfant.* Cela doit s'entendre en ce sens que l'époux est compté comme un enfant de plus. Si donc il y a cinq enfants, il pourra recevoir 1/6. Mais cela ne veut pas dire qu'il peut prétendre à la part qu'aurait chaque enfant, si lui, donataire, n'existait pas, c'est-à-dire, dans l'espèce, à 1/5, car ainsi il aurait plus que chaque enfant, puisqu'il ne resterait plus que 4/5 pour les cinq enfants, de telle sorte que la loi serait violée. — L'article ajoute : « *le moins prenant.* » Les enfants ayant tous, *ni plus ni moins*

---

Rau, que la même solution devrait, en thèse générale, être appliquée au cas où, tous les enfants du premier lit étant prédécédés, ou ayant renoncé, l'époux donataire se trouverait en concours avec un ou deux enfants du nouveau mariage.

30

la même part dans la succession de leurs père et mère (art. 745), ces expressions : *le moins prenant*, ne peuvent donc recevoir d'application que dans l'hypothèse où l'un des enfants aurait été avantagé par un préciput. En pareil cas, il faudrait, comme nous le verrons plus loin, déduire cet avantage de la masse sur laquelle doit être calculée la part du nouvel époux. Prenons un exemple : six enfants, et 80 000 fr. de patrimoine. Le disponible ordinaire est de 1/4 = 20 000 fr., et le disponible spécial, de 1/7 = 11 428 fr. Le père remarié ne pourrait donner à sa seconde femme 11 428 fr., et, à l'un de ses enfants, par préciput, 8572 fr., quoique le total des deux libéralités ne dépasse pas 1/4 de son patrimoine, et que le don fait à sa seconde femme n'excède pas 1/7 de ce même patrimoine. En effet, la part des enfants non avantagés serait de 10 000 fr., de sorte que la seconde femme *aurait plus qu'un* enfant le moins prenant. Pour savoir jusqu'à concurrence de quelle somme la donation faite à la femme devra être maintenue, il faudra ne calculer le 1/7, auquel elle a droit, qu'après avoir déduit de la masse la libéralité préciputaire, c'est-à-dire sur 80 000 — 8572 = 71 428 fr. En conséquence, la libéralité faite à la femme ne lui sera conservée que jusqu'à concurrence de $\frac{71\,428}{7}$ = 10 204 fr. Dès lors : *Pour la femme,* 10 204. *Pour l'enfant préciputaire,* 10 204 + 8572 = 18 776. Pour chacun

des cinq *autres enfants* : 10 204, soit 10 204,
$\times$ 5 = 51 020. — *Total* : 80 000.

On s'est demandé si, pour déterminer le droit
du nouvel époux, il faut prendre pour base ce
que l'enfant le moins prenant recueille *en fait*, ou
ce qu'il pourrait recueillir *en droit*. — Nous avons
dit que, dans l'ancien droit, la part du nouvel
époux devait se régler sur la légitime, et l'on
pense encore aujourd'hui, que la libéralité faite
au second époux, ne doit pas être réduite à la
valeur de la part dont l'enfant le moins prenant
a bien voulu se contenter, mais qu'elle doit subsister jusqu'à concurrence de la légitime à laquelle cet enfant avait le droit de prétendre.
— Et, par exemple, supposons qu'un père a constitué à sa fille une dot inférieure au montant de
la réserve que cette fille a le droit d'exiger, qu'il
a donné une part d'enfant à sa nouvelle femme,
et qu'enfin il a épuisé le reste de ses biens par
des libéralités. La fille, n'ayant pas l'intégralité de
sa réserve, pourrait agir en réduction contre les
personnes auxquelles son père a fait des libéralités ; mais elle veut bien se contenter de la dot
que son père lui avait donnée, et n'agit pas en
réduction. — *Est-ce sur cette dot, que devra être
reglée la part de la marâtre de cette fille ?* Ou
bien n'est-ce pas plutôt sur la quotité *qu'en droit*
la fille pourrait réclamer ? Ce dernier parti est de
beaucoup préférable, car, si nous admettions la
solution contraire, il y aurait à craindre une col-

lation frauduleuse entre les enfants, qui s'enten-
draient afin que l'un d'eux ne demandât point
la réduction, et fît ainsi échec au droit légitime
du second époux. En conséquence, si les enfants
négligeaient d'exercer l'action en réduction contre une libéralité excessive, qui aurait été faite par
leur auteur, la part à laquelle peut prétendre le
nouvel époux n'en devrait pas moins être calculée comme s'ils avaient exercé leur action.

Jusqu'ici, c'est en supposant *un second mariage*, que nous avons déterminé la quotité disponible ; mais le donataire peut être un troisième,
quatrième.... époux. On met alors en question si le veuf ou la veuve avec enfants, qui
contracte plusieurs mariages successifs, ne peut
disposer au profit de tous ses nouveaux époux
collectivement, que d'une part d'enfant, — en
d'autres termes si le diponible de l'art. 1098 *est
un ;* — ou s'il peut disposer au profit de chacun
d'eux d'une part d'enfant ? en d'autres termes si
le disponible de l'art. 1098 est *multiple.*

Cette difficulté n'a pas lieu, si la libéralité faite
au second époux est devenue caduque : *par ex.
si c'est une part d'enfant qui lui a été laissée,*
puisque dans l'espèce le second époux est supposé
prédécédé à l'époux binube, ce qui a entraîné la
caducité d'une libéralité de ce genre. En ce cas,
il est clair que ce prédécès du donataire (deuxième
époux), au donateur (époux marié pour la troisième fois), aura rendu libre en faveur du troi-

sième conjoint tout le disponible de l'art. 1098.
— Mais il est possible que le deuxième conjoint
ait reçu de l'époux binube, une libéralité que
le prédécès de ce deuxième conjoint n'avait
pas anéantie, et c'est alors qu'il y a difficulté
à déterminer ce que peut recevoir le troisième.

Sur ces données, notre ancien droit décidait
qu'une part d'enfant était le maximum du disponible, en faveur de tous les nouveaux époux collectivement : *Lorsque*, disait Pothier, *une femme
ayant des enfants d'un premier mariage, a passé
successivement à différents mariages, et qu'elle a
fait successivement des donations, à ses, second,
troisième et quatrième maris, il n'est pas nécessaire, pour qu'il y ait lieu à la réduction de l'édit,
que la donation faite à l'un desdits maris excède
la part de l'enfant le moins prenant ; — Il suffit
que toutes ces donations ensemble excèdent cette
part, car l'édit ne dit pas : ne peuvent donner à
chacun de leurs nouveaux maris, mais il dit : ne
peuvent donner à leurs nouveaux maris plus qu'à
l'un de leurs enfants.*

Mais actuellement cette question est très-sérieu-
sement controversée, et trois systèmes sont en
présence.

I. — Un premier système s'en tient à la solution ancienne. Il allègue en sa faveur l'esprit
même de l'art. 1098, plus restrictif que l'Édit de
secondes noces, puisque, comme nous l'avons

remarqué, il a limité au quart le disponible, qui,
dans l'ancien droit, pouvait quelquefois s'élever
au tiers et à la moitié. Comment croire dès lors
que le Code ait entendu consacrer, sur la question agitée, une solution plus large que celle qui
était admise sous l'Édit de 1560 ? — Sans doute,
on ne peut plus tirer de l'art. 1098 un argument de texte aussi concluant que celui que
Pothier tirait des termes de l'Édit. En effet cet
article ne dit pas, comme l'Édit : *à leurs nouveaux maris*, mais bien : *à son nouvel époux*.
Toutefois on remarquera qu'il ne dit pas non
plus : *à chacun de leurs nouveaux maris*, formule
que Pothier considérait comme nécessaire, pour
que chacun des nouveaux époux pût recevoir
successivement une part d'enfant. — On objec-
tera peut-être que l'art. 1098 ajoute : *sans que
ces donations puissent excéder*..... Mais résulte-
t-il de là que cet article suppose plusieurs donations, dont chacune ne pourrait excéder un quart
des biens ? Non, les expressions : *ces donations*,
au pluriel, doivent s'entendre en ce sens, qu'elles
désignent les espèces de donations dont s'agit,
c'est-à-dire celles qui sont faites par le veuf ou la
veuve, qui, ayant des enfants d'un autre lit, contracte un second ou subséquent mariage. — C'est
à ces causes que l'on conclut que le veuf ou la
veuve, ayant enfants, ne peut aujourd'hui, sous
l'empire du Code, comme autrefois sous l'empire
de l'Édit, donner à tous ses nouveaux époux *en-*

*semble,* qu'une part d'enfant le moins prenant[1].

II. — Dans un second système, le veuf ou la veuve ayant enfants, *peut donner à ses nouveaux époux ensemble, toute la quotité disponible ordinaire, sous la condition seulement que chacun d'eux n'aura pas au delà d'une part d'enfant le le moins prenant.* — En effet, la comparaison du texte de l'art. 1098 avec celui de l'Édit de secondes noces a fait apparaître une notable différence d'expression. L'art. 1098 ne dit pas, comme l'Édit : *à leurs nouveaux maris,* collectivement et au pluriel, ce qui permettrait de considérer tous les nouveaux époux comme un seul enfant de plus ; mais il dit, au contraire : *à son nouvel époux,* au singulier et individuellement, ce qui autorise à penser qu'on a voulu accorder le droit de donner une part d'enfant à chaque nouvel époux... Mais, bien entendu, le disponible ordinaire de l'art 913 ne doit être en aucun cas dépassé. — Ainsi, supposons qu'un homme ait successivement donné, à chacune de ses nouvelles femmes, une part

1. Aub. et Rau, V, p. 632. — Demolombe, XXIII, n° 572. — M. Bufnoir à son cours, (15 mai 1872). — Marcadé, IV, p. 264 et suiv. — Les travaux préparatoires paraissent confirmer encore cette interprétation : *Le Code,* disait M. Bigot-Préameneu, se référant à l'édit de 1560, *a maintenu cette sage disposition.* Il est donc probable que le Code, s'étant référé à l'édit, a voulu maintenir cet état de choses, d'autant que, nulle part, il ne manifeste l'intention d'y rien changer.

d'enfant le moins prenant, et que ces donations
réunies ne dépassent pas la quotité disponible de
l'art. 913 ; quelle est la disposition de la loi qui
sera violée ? Celle de l'art. 913? Nous supposons
que non. Celle de l'art. 1098? Pas davantage,
puisqu'aux termes de cet article chaque nouvel
époux n'aura pas reçu plus d'une part d'enfant le
moins prenant. Ainsi, qu'un veuf ayant un enfant
donne un quart à une seconde épouse, et puis un
autre quart à une troisième, quelle est la disposition de la loi qui sera blessée[1]?

III. — Enfin, un troisième système, partant du
même principe que le précédent, (à savoir qu'une
part d'enfant le moins prenant peut être donnée
successivement à chacun des nouveaux époux),
adopte toutefois comme tempérament, *que ces
donations successives ne pourront jamais excéder
un quart des biens*, (tandis que, d'après le système précédent, elles pourraient atteindre le disponible ordinaire de l'art. 913.) — Ce tempé·
rament lui est fourni par l'art. 1098, lui-même,
*in fine : et sans que, dans aucun cas, ces dona-
tions puissent excéder le quart des biens*. — Sans
que... ces donations, c'est-à-dire sans que ces donations successives puissent dépasser 1/4 des
biens. — En d'autres termes, tous les époux pourront recevoir 1/4, alors même que la part
d'enfant serait inférieure à cette quotité. — Ce

1. Duranton, IX, n° 804. — Taulier, IV, p. 246.

système, dit-on, n'aura du reste pas pour les enfants du premier lit les inconvénients que l'on re-
doute, car la libéralité faite au second époux, et
qui ne peut dépasser une part d'enfant, subira
une diminution par le fait qu'une seconde libéralité aura été faite au troisième époux. En effet, au
lieu de compter, comme le faisait Pothier, tous
les nouveaux conjoints ensemble comme représentant un seul enfant, ce système, par là même
qu'il leur attribue à chacun séparément une part
d'enfant, *les compte chacun pour un enfant*, lorsqu'il s'agit de déterminer ces parts ; en d'autres
termes, puisque l'on considère chaque époux
comme un enfant, la part d'enfant ne sera plus
calculée d'après le nombre des enfants plus un,
mais d'après ce nombre plus deux, plus trois,
etc... Et, par exemple, dit M. Colmet de Santerre,
le *de cujus* laisse six enfants ; il a fait une libéralité au deuxième conjoint, et une autre au troisième conjoint. Le deuxième, qui aurait pu
recevoir 1/7, s'il n'avait pas été fait de
libéralité à un troisième époux, ne pourra recevoir que 1/8, et cette diminution de la libéralité à lui faite, n'aura rien de contraire aux principes, puisqu'il s'agit, ou de donations révocables,
ou de donations par contrat de mariage lesquelles admettent des conditions dépendantes de
la volonté du disposant. Cela revient à dire, que
la libéralité faite au troisième époux, devra produire, sur la libéralité faite au deuxième, le même

effet que la naissance d'un nouvel enfant. Toutefois, dans ce système, il est bien entendu que ces libéralités successives ne pourront jamais excéder 1/4 des biens. Dans l'espèce précitée, ce 1/4 n'était pas excédé, et c'est pourquoi chacun des deux époux a pu recevoir une part d'enfant c'est-à-dire un huitième; en effet, 2/8 = 1/4. Mais au contraire, si les deux libéralités, représentées chacune par une part d'enfant, devait dépasser ce 1/4, la diminution subie par la première libéralité ne pourrait toujours donner au troisième époux que la différence entre une part d'enfant et le quart des biens. Par exemple le *de cujus* a laissé trois enfants : il a fait une libéralité à son deuxième conjoint, et une autre à son troisième conjoint. La donation faite au deuxième conjoint, qui pouvait originairement arriver à 1/4 des biens, sera restreinte à 1/5, par la libéralité faite au troisième époux. Mais ce dernier peut-il, de son côté, recevoir une part d'enfant, 1/5? Non, car 2/5 étant supérieur à 1/4, il se trouverait que les deux conjoints successifs, auraient reçu plus de 1/4 des biens. Le troisième époux, en conséquence, ne pourra recevoir que la différence entre la part d'enfant, (1/5), reçue par le second conjoint, et le quart des biens, entre 1/5 et 1/4. — Il se peut même que le troisième époux ne puisse rien recevoir. Supposons en effet qu'il n'y ait que deux enfants; deux enfants et deux nouveaux conjoints, font quatre; la part d'enfant est donc de 1/4 ; le troisième époux n'aura rien [1].

Ce second et ce troisième système, — le troisième surtout, — sont excessivement ingénieux ; mais je crois cependant devoir m'en tenir au premier système, d'après lequel l'époux ne peut donner à tous ses nouveaux époux, dans le cas prévu par l'art. 1098, qu'une part d'enfant le moins prenant, *en considérant tous les conjoints ensemble comme un enfant.* Les deux derniers systèmes me paraissent, en effet, être fortement ébranlés par la considération que je faisais valoir tout en commençant, à savoir que, le Code s'étant montré plus restrictif que l'édit de 1560, relativement au chiffre du disponible, il est difficile de croire qu'il ait entendu consacrer une solution plus favorable au profit des nouveaux conjoints, que celle qui était admise dans l'ancien droit ; et aussi par les expressions de M. Bigot Préameneu, que j'ai rapportées. Il faut bien reconnaître, en outre, que les deux systèmes que je repousse sont fondés purement sur une différence de rédaction, entre l'édit de 1560 et l'art. 1098, sur un changement d'un pluriel en singulier ; or, je ne crois pas que cette discussion de mots puisse renverser une tradition si ancienne, et que les travaux préparatoires du Code semblent bien avoir voulu conserver. Nous remar-

1. M. Colmet de Santerre, t. IV, n° 278 *bis*, XI.

quons enfin, qu'il y a quelque chose d'assez irra-
tionnel dans le second système ; en effet, M. Duranton se trouve amené à considérer une
collection composée d'époux, (c'est-à-dire de
personnes auxquelles la loi applique un disponible
spécial,) comme une collection d'étrangers, (c'est-
à-dire de personnes auxquelles le disponible ordinaire est applicable) ; de sorte que chaque
époux nouveau ne peut pas recevoir autant
qu'un étranger, tandis que plusieurs époux nouveaux peuvent recevoir autant que plusieurs
étrangers ; et qu'un tout, formé d'éléments exceptionnels, est assimilé à un tout formé d'éléments
ordinaires. L'esprit de l'art. 1098, est d'assujettir
à un disponible spécial les époux nouveaux, que
la loi considère comme plus dangereux que des
étrangers pour les enfants des lits précédents. Or,
la doctrine de M. Duranton, (celle du deuxième
système,) altère et pervertit cette donnée ; elle la
maintient intacte, quand il n'y a eu qu'un seul convol, et l'abandonne quand il y en a eu plusieurs,
c'est-à-dire quand le danger augmente pour les
enfants qu'on a voulu sauvegarder. Or, il est absurde que la protection de la loi s'énerve, à mesure que la tendance au convol, redoutée par la
loi, s'accentue plus énergiquement. — Quant au
troisième système, (s'il n'aboutit pas, il est vrai,
comme le second, à traiter la collection des
époux comme une collection d'étrangers, alors
que chaque époux est traité autrement que ne le

serait un étranger), il a pour défaut, de moins
protéger les enfants, quand il y a plusieurs convols, et quand des donations ont été faites à
plusieurs nouveaux époux, que quand il y a eu
un seul convol, et qu'un seul époux nouveau a
été gratifié. Si, en effet, il n'y a qu'un convol,
l'époux nouveau ne pourra recevoir qu'une part
d'enfant, qui pourra être de moins de 1/4, tandis que s'il y a eu plusieurs convols, les époux
nouveaux pourront ensemble recevoir 1/4, alors
que, par hypothèse, la part d'enfant le moins prenant est inférieure à 1/4.

5. QUELLES PERSONNES DOIVENT ÊTRE COMPTÉES
POUR LA DÉTERMINATION DE LA QUOTITÉ FIXÉE PAR
L'ART. 1098?

I. — *Les enfants légitimes ou légitimés du premier mariage*, ou de tout autre mariage antérieur
au dernier.

II. — *Les enfants légitimes ou légitimés du second mariage*, ou subséquent mariage. Cela peut
paraître assez étrange, car les enfants du lit subséquent, devant seuls hériter des biens donnés au
nouvel époux, leur auteur spécial, semblent se
nuire à eux-mêmes en contribuant à la réduction
par leur nombre, et en diminuant ainsi leur émolument futur et éventuel. Il est vrai que d'autre
part, ils augmentent aussi la masse à laquelle ils
prennent actuellement part, c'est-à-dire leur émolument actuel et certain, mais il n'en est pas moins
vrai qu'ils perdent en fin de compte, en ce sens.

que les enfants du lit précédent profitent aussi de cette réduction, qu'eux, enfants du dernier lit, contribuent à rendre plus forte, sans pouvoir en retirer seuls le bénéfice. — Il n'en est pas moins vrai que l'existence même des enfants du dernier lit doit devenir une cause de réduction de la libéralité faite à leur propre auteur, et qu'ils devront être comptés avec ceux du premier, car le texte de l'art. 1098 est général.

Dans le cas où il y aurait des enfants renonçants ou indignes, ces enfants devraient-ils être comptés pour le calcul de la quotité disponible de l'art. 1098? — Nous avons décidé plus haut, que l'action en réduction de cet article, *ne pouvait s'ouvrir dans leur personne*, et que l'enfant en pareil cas cessait d'être réservataire, en même temps qu'il cessait d'être héritier. Or, du moment que nous considérons cet enfant *comme n'existant pas*, à l'effet de le priver de la quotité disponible, (art. 785), — ne nous mettrions-nous pas en contradiction avec nous-mêmes, en le considérant *comme existant*, à l'effet d'en déterminer le quantum? — En conséquence, si tous les enfants du premier mariage du donateur sont prédécédés, renonçants ou indignes, l'art. 1098 cesse d'être applicable ; la cause spéciale de réduction, qui affectait les libéralités faites par lui à son nouvel époux, ayant disparu, le droit commun reprend son empire.

III. — *Le nouvel époux* et, s'il y a plusieurs

époux successifs, tous ces époux ensemble comme
un enfant. — (V. supra.)

IV. — *Les descendants des enfants prédécédés.*
Cela résulte de ce que tous les enfants venant à
la succession du *de cujus*, comptent pour fixer la
part du nouvel époux. Mais *pour combien*
comptent-ils ? *Pour la part de l'enfant dont ils
sont issus.* En effet, il suffit sans doute d'être héritier, pour compter dans le calcul de la part de
l'époux, mais tous les héritiers ne comptent pas de
même, et le rapport dans lequel sont entre elles
les influences exercées par les descendants pour
la fixation de la part du nouvel époux, doit être
la même que le rapport dans lequel sont entre
elles les vocations héréditaires des divers descendants (art. 914). Il faudra donc prendre pour base
la souche la moins prenante dans la succession,
et non pas le petit-enfant le moins prenant. Et
cela, non-seulement lorsque l'époux décédé laisse
des enfants au premier degré, en même temps que
des descendants d'un enfant prédécédé, ou lorsque tous les enfants du premier degré, étant prédécédés, il n'y a plus que des petits-enfants, (car
dans ces cas les petits-enfants viennent par représentation, art. 740, et l'on se trouve dans les termes mêmes de l'art 914); mais même aussi lorsque ces petits-enfants viennent *de leur chef,* soit
dans le cas ou le *de cujus* laisse un enfant renonçant, et des enfants de cet enfant, soit dans le cas
où il laisse des enfants d'un enfant unique prédé-

cédé[1] ; (car on est d'accord que les mots : *qu'ils représentent*, ne sont pas employés dans leur sens technique par l'art. 914, et qu'en conséquence les petits-enfants, *même venant de leur chef*, sont comptés par souches au point de vue de la réserve). — En d'autres termes, en aucun cas, la somme des actions en réduction que les petits-enfants dirigent contre le nouvel époux, ne peut avoir plus d'efficacité que n'en aurait l'action unique exercée par l'auteur de ces enfants ; d'où il suit que si l'époux était réduit *à la part du petit-enfant le moins prenant*, les petits-enfants exerceraient une action en réduction trop forte, puisqu'elle serait plus forte que celle que leur auteur vivant eût exercée lui-même. C'est donc *la souche la moins prenante*, qui doit servir de base, soit que les petits-enfants viennent par représentation, soit même qu'ils viennent de leur chef.

V. — *Les enfants adoptifs* (art. 350).

VI. — *Les enfants naturels* du conjoint donateur, dans une certaine mesure. Nous avons dit, en effet, que si l'action en réduction de l'article 1098 ne pouvait pas *s'ouvrir* dans leur personne, du moins devaient-ils pouvoir en *profiter*, dans une certaine mesure, si elle s'ouvrait dans

---

1. Demol. XIX, n° 77. Nous avons dit plus haut, que l'ancien droit n'admettait pas que l'on prît, en pareil cas, la souche pour base de la réduction, et que, dans l'espèce le nouvel époux n'aurait pu recevoir qu'une part égale à celle du petit-enfant le moins prenant.

la personne d'un enfant, légitime ou légitimé,
du premier lit. La présence simultanée de ces
deux classes d'enfants de l'époux binube, peut
donner lieu à quelques difficultés. Pour les résoudre, il importe de poser tout d'abord ce principe
que, l'enfant naturel devant être, pour le calcul de
ce qu'il peut exiger, considéré fictivement comme
s'il était légitime, il s'ensuit que la portion qui
doit lui être réservée, doit nuire, dans la mesure
de sa quotité restreinte, à ceux seulement auxquels sa présence eût nui dans une plus forte
dose, s'il eût été légitime. Ainsi, par exemple,
supposons qu'un homme laisse une fortune de
120 000 francs; il a légué à sa seconde femme :
*Tout ce dont il pouvait disposer en sa faveur.* S'il
ne laisse qu'un ou plusieurs enfants naturels, l'article 1098 est hors de cause; mais s'il laissait en
même temps un ou plusieurs enfants légitimes,
comment faudrait-il procéder? Des distinctions
me paraissent nécessaires; supposons :

1° Le cas où, *avec un enfant naturel*, il y a
un ou deux enfants légitimes. Alors, la portion
réservée à l'enfant naturel, doit être prise exclusivement sur la réserve des enfants légitimes.
Ainsi, supposons qu'il y ait un enfant naturel,
et un légitime. Si l'enfant naturel eût été un
deuxième enfant légitime, sa présence eût nui
seulement à son frère, et non à la seconde
femme, car le disponible à l'égard de cette dernière, fut toujours resté fixé à un quart. Elle

31

obtiendra donc $\frac{120\,000}{4} = 30\,000$ francs. Il reste
90 000 francs. L'enfant naturel, s'il eût été légitime, eût obtenu 45 000 francs. Il aura donc
$\frac{45\,000}{3} = 15\,000$ francs, et l'enfant légitime aura
tout le restant $= 75\,000$ francs. — Si nous supposons maintenant qu'il laisse un enfant naturel, et
deux légitimes, ici encore, l'enfant naturel, s'il eût
été légitime (troisième enfant légitime), n'eût pas
empêché la seconde femme de recevoir un quart.
Elle aura donc 30 000 francs. L'enfant naturel,
comme légitime, eût exigé $\frac{90\,000}{3}$; comme naturel, il a donc droit à $\frac{30\,000}{3} = 10\,000$ francs. Il
restera 80 000 francs, à partager entre les deux
enfants légitimes.

2° Le cas où, *avec un enfant naturel*, il y a
plus de deux enfants légitimes. Ici, à la différence
des cas précédents, où la réserve de l'enfant naturel était prise exclusivement sur la réserve des
enfants légitimes, elle doit être prise proportionnellement sur la réserve des enfants légitimes, et
sur la quotité disponible. Supposons, par exemple, qu'il y a trois enfants légitimes. Si l'enfant
naturel eût été un quatrième enfant légitime, le
conjoint, et chacun des trois enfants légitimes,
eussent obtenu, au lieu d'un quart, un cinquième
seulement. Donc, la présence de cet enfant naturel, doit leur nuire, aux uns et aux autres, dans
la même proportion. S'il eût été légitime, l'enfant
naturel eût pu exiger $\frac{120\,000}{5} = 24\,000$ francs.
Comme naturel, il a droit à $\frac{24\,000}{3} = 8\,000$ francs.

Il reste donc 112 000 francs à diviser en quatre parties. Chaque enfant et la seconde femme ont droit, respectivement, à 28 000 francs.

3° Le cas où, *avec un enfant légitime*, il y a un ou deux enfants naturels. La réserve des enfants naturels sera prise exclusivement sur celle de l'enfant légitime. Supposons qu'il y a un enfant légitime et deux naturels. Les enfants naturels, s'ils eussent été un deuxième et un troisième enfant légitime, n'eussent pas empêché le nouveau conjoint de recevoir un quart. La seconde femme aura donc droit à 30 000 francs. Si les trois enfants eussent été légitimes, chacun eût eu droit à un tiers des 90 000 francs restants, ou autrement dit, à un quart de la masse totale, soit à 30 000 francs. Chaque enfant naturel aura donc droit à $\frac{30\,000}{3}$, = 10 000 francs, et l'enfant légitime obtiendra 70 000 francs.

4° Le cas où, *avec un enfant legitime*, il y a plus de deux enfants naturels. Alors, la réserve de l'enfant naturel sera prise proportionnellement sur la réserve des enfants légitimes et sur la quotité disponible. En effet, si les *trois* enfants naturels eussent été légitimes, le conjoint n'eût obtenu qu'un cinquième, au lieu d'un quart ; et l'enfant légitime un cinquième au lieu de trois quarts. Si les *quatre* enfants naturels eussent été légitimes, le conjoint n'eût obtenu que un sixième (20 000 fr.), au lieu d'un quart ; et l'enfant légitime un sixième au lieu de trois quarts. Ainsi de

suite. Supposons, par exemple, qu'il y a quatre
enfants naturels. Leur présence, s'ils eussent été
légitimes, eût nui, et au second conjoint, et à
l'enfant légitime ; leur présence, comme naturels,
doit leur nuire pour une quotité moindre, mais
dans la même proportion. Nous supposons un
instant que les quatre enfants naturels sont légitimes : ils obtiendraient un sixième de $120\,000 =$
$20\,000$. Comme naturel, chacun de ces enfants
a droit à $\frac{20\,000}{3} = 6\,666$, soit, pour eux quatre,
$26\,664$ francs. Il reste alors $93\,336$ francs. La
seconde femme a droit à un quart ($23\,334$ fr.),
et l'enfant légitime aux trois quarts de cette
somme ($70\,002$ fr.).

5° Le cas où il y a deux enfants légitimes ou
plus, et deux enfants naturels ou plus. La réserve
des enfants naturels sera prise proportionnellement sur celle des enfants légitimes, et sur le
disponible. En effet, en supposant que les deux
enfants naturels fussent légitimes, leur présence
nuirait, et aux deux enfants légitimes, et au second conjoint. En effet, chaque enfant légitime
et le conjoint n'eussent obtenu respectivement
que un cinquième, au lieu d'un quart ou deux
huitièmes, pour le second conjoint, et de trois
huitièmes pour chacun des deux enfants légitimes. Nous dirons donc : chaque enfant na-
turel eût obtenu, s'il eût été légitime, $\frac{120\,000}{5} =$
$24\,000$ francs. Comme naturel, chacun de ces
deux enfants a droit à $\frac{24\,000}{3} = 8000$ francs,

c'est-à-dire 16 000 francs pour les deux. Il reste
donc 104 000 francs. La seconde femme a droit à
$\frac{104\,000}{4}=$ 26 000 francs, et les 78 000 francs restants se partagent entre les deux enfants légitimes.

En résumé, nous dirons que la présence d'enfants naturels ne doit nuire au second conjoint,
que dans les cas où la présence de ces enfants lui
eût nui *à les supposer légitimes*.

6. COMBINAISON DE LA QUOTITÉ DISPONIBLE DE
L'ARTICLE 1098, AVEC LA QUOTITÉ DISPONIBLE ORDI-
NAIRE. — Nous devons poser tout d'abord en règle,
que le disponible ordinaire des articles 913-915, et
le disponible spécial de l'article 1098, *ne peuvent
pas être cumulés*, c'est-à-dire ne peuvent pas
être employés l'un et l'autre. Autrement, en effet,
on serait conduit à faire presque disparaître l'indisponibilité, alors que, dans l'espèce, le but de la
loi est précisément de l'augmenter. Il n'y a pas
deux crédits, affectés chacun à une destination
spéciale, mais un seul et même crédit, compor-
tant une destination double. Il y a identité de
nature entre le disponible spécial de l'article 1098,
et le disponible ordinaire. En d'autres termes, le
cumul supposerait essentiellement deux disponibles différents ; or ces deux n'en font qu'un, dont
l'un s'impute sur l'autre, et qui dit imputation
d'un disponible sur l'autre, dit impossibilité de
les cumuler.

Il est à conclure de là que si, d'une part, une
libéralité a été faite au second époux, — et que si,

d'autre part, des libéralité ont été faites à un étranger, ou à un enfant par préciput, il faudra : *1° Que la réunion des deux sortes de dispositions n'excède pas le plus fort disponible, c'est-à-dire le disponible ordinaire.* Telle est la conséquence évidente de ce que nous repoussons le cumul. — *2° Que, dans cette limite, le nouvel époux ne reçoive jamais plus que son disponible propre.* On ne saurait, en effet, reconnaître au disposant le droit de répartir, comme il l'entend, le disponible le plus élevé, entre son nouvel époux et les étrangers qu'il gratifie. Ainsi, par exemple, si nous supposons qu'un homme remarié, a un enfant de son premier lit, le plus fort disponible est de $1/2$, (art. 913); mais il n'en faudrait pas conclure que cet homme puisse donner à son nouvel époux, la valeur qu'il lui plaît, même dans la limite de ce maximum, et, par exemple $1/3$, tandis qu'il disposerait en faveur d'un étranger [1], de $1/2 - 1/3 = 1/6$. Il ne peut gratifier son nouveau conjoint que de $1/4$, sans quoi le disponible le plus élevé ne serait sans doute pas excédé, mais l'époux recevrait une valeur qui dépasserait le disponible spécial et restreint, qui lui est attribué par l'article 1098 ; l'article 1098 serait donc violé.

Ces principes étant donnés, voyons à les appliquer ; nous supposerons successivement :

1. Nous entendons ici par : *étrangers*, toutes personnes autres que le conjoint du disposant ; même les enfants de ce disposant.

1° Que le premier gratifié en date, est le second époux. — 2° Que le premier gratifié en date est un étranger, c'est-à-dire une personne à l'égard de laquelle le disponible est plus fort. — 3° Que les deux libéralités sont concomitantes.

## PREMIERE HYPOTHESE.

*Le premier gratifié en date est le second époux.* — Nous distinguerons deux cas :

*1er cas. — La libéralité, première en date, qui a été faite au second époux, n'a pas dépassé le disponible restreint de l'article* 1098. — Alors, le veuf ou la veuve, remarié, a pu disposer au profit d'une autre personne, de la différence entre ce disponible restreint et le disponible ordinaire. C'est-à-dire de 1/4 s'il y a un enfant ; — 1/12 s'il y a deux enfants ; de zéro s'il y en a trois : — de 1/20 s'il y en a quatre, etc.

Toutefois, une objection des plns difficiles à lever, peut être proposée ici. — Un homme s'est remarié ayant quatre enfants de son premier lit ; — il a donné à sa seconde femme une part d'enfant. Il meurt, laissant 120 000 fr., après avoir légué à un étranger, (ou à l'un de ses enfants, par préciput,)une somme de 7 500 fr. — S'il n'avait pas testé, comme la masse est de 120 000, la seconde femme eût obtenu $\frac{120\,000}{5}$, $= 24,000$ fr.

Le légataire se présente ; il réclame l'exécution du legs qui lui a été fait : « Le disponible à mon égard, dit-il, est de 1/4 de la masse, soit de $\dfrac{120\,000}{4} = 30\,000$. La réserve des enfants est de 3/4 de 120 000; = 90 000 fr., soit, pour chacun $\dfrac{90\,000}{4} = 22\,000$. La seconde femme, à qui il a été légué une part d'enfant, doit au moins avoir une part égale à la réserve des enfants, sans quoi il est vrai qu'elle n'aurait pas une part d'enfant. Elle doit donc avoir au minimum, je le reconnais, 22 500 fr. Mais cette somme étant prise à son profit sur le disponible ordinaire, il reste encore dans ce disponible (de 30 000 fr.), une valeur de 7500 fr. Donc le legs qui m'a été fait peut être exécuté. » — « Point du tout, répond la seconde femme, car mon mari *n'a pu par un legs, (ou par une donation postérieure), porter atteinte à la donation qu'il m'avait faite.* Or c'est bien ce qui arriverait, si l'on déférait à votre demande en délivrance de 7500 fr., puisqu'au lieu d'obtenir $\dfrac{120\,000}{5}, = 24\,000$, j'obtiendrais seulement $\dfrac{120\,000 - 7500}{5} = \dfrac{112\,500}{5} = 22\,500$. »

Que décider? Fera-t-on prévaloir le principe de de l'irrévocabilité des donations? Mais on se trouvera alors en face d'un résultat fort étrange. En effet, le legs fait à l'étranger ne sera pas exécuté, alors que cependant les enfants auront plus que leur réserve. Nous avons dit, en effet, que leur réserve est de 22 500 pour chacun d'eux ; or, si le legs n'est pas exécuté, chacun d'eux aura 24 000, c'est-à-dire plus que sa réserve. Et comment justifiera-t-on une aussi singulière combinaison? Tout ce que l'on pourra dire, c'est que cette somme de 24 000, doit former la part du second époux, et que du moment qu'il a droit à cette somme, il faut bien que chaque enfant ait droit à la même somme, (puisque sans cela l'époux aurait plus d'une part d'enfant), cette somme excédât-elle leur réserve, et quoiqu'en face d'un légataire étranger non payé. — Il faut avouer que cette raison n'est pas très-satisfaisante. Ajoutons que, pour que le legs fait à l'étranger ne fût pas exécuté, il faudrait que la réduction pût en être demandée. — Or, qui pourrait la demander? Les enfants? Mais ce legs n'entame pas leur réserve! Le second époux? Mais il n'a pas de réserve, et il est bien clair qu'une action en réduction ne saurait émaner du légataire.

Nous croyons donc que cette solution doit être rejetée, et qu'en conséquence *les biens dont il a été disposé en faveur de l'étranger, devront être préalablement distraits de la masse sur laquelle se calculera la part d'enfant;* sans qu'il y ait, du reste, à se dissimuler, que, de cette façon, l'époux verra sa part réduite à raison d'une donation postérieure à la sienne, ou d'un legs[1]. — Mais il est nécessaire de justifier cette solution.

Il est d'abord un cas où la question ne peut mé-

1. Même solution si la seconde libéralité avait été faite,

me pas se poser. C'est le cas où la donation faite
au nouvel époux, l'aurait été *pendant le mariage*.
Ces sortes de donations ne sont pas irrévocables,
(art. 1096), de sorte que l'effet révocatoire de la
donation, que nous reconnaissons dans le legs,
n'a rien qui choque les principes. Mais la justification de notre solution, n'est pas à beaucoup

non plus à un étranger, mais à un enfant *par préciput*. On
la déduirait d'abord de la masse sur laquelle en effet le nouvel époux ne peut recevoir sa part d'enfant, qu'après cette
déduction. (Nous supposons que la libéralité faite à l'enfant
est postérieure à celle faite au second époux; à plus forte
raison en serait-il de même, si elle était antérieure à celle-
ci). — Mais la solution changerait, si la libéralité, faite à
l'un des enfants, n'était qu'un simple *avancement d'hoirie*.
En ce cas, le nouvel époux pourrait, tout au contraire, en
demander la réunion, — fictive du moins, — à la masse sur
laquelle sa part doit être calculée. Ainsi, en conservant les
mêmes chiffres qu'au texte, si nous supposons que les
7500 fr., ont été légués à un des quatre enfants, *sans dispense de rapport*, la seconde femme pourra exiger que ces
7500 fr. soient *fictivement* rapportés, (c'est-à-dire, ici, laissés
dans la masse sur laquelle sa part doit être calculée), en
sorte que sa part soit fixée à 1/5 de 120000 — 24000 fr.
— *Non obstat. art.* 857, car la femme ne demande pas un
rapport *réel*, (ou, en d'autres termes, ne demande nullement
qu'une portion quelconque des 7500 fr. donnés à l'un des
enfants, lui soit attribué); — mais seulement un rapport
*fictif;* (en d'autres termes, elle prétend seulement que les
enfants doivent imputer ces 7500 fr., sur leur part hérédi-
taire). — (Demol. XXIII, nᵒ 594. — Marcadé, IV, p. 263).
— Tandis que, si la même libéralité avait été faite *par préciput*, à cet enfant, (ou avait été faite à un étranger), la seconde femme n'eût obtenu, ainsi que nous l'avons dit au
texte, et pour les raisons que nous y donnons, que la somme
de 22500 fr.

près aussi commode, alors que la donation faite au nouvel époux lui a été faite par le contrat du second mariage.

On peut cependant remarquer : 1° Qu'il y a là avant tout une question d'interprétation de la volonté du disposant : qu'a-t-il voulu donner à sa seconde femme? — Or, il est, dans l'espèce, naturel de présumer que le donateur a eu l'intention de lui conférer *un droit, dont le minimum sera égal à la réserve des enfants,* (22 500 fr.); mais sans vouloir s'interdire la faculté de disposer de son patrimoine, *sous la déduction de la réserve de ses enfants et d'une fraction du disponible égale à une part d'enfant dans la réserve.* Or, dans l'espèce, nous avons mis de côté la réserve, (90 000) pour les enfants, et, pour le second époux, une fraction du disponible, (30 000), égale à la part des l'un des enfants dans la réserve (22 500). Il reste donc 7500 fr., dont le *de cujus* a pu disposer en faveur d'un étranger. Il n'est en effet pas présumable, qu'il ait entendu s'interdire la faculté de disposer *de la fraction de quotité disponible, qui ne correspond pas à une part d'enfant dans la réserve.* — 2° Que si l'on avait encore quelques scrupules à admettre cette solution, en ce qu'elle est peu conciliable avec le principe de l'irrévocabilité des donations, peut-être serait-il permis de remarquer que, tout en étant inadmissible, s'il ne s'agissait pas de donations d'époux à époux, cette solution peut cependant être moins

difficilement appliquée lorsqu'il s'agit de donations de ce genre, non pas seulement si ces donations ont été faites pendant le second mariage,
auquel cas le doute ne serait pas possible, (art.
1096); mais même si elles ont été faites *par le
contrat du second mariage*. — **On** sait, en effet,
que la règle de l'irrévocabilité est observée moins
rigoureusement que de coutume, dans les donations
de ce genre, et que, par exemple, le donateur
peut les faire sous des conditions potestatives, ce
qui revient à dire que le législateur, lorsqu'il s'a-
git de ces donations, s'est jusqu'à un certain point
relâché de la règle de l'irrévocabilité [1].

2e *Cas.* — *La libéralité, première en date, faite
au second époux, a dépassé le disponible de l'art.*
1098. — Alors les dispositions que le veuf ou la
veuve aurait faites au profit d'autres personnes,
pourront être exécutées dans la mesure de cette
différence, en ce sens que ces personnes seraient
fondées à en demander l'exécution, sauf aux enfants à exercer l'action en réduction contre le
nouvel époux.

En d'autres termes, le résultat devra être le
même que dans le premier cas. — Gardons le
même exemple, et supposons seulement, que la
libéralité, première en date, faite à la seconde

1. En ce sens, M. Colmet de Santerre, IV, no 278 *bis*,
VII. — Demol. XXIII, nos 569 et 596. — Aub. et Rau, V.
p. 627, et note 33.

femme, au lieu d'être d'une part d'enfant, (et par conséquent au lieu de se trouver dans le tarif du disponible restreint de l'art. 1098), est de 30 000 fr. Le de cujus laisse à sa mort 90 000 fr. La donation faite à la femme équivaut donc, dans l'espèce, à 1/4 de la masse totale, (qui est de 120 000 fr.), et, par conséquent, à la quotité disponible ordinaire, alors que la quotité spéciale n'est que de 1/5.

L'étranger à qui 7500 fr. ont été légués, réclame l'exécution de son legs : Le disponible ordinaire, dit-il, est de 1/4 de la masse ; soit 300 000 fr. Le don fait à votre belle-mère est de 30 000, mais elle n'a droit qu'à une part d'enfant, (art. 1098). — Or la part de chacun de vous dans la réserve, (laquelle est des 3/4 de 120 000 fr., c'est-à-dire de 90 000), se monte à $\frac{90\,000}{4} =$ 22 500. Votre belle-mère a donc le droit de prendre, sur le disponible, (lequel est de 30 000), une somme de 22 500. Il y restera encore la différence entre 22 500 et le disponible ordinaire, soit 7500, ce qui vous permet d'exécuter mon legs.

Une double prétention peut être élevée contre la demande de ce légataire : I. D'abord, celle dont nous venons de nous occuper, c'est-à-dire celle qu'élèverait la femme, et d'après laquelle le legs ne devrait pas être exécuté, parce qu'elle a droit à 1/5 de la masse, soit à 24 000, et non pas seulement à une fraction du disponible égale à ce

qu'obtient chaque enfant dans la réserve, soit
22 500. Sur cette prétention, nous venons de
donner tort à la femme, en interprétant la volonté
de l'époux binube défunt, en ce sens qu'il avait
voulu simplement conférer à la femme un droit
égal à celui que ses enfants auraient au minimum
à son décès, c'est-à-dire à la réserve de chacun de
ceux-ci ; mais sans vouloir s'interdire la disposition de ce qui resterait dan le disponible après
le prélèvement, en faveur de la seconde femme,
d'une valeur égale à ce minimum. Nous n'avons
plus à revenir sur ce point. — II. Mais si cette objection était la seule qui, *dans le premier cas*,
(celui ou la libéralité première en date, faite au
second époux, ne dépassait pas le disponible de
l'art. 1098), pût être élevée contre le légataire, il
y a en outre une seconde objection possible, *dans
ce deuxième cas*, (celui que nous examinons ; c'est
à-dire celui ou la libéralité première en date, faite
au second époux, dépasserait le disponible de l'art.
1098). — Ce sont les enfants qui se récrient : « Le
disponible ordinaire (30 000) a été, disent-ils,
épuisé en faveur de notre belle-mère. Il est vrai
qu'elle a reçu trop ; — nous en tombons d'accord,
mais cela nous regarde, et non pas vous, puisque
d'après les termes très-formels de l'art. 921, la
réduction ne pourra être demandée que par ceux
au profit desquels la loi fait la réserve : les légataires ou donataires ne peuvent demander cette
réduction, ni en profiter. Or vous n'êtes pas ré-

servataire; ce n'est donc pas à vous de demander
la réduction du legs de 30 000 fr. qui a été fait
à notre belle-mère. »

Je pense que le légataire pourra triompher de
cette seconde objection comme de la première :
« Ce que, dit-il, l'art. 921 me défend, *c'est de
prétendre que mon legs soit exécuté sur des biens
retranchés.* Or je ne vous demande point cela. Il
y a 90 000 fr. de biens extants : exécutez mon
legs sur ces biens extants. Ne dites pas que ces
90 0000 fr. forment votre réserve ; car s'il est
vrai que votre réserve est de 90 000 fr., il est
tout aussi vrai que l'exécution de mon legs n'y
portera pas atteinte, puisqu'après m'avoir payé
7500 fr. sur les 90 000 extants, vous aurez le
droit de récupérer cette même somme de votre
belle-mère, la réduisant ainsi à une valeur égale à
votre part d'enfant, c'est-à-dire à 22 500 fr. »

« Ne prétendez donc pas que vous n'avez pas votre
réserve, et qu'en conséquence vous pouvez demander la réduction contre moi, qui suis légataire,
avant d'agir en réduction contre votre belle-mère,
qui est donataire. Votre belle-mère a reçu au
delà du disponible de l'art. 1098, tandis que la
libéralité qui m'a été faite n'est pas excessive,
puisqu'elle ne dépasse pas la différence entre la
quotité de l'art. 1098, et la quotité ordinaire. »

« Votre raisonnement ne serait exact que si je
prétendais me faire payer sur les biens retranchés.
Et par exemple si votre père, ayant donné 120 000

fr. à sa seconde femme, et m'ayant légué 7500
fr., ne laissait aucuns biens extants, je ne pourrais
alors rien réclamer. Car, s'il est vrai que dans l'espèce vous obtiendriez plus que votre réserve, (la
femme aurait droit à 1/5 de 120 000 $= 24\,000$
et chaque enfant aurait 24 000 fr., alors que
sa réserve n'est cependant, vis-à-vis de l'étranger, que de $\frac{90\,000}{4} = 22\,500$), cependant je
ne pourrais rien obtenir, puisque je n'ai pas le
droit de me faire payer sur des valeurs obtenues au moyen de l'action en retranchement.
Mais tel n'est pas le cas : je ne vous demande pas
de me payer sur des biens ainsi obtenus, mais bien
sur les valeurs extantes. »

Le légataire devra donc, je crois, obtenir le
payement de son legs de 75 000 fr.; les enfants du
premier lit se trouvant ainsi tenus, vis-à-vis des
étrangers, donataires postérieurs ou légataires,
d'imputer sur leur réserve les biens obtenus par
l'action en retranchement exercée contre le nouvel époux. Ce n'est que par une interprétation,
vicieuse à mon sens, de l'art. 921, que l'on a pu
soutenir que ces donataires postérieurs ou légataires demandaient la réduction contrairement à
cet article, en demandant l'exécution de la libéralité à eux faite [1].

---

1. En ce sens, Demol., XIX, n°ˢ 214 et 215. — Aub. et
Rau, V, p. 577, et note 3. — Il faut toutefois reconnaître
que, dans l'ancien droit, l'enfant du premier lit n'était pas

## DEUXIÈME HYPOTHÈSE.

*Le premier gratifié en date est un étranger*. — Nous distinguerons deux cas : A. Si cette première libéralité n'a pas épuisé le disponible ordinaire, l'époux remarié aura pu gratifier son nouveau conjoint de ce qui restait libre de ce disponible ordinaire, en tant du moins que la portion restée libre ne dépasserait pas le disponible de l'article 1098. Par exemple, le donateur a quatre enfants du premier lit, et 40000 fr. Il donne d'abord à un étranger 1/5 = 8000 fr., et plus tard, à sa seconde femme, la différence entre 1/5 (8000) et 1/4 (10 000) = 2000. Je ne vois pas qu'il puisse y avoir de difficulté à admettre ce mode de répartition. — B. Si cette première libéralité a épuisé le disponible ordinaire, l'époux remarié n'aura pu ensuite disposer de rien au profit de son nouvel époux.

tenu d'imputer sur sa réserve, vis-à-vis des légataires, ou des donataires postérieurs, les biens qui lui provenaient du retranchement opéré contre la seconde femme. Mais cette doctrine était fondée sur la manière dont on entendait l'édit de 1560 : « parce que, disait-on, *cet enfant tient les biens provenus du retranchement, non de la libéralité du défunt, mais du bénéfice de la loi.* » (Pothier, Donat. entre-vifs, Sec-III, art. 5, § 4.) Mais il est évident que cette interprétation de l'édit ne nous oblige en aucune façon, pas plus que celle qui consistait, pour la même raison, à donner ce retranchement, même aux enfants renonçants. Cependant quelques arrêts ont été prononcés en ce dernier sens. V. aussi M. Bertauld, Rev. crit., dec. 1852. — Il se fonde à peu près sur la raison de l'ancien droit ; pour lui, l'art. 1098 établit un supplément de réserve en faveur des enfants, supplément dont

## TROISIÈME HYPOTHÈSE.

*La disposition faite au profit du nouveau conjoint, et celles faites au profit d'étrangers sont concomitantes :* (ce qui comprend le cas où elles sont contenues dans le même acte de donation entre-vifs, ou dans le même testament, ou enfin dans deux testaments différents, puisque tous les testaments ont, au point de vue de la réduction, le même effet quelles que soient leurs dates.) — Si, d'une part, ces deux dispositions ne dépassent pas la quotité disponible la plus considérable, et si d'autre part la seconde femme n'a rien reçu au-delà du disponible qui lui est spécial, il n'y a point de difficulté : ces dispositions échappent à la réduction. — Mais s'il devient nécessaire de procéder à la réduction, cette troisième hypothèse donne lieu à des difficultés exceptionnelles. Il s'agit en effet de trouver un moyen de réduction

eux seuls doivent profiter, de sorte que l'étranger ne saurait profiter de l'excédant qu'a reçu l'époux, en tant qu'il porte sur la différence entre les deux quotités, pas même en demandant l'imputation de cet excédant sur la réserve des enfants. — Mais je crois qu'il serait facile de répondre que si la loi défend de donner à l'époux tout le disponible ordinaire, elle ne défend en aucune façon de le donner à un étranger. Reste donc entier, ce me semble, le principe admis par presque tous les jurisconsultes, que la fraction reçue en trop par le nouvel époux, et que les enfants peuvent obtenir en exerçant la réduction, doit être imputée sur la réserve de ces enfants, et que l'étranger, légataire ou donataire postérieur, ne demande nullement la réduction lorsqu'il prétend que les enfants doivent imputer cet excédant sur leur réserve.

proportionnelle de deux libéralités *qui ne sont pas toutes les deux soumises à la même mesure*[1].

Distinguons deux cas :

*Premier cas*. — La femme n'a rien reçu au delà du disponible qui lui est spécial ; mais, du reste, l'ensemble de son legs et des legs faits à des étrangers, excède le disponible le plus élevé : — Par exemple : un père ayant un enfant et 80 000 fr. de patrimoine, a légué 20 000 fr. à sa seconde femme, 20 000 à Primus et 40 000 à Secundus. L'attribution faite par le défunt à sa seconde femme ne dépasse pas ce qu'elle peut recevoir : en effet, quant à elle, le disponible est de 1/4, et c'est là précisément ce qui lui a été légué ; mais le disponible le plus fort est dépassé, car il est de 1/2, c'est-à-dire de 40 000, et les legs réunis se montent à 80 000.

· Il y a donc lieu d'opérer la réduction. Si aucun des légataires n'avait la qualité de second époux, l'opération serait très-simple. D'après l'art. 926, nous réduirions les legs dans la mesure du disponible, proportionnellement à leur *quantum* respectif. Ce procédé en effet se conçoit par-

---

1. Cette difficulté, ai-je dit, ne peut se présenter que dans cette 3e hypothèse, c'est-à-dire dans la supposition de libéralités concomitantes ; c'est qu'en effet l'absence d'une commune mesure ne saurait nous gêner, *lorsqu'il s'agit de libéralités faites à des dates différentes*, puisqu'en pareil cas la réduction n'est plus proportionnelle, mais doit porter d'abord sur la dernière en date (art. 923).

faitement *lorsque la mesure du disponible est la
même pour les deux légataires.* Mais ici tel n'est
pas le cas : nous avons deux disponibles différents, l'un de 1/4, l'autre de 1/2.

Il semblerait d'abord tout simple de réduire
au marc le franc *d'après le plus fort disponible,*
celui de 1/2. Mais ce mode d'opérer aurait un inconvénient grave, *car ainsi le légataire qui ne
peut recevoir que le plus faible disponible, serait
traité comme si le disponible était le même relativement à lui que relativement à son colégataire,*
alors que cependant le disponible est plus élevé
en faveur de ce dernier. En d'autres termes, ce
mode de réduction aurait pour effet de faire profiter du plus fort disponible la seconde femme,
laquelle n'a droit qu'au plus faible. Et par exemple, dans notre espèce, le disponible le plus fort
étant de 40 000, et le *de cujus* ayant légué
80 000, chaque legs serait réduit de 1/2, en sorte
que $a$, la seconde femme, aurait 10 000 ; $b$, Primus aurait 10 000 ; $c$, et Secundus 20 000. —
Total : 40 000. — Or, que ressort-il de ce résultat ? D'une part, P et S, à l'égard desquels le disponible est le plus fort, ne sont pas mieux traités
que s'ils se trouvaient en concours avec un légataire étranger, lequel aurait, en ce qui concerne
le disponible, la même position qu'eux ; et d'autre part, qu'à l'inverse le second époux, à l'égard
duquel le disponible est le plus faible, *est traité,
en définitive, comme si, à son égard, le disponi-*

*ble était le même qu'à l'égard de Primus et de
Secundus.* C'est ainsi qu'en reprenant notre exemple, si, à la place du nouvel époux, nous mettions
un étranger auquel auraient été légués de même
20 000 fr., nous arriverions identiquement au
résultat même que nous avons indiqué. Ce système est donc inadmissible dans l'espèce; car il
est évident que, lorsqu'à côté d'un légataire qui
peut recevoir 1/2, se trouve un légataire qui ne
peut recevoir que 1/4, il n'est pas conforme à la
loi de faire la réduction comme si ce dernier légataire pouvait lui-même recevoir 1/2.

On voit donc qu'on ne saurait prendre pour
base commune le plus fort disponible. Essayons
donc d'adopter pour base commune *le plus faible disponible.* Dans l'espèce, le plus petit disponible est de 1/4, ce qui fera 5000 pour la femme,
5000 pour Primus, et 10 000 pour Secundus. La
part de la femme restera définitivement fixée à
5000 ; *mais l'excédant du plus fort disponible sur
le plus faible devra être attribué aux légataires
étrangers.* Or, 5000 + 5000 + 10 000 = 20 000.
Il reste donc 20 000 de disponible, que nous par-
tagerons entre Primus et Secundus, proportionnellement à leurs legs. — Ce que nous opé-
rons ainsi : 20 000 est à 40 000, comme 1 est à 2 ;
donc, pour Primus, 1/3 de 20 000 = 6666 fr. 66 c.
et, pour Secundus, 2/3 de 20 000 = 13 333 fr. 32 c.
— Le résultat est donc le suivant: *a,* Pour la seconde femme, 5000 fr. — *b.* Pour Primus,

$5000 + 6666,66 = 11\,666,66$. — $c$. Pour Secundus, $10\,000 + 13\,333,32 = 23\,333,32$. — Total : $39\,999\,98$ (ou $40\,000$).

· Ce second mécanisme est certainement préférable au premier, mais on peut cependant n'être pas encore très-satisfait du résultat obtenu. Le premier mécanisme donnait évidemment *trop* au second époux, à l'égard duquel le disponible est plus faible qu'à l'égard des étrangers. — Le deuxième mécanisme ne donne évidemment plus trop au second époux ($5000$ au lieu de $10\,000$), mais il s'agirait de savoir s'il ne va pas trop loin en sens inverse du mode précédent, et s'il n'attribue pas *trop peu* au second époux. — C'est, je crois, ce qu'on peut lui reprocher. En effet, en suivant ce second mode, nous avons supposé pour un instant que le disponible auquel ont droit Primus et Secundus était de $1/4$, alors qu'il est de $1/2$ ; ou, en d'autres termes, nous avons provisoirement fait subir une diminution à leur disponible, *mais, en même temps, nous n'apportions aucune modification au chiffre de leurs legs*. Ce chiffre étant laissé le même, et le legs s'exerçant provisoirement au marc le franc avec celui de l'époux, sur un disponible supposé plus faible que celui sur lequel il doit réellement s'exercer, Primus et Secundus recevaient donc *relativement trop sur le disponible le plus faible*, sur le disponible spécial, et, à l'inverse, la seconde femme obtenait trop peu.

Or, il n'est nullement impossible de remédier à ce défaut de calcul. On adoptera la base de ce deuxième système de réduction, c'est-à-dire que, pour ne pas donner à la femme au delà de ce qu'elle doit avoir, on réduira d'abord les legs d'après le disponible le plus faible, celui de 1/4, dans l'espèce ; — *mais puisque, pour instant, on suppose que le disponible des légataires étrangers n'est que de 1/4 au lieu de 1/2, il faudra pour ne pas lui donner trop dans ce premier calcul, faire subir provisoirement au chiffre de leurs legs, une diminution proportionnelle à celle qu'on fait, provisoirement aussi, subir à leur disponible, et leur attribuer ensuite exclusivement, ce qui reste encore du disponible ordinaire.* Et, par exemple, en gardant toujours la même espèce, voici comment l'on procédera :

1° On supposera provisoirement que, même à l'égard de Primus et de Secundus, le disponible est de 1/4, (20 000 fr.).

2° Ayant ainsi frappé momentanément leur disponible d'une diminution de 1/2, on aura soin de frapper, momentanément aussi, leurs legs, d'une diminution de 1/2. — Ainsi :

### PREMIÈRE OPÉRATION.

1° Le legs fait à la femme reste à son chiffre : 20 000

2° Le legs de 20 000, fait à Primus, est supposé de : 10 000

3° Le legs de 40 000 fait à Secundus est supposé de : 20 000

50 000

Or, le disponible le plus faible, 20 000, représente les 2/5 de 50 000 ; donc chaque legs doit être réduit à 2/5 :

$$1° \text{ Pour la femme, } \left(\frac{20\,000 \; 2 \times}{5}\right) =$$

$$4000 \times 2 = \qquad\qquad\qquad\qquad 8000$$

$$2° \text{ Pour Primus, } \left(\frac{10\,000 \; 2 \times}{5}\right) =$$

$$2000 \times 2 = \qquad\qquad\qquad\qquad 4000 \Bigg\} \quad 20\,000$$

$$3° \text{ Pour Secundus, } \left(\frac{20\,000 \; 2 \times}{5}\right) =$$

$$4000 \times 2 = \qquad\qquad\qquad\qquad 8000$$

### DEUXIÈME OPÉRATION.

Ce résultat reste définitif pour qui n'a droit qu'au plus faible disponible. Quant à ceux qui ont droit au plus fort, l'excédant du plus fort sur le plus faible, se partage proportionnellement entre eux seuls. On opérera donc ainsi : 20 000 est à 40 000 comme 1 est à 2. Donc, sur cet excédant, Primus aura 1/3 de 20 000 = 66 666,66 c. — Secundus aura 2/3 de 20 000 = 13 333,32 c. — Le résultat définitif sera donc :

$$
\begin{array}{ll}
1° \text{ Pour la femme} = & 8000 \\
2° \text{ Pour Primus, } 4000 + & \\
6\,666\,66 = & 10\,666\,66 \\
3° \text{ Pour Secundus, } 8000 + & \\
13\,333\,32 = & 21\,333\,32
\end{array}
\left.\begin{array}{l} \\ \\ \\ \\ \\ \end{array}\right\}
\begin{array}{l}
39\,999\,98 \text{ (ou} \\
40\,000, \text{qui est} \\
\text{le disponible} \\
\text{ordinaire.}
\end{array}
$$

En résumé: le premier calcul, donnant à la femme 10 000, lui donne trop. — Le deuxième, en lui donnant 5000, ne lui donne pas assez,

— Nous prenons ici un juste milieu, en lui donnant 8000 [1].

*Deuxième cas.* — Le legs fait à la femme excède, dans son chiffre, la quotité restreinte dont l'art. 1098, permet de disposer à son profit. — Il n'en résultera pas une difficulté nouvelle. — On réduira préalablement ce legs à la quotité restreinte, et dès lors on retombera dans l'hypothèse que nous venons d'étudier. Ainsi, si dans la précédente hypothèse, le legs fait à la seconde femme, était de 25 000 fr., au lieu d'être de 20 000 ou 1/4, comme nous le supposons, on commencerait par réduire ce legs à 20 000 fr. c'est-à-dire à 1/4, après quoi l'on opérerait comme il a été dit ci-dessus.

7. QUELS SONT LES AVANTAGES AUXQUELS S'AP-

---

1. Le 1er calcul est celui qu'adoptent Toullier (V. 872) et Grenier, (n° 585); — le 2e appartient à M. Delvincourt, (II, sur la p. 65, p. 223); — l'initiative du 3e est due à M. Marcadé, (IV, p. 286, 287, 288). — On peut arriver au même résultat par une méthode un peu plus simple. On attribue tout d'abord le disponible le plus fort, pour ce dont il excède le plus faible, (20 000), à Primus et à Secundus, soit pour P. 6 666 66 et pour S. 13 333 32). — Primus et Secundus doivent imputer sur cet écart entre les deux disponibles, une partie de leur donation, proportionnelle à la valeur qu'a cette fraction du disponible ordinaire, relativement à tout le disponible ordinaire, (c. à. d. moitié de leurs legs respectifs, puisque cet écart, qui est de 20 000, représente la moitié du disponible ordinaire). Primus reste alors légataire de 10 000, et Secundus de 20 000, pour concourir au marc le franc avec l'époux, sur le disponible spécial. — Le résultat sera le même.

PLIQUE L'ARTICLE 1098 ? — Ce sont, comme le dit d'une manière très-générale l'art. 1098, les avantages faits *au nouvel époux,* c'est-à-dire à la personne qui est actuellement le nouveau conjoint du disposant. On s'accorde cependant à étendre notre article à la personne avec laquelle une union nouvelle est arrêtée. Ainsi, supposons qu'un homme, ayant enfants d'un premier lit, fasse une donation à une femme avec laquelle il n'est pas marié, mais qu'il épouse plus tard ; cette donation tombera-t-elle sous le coup de l'art. 1098 ? On conçoit combien il peut être délicat de savoir si la donation, ainsi faite antérieurement à la nouvelle union, l'a été en contemplation de ce mariage, — peut-être dans le but de frauder la loi, et d'échapper à la règle de notre article ; — ou bien si, au moment où elle a été faite, les deux parties n'avaient pas encore l'idée de s'unir. — C'est là une question de fait : — Est-ce, oui ou non, en vue du mariage qu'elles ont plus tard contracté, que ces personnes ont fait et accepté la donation ? Tel est le problème : il ne peut-être résolu en droit, et les tribunaux devront en décider, selon les circonstances plus ou moins caractéristiques qui seront relevées, le cas échéant. — Il est du reste bien entendu que la présomption doit être toujours en faveur de la bonne foi, et jamais pour la fraude ; ce qui revient à dire *qu'en principe, l'art. 1098 ne s'applique pas aux donations faites avant le contrat de mariage,* à moins

que les circonstances ne fassent voir que les parties, dès ce moment, avaient en vue leur futur
mariage, et ainsi, étaient de mauvaise foi [1].

Les expressions dont se sert l'art. 1098 : ... *l'homme ou la femme qui... ne pourra donner...*, sont
aussi larges que celles de l'Édit : *ne pourront en
quelque façon que ce soit...*, expressions regardées
par nos anciens auteurs comme comprenant toute
espèce de dispositions à titre gratuit, et, par conséquent : *a*. Les libéralités faites par le contrat de
mariage, aussi bien que les libéralités faites pendant le mariage. — *b*. Les libéralités faites avec
charges (services à rendre), ou rémunératoires,
(services rendus), aussi bien que les libéralités pu-
res et simples, sauf toutefois à déduire la valeur
des charges imposées, ou des services rendus, si
ces charges ou ces services sont appréciables. —
Voici en effet ce que dit Pothier : « Si les charges imposées ne sont pas appréciables en argent,
la réduction s'opère sur la totalité du capital
reçu ; si les charges sont appréciables en argent,
il y a lieu de les déduire préalablement, car la
donation onéreuse n'est donation, et n'est sujette
à la réduction de l'Édit, qu'autant et jusqu'à con•

---

1. Par ex., Pothier cite, comme cas où l'édit ne s'appliquerait pas, le cas où, dans le temps intermédiaire entre la
donation et le mariage avec le donataire, la veuve aurait
contracté un second mariage, et n'aurait épousé le donataire qu'en 3ᵉˢ noces. (Marcadé, IV, p. 259. — Demol.,
XXIII, n° 574.)

currence de ce que la valeur donnée excède le prix des charges ; mais, jusqu'à concurrence des charges, c'est le contrat *do ut des*, ou *do ut facias*, plutôt qu'une donation. » — Cette distinction, je crois, devrait encore être suivie ; mais il est bien entendu qu'il est nécessaire, pour que la déduction des services ou charges doive être faite, d'une part que ces services ou charges soient constants et prouvés, et, d'autre part, qu'ils soient appréciables en argent. — Il y aura là une question d'appréciation pour les juges [1].

Enfin, — et c'est là un des traits les plus originaux de notre sujet, en même temps qu'un des effet les plus considérables des secondes noces, — *la loi répute avantages, soumis comme tels à la réduction de l'art. 1098, des conventions qui, d'ordinaire, sont regardées comme des actes à titre onéreux.* — Voici comment s'expriment, à ce sujet, les articles 1496 et 1527 : —

Art. 1496. — *Si la confusion du mobilier et des dettes opérait au profit de l'un des époux un avantage supérieur à celui qui est autorisé par l'art. 1098,..... les enfants du premier lit de l'autre époux, auront l'action en retranchement...*

Art. 1527. — *Ce qui est dit aux huit sections ci-dessus, ne limite pas à leurs dispositions précises les stipulations dont est susceptible la com-*

---

1. Pothier, Cont. de Mar., n° 544 et 545. — Demol., XIX, n° 317, et XVI. n°s 318 et 319. — Aub. et Rau, V, p. 620, note 10.

*munauté conventionnelle. — Les époux peuvent faire toutes les autres conventions, ainsi qu'il est dit à l'art. 1387, et sauf les modifications portées par les articles 1388, 1389 et 1390. — Néanmoins, dans le cas où il y aurait des enfants d'un précédent mariage, toute convention qui tendrait dans ses effets à donner à l'un des époux au delà de la portion réglée par l'art. 1098, sera sans effet, pour tout l'excédant de cette portion: mais les simples bénéfices résultant des travaux communs, et des économies faites sur les revenus respectifs, quoiqu'inégaux, des deux époux, ne sont pas considérés comme un avantage fait au préjudice des enfants du premier lit. —*

On voit que le premier de ces articles se place en présence d'une *communauté légale*, et le second, en présence d'une *communauté conventionnelle*. — Dans l'un et l'autre cas, le législateur décrète que si les avantages qui en résultent pour le second époux dépassent, tout compte fait, le disponible de l'art. 1098, il y a lieu à réduction, s'il y a des enfants du premier lit. Tel est le principe[1]. — Or ce principe, ainsi posé, constitue lui-

---

1. Comme nous l'avons exposé dans notre première partie, cette doctrine, quoique controversée, principalement pour le cas de la communauté légale, avait déjà prévalu dans notre ancienne jurisprudence. Toute convention avantageuse dans un contrat de mariage, était tenue pour réductible, dans les termes de l'Édit ; et l'avantage résultant de l'inégalité des apports faits par les époux n'était pas moins réductible, car la communauté légale qui naissait de cette

même une notable exception aux principes généraux qui régissent les conventions matrimoniales. Selon ces principes, quelle que soit l'inégalité des apports faits par les époux, et quels que puissent être les résultats que semblent devoir produire les conventions qui, dans le système de la communauté conventionnelle, sont le plus susceptibles de conférer des avantages à l'une ou à l'autre des parties, — la loi n'y voit rien à reprendre; elle n'y voit qu'un acte onéreux, une convention entre associés, et le contrat doit être respecté, d'autant plus que l'inégalité, qui semble s'y produire tout d'abord, peut s'effacer par la suite. — On comprend que le législateur n'ait pas cru devoir déroger à ce principe, en faveur des enfants communs; il n'est pas sérieusement à craindre que les époux qui espèrent des enfants, rédigent leur contrat dans le but de les spolier au profit exclusif de chacun d'eux ; et du reste, ces enfants qui seront appelés à la succession des deux époux, trouveront dans la succession de leur parent avantagé les biens qui ne sont plus dans le patrimoine de l'autre. — Mais les choses prennent un tout autre

---

situation, était considérée comme procédant, non pas exclusivement de la loi, *mais d'une convention tacite*, par laquelle les parties acceptaient un contrat que la loi leur offrait tout rédigé. Il est vrai que l'édit de secondes noces ne contenait aucunes dispositions analogues aux art. 1496 et 1527, mais ses termes étaient extrêmement généraux : « *ne pourront en quelque façon que ce soit, donner... etc.* »

aspect, lorsque la convention émane de parties
ayant l'une et l'autre, ou l'une des deux seulement, des enfants d'un précédent mariage. Les
époux eussent trouvé là un moyen facile d'éluder
l'art. 1098 ; les combinaisons si variées des différents régimes matrimoniaux, — l'apparence
d'un caractère onéreux, facile à imprimer à ces
combinaisons, — n'eussent pas toujours permis
aux intéressés de prouver le dol des contractants.
Aussi, le principe de l'art. 1098 une fois inscrit
dans nos lois, il fallait, si on voulait le faire respecter, écrire les articles 1496 et 1527. On remarquera aussi, qu'à la différence des enfants
communs, les enfants du premier lit ne sont pas
héritiers de la personne avec laquelle leur père
ou leur mère va former une nouvelle union.

Telle est la doctrine que les art. 1496 et 1527,
ont successivement sanctionnée, relativement à la
communauté légale, (absence de contrat, ou adoption formelle mais pure et simple du régime de
communauté), et relativement à la communauté
conventionnelle. Dans toutes ces hypothèses, les
avantages résultant de l'association conjugale, en
faveur de l'un des époux dont le conjoint aurait des
enfants d'un précédent mariage, — soit que l'association ait été réglée par un contrat, soit qu'elle
ait été formée sans convention expresse, sont réductibles dans la mesure du disponible fixé par
l'art. 1098. — Il n'y a pas à se préoccuper du point
de savoir si l'époux qui avait des enfants, a eu ou

non l'intention de procurer un avantage à ce second époux. Que ce résultat ait été ou non inten-
tionnel, il n'importe; et alors même qu'il ne se serait réalisé que par des circonstances imprévues,
il n'en sera pas moins toujours considéré comme
un avantage; le fait, en ceci, est à considérer plus
que l'intention, parce que c'est dans le fait que se
produit l'atteinte portée aux droits des enfants du
premier lit[1]. — L'art. 1098 s'appliquera donc dans
tous les cas où un avantage résultera des conventions matrimoniales au profit du second époux,
sans distinguer si ce résultat a été ou non inten-
tionnel. Ainsi :

*A.* Lorsque les époux se seront contentés d'a-
dopter soit par leur déclaration expresse, soit
même par leur silence, le régime de la communauté légale (art. 1496); quoiqu'en pareil cas
leur seule intention soit le plus souvent de s'en
rapporter à la sagesse de la loi, sans calculer les
conséquences et sans aucune intention réelle de
se gratifier. Les enfants du premier lit auront
l'action en retranchement, s'il résulte de ce régime, au profit de leur beau-père ou de leur belle-
mère, un avantage dépassant le tarif de l'art. 1098.
Par exemple : un homme ayant une fortune purement immobilière et 60 000 fr. de dettes mobilières, épouse, sous le régime de la communauté

1. Rodière et Pont, C. de M., III, p. 206. — Demol.
XXIII, n° 576.

légale, une veuve qui a des enfants de son premier lit, et qui apporte 80 000 fr. de biens meubles, sans aucunes dettes. Qu'est-il arrivé? Les dettes du mari ont été payées avec les biens de la femme. Le mari a gagné 60 000 fr. que la femme a perdus. En outre le mari gagne et la femme perd la moitié des 20 000 fr. qui restent dans l'actif. Or 60 000 + 10 000 = 70 000; donc les 7/8 de la fortune de la veuve ont passé à son nouveau mari. Les enfants du second mariage, non plus que les ascendants de la veuve, ne peuvent s'en plaindre; mais il en est autrement des enfants qu'elle a eus de son premier lit.

*B*. Lorsque des avantages ont pu résulter au profit du nouvel époux de successions ou donations mobilières échues pendant le second mariage à l'époux binube. — C'est là toutefois une solution qui fait quelque difficulté. On a soutenu en effet qu'il ne fallait pas avoir égard aux successions ou donations mobilières échues au veuf ou à la veuve pendant le nouveau mariage, de telle sorte que la moitié de ces gains, dont le nouvel époux profiterait en raison de ce que le régime du second mariage est la communauté, ne formerait pas un avantage passible de réduction. Cela s'explique, dit-on, parce que la présomption de la loi qui sert de fondement à la disposition exceptionnelle de l'art. 1496 ne saurait plus être invoquée dans l'espèce. Quand il s'agit de mobilier et de dettes

33

existants au moment du contrat, si l'un des époux enrichit l'autre par défaut de réserve, il a du savoir ce qu'il faisait ; il a été en mesure et même en demeure de comparer sa situation financière à celle de la personne à laquelle il s'unissait, et il ne lui a pas été permis de faire à celle-ci un avantage qui est évidemment volontaire. S'il vient alléguer qu'il a espéré que des compensations à cet avantage lui seraient données pour l'avenir, la loi lui répondra qu'il est encore dans son tort d'avoir abandonné le certain pour courir une chance, et qu'il eût été de son devoir de ne point risquer ainsi de compromettre l'intérêt de ses enfants. On comprend bien alors que la loi déjoue ce calcul, qu'elle combatte cette insouciance, en rendant l'art. 1098 applicable à de semblables clauses consenties sciemment. Mais si l'inégalité vient à résulter d'événements postérieurs au mariage, la vraisemblance est qu'elle n'a pas été, qu'elle n'a pas pu être prévue au moment du contrat, et il n'y a plus de raison pour voir là une libéralité. Enfin on invoque en ce sens l'opinion de Pothier, et un arrêt du 25 juin 1703, lequel, sur un appel du bailliage de Sens, avait jugé que les enfants d'un premier mariage n'étaient pas fondés à réputer pour avantage fait par leur mère à leur beau-père, la part qu'il avait eue dans le mobilier d'une succession échue à leur mère durant le second mariage.

Le fait est que, même dans l'ancien droit, cette

solution n'était pas unanimement reçue[1] ; et l'eût-
elle été sans conteste, elle ne devrait plus l'être
aujourd'hui, attendu qu'elle est contredite, soit
par l'art. 1496 qui parle de la confusion du mobilier, sans distinguer le mobilier présent et le
mobilier échu pendant le mariage ; soit par l'art.
1527, qui montre bien qu'en cette matière le fait
passe avant l'intention, et que peu importe que
les époux n'aient pas eu l'intention de s'avantager, si en fait un avantage s'est produit au profit
de l'un d'eux : *Toute convention*, dit cet article,
*qui tendrait dans ses effets à donner à l'un des
époux au delà de la portion réglée par l'article
1098....* C'est là bien dire qu'il n'est pas nécessaire que la libéralité ait lieu *hic et nunc* pour être
soumise à l'art. 1098 ; mais qu'il suffit au contraire que la convention contienne virtuellement
une libéralité, pour que cette libéralité une fois
produite soit soumise au retranchement indiqué.
On ne peut considérer que *comme un effet de la
convention* l'avantage résultant en faveur du nouvel époux de la part qu'il prend dans une succession mobilière échue à son conjoint, puisque
c'est en vertu de cette convention même que la
libéralité mobilière est tombée dans la communauté. En d'autres termes, le fait de s'être sou-

---

1. Lebrun déclare avoir eu entre les mains une sentence
arbitrale de deux avocats de Paris, lesquels avaient jugé con
trairement à l'opinion précitée.

mis à la communauté légale, de ne s'être pas réservé en propre les successions mobilières futures, constitue une convention qui, aux termes de l'art. 1527, *tend dans ses effets* à faire une libéralité au second conjoint [1]. L'avantage peut donc résulter du seul fait de l'omission d'une clause dans le contrat de mariage; et le défaut de clause de réalisation devrait être regardé comme un avantage, soit que le mobilier provienne de l'apport de l'époux binube, ou qu'il lui soit échu pendant le mariage; il en serait de même du défaut de clause de séparation de dettes [2].

1. Aub. et Rau, V, p. 621, note 14. — Rodière et Pont, III, p. 207. Toullier, qui adopte le précédent système, admet cependant que si le nouvel époux avait exclu les successions qui pourraient lui échoir, et que l'époux binube n'eût pas imité cet exemple, quoiqu'il eût l'espoir prochain d'en recueillir, ces deux circonstances réunies devraient faire considérer l'omission comme un avantage indirect, fait au nouvel époux, et sujet à réduction. Ceci nous paraît en effet incontestable; mais nous le décidons ainsi par *a fortiori*.

2. Il faut toutefois reconnaître que les conséquences de notre solution, pourront, dans tel cas donné, paraître assez iniques pour le nouvel époux. Et par ex. supposons qu'un veuf se marie sans contrat : il apporte 100 000 fr., sa femme autant, et il n'y a point de dettes de part ni d'autre. Le mari dissipe les 200 000 fr., et plus tard il recueille un legs de 50 000 fr. Ses enfants du premier lit, au nombre de trois, pourront réduire leur belle-mère devenue veuve à 1/4 de 50 000 fr., c'est-à-dire à 12 500 fr., car le mari binube avait mis dans la communauté, 50 000 fr., de plus que sa nouvelle femme. Il est difficile de nier la dureté, l'iniquité même, de notre solution, car le mari binube, en définitive, bien loin d'avantager sa seconde femme, n'a fait que l'appauvrir.

*C.* C'est encore en vertu de cette même règle : à savoir que, dans l'espèce, le fait est à considérer plus que l'intention, — que la Cour de cassation, par un arrêt du 3 décembre 1861, a décidé que l'époux ayant des enfants d'une première union, ne peut, indépendamment et en sus de la disposition d'une part d'enfant au profit de son nouveau conjoint, faire attribution à celui-ci, par leur contrat de mariage, et pour le cas de survie, de la jouissance des baux qui seront en cours d'exécution lors de la dissolution de la communauté ; et qu'une telle attribution doit rester sans effet, comme constituant un avantage ou gain de survie excédant la quotité disponible, quoiqu'elle eût été faite, non pas nommément au profit du conjoint de l'époux remarié, mais indistinctement au profit du conjoint survivant. — Cet arrêt me paraît bien rendu. Objectera-t-on que cette attribution au profit du survivant des époux ne saurait être considérée comme un avantage au profit de l'un d'eux, par la raison que l'attribution consentie par l'un n'est que l'équivalent de la même attribution consentie par l'autre? Qu'il n'y a donc là qu'une sorte de contrat aléatoire, plutôt qu'une libéralité, et que par conséquent l'art. 1527 n'est pas applicable. Peut-être même serait-il vrai de dire que dans une pareille convention chacune des parties a plus songé à son propre avantage qu'à l'avantage de l'autre partie.' — Malgré ces objections, je persisterais à considérer cet arrêt comme conforme au droit. J'ai montré en effet, qu'en cette matière il fallait s'attacher plus au fait qu'à l'intention; or le fait est que si c'est le nouvel époux qui survit à l'époux binube, le droit aux baux qui seraient en cours d'exécution lors de la dissolution de la communauté, constituera pour ce nouvel époux un avantage, et que la convention dont il s'agit aura eu *pour effet de donner à l'un des époux au delà de la portion réglée par l'art.* 1098. Or, je le répète, si ceci est reconnu, la question par là même se trouve tranchée[1].

*D.* C'est encore pour la même raison que j'approuverai un arrêt de cassation, du 24 mai 1808, lequel décide que lorsque le nouvel époux *survivant,* demande, aux termes du contrat de mariage, à recueillir la totalité de la communauté d'acquêts, en rendant les apports et capitaux, tombés dans la communauté du chef de l'autre époux ( art. 1525 ), les enfants du premier lit de l'époux défunt peuvent opposer que c'est là un avantage soumis au retranchement.

Peut-être objectera-t-on à cette solution,

---

1. Cass., 3 déc. 1861 (J. du P., 1863, p. 248; Dall., 1862, I, 43). Rodière et Pont, *C. de Mar.,* III, p. 206. Il faut donc appliquer l'art. 1098, même aux donations mutuelles,

que c'est là une clause purement aléatoire, et
qui, d'après les termes mêmes de l'art. 1525,
qui prévoit cette hypothèse : *n'est point reputée
un avantage sujet aux règles des donations, soit
quant au fond, soit quant à la forme, mais simplement une convention de mariage, et entre
associés.* A ceci, je ferai toujours la même réponse : il est incontestable, *qu'en fait,* le nouvel époux, survivant, profite de la part que la
succession de l'époux prédécédé, aurait eue dans
la communauté d'acquêts ; donc, il devient plus
riche aux dépens de l'époux binube, ce qui suffit pour que l'art, 1098 soit applicable. J'ajou-
terai que, du reste, il importe peu que cette
clause soit regardée, dans les cas ordinaires,
*comme une simple convention,* et non comme
un avantage, une donation, puisque l'art. 1527,
dit formellement que *toute convention... sera
sans effet pour l'excédant...* etc.

Mais alors une seconde objection me sera
faite. La disposition finale de l'art. 1527, me
dira-t-on, porte formellement que : *les simples
bénéfices résultant des travaux communs et des
économies faites sur les revenus respectifs, quoiqu'inégaux des deux époux, ne sont pas considérés comme un avantage fait au préjudice des
enfants du premier lit.* Or la communauté d'acquêts, déduction faite des apports et capitaux
qui y sont tombés du chef des époux (art. 1525),
n'est plus composée que des simples bénéfices

résultant des travaux communs, des économies, etc. Il paraît donc bien que la clause qui
abandonne cette communauté au survivant, ne
doit point être regardée comme un avantage,
même en cas de prédécès de l'époux qui avait
des enfants d'un premier lit. — Cette objection est
spécieuse, mais il est possible d'y répondre. Je
commence par reconnaître que l'attribution au
survivant des époux des bénéfices de cette communauté, est bien une donation des économies
faites sur les revenus respectifs, mais ce que j'ai
l'intention de contester, c'est que telle soit l'hypothèse que le second alinéa de l'art. 1525 a
voulu régler. Je crois que, pour saisir l'esprit
de cette disposition, il importe de se reporter
à une question qui s'était élevée dans l'ancien
droit. Un homme ayant 30 000 livres de revenu,
épouse une femme qui n'a qu'un revenu de
5000 livres. Il est certain que, tous les ans, le
mari met dans la communauté 25 000 livres de
plus que sa femme. De là pouvait résulter, au
bout d'un certain temps, une communauté
très-avantageuse, dont 1/2 appartenait à la
femme. Or, on s'était demandé si, dans le cas
où le mari aurait eu des enfants d'un premier
lit, l'on ne devait pas considérer cela comme
un avantage sujet au retranchement ; et les jurisconsultes avaient décidé la négative[1], en se

1. Pothier, *Contrat de Mariage*, n° 552.

fondant sur ce que l'on pouvait supposer que l'opulence de la communauté pouvait provenir en partie des travaux de l'autre époux, ainsi que de l'ordre et de l'économie qu'il avait pu apporter dans l'administration du ménage. Il paraît bien que ce soit cette décision, que l'art. 1527, *in fine*, a eu l'intention de consacrer, comme il apparaît par les mots : *quoiqu'inégaux*, qui se trouvent dans cet article. Dans ce cas, par la raison ci-dessus énoncée, à laquelle on peut ajouter que les revenus, en règle générale, ne sont pas destinés à être capitalisés, mais plutôt à subvenir aux charges du mariage, dans ce cas, dis-je, on peut concevoir sans difficulté, qu'une exception ait été apportée, par l'art. 1527, *pour le cas où la communauté se partage*, à la prohibition qu'il édicte. Mais, précisément, l'hypothèse que nous examinons est toute différente, puisque, dans cette cette hypothèse, *la communauté entière est abandonnée à l'un des époux*. Lorsque la communauté se partage, on peut dire que certaines compensations, du côté de l'époux qui a fait le moindre apport, peuvent le faire considérer comme n'étant pas avantagé lorsqu'il prend la 1/2. Mais ici on suppose *que l'un des époux prend le tout*, et ce qui prouve bien que nous sommes en dehors de l'hypothèse de Pothier, (hypothèse prévue après lui par l'article 1527), c'est qu'il y a ici, *en tout cas*, avantage pour celui qui

prend toute la communauté, alors même que le
conjoint prédécédé aurait fait les moindres apports. D'où je conclus que la clause par laquelle
la totalité de la communauté d'acquêts est abandonnée au survivant, même avec stipulation de
reprise des apports, est susceptible de l'application de l'art. 1098, lorsque, par le fait, elle profite au conjoint de l'époux binube (art. 1525). Et
*a fortiori*, s'il avait été convenu que le survivant
aura droit à toute la communauté, en comprenant
les apports et capitaux, tombés dans la communauté du chef de l'autre époux.

D'où nous concluons que : *a*. La stipulation
d'une communauté réduite aux acquêts ne devrait pas, en principe, donner ouverture à l'action en retranchement de l'art. 1098. — *b*. Mais
cette stipulation d'une communauté réduite aux
acquêts n'échappe à la loi de la réduction, que si
elle se présente pure et simple; elle devient réductible, au contraire, dès que, comme cela arrive
fréquemment, elle est combinée avec une clause
d'attribution, au survivant, de la part afférente
au prédécédé dans la communauté ainsi réduite
(art. 1525)[1].

. 1. Delvincourt, II, sur la p. 112, note 6, p. 437 et 438.
Rodière et Pont, *C. de Mar.*, III, p. 194 et 209. Marcadé,
art. 1525, n° 3. Aub. et Rau, V, p. 622, et note 17. Cass.,
24 mai 1808 (Sirey, 1808, I, 328). C'est en vertu des mêmes
principes, qu'un arrêt de Cass. du 18 avril 1858, a décidé
que la convention matrimoniale qui attribue au survivant des

*E.* — Que faut-il décider si, dans le contrat de mariage de deux époux, dont l'un a des enfants, il a été stipulé que le survivant aura telle somme pour tout droit de communauté (art. 1522)? Si le nouvel époux survit à l'époux binube, et si, par l'effet de la liquidation, cette somme se trouve inférieure à la moitié de la communauté, que cet époux survivant eût obtenue dans l'absence de cette clause, il devra se contenter de cette somme; mais si cette somme se trouve être *supérieure* à la moitié de la communauté, qu'il eût obtenue dans l'absence de cette clause, il ne pourra invoquer d'une manière absolue le pacte matrimonial qui lui attribue ladite somme, car les enfants du premier lit auront le droit de demander l'imputa-tion de l'avantage qui résulterait de ce forfait, pour le nouvel époux, sur la portion disponible fixée par l'art. 1098. — En d'autres termes, lors-que le nouvel époux gagne au forfait, en ce sens que la somme fixe, stipulée pour le survivant, comme mesure invariable destinée à remplacer sa part dans la communauté, se trouve monter plus haut que la part que cet époux eût obtenue en l'absence du forfait, l'excédant de ladite valeur,

époux l'usufruit d'une communauté d'acquêts, constitue, lors-que l'époux prédécédé a laissé des enfants d'un précédent mariage, un avantage indirect, qui doit être restreint à la portion déterminée par l'art. 1098 (Dalloz, 1858, I, 406). Rod. et P., *l. c.*, III, p. 210.

stipulée à forfait, sur la part de communauté qu'eût obtenue le nouvel époux, en l'absence du forfait, devra être imputé sur le disponible de l'art. 1098 [1].

*F.* — Nous ne saurions prévoir toutes les hypothèses qui peuvent se présenter, mais nous dirons, en nous résumant, *que dans toutes ces hypothèses, pour juger si les conventions matrimoniales, faites à l'occasion d'un second ou subséquent mariage, ont procuré quelqu'avantage au nouvel époux, il faut faire abstraction de l'intention qui a pu présider à leur rédaction, ainsi que des éventualités de bénéfices ou de pertes qu'elles pouvaient, à raison de leur réciprocité ou des conditions auxquelles elles étaient subordonnées, présenter pour l'un ou pour l'autre des conjoints, au moment de leur passation, et considérer uniquement les effets ou les conséquences réels de leur application à la liquidation des droits respectifs des époux.* — C'est ainsi que, comme nous l'avons montré, quoique la confusion du mobilier ou des dettes des époux puisse, selon l'événement, profiter ou être préjudiciable à chacun des

1. Toutefois, sous le bénéfice de cette observation, que si le montant du forfait n'excédait pas ce que le nouvel époux a apporté à la communauté, la clause devrait être en tout cas intégralement exécutée, dans le cas de survie dudit époux; car il est clair qu'alors le nouvel époux n'est pas avantagé au préjudice de l'époux binube et de ses enfants du premier lit, puisque ce nouvel époux ne retire que ce qu'il a apporté. Delvincourt, II, sur la p. 112, note 6, p. 436.

conjoints, cette confusion devra être tenue pour un avantage indirect, s'il résulte de la balance établie lors de la liquidation de la communauté, que le nouvel époux profite définitivement de cette confusion. — C'est ainsi encore que, comme nous l'avons fait voir, l'avantage résultant pour le nouveau conjoint de ce qu'il s'est trouvé, par l'événement, appelé à prendre dans les économies et dans les bénéfices réalisés pendant le mariage une part supérieure à celle des héritiers de son conjoint, — sera considéré comme un avantage indirect, quoique le pacte matrimonial ait attribué cet avantage, indistinctement, au survivant des époux.

Nous avons eu déjà occasion de remarquer, que l'action en retranchement ne peut jamais être exercée qu'à l'occasion d'un bénéfice résultant de l'inégalité d'apports *en capitaux*, tandis qu'au contraire, tous les revenus tombant dans la communauté pour en supporter les charges, ils ne sauraient, quelque considérables qu'ils fussent, être regardés comme procurant un avantage au nouvel époux, dont le conjoint avait des enfants d'un précédent mariage. C'était là déjà un point constant sous l'ancienne législation[1], et, sous le

---

1. « Un second mari, disait Pothier (n° 552), n'est censé avantagé de ce que sa femme a apporté de plus que lui, en principal ; ce que la femme apporte de plus en revenus, n'est pas réputé un avantage prohibé et réductible. Ricard décide en ce sens..., et l'avis de Ricard est suivi dans l'usage. »

Code, l'art. 1527 dit expressément que : *les sim-*
*ples bénéfices résultant des travaux communs et*
*des économies faites sur les revenus respectifs,*
*quoiqu'inégaux, des deux époux, ne sont pas*
*considérés comme un avantage fait au préjudice*
*des enfants du premier lit.* — Cette dernière
exception, bien qu'elle soit édictée seulement par
la disposition de l'art. 1527, relatif à la communauté conventionnelle, doit être admise aussi dans
le cas de la communauté légale. — Il suit de là,
comme nous l'avons déjà remarqué incidemment,
que la stipulation d'une communauté réduite aux
acquêts ne doit pas, en principe, donner ouverture à l'action en retranchement. En effet, une
communauté de ce genre comprend uniquement
les acquisitions mobilières ou immobilières faites
par les époux durant leur association, à l'aide des
ressources provenant, tant de l'industrie commune que de leurs économies sur les fruits et les
revenus des propres respectifs. Or, c'est là précisément ce que comprend d'une manière expresse
l'exception qui termine le dernier paragraphe de
l'art. 1527[1]. — Mais, la stipulation d'une communauté d'acquêts exceptée, il n'est pas de convention matrimoniale qui ne soit susceptible de don-

1. Nous rappelons toutefois, que la stipulation d'une communauté d'acquêts pourrait donner lieu à réduction, si elle
était combinée avec une clause d'attribution au survivant, de
la part afférente au prédécédé dans la communauté ainsi
réduite.

ner ouverture à l'action en retranchement. Il en
est ainsi, par exemple, de l'attribution à un conjoint d'une part plus forte que la moitié de la
communauté, de la clause de réalisation, du préciput conventionnel[1], de la convention d'ameublissement; et c'est ainsi que, dans ce dernier cas,
l'avantage qui peut résulter de l'ameublissement
au profit du nouvel époux qui, n'ayant rien ameu-
bli, retire cependant sa part des immeubles ap-
portés par son conjoint dans la communauté, doit
être imputé, dans la succession de ce dernier, sur
la quotité disponible fixée par l'art. 1098.

C'est sur l'ensemble du contrat de mariage
qu'il faudra se baser, pour apprécier s'il en ré-

1. Il est hors de doute que la convention de préciput doit
être considérée comme pouvant donner lieu à une action
en réduction de la part des enfants que le constituant aurait
eus d'un mariage antérieur. Mais on a été plus loin, et l'on
a soutenu qu'une action en réduction pourrait *s'ouvrir* de ce
chef, dans la personne même des enfants communs, et de
tout héritier à réserve, sans distinction. Cette opinion, à
laquelle a donné lieu la rédaction assez ambiguë de l'art.
1516, doit, je crois, être repoussée. Il paraît bien que les rédacteurs du Code n'ont voulu que reproduire une proposition
émise par Pothier, (au n° 442, de son Traité de la communauté), et dans laquelle le jurisconsulte ne considère la convention de préciput comme renfermant un avantage, *que
relativement à l'édit de secondes noces*, c'est-à-dire seulement
en ce qui concerne l'hypothèse où l'un des époux aurait des
enfants d'un précédent mariage. Cette interprétation est du
reste conforme à l'esprit général du Code, sur les conventions
qui ont pour objet de modifier les effets de la communauté
légale. — (Aub. et Rau, IV, p. 419, note 4.)

sulte en réalité, au profit du second conjoint,
un avantage supérieur à celui qui est autorisé par
l'article 1098. On combinera les différentes clauses
entre elles, on les opposera les unes aux autres,
et l'on verra si les avantages qui résultent de l'une
d'elles ne sont pas contre-balancés par des avantages en sens opposé. Ainsi, par exemple : lorsqu'il
s'agira de savoir si un préciput, ouvert au profit
du nouvel époux, constitue un avantage indirect,
on devra examiner si la valeur du préciput ne se
trouve pas compensée par un excédant de mobilier, qui serait entré dans la communauté, du chef
de cet époux.

On agitait autrefois la question de savoir si le
nouvel époux, qui exerce une profession très-lu-
crative, serait fondé à prétendre que l'émolument
de sa profession est l'équivalent de ce que l'époux
binube a apporté de plus que lui, de telle sorte
qu'il s'établirait compensation, et que le nouvel
époux ne serait pas considéré comme avantagé.
— Pothier se prononçait pour la négative, et il
semble que nos législateurs ont consacré son opinion, car en ne considérant pas les bénéfices
provenant des travaux comme un avantage, l'article 1527 ne nous autorise évidemment pas à les
mettre en balance et en compensation avec des
capitaux, lesquels sont réellement des avantages.
Cette solution doit d'autant plus être admise, que
dans l'espèce l'époux binube se depouille en faveur de la communauté de la propriété d'un ca-

pital, tandis que le nouvel époux, apportant son industrie, ne met dans la communauté que les revenus de son travail, c'est-à-dire d'un capital dont la propriété lui reste nécessairement.

Nous supposons établi le droit à la réduction : de quelle manière y procéderons nous? Les apports respectifs des deux époux étant constatés, l'époux survivant et les héritiers du prédécédé, reprennent chacun leurs apports respectifs, déduction faite des dettes correspondantes qui auraient été acquittées par la communauté. Après que ces reprises ont été exercées, ce qui reste dans la communauté est divisé en deux parts, l'une pour le survivant, l'autre pour les héritiers du prédécédé. Ainsi se trouve formée la masse de la succession de ce dernier, comprenant d'une part les apports dont reprise a été faite, et d'autre part la moitié de ce qui restait dans la communauté après la reprise des apports respectifs. C'est cette masse, ainsi composée, que l'on divisera et distribuera par têtes, entre tous les enfants de l'époux prédécédé et le nouvel époux, en comptant cet époux survivant comme un enfant de plus, et en ayant soin qu'en aucun cas sa part n'excède 1/4 de la masse [1]. Supposons par exemple, qu'une femme

---

1. Telle était la marche que suivaient nos anciens auteurs. — Renusson, Comm. part. IV, chap. III, n[os] 21 et 22. — Comp. Rodière et Pont, C. de M. III, p. 214. Delvincourt, II, p. 435.

qui se remarie ayant quatre enfants, apporte à la communauté 16 000 fr., tandis que son nouveau mari n'y apporte que 4000 fr. La femme binube se trouve ainsi avoir apporté 12 000 fr. de plus que son nouveau mari. Lors du prédécès de cette femme, la communauté se monte à 36 000 fr. — Reprise par les enfants de la femme de 16 000 fr.; — reprise par le nouveau mari de 4000 fr.; — division de l'excédant, 16 000 en deux parts; — addition de 16 000 avec 8000 = 24 000; — divison de 24 000 par 5 = 4800. Résultat définitif: chaque enfant aura 4800 fr., soit pour les quatre enfants 19 200 fr. Le nouveau mari aura 4000 + 8000 + 4800 fr., soit 16 800 fr., total 36 000. — Tandis que s'il n'y avait pas de réduction, le nouveau mari aurait 18 000 fr., et chaque enfant n'aurait que $\frac{18\,000}{4}$ = 4500 fr.[1].

Nous avons dit plus haut, qu'à supposer l'action en réduction ouverte dans la personne des enfants du premier lit, ceux du second mariage devaient

1. Si nous supposons que l'inégalité réside dans le chiffre des dettes mobilières qui étaient à la charge des époux, lors de leur mariage, et que, par ex., les apports étant du reste égaux, le nouvel époux a 20 000 fr. de dettes mobilières, et l'époux binube seulement 10 000 fr., nous dirons : La communauté a payé 30 000 fr. de dettes; 10 000 de plus, pour le nouvel époux, que pour l'époux binube. Mais comme la part du nouvel époux dans la communauté se trouve elle-même diminuée de 5000, par l'effet du payement de ces 10 000, il en résulte que l'avantage n'est réellement que de 5000 fr.

pouvoir, non-seulement en profiter si ceux du premier lit l'intentaient, mais même l'intenter eux-mêmes si ceux du premier lit négligeaient de la faire valoir ou y renonçaient. Nous avons ajouté qu'il n'y avait pas à tirer d'une manière concluante contre cette solution un argument *a contrario* de ces termes de l'article 1496 : « *les enfants du premier lit de l'autre époux auront l'action en retranchement*, lesquels doivent être compris en ce sens que l'action en réduction de l'article 1098 *ne peut s'ouvrir que dans la personne de ces derniers*[1]. »

Cette action en réduction ne saurait être exercée qu'après le décès de l'époux qui a procuré un avantage à son conjoint ; c'est par ce décès seulement que les enfants de l'époux binube acquièrent la qualité d'héritiers, et le droit d'agir qui en dérive. D'où il suit que si la communauté vient à se dissoudre par toute autre cause que la mort de leur auteur, comme par l'effet d'une séparation de corps ou de biens, la communauté doit être liquidée de la même façon que si le contrat de mariage n'avait pas procuré au conjoint de leur auteur un avantage excessif. En pareil cas, le droit des enfants demeurerait en suspens, pour être mis en action contre le nouvel époux ou ses héritiers, s'il y a lieu, c'est-à-dire si les parties intéressées survivent à leur auteur.

1. M. Colmet de Santerre, VI, n° 196 *bis*, p. 436.

8. SANCTION DES ARTICLES 1098, 1496 ET 1527.

Art. 1099. — *Les époux ne pourront se donner indirectement au delà de ce qui leur est permis par les dispositions ci-dessus. — Toute donation, ou déguisée, ou faite à personnes interposées, sera nulle.*

Art. 1100. — *Seront réputées faites à personnes interposées, les donations de l'un des époux aux enfants ou à l'un des enfants de l'autre époux, issus 'un autre mariage, et celles faites par le donateur aux parents dont l'autre époux sera héritier présomptif au jour de la donation, encore que ce dernier n'ait point survécu à son parent donataire.*

On se demande tout d'abord, à la lecture de ces articles, si nous n'avons affaire qu'à une seule sanction, ou si la loi, comprenant dans l'article 1099 toutes les fraudes possibles, n'a pas voulu distinguer entre elles, et réserver pour les plus coupables une sanction plus sévère. En d'autres termes, l'article 1099 ordonne-t-il simplement la réduction des dispositions excessives, quelles qu'elles soient, ou bien distingue-t-il entre les libéralités indirectes d'une part, et les libéralités déguisées ou faites à personnes interposées d'autre part, pour prononcer la réduction des premières et la nullité des secondes?

Dans un *premier système*, on argumente ainsi : Toute la question est de savoir si le deuxième alinéa de l'article 1099 est le complément du pre-

mier, ou si ces deux alinéas sont destinés à se
faire opposition l'un à l'autre. — Si l'on reconnaît
que le deuxième alinéa n'est que le développement du premier, il est clair qu'il n'y a plus un
grand argument à tirer du mot *nulle*, dont se sert
ce deuxième alinéa, car le sens et la portée de
cette expression devront être resserrés dans les
limites indiquées par le premier alinéa ; c'est-à-
dire qu'il n'y aura de nul que ce qui excédera la
quotité de l'article 1098. Or, précisément, le second alinéa n'est que le complément du premier.
Le principe est qu'il n'est point permis de se faire
*indirectement* des libéralités qui excèdent la quotité disponible (1$^{er}$ alinéa). Le développement du
principe est que les donations déguisées et celles
faites à personnes interposées, sont des donations
*indirectes* (2$^e$ alinéa). La sanction du principe est
que les donations *indirectes* qui dépassent la quotité disponible sont *nulles en tant qu'excessives*.
— Sans doute le mot *nulles*, dont s'est servi la
loi pour exprimer sa pensée, n'est point scientifi-
quement exact : mieux eût valu dire *réductibles ;*
mais notre langue juridique est-elle si bien faite et
si parfaitement arrêtée, qu'on doive attacher à ces
expressions une importance si grande ? Qu'im-
portent les mots ? La pensée de la loi n'est-elle
pas évidente ? Elle a voulu protéger la réserve ;
l'action en réduction y suffit. La nullité dépasserait le but[1]. — D'après un *deuxième système*, il

1. Duranton, IX, n° 831. — Vazeille, art. 1099.

y a lieu de distinguer : *a*. La libéralité déguisée ou faite à personnes interposées excède-t-elle la quotité disponible, elle est nulle pour le tout, et non pas seulement réductible. *b*. Si elle ne l'excède pas, elle est valable[1]. — Un *troisième système* propose une distinction d'un autre genre : *a*. Si la libéralité a été faite dans l'intention d'excéder la quotité disponible (ce qui doit être présumé si, de fait, elle l'excède), elle est nulle pour le tout. *b*. Dans le cas contraire, elle n'est que réductible. En d'autres termes, ce système, à la différence du précédent, qui ne s'attache qu'au résultat (*eventus*), s'attache à l'intention (*consilium*), et à l'intention seulement. En conséquence, il déclare la libéralité *réductible*, lorsqu'excédant la quotité disponible, elle n'a pas été faite dans le dessein de l'excéder, et *nulle*, si elle a été faite dans le dessein de l'excéder, alors même qu'elle ne l'excéderait pas[2].

Je crois devoir adopter un *quatrième système*, d'après lequel, dans tous les cas, la donation déguisée ou faite à personnes interposées, serait nulle pour le tout, *sans distinguer si elle excède ou si elle n'excède pas la quotité disponible, et sans rechercher non plus dans quel dessein la simulation a été employée.*

1. Troplong, IV, n° 2744. — Cass. 7 février 1849.
2. Aub. et Rau, V, p. 624 et 625. — Delv., II, sur l'art. 1098.

Il faut bien reconnaître, en effet, que le premier système, rayant du texte le mot : *nul*, et le remplaçant par le mot : *réductible*, — consentant en outre à voir dans le 2<sup>me</sup> alinéa une répétition aussi inutile qu'incorrecte du premier, — emploie ainsi un moyen un peu violent pour mettre d'accord les deux parties de l'art. 1099. Il est vraiment trop facile d'ériger à la hauteur d'un argument de droit l'inattention du législateur. Que le législateur puisse se tromper, cela est bien certain, mais il faut avouer tout au moins qu'un système qui se réclame de cette fréquence d'erreurs, de cette inexactitude dans le langage juridique chez nos législateurs, ne doit être accepté qu'en désespoir de cause. Or, il faut reconnaître que si l'art. 1099 contient la doctrine que nous combattons, il est rédigé d'une manière remarquablement incorrecte ; d'abord le rédacteur, dans le 1<sup>er</sup> alinéa, nous avertit que les libéralités indirectes sont réductibles ; ceci dit, il éprouve immédiatement le besoin de le redire moins correctement que la 1<sup>re</sup> fois, en remplaçant le mot : *réductible*, par le mot : *nul*, dans un 2<sup>me</sup> alinéa ! Si cette supposition n'est pas évidemment inexacte, du moins est-elle peu vraisemblable.

C'est pourquoi nous préférons nous attacher aux termes et à l'esprit de l'art. 1099, — nous fonder sur ce fait que le législateur a énoncé séparément deux classes de donations, entre lesquelles la distinction est possible et pratique, quoique dé-

licate, employant pour déterminer le sort de chacune d'elles deux expressions très-différentes, —
et, en conséquence, laisser à chacun des deux
alinéas de l'art. 1099, sa valeur distincte et sa signification propre : 1° Les donations *indirectes*
sont valables, mais réductibles si elles excèdent le
disponible. — 2° Les donations *déguisées, ou faites à personnes interposées*, sont nulles, soit qu'elles dépassent, soit qu'elles ne dépassent point la
quotité disponible.

Il faut en effet distinguer les *libéralités directes*
et les *libéralités indirectes*, et, dans ces dernières,
il faut sous-distinguer les libéralités non déguisées,
et celles qui sont déguiséees, ou faites à personnes interposées. En d'autres termes, nous estimons
que toute libéralité déguisée, ou faite à personnes interposées, est une libéralité indirecte, —
mais que *toute libéralité indirecte n'est pas, par
cela même, déguisée ou faite à personnes interposées* [1]. — *A.* Les libéralités *directes*, sont celles
qui se présentent comme un acte portant donation, qui sont faites *rectâ viâ*, sans un détour,
sans une déviation aux règles ordinaires des libéralités. A ce genre appartiennent essentiellement
les donations intervenues entre les conjoints, avec
les solennités requises, ou les legs que l'un d'eux

1. Comp. Demol. XVI, n° 253, et XXIII, p. 701. —
Mourlon, II, p. 188 et suiv. — En un mot, les libéralités
déguisées, ou faites à personnes interposées, sont une *espèce*
du *genre :* donations indirectes.

aurait faits à l'autre. — *B*. Les libéralités *indirectes*, sont celles qui ne se présentent pas comme acte portant donation, qui sont faites par une voie détournée. Ce *second genre* de libéralités se subdivise en *deux espèces*. — *a*. Les unes en effet sont faites d'une manière ostensible, et sans dissimulation ; *b*. d'autres sont déguisées, occultes.

On pourrait donner de nombreux exemples de cette première espèce de donations indirectes. — Un homme se remarie, sans contrat, et apporte à la communauté un mobilier beaucoup plus considérable que celui de sa nouvelle femme. Il fait ainsi à sa seconde épouse un avantage indirect, mais non déguisé. — Cet homme remarié renonce à un legs dont sa nouvelle femme est tenue envers lui comme héritière ; — ou bien il renonce à une succession à laquelle il est appelé concurremment avec sa seconde femme, afin de procurer à celle-ci le bénéfice du droit d'accroissement ; — ou bien encore il fait à sa seconde femme la vente d'un de ses biens, vente très-sérieuse quoique consentie pour un prix qui est au-dessous de la valeur réelle : dira-t-on que c'est là une donation faite sous l'apparence d'une vente ? Mais c'est une vente bien réelle, dans laquelle les parties n'ont rien dissimulé, rien déguisé. Les parties ont fait véritablement entre elles un contrat à titre onéreux, quoique l'une ait conféré à l'autre un avantage, à l'occasion et au moyen de ce contrat ; hypothèse bien différente de celle où les parties n'ont fait au contraire autre chose qu'une donation sous l'apparence et le déguisement d'un contrat à titre onéreux. Je ne déguise pas ma libéralité, lorsque je vous vends 80 000 fr. seulement mon bien qui en vaut 100 000 ; c'est là un avantage indirect, mais non point un avantage déguisé. — Telle est la première espèce de donations indirectes ; la seconde espèce de ce genre, est celle des donations occultes, dissimulées, c'est-à-dire faites à personnes interposées, ou sous la forme d'un autre contrat, qui n'a, comme tel, aucune réalité sérieuse, et qui sert seulement de masque à la libéralité.

Or, l'art. 1099 s'occupe, dans ses deux alinéas, *des donations indirectes* ; mais l'un des alinéas prévoit les donations indirectes de la première espèce (c'est-à-dire celles qui sont du reste ostensibles), tandis que l'alinéa suivant s'occupe des donations indirectes de la deuxième espèce (c'est-à-dire de celles qui sont dissimulées). — Ainsi, pour prendre un exemple, quand un homme qui ne pouvait pas donner à sa seconde femme plus de 20 000 fr., lui a vendu pour 50 000 fr. une ferme qui en valait 80 000, et lui a donné ainsi indirectement 30 000 fr., cet avantage de 30 000 fr. sera réduit de 1/3 (1er alinéa) ; — Que si, au contraire, il avait déclaré lui vendre une maison qu'il lui donnait, ou bien s'il avait donné cette maison au père de sa femme pour que celui-ci la transmît à l'épouse, la donation resterait sans effet, alors même que la maison donnée ne vaudrait pas plus de 20 000 fr. (2<sup>me</sup> alinéa)¹. — Cette sévérité plus grande du législateur, pour les donations indirectes dans le cas où elles sont dissimulées, peut s'expliquer non pas seulement par cette raison, que la simulation d'un acte onéreux, l'interposition de personnes, n'eussent pas manqué d'être employées fréquemment et largement entre époux, de telle sorte qu'une sanction exceptionnellement énergique devenait, spécialement dans le cas donné, très-nécessaire pour en enlever toute idée à ces époux et les en détourner avec efficacité; mais aussi, et surtout peut-être, parce qu'une telle sévérité était spécialement nécessaire pour le cas de donations entre époux, afin de sanctionner la règle *de la révocabilité* de ces donations, (art. 1096). Des libéralités faites au moyen d'une simulation d'acte onéreux, ou d'une interposition de personnes, se fussent trouvées le plus souvent irrévocables en fait. — En d'autres termes, la sanction très-énergique du second alinéa de l'art. 1099 s'explique par la raison que, dans le cas qu'il prévoit, les époux fraudent doublement la loi, en cherchant à se soustraire aux règles de la réduction et de la révocabilité.

Mais, dira-t-on, en admettant même que cette distinction soit rationnelle et pratique, où le Code l'eût-il cherchée? D'abord, nous voyons qu'elle était faite par les jurisconsultes romains ². Pour

---

1. Marcadé, IV, p. 269.
2. Fragm. 5, § 5, *Donat. int. vir. et ux.* — Pothier, rap-

ce qui est de l'ancien droit, il est vrai que l'édit
ne faisait aucune distinction de ce genre; mais,
outre que son silence ne saurait empêcher de
trouver le Code plus explicite, il est à remarquer
que l'édit ne régissait pas, comme notre Code, les
donations faites pendant le mariage, puisqu'elles
étaient défendues en principe; il avait ainsi un
danger de moins à prévenir : l'influence, et une
règle de moins à sanctionner : la révocabilité. Il
pouvait donc se contenter de la réduction pour
les avantages dissimulés. Actuellement, la situation n'est plus la même, et si l'on veut raisonner
par analogie entre l'ancien et le nouveau droit, il
faut supposer une donation déguisée telle qu'elle
eût pu être valable si elle eût été faite directement, une donation déguisée entre futurs épou·,
et, par exemple, la reconnaissance, de la part du
mari, que sa femme a fait tel apport, lequel n'aurait pas été réellement fait. Or, sur cette dernière
question, Roussilhe disait : *Ne peut-on pas faire*

pelant la distinction faite par ce texte, disait : *A l'égard de*
*ceux* (des contrats) *qui renfermaient quelqu'avantage fait à*
*l'un des conjoints, aux dépens de l'autre, les jurisconsultes ro-*
*mains faisaient une distinction entre ceux qui étaient simulés,*
*et ceux qui, sans être simulés, renfermaient quelqu'avantage.*
*Ceux qui étaient simulés, qui n'étaient faits que pour couvrir*
*et déguiser une donation, que l'un des conjoints voulait faire*
*à l'autre, étaient valables : on réformait seulement l'avantage*
*prohibé qu'ils renfermaient, en obligeant celui au profit de*
*qui il était fait, à suppléer le juste prix.* — (Pothier, Donat.
entre mari et femme. Part. I, chap. II, nº 78).

*valoir une pareille reconnaissance jusqu'à la concurrence d'une portion d'enfant ? Je ne le pense pas, parce que c'est le cas de dire :* « *Non fecit quod potuit, fecit quod non potuit*[1]. » Telle était encore la pensée de M. Jaubert lorsque, dans son rapport au tribunat, il disait, pour expliquer l'article 1100, que, *dans ce cas, la donation sera nulle, par l'effet de la présomption légale seule.*

On objecte encore que, dans le Code, les donations indirectes sont simplement soumises à la réduction, *sans distinguer* entre celles qui sont déguisées et celles qui ne le sont pas, et qu'il en est ainsi, par exemple, dans le cas de l'article 918. Sans doute, mais aussi ne prétendons-nous pas que le deuxième alinéa de l'article 1099 soit une application des règles générales; tout au contraire, nous soutenons qu'il a un caractère exceptionnel, parce qu'il repose sur des motifs exceptionnels. *Attendu*, dit la Cour de cassation, *que si la distinction établie par l'article 1099 ne se retrouve plus lorsqu'il s'agit de donations autres que celles que les époux se font l'un à l'autre, il en résulte seulement que, pour ce genre particulier de donations, la loi a cru devoir introduire une règle plus sévère, mais qu'il ne s'ensuit nullement que la disposition spéciale et formelle de la loi ne doive pas recevoir son exécution*[2]. Le

---

1. Roussilhe, Traité de la dot., t. II, n° 539.
2. Cass. 29 mai 1838. (Sirey, 1838, I, 481.)

fait est que la loi, en dehors du cas spécial de l'article 1099, a craint beaucoup moins la fréquence des avantages de cette sorte, et que d'ailleurs, en dehors de ce cas, le déguisement d'acte, prévu par l'article 918, ne pourrait soustraire la libéralité qu'à un seul contrôle : *la réduction*, tandis que, entre époux, il pourrait en outre la soustraire à *la révocabilité*.

Telles sont les raisons pour lesquelles j'estime que le premier système doit être rejeté. Quant au deuxième, qui n'admet cette nullité, pour les libéralités déguisées ou faites à personnes interposées, que lorsqu'elles excèdent le disponible de l'article 1098, nous le repousserons également, si nous considérons : d'une part, que le deuxième alinéa de l'article 1099 ne contient aucune distinction entre le cas où la quotité disponible est excédée et le cas où elle ne l'est pas; et d'autre part, que la distinction sur laquelle repose ce système suppose que la circonstance que la quotité disponible a été dépassée ou ne l'a pas été, indique d'une manière certaine l'intention de faire fraude à la loi ou l'absence de cette intention. Or, il n'en sera pas toujours ainsi; il peut très-bien se faire qu'une pareille libéralité soit entachée de fraude, quoique, de fait, elle ne dépasse pas la quotité disponible. En effet, le disposant est le plus souvent dans l'impossibilité de connaître, même approximativement, le montant de cette quotité, laquelle ne se trouvera fixée que lors de son dé

cès. Il peut donc se tromper dans ses conjectures
à cet égard; d'où il suit qu'en adoptant ce second
système, on serait fréquemment conduit à maintenir des actes qui, en réalité, auraient été passés
dans le but d'éluder la loi. — Le troisième système reconnaît parfaitement cet inconvénient, et,
en conséquence, il veut que l'on s'attache à la
question de fait, et que l'on examine s'il y a fraude
ou bonne foi. Mais, ici encore, je dirai : Est-ce que
cette distinction se trouve dans le deuxième alinéa de l'article 1099? Et, du reste, ne soulèvera-
t-on pas ainsi des difficultés d'appréciation, que
la loi semblerait plutôt avoir voulu repousser,
lorsqu'elle a édicté la nullité par un texte absolu
et général?

A ces causes, je conclus que, dans tous les cas,
les libéralités indirectes faites au profit du nouveau conjoint seront nulles pour le tout, *si elles
sont déguisées ou faites à personnes interposées,* et
cela lors même qu'elles n'excéderaient par la quotité disponible, ni sans rechercher dans quel dessein la simulation a été employée[1]; car, je le répète, il importe que les époux ne soient pas seulement traités, quand la fraude est découverte,
comme s'ils avaient agi légalement et loyalement,

1. Demol. XXIII, n° 614. — M. Colmet de Santerre, IV,
n° 279 *bis*, I. — Marcadé, IV, p. 268 et suiv., et de nombreux arrêts. — Vernet, Rev. prat. de dr. français, t. XV,
p. 195 et suiv.

si bien qu'ils auraient la chance d'échapper à la loi si la dissimulation n'était pas prouvée, sans courir aucun danger quand la fraude serait découverte.

Mais dans notre système, la question se pose de savoir quelle espèce de nullité frappe les libéralités dissimulées. Une fois arrivés au point où nous en sommes, nous ne pouvons guère hésiter à soutenir qu'il s'agit ici d'une nullité *absolue,* qui pourra en conséquence être invoquée non-seulement par les enfants, mais aussi par le donateur lui-même, ou par ses créanciers, soit antérieurs soit postérieurs à la donation, en vertu de l'article 1166. On comprend à merveille, que les jurisconsultes qui subordonnent la nullité des avantages dissimulés *à cette circonstance qu'ils excèdent le disponible*, ne voient, dans la nullité prononcée par le deuxième aliéna de l'article 1099, qu'une aggravation en quelque sorte pénale, de l'action en réduction, de telle sorte que cette action en nullité ne saurait appartenir qu'aux personnes qui pourraient intenter l'action en réduction. Mais tout différent est notre point de départ, à nous qui pensons que les donations déguisées, ou faites à personnes interposées, sont nulles *alors même qu'elles n'excèdent pas la quotité disponible.* Car si cette nullité est tout autre chose que la réductibilité, rien ne s'oppose à ce que l'on admette que le droit d'invoquer cette nullité n'appartient pas exclusivement aux per-

sonnes qui pourraient demander la réduction, et
qu'en conséquence les héritiers non réservataires
et le donateur lui-même, auraient le droit d'invoquer cette nullité. Ajoutons que cette nullité
peut être considérée comme reposant sur des
considérations d'ordre public, afin de prévenir,
par une sanction énergique, les dangers considérables qui pourraient résulter de ces sortes de
libéralités[1].

L'article 1100 indique deux classes de personnes qui, par l'effet d'une présomption légale, sont
réputées interposées pour faire parvenir à l'un
des époux une libéralité que son conjoint n'ose
lui adresser directement. Ce sont : 1° Les : *enfants
ou l'un des enfants de l'époux, issus d'un autre
mariage.* 2° Les : *parents dont l'autre époux sera
héritier présomptif au jour de la donation, encore
que ce dernier n'ait point survécu à son parent
donataire.*

I. On suppose que les nouveaux époux en sont
tous deux à leur second mariage, et ont tous deux
des enfants de leur précédente union. Si l'un
d'eux fait aux enfants du premier lit de l'autre
un avantage, *cet avantage est frappé de nullité,*
(art. 1099, deuxième al.), par la raison, dit Cujas,
que : *Privigno ut donet noverca, maritalis affectio*

---

1. Demol. XXIII, n° 615. — M. Colmet de Santerre, IV,
n° 279 *bis*, III. — Vernet, Rev. prat., 1863, XV, p. 85, et
suiv.

*facit, non certè novercalis.* Mais les enfants communs des deux époux ne devraient pas être présumés interposés, car le texte ne parle que des enfants *issus d'un autre mariage.* Cet argument *a contrario* est d'autant plus concluant qu'il nous ramène à la solution qui était généralement admise dans l'ancien droit : *Ut det mater filio,* dit Cujas, *affectio materna facit.* En pareil cas, du reste, les qualités respectives des parties sont une garantie suffisante de la sincérité de la donation. Il serait évidemment impossible de frapper de telles libéralités, car il faut bien que les père et mère puissent doter et établir leurs enfants.

Mais considérerons-nous les donations faites par l'époux binube aux enfants naturels ou adoptifs de son nouvel époux, comme faites, par personnes interposées, à ce dernier ? A ne considérer que les expressions employées par l'article 1100 : *Enfants de l'autre époux, issus d'un autre mariage,* nous devrions décider la négative. Cependant les jurisconsultes s'accordent pour décider l'affirmative, en se fondant sur l'identité de motifs, et sur ce qu'il serait assez difficile de justifier la solution contraire. On peut du reste supposer avec vraisemblance, que c'est seulement afin d'exclure de la présomption légale d'interposition les enfants du commun mariage des époux, que le législateur a mentionné dans l'article 1100 les enfants de l'autre époux : *issus d'un autre mariage* [1].

1. Demol. XXIII, n° 618.—Aub. et Rau, V, p. 626, note 29.

Il est bien entendu que le mot : *enfants*, comprend *sans distinction de degrés* tous les descendants issus d'un autre mariage de l'autre époux.

II. Quant aux parents dont le conjoint était héritier présomptif au moment où a été faite la libéralité, ils sont toujours et par cela seul présumés personnes interposées, quoi qu'il puisse arriver ensuite (art. 1100). Et en effet le seul point à considérer ici, c'est l'état des choses au moment où l'on donne, c'est la pensée que le donateur a dû avoir en écrivant sa libéralité. Faisant donc abstraction des événements postérieurs, nous dirons : 1° Que si le conjoint du donateur est, au moment de la donation, l'héritier présomptif de la personne désignée comme donataire dans l'acte de donation, la présomption d'interposition produira son effet, *encore que le conjoint du donateur ne survive point au donataire* (art. 1100). Ainsi, quand même l'autre époux mourrait immédiatement après la donation faite, avant le donataire ou légataire, et sans être devenu son héritier réel, la disposition n'en serait pas moins nulle [1]. 2° Que si au contraire le conjoint du do-

---

1. Ces mots : « *encore qu'il*, (le conjoint, héritier présomptif du donataire), *ne survive point au donataire*, » doivent être entendus dans un sens explicatif, et non limitatif. La pensée de la loi est celle-ci : Encore qu'il ne devienne point l'héritier du donataire. Peu importe donc la cause qui l'a empêché de lui succéder. — Aub. et Rau, V, p. 625, note 27. — Demol. XXIII, n° 621.

nateur n'était pas héritier présomptif du donataire au moment de la donation, la présomption
d'interposition n'existe point, *encore qu'il lui ait
succédé*. La raison en est, qu'en pareil cas l'auteur
de la libéralté n'a pas pu la faire dans la pensée
de la faire passer à son conjoint, dans la succession du bénéficiaire. Or, précisément le fondement de cette disposition de l'art. 1100, est la
crainte qu'a eu la loi que l'époux binube donateur, en augmentant le patrimoine d'un parent
dont la succession doit revenir à son conjoint,
n'ait eu d'autre but que de procurer à ce dernier,
par une voie détournée, ce qu'il ne pouvait lui
faire avoir directement.

Il ne faudra comprendre dans cette présomption
d'interposition que les ascendants immédiats du
second époux, mais non les autres ascendants
encore vivants. En effet, les premiers seuls se
trouvent atteints par l'article 1100, puisqu'il ont
seuls l'époux du donateur pour héritier présomptif.
C'est ainsi que si Jacques, remarié, fait une donation au grand-père de Marie, sa seconde femme,
laquelle a encore son père, le grand-père ne sera
pas présumé personne interposée, car Marie n'est
pas héritière présomptive de son aïeul, alors que
son père existe. Cette raison de texte paraît décisive, quoiqu'il puisse sembler plus rationnel de
comprendre dans la présomption légale d'interposition tous les ascendants de l'autre époux,
comme on y comprend tous ses descendants. Mais

il est clair qu'une pareille interprétation, outre
qu'elle violerait le texte très-formel de l'art. 1100,
aurait pour effet d'étendre une présomption
légale, d'où résulterait la nullité de l'acte, à d'autres faits qu'à ceux auxquels la loi elle-même
l'applique [1].

....*Sera héritier présomptif au jour de la donation,* dit l'article 1100. Ces dernières expressions
ont donné lieu à un autre genre de difficulté. Le
mot : *donation* est-il pris dans un sens général
comme synonyme de : *libéralité,* ou au contraire
les rédacteurs ont-ils voulu opposer la donation
au testament, de manière que, tandis que l'héritier présomptif au jour où la donation a été faite,
est présumé donataire par cela seul, et qu'en pareil cas il faut s'attacher *au moment de la confection de l'acte,* — au contraire s'il s'agissait d'un
legs, il faudrait s'attacher non plus à l'époque de
la confection de l'acte, mais à *l'époque du décès du
testateur?* De telle sorte que, quoique l'époux du
testateur fût héritier présomptif du légataire au
moment de la confection du testament, le legs
produirait son effet dans le cas où l'époux du testateur ne serait plus en vie lors de l'ouverture du
legs, et que d'autre part le legs resterait sans effet lors même que le conjoint du testateur n'au-

1. Demol., XXIII, n. 623. — Aub. et Rau, n. 625, note
26. Toutefois nos anciens auteurs étendaient cette présomption d'interposition à tous les ascendants. V. Supra, 1re part.,
n° VII.

rait pas été l'héritier présomptif du légataire au
moment de la confection du testament, si du reste
il l'était lors de l'ouverture du legs. Le tout en
vertu du principe que les testaments n'ont d'effet
qu'à la mort[1]. Je n'hésite guère à repousser cette
distinction, et à comprendre sous l'expression de
*donation*, prise *lato sensu*, toute libéralité entre-
vifs ou testamentaire. J'estime qu'en tout cas c'est
à la date de l'acte qu'il faut s'attacher, et je considère la solution contraire comme supposant
l'oubli complet de cette idée, *que la loi n'a considéré que l'intention qu'avait l'époux en faisant sa
disposition*[2].

Nous remarquerons que les présomptions établies par l'article 1100, sont plus restreintes à certains égards, mais plus étendues à certains autres,
que celles édictées par l'article 911 pour le cas
d'incapacité, Ainsi, les enfants du nouvel époux
ne sont réputés interposés qu'autant qu'ils ne sont
pas en même temps les enfants du donateur; mais
d'un autre côté la présomption d'interposition
n'est pas bornée aux père et mère, mais elle
comprend toute personne dont le conjoint serait
héritier présomptif.

Même en ce qui concerne les personnes désignées dans l'article 1100, il faut ajouter qu'elles
ne sauraient être réputées interposées au profit

1. Coin-Delisle. sur l'art. 1100, n. 9.
2. Marcadé, IV, p. 274. — Demol., XXIII; n° 622.

de l'époux, dans le cas où il y aurait une impossibilité absolue à ce que cet époux profitât de la liberalité qui lui aurait été faite. Tel serait, par exemple, le cas où la disposition n'aurait été faite à l'enfant du premier lit de l'époux, qu'*après la mort de celui-ci*, car alors la base essentielle de la présomption d'interposition fait défaut, et l'article 1100, malgré la généralité de ses termes, devient inapplicable[1].

La présomption établie par l'article 1100 est absolue, irréfragable, *juris et de jure*; elle n'admet donc aucune preuve contraire. Il résulte en effet de l'article 1352 que nulle preuve n'est admise contre la présomption de la loi, lorsque sur le fondement de cette présomption elle annule certains actes; or tel est bien, avons-nous dit, le caractère et l'effet de la présomption édictée par l'article 1100[2]. Ce serait donc vainement que le

1. Et en effet, la présomption d'interposition ne doit pas être confondue avec une incapacité ; la personne présumée interposée, ne l'est que par l'effet d'une circonstance accidentelle et étrangère, et elle n'est du reste nullement incapable de recevoir du disposant. — Aub. et Rau, V, p. 626. — Demol., XVIII, n. 663.

2. Toutefois la preuve de la non-interposition ne pourrait-elle pas résulter de l'aveu des personnes intéressées à invoquer la nullité de la donation, et usant de leur droit? ou du serment? Si, par ex., ces personnes avouent savoir personnellement qu'il n'y a pas eu réellement interposition de personnes, et prétendent nonobstant se prévaloir des termes de la loi, cette prétention quelque peu cynique sera-t-elle admise? Et, d'autre part, ces personnes invoquant l'art. 1100,

second époux du disposant renoncerait par acte authentique à recueillir directement, ni indirectement, le bénéfice de la disposition qui aurait été faite à une personne réputée interposée. Vainement encore le disposant aurait-il pris soin de substituer vulgairement un tiers à la personne interposée, pour le cas où celle-ci ne pourrait pas ou ne voudrait pas recueillir la disposition, afin de faire croire que son intention n'était pas de gratifier indirectement son nouvel époux.

Remarquons enfin que, dans les cas où la présomption d'interposition n'existe pas de plein droit, il est toujours permis de prouver, par toutes espèces de moyens, et même à l'aide de simples

---

l'enfant donataire, ou la personne donataire dont l'autre époux était héritier présomptif, pourra-t-il déférer le serment à ceux qui l'actionnent en nullité, et leur dire : « Jurez qu'il n'est point à votre connaissance personnelle que je suis le donataire véritable, et non point une personne interposée. Si vous le jurez, je me reconnais vaincu ; si vous refusez de le jurer, faisant ainsi l'aveu tacite de votre mauvaise foi, je soutiens que vous ne pouvez invoquer l'art. 1100. » Je suis disposé à croire qu'effectivement l'aveu et le serment seront réservés contre les présomptions de l'art. 1100, comme en général contre toute présomption légale. En effet, l'art. 1352 n'exclut la preuve contraire *que sous la réserve de l'aveu et du serment.* (1352, 2°) (Comb., art. 1358). — Au reste, rien n'est plus moral ; les présomptions légales sont faites pour mettre certains principes à l'abri de contestations qui seraient d'autant plus stériles que l'administration de preuves sérieuses serait plus difficile ; mais elles ne sont pas destinées à faire triompher des prétentions que leurs auteurs eux-mêmes auraient l'impudence de déclarer fausses.

présomptions, que la personne gratifiée est, *en fait*, interposée. Il est clair qu'en établissant contre certaines personnes une présomption d'interposition, le législateur n'a pas entendu proscrire la preuve de l'interposition, relativement à d'autres personnes, même étrangères au nouvel époux.

Pour les cas où il y a lieu non plus à la nullité, mais simplement au retranchement, nous n'avons pas à développer ici les règles générales qui gouvernent l'action en réduction. Nous avons traité de celles qui sont spéciales à notre matière; sur tous les autres points il faudra se régler d'après le droit commun des articles 921 et suivants, relatifs à la réduction des donations et des legs. C'est ainsi qu'il faudra appliquer les articles 929 et 930. J'en dis autant de l'article 917 : il est applicable à la quotité disponible de l'article 1098, comme il l'est à la quotité disponible ordinaire. Par exemple : un homme ayant un enfant de son premier lit se remarie, et donne à sa seconde femme l'usufruit de la 1/2 de ses biens. A la mort de son père, l'enfant aura-t il l'option offerte par l'article 917, ou d'exécuter cette disposition telle quelle, ou d'abandonner à sa belle-mère la pleine propriéte du 1/4? Pourquoi lui refuserait-on ce droit d'option? L'article 917 est basé sur l'impossibilité d'estimer *à priori* le droit d'usufruit à sa juste valeur; cette impossibilité existe ici, et telle est en effet la raison pour laquelle la jurispru-

dence applique l'article 917 à la quotité disponible de l'article 1098[1]. Supposons maintenant
qu'au lieu de 1/2 en usufruit, l'époux binube ait
légué à son conjoint la totalité de ses biens en
usufruit. Les enfants du premier lit, mis en demeure d'opter, suivant l'article 917, devront-ils
choisir entre l'alternative du droit commun,
(c'est-à-dire abandonner la pleine propriété du
disponible spécial, ou bien acquitter l'usufruit *de
la totalité des biens ?*) Pourront-ils, au contraire,
invoquer l'article 1094, qui ne permet à l'un des
époux, lorsqu'il y a des enfants communs, de
disposer au profit de son conjoint de plus de 1/2
de l'usufruit des biens, réduire préalablement à
ce taux la libéralité d'usufruit, et opter ensuite
entre son exécution, et l'abandon de la propriété
du disponible spécial? J'estime que c'est à tort
que la cour de Bordeaux a repoussé cette dernière prétention[2], car il me paraît inadmissible
que le conjoint donataire soit mieux traité quand
il y a des enfants du premier lit, que quand il y a
des enfants communs, et que le nouveau conjoint
puisse invoquer à son profit, contre les enfants du
premier mariage du disposant, l'article 1098 qui
n'est édicté qu'en faveur de ceux-ci, et contre lui.

1. Demol., XIX, n° 462. Aub. et Rau, V, p. 569, note 7,
et les arrêts cités par ces auteurs.
2. Bordeaux, 3 juillet 1855 (Dalloz, 1855, II, 543 et
544).

Il ne saurait se plaindre de notre solution, car
elle aboutit en définitive à le traiter, au point de
vue du disponible en usufruit, comme un premier
époux, ou comme un second dans la supposition
où il n'y aurait que des enfants communs, et non
des enfants du premier lit[1].

§ 2. — *Au point de vue de l'établissement des
enfants du premier lit de l'homme ou de la
femme.*

L'article 1469 dispose, pour le cas de second
mariage, que chaque héritier rapporte les sommes
qui ont été tirées de la communauté, ou la valeur des biens que l'époux y a pris, *pour doter les
enfants de son précédent lit.*

Un mari, sous le régime de la communauté,
peut disposer de toute manière des biens de la
communauté pour l'établissement de ses enfants
(art. 1422). Remarié, il ne peut donner, à ses
enfants du premier lit comme à toute autre personne, sur les biens de la nouvelle communauté,
que des meubles individuels, et encore à la condition qu'il ne s'en réserve pas l'usufruit, —
mais non des immeubles, ni des universalités de
meubles, ni même des meubles individuels avec
réserve d'usufruit (art. 1422).

De plus, en supposant la libéralité par lui faite
sur les biens de la nouvelle communauté, régu-

1. V. M. de Caqueray, *Rev. prat.*, 1863, t. XVI,
p. 233.

lièrement faite, tandis qu'il ne devrait pour ce
aucune récompense à la communauté, si cette
libéralité avait été faite à un étranger, *il lui devra
récompense si les biens qu'il en a distraits lui ont
servi à doter les enfants de son précédent lit*
(art. 1469). Cette décision amène un résultat qui
semble bizarre : un homme, marié en secondes
noces, donne en dot à l'enfant d'un de ses amis
10 000 francs, et 10 000 francs aussi à l'enfant
qu'il a eu d'un précédent mariage. Dans le premier cas, la nouvelle communauté supporte sans
récompense la dot constituée; dans le second,
récompense lui est due. Toutefois, cette différence
peut s'expliquer : il n'est pas fort dangereux de
permettre au mari de donner à un étranger, car
c'est là un pouvoir dont il usera rarement, son
intérêt étant la sauvegarde de la communauté. Au
contraire, l'affection qu'il a pour les enfants de
son précédent lit le sollicite fortement à être gé-
néreux à leur égard. D'un autre côté, comme il
est à croire que le père remarié eût en tout cas
doté ces enfants, il se trouve qu'il s'est enrichi en
les établissant avec les biens de la nouvelle communauté : *propriæ pecuniæ pepercit.* Enfin, si le
père remarié pouvait, sans récompense, doter les
enfants de son premier mariage avec les biens de
la nouvelle communauté, il serait souvent déterminé à le faire par un calcul frauduleux. Mon fils,
se dirait-il, emploiera l'argent que je lui donne
en acquisitions d'immeubles, et, s'il meurt, ces

immeubles me reviendront avec la qualité de propres; la libéralité peut donc tourner à mon profit
personnel.

La même théorie doit être appliquée lorsque la
dot est constituée, en biens de le nouvelle communauté, aux enfants que la femme remariée a
eus d'un précédent mariage [1].

PREMIER APPENDICE. — *De la légitimation des
enfants issus d'un commerce antérieur au second
mariage.* — La légitimation, par le second ma-

[1]. Nous devons enfin, rappeler incidemment, qu'un effet
commun au second mariage de l'homme, et à celui de la
femme, résulte de l'*art. 1er de la loi du 14 juillet* 1866, sur
la propriété littéraire ou artistique. La loi du 14 juillet 1866
donne au survivant des deux époux un droit intégral aux
prérogatives d'une œuvre d'esprit. Ce droit est viager. Article 1er...« *Pendant cette période de 50 ans, le conjoint survivant, quel que soit le régime matrimonial, et indépendamment des droits qui peuvent résulter en faveur de ce conjoint
du régime de la communauté, a la simple jouissance des droits
dont l'auteur prédécédé n'a pas disposé par acte entre-vifs ou
par testament.* » (Ainsi, si les époux étaient sous le régime
de la communauté, le survivant aurait d'abord sa part de propriété pleine, entière et transmissible, dans les droits d'auteur, en vertu des conventions matrimoniales, et c'est sur la
part des héritiers de l'autre époux, seulement, qu'il aurait
un simple droit de jouissance viagère). Mais le même article
ajoute que cette jouissance *cesse au cas où le conjoint contracte un nouveau mariage.* Cette dernière disposition a été
critiquée, avec raison, je crois, et c'est ainsi que M. Boisson-
nade, dans son *projet de loi sur les droits du conjoint survivant,* propose d'édicter (art. 14), que ce droit de jouissance
ne cessera pas par le nouveau mariage de l'époux survivant.

riage, d'enfants issus d'un commerce antérieur, peut donner lieu à quelques dificultés.

I. — Une femme veuve a mis au monde un enfant douze ou treize mois après la mort de son mari. Cet enfant est reconnu par elle et par un tiers, puis la mère épouse cet homme en secondes noces. Ce second mariage légitimera-t-il cet enfant? Non, si l'on s'en tient à cette formule de M. Delvincourt, que : « si à l'époque de la conception il existait un empêchement au mariage, l'enfant ne pourrait pas être légitimé[1]. » Mais cette proposition est beaucoup trop générale : aux termes de l'art. 331, tout enfant né hors mariage peut être légitimé dès qu'il n'est ni adultérin ni incestueux. Ainsi donc, quoique la conception remonte à une époque où le mariage était défendu à la femme (art. 228), cet enfant sera légitimé.

II. — Une femme est mariée: elle se croit veuve (par ex. sur la foi d'un procès-verbal constatant le décès de son mari: art. 19 du décret du 3 janv. 1813 sur l'exploitation des mines). Dès lors elle vit en concubinage avec un homme, et en a un enfant. Son mari meurt; puis elle épouse en secondes noces son concubin. Ce second mariage légitimera-t-il l'enfant né de leur commerce? On l'a soutenu[2]. Il est vrai que le

1. Delvincourt, I, sur la p. 91, p. 219.
2. Pothier, Des Successions, chap. I, sect. II. § 5, quest. 1re. — Bedel, Traité de l'adultère, chap. IV, n° 37.

fruit de l'adultère ne peut être légitimé (art. 331),
mais, à vraiment parler, il n'y a point d'adultère
sans intention. — Cette manière de voir me paraît inadmissible, et je crois que cet enfant, étant
adultérin, ne serait pas légitimé par le second
mariage de sa mère. La loi a déterminé dans les
articles 201 et 202 les conséquences de la bonne
foi *dans le mariage*, mais non pas dans le concubinage, et la créance de la femme en la mort de
son mari, ne saurait empêcher que l'enfant qu'elle
a eu; *durante matrimonio*, de son concubin, ne
soit adultérin[1].

III. — Un homme veuf se remarie avec une
femme qui, *avant ce second mariage*, était accouchée d'un enfant, moins de 180 jours depuis la
dissolution du précédent mariage de cet homme.
— Ou un homme veuf se remarie avec une femme
qui, *depuis ce second mariage*, accouche d'un
enfant, moins de 180 jours depuis la dissolution
du précédent mariage de cet homme. — Dans
l'un et l'autre cas, la conception de cet enfant
se place nécessairement à une époque où l'homme
était encore marié à sa première femme. —
Examinons la question sous ses deux faces différentes. — *a*. Si la naissance de l'enfant est *antérieure* au second mariage, point de doute : l'article 331 s'oppose à la légitimation. — *b*. Si
l'enfant est né *postérieurement* au second ma-

1. Demol., V, p. 370. — Toullier, I, n° 657.

riage, il y a plus de difficulté. — On soutient que cet enfant doit être considéré comme *vulgo conceptus*, comme un enfant naturel dont le père est inconnu ; en effet, il ne peut pas être considéré comme légitime proprement dit, puisqu'il a été conçu hors mariage, ni comme légitimé, car si on le réputait conçu des œuvres du mari de sa mère, il serait adultérin, puisqu'à l'époque de sa conception, le mari actuel de sa mère était l'époux d'une autre femme[1]. — Il me paraîtrait plus exact de décider que cet enfant naît légitime. C'est en effet ce qui résulte, d'une part, de la rubrique du chap. I du tit. VII du Code, où les enfants *nés dans le mariage* sont dits légitimes, sans distinguer s'ils ont été conçus pendant ou avant le mariage ; et, d'autre part, de la place qu'occupe l'article 314 : il fait en effet partie du chapitre où la loi traite de la légitimité proprement dite, et il n'y est question, sous aucun rapport, de la légitimation, à laquelle la loi affecte un chapitre spécial[2]. La loi jette prudemment un voile sur ce qui a pu se passer avant le mariage, sauf même à protéger ainsi le fruit de l'adultère.

IV. — Paul, veuf de Jeanne, a vécu en concubinage avec la sœur de Jeanne, Sophie, et un en-

1. Aub. et Rau, IV, p. 565, (note 1 de la p. 565).
2. Demolombe, V, p. 83. — M. Valette, Cours de C. civ. p. 391. — Mourlon, I, p. 446 et 447. — Colmar, 15 juin 1831. (Devill. 1831, II, 336.)

fant est né de leur commerce. Paul, ensuite, épouse Sophie en secondes noces, après avoir obtenu des dispenses. Cet enfant sera-t-il légitimé? — Ou bien encore, cet enfant est né depuis le second mariage de Paul avec sa belle-sœur, 170 jours après ce second mariage. Quelle est sa condition? — Examinons la question sous ses deux faces différentes:

*a.* Si la naissance de l'enfant est *antérieure* à l'époque où le second mariage de Paul, à la suite de dispenses, a été célébré avec sa belle sœur, on soutient que l'enfant sera légitimé par ce second mariage, et cette doctrine a été consacrée par plusieurs arrêts[1]. La négative, pourtant, me paraît difficilement constestable. L'article 331 interdit la légitimation des enfants incestueux; or, si cette prohibition ne s'appliquait pas aux enfants nés de parents ou d'alliés qui se sont mariés après avoir obtenu des dispenses, elle n'aurait point d'objet. Il serait en effet bien inutile de défendre à des parents ou à des alliés, *qui ne peuvent en aucun cas se marier entre eux,* de légitimer par un mariage subséquent l'enfant qu'ils ont eu de leur commerce. Il est donc clair que l'article 331 ne peut viser ces derniers cas, puisqu'il eût été bien naïf et bien inutile de dire que les enfants du frère et de la sœur ne pourront pas

---

1. V. ces arrêts et l'exposition de ce système, Demol., V, p. 371 et suiv.

être légitimés, en raison de ce qu'ils sont incestueux ; il y a un bien autre motif, qui est l'im-
possilité du mariage de leurs père et mère! —
Dans notre espèce, cet enfant sera donc un *spurius*, un enfant naturel simple, *sine patre*.

*b*. Ainsi, les enfants nés d'un beau-frère et
d'une belle-sœur ne seront pas légitimés par le
mariage, avec dispenses, du beau-frère avec sa
belle-sœur[1]. Mais supposons maintenant qu'au
moment du second mariage cet enfant n'était
encore que conçu, et qu'il est né *postérieurement*
au mariage, célébré à la suite de dispenses, et, par
exemple, qu'il est né cent soixante-dix jours après
le second mariage. Quelle est la condition de cet
enfant ? Cette question est discutée avec les
mêmes arguments que la question posée au n° III,
et, pour les mêmes raisons, nous adopterons la
même solution, à savoir que cet enfant naît légitime.

*En résumé*, si un homme veuf se remarie avec
une femme qui avait eu un enfant moins de cent
quatre-vingts jours depuis la dissolution du premier mariage *de cet homme*, la reconnaissance de
cet enfant par ce dernier sera nulle, et, par con-

1. Aub. et Rau, IV, p. 596. — Demol., V, p. 376, et les
arrêts qu'il cite. Marcadé, art. 331, n° 2. Je ne distingue
pas si l'enfant, né avant le second mariage, a été conçu
avant l'obtention des dispenses, *ou après*; l'enfant conçu
*même depuis l'obtention des dispenses*, n'en est pas moins
incestueux, car les dispenses sont accordées pour le mariage,
et non pour le concubinage.

séquent, il ne sera pas légitimé par ce mariage. Mais s'il naît pendant ce mariage, quoique moins de cent quatre-vingts jours depuis la dissolution du premier mariage du mari, il sera légitime. Et de même, si un homme veuf épouse en secondes noces, avec dispenses, sa belle-sœur, laquelle avait eu un enfant, même plus de cent quatre-vingts jours depuis la dissolution du premier mariage de son beau-frère, la reconnaissance de cet enfant par ce dernier sera nulle, et par conséquent cet enfant ne sera pas légitimé par ce mariage. Mais s'il naît pendant ce mariage, quoique moins de cent quatre-vingts jours depuis la célébration du mariage, il naîtra légitime.

V.— Le parlement de Bretagne avait décidé, en 1588, que le second mariage qu'un homme con-tracterait avec sa concubine, ne légitimerait pas les enfants qu'il aurait eus de cette concubine avant son premier mariage. Mais cette décision, traitée d'absurde par Bretonnier, ne saurait être admise : « Personne ne doute, dit Pothier, que le mariage a la force de légitimer les enfants nés d'un commerce charnel que les parties ont eu auparavant ensemble, quoique l'une d'elles, depuis ce commerce, en ait contracté un avec une autre personne, après la dissolution duquel elles se son mariées ensemble. » Telle est la solution ac-tuellement adoptée par tous les auteurs[1].

1. Aub. et Rau, IV, p. 594, note 3. — Demol, V, p. 384. (Pothier, Du mariage, n. 421.)

VI.—Un homme a eu un enfant, Jacques, de sa concubine, et l'a reconnu. Il épouse une autre femme dont il a un enfant légitime, Paul. Puis, veuf de sa première femme, il épouse en seconde noces sa concubine. Jacques, légitimé par le second mariage est plus âgé que Paul; est-il l'aîné de ce dernier? Non. C'est Paul, le moins âgé, qui doit être considéré comme étant l'aîné, car il résulte de l'article 333, que Jacques doit être considéré comme conçu et né le jour seulement du second mariage. Cette question avait une grande importance dans l'ancien droit, au point de vue des droits d'aînesse; mais la loi actuelle ne reconnaît plus les avantages attachés à la primogéniture[1].

VII. — Une femme est devenue veuve, et l'est

1. Cep. depuis le Code, la loi du 3 sept. 1807, qui rétablissait les majorats, et la loi du 17 mai 1826, qui permettait les libéralités à charge de rendre à l'aîné, (un ou plusieurs) des fils du donataire, avaient rendu une certaine importance à cette question. Malgré les lois des 12 mai 1836 et 7 mai 1849, les majorats de propre mouvement continuent encore d'être transmis à l'aîné, conformément à l'acte d'investiture. (art. 4 de la loi de 1836). — Aub. et Rau, IV, p. 599; — Demolombe, V, p. 392. — D'accord avec ce jurisconsulte, je ne pense pas que notre proposition doive s'appliquer au cas prévu par la loi du 21 mars 1832, sur le recrutement de l'armée, dont l'art. 13, n° 3, déclare exempté l'aîné d'orphelins de père et de mère. L'exempté du service devrait être, dans notre espèce, le fils légitimé par le second mariage; il s'agit en effet, dans l'esprit de la loi sur le recrutement de l'armée, de *l'aîné d'âge*, c'est-à-dire de celui des enfants qui est présumé être le plus en état de soutenir ses frères et sœurs.

restée dans les trois cents jours depuis la mort de
son mari; mais il est né d'elle un enfant plus de
cent quatre-vingts jours et moins de trois cents
depuis la mort de son mari. Cet enfant, elle et
un tiers le reconnaissent, après quoi elle épouse
ce tiers en secondes noces, à l'effet de légitimer
ledit enfant.

*a*. Raisonnera-t-on ainsi? Cette reconnaissance,
et par conséquent cette légitimation résultant du
second mariage, ne sont en aucune façon à considérer. Cet enfant est enfant légitime du premier
mari, car l'article 315, combiné avec les articles
312 et 314 déclare posthume légitime du mari
défunt l'enfant né dans les trois cents jours du décès de celui-ci. Ces dispositions sont d'ordre public; la filiation qu'elles attribuent à l'enfant,
constitue l'état de celui-ci : il ne peut donc la
répudier, et elle ne peut lui être enlevée par personne[1].

*b*. Ou bien dira-t-on que la présomption de légitimité dont il s'agit, établie à l'égard de l'enfant né dans les trois cents jours de la dissolution
du mariage, n'est introduite que dans l'intérêt de
l'enfant. Que dans l'espèce, l'enfant né dans les
trois cents jours de la dissolution du premier mariage, mais plus de cent quatre-vingts jours depuis cette époque, reconnu par un tiers, puis lé-

---

1. Arrêt de la Cour de Paris, du 13 juillet 1839. (Dalloz,
1839, II, 274.)

gitimé par le second mariage de sa mère avec ce
tiers, se trouve placé entre deux filiations légitimes, et qu'en conséquence il faut, tout en lui
permettant sans doute d'invoquer l'article 315, ne
pas lui imposer la présomption résultant de cet
article, s'il a intérêt *à placer sa conception à une
époque postérieure à la dissolution du premier
mariage de sa mère*[1] ? De telle sorte que, d'une
part, l'enfant pourrait répudier la filiation que
lui donne l'article 315, mais que, d'autre part,
cette filiation ne saurait lui être enlevée par personne, et que personne ne pourrait lui imposer
une autre filiation.

*c.* Ou bien enfin, dira-t-on que si, comme le
reconnaît ce dernier système, la présomption de
paternité du mari décédé, que l'article 315 applique à l'enfant né dans les trois cents jours de la
dissolution du mariage, n'est pas telle qu'elle
puisse faire obstacle à ce que l'enfant invoque
lui-même une autre filiation, il n'y a plus de
raison pour que cette autre filiation ne puisse
pas réciproquement lui être opposée, s'il est en
effet constaté, en droit et en fait, qu'elle est véritablement la sienne? En effet, peut-on dire, si
cette femme s'était remariée et était accouchée
moins de trois cents jours depuis la dissolution du
premier mariage, on devrait reconnaître que la
présomption légale de l'article 315, qui attribue

1. Doctrine de MM. Aub. et Rau, IV, p. 574, et note 37,

l'enfant au premier mari, pourrait fléchir devant
la présomption de l'article 314, qui l'attribue au
second, et que ce serait là une question de fait à
abandonner à l'appréciation des tribunaux. Or,
dans le cas actuel, de même, à côté de la présomption de l'article 315, se trouve une autre présomption de paternité, résultant de la reconnaissance, et quoique cette présomption soit moins
forte sans doute que celle qui consacre la filiation légitime, le plus sûr est de résoudre la question en fait. Supposons cet enfant né de la veuve
deux cent quatre-vingt-dix jours depuis la mort
du mari, et que ce mari, dès longtemps avant
son décès, était malade ou éloigné de sa
femme. Il est évident pour tous que cet enfant
n'est pas le sien : pourquoi donc le lui attribuer à toute force, alors qu'il y a là un autre
titre de filiation, légitime aussi, en fait très-
certainement le plus vrai, et, en droit, reconnu
par la loi elle-même? Sans doute, il ne faut pas
conclure de là que cet enfant pourrait être arbi-
trairement désavoué par les héritiers du mari
pour d'autres causes que celles déterminées par
la loi; ils ne pourraient pas soutenir purement et
simplement que cet enfant a été conçu par la
veuve depuis la mort de leur parent, pour en
faire un *spurius*, *sine patre*. En d'autres termes,
ils ne pourraient pas, en dehors des causes légales de désaveu, lui enlever la filiation légitime
que lui attribue l'article 315, sans lui attribuer

un autre état, qu'une autre présomption légale
lui conférerait aussi. Mais si, au contraire, on ne
se borne pas à dénier la légitimité de l'enfant, si
l'on met à la place de cette légitimité une autre
légitimité également avouée par la loi, — et tel
est le cas que nous examinons, — l'article 315 ne
fait plus obstacle, par la raison que, dit M. Demolombe : « ce n'est plus la présomption légale
de l'article 315 que l'on attaque directement ; on
invoque l'autre état, l'autre filiation, qu'une autre
présomption attribue à cet enfant. » Les juges
décideront, dans leur sagesse, entre ces deux lé-
gitimités contradictoires[1].

A mon sens, la première de ces trois théories,
celle qui enseigne que la légitimité de l'enfant,
né dans les trois cents jours de la dissolution du
mariage, constitue nécessairement son état envers
et contre tous, est non-seulement plus simple
et plus nette, mais aussi beaucoup plus sûre que
les deux autres. MM. Aubry et Rau, qui soutiennent la seconde théorie, se bornent à la poser en
axiome. M. Demolombe, qui développe longuement la troisième, ne l'émet qu'avec une certaine
hésitation, et finit par reconnaître qu'elle est peut-
être trop hardie. Nous le croyons effectivement,
et nous pensons avec la Cour de Paris, que les
dispositions qui confèrent à l'enfant la légitimité,
sont des lois d'ordre public, établies non-seule-

1. Demolombe, V, p. 118 à 125.

ment dans l'intérêt de l'enfant, mais encore dans l'intérêt gnéral de la ociété. Or, l'article 315, combiné avec les articles 312 et 314, déclare légitime l'enfant né dans les trois cents jours de la dissolution du mariage : cette légitimité ne peut pas plus être répudiée par l'enfant, qu'elle ne peut lui être enlevée par d'autres, si ce n'est dans les cas déterminés de désaveu. Il ne peut donc être valablement reconnu par un tiers[1]. Nous allons du reste aborder une question qui doit être nécessairement régie par les mêmes principes, et sur laquelle la même solution que nous donnons ici nous paraît presque évidente.

VIII. — Une femme se marie, puis accouche moins de trois cents jours après la célébration de ce premier mariage. Son premier mari étant mort, un tiers reconnaît cet enfant, puis la mère épouse cet homme en secondes noces. Est-ce le premier, est-ce le second mari, qui est le père

---

1. Nous avons supposé que l'enfant était né plus de 180 jours depuis la mort du premier mari. Dans le cas où il serait né avant le 180ᵉ jour depuis cette époque, il ne pourrait y avoir aucun doute. Dans l'espèce, en effet, il n'y a pas deux filiations légales possibles. Cet enfant a *certainement* été conçu avant la dissolution du premier mariage; sa conception, si elle était attribuée au second mari, serait adultérine, et, d'un autre côté, nous supposons qu'il est né *avant* le second mariage. Cet enfant ne pourrait donc être reconnu, ni par conséquent légitimé comme fils du second mari, par le second mariage de sa mère. (Demol., V, p. 122). —. Au contraire, dans notre espèce, il n'est pas certain si l'enfant a été conçu pendant le premier mariage.

légitime de cet enfant? Le doute peut se concevoir : en effet, en supposant, par exemple, que la
délivrance de la mère a eu lieu deux cents jours
après la célébration de son premier mariage, la
conception de l'enfant peut se placer, *soit dans les
cent jours qui ont précédé le premier mariage*,
soit dans les vingt jours qui l'ont suivi. L'enfant
pourra-t-il, s'il y trouve intérêt, faire remonter
sa conception à une époque antérieure au premier
mariage, et, reconnu par l'homme qui est ensuite
devenu le second mari de sa mère, prétendre
qu'il est l'enfant légitimé de celui-ci? ou même
pourra-t-on lui imposer cette autre filiation,
lorsqu'en fait les juges reconnaîtront qu'elle est
la véritable? Nous dirons, comme sur la question
précédente, que cette reconnaissance par un tiers
(et par suite la légitimation qui l'a suivie), est
nulle, et ne peut être invoquée ni par ni contre
l'enfant. Non-seulement cet enfant est né pendant
le premier mariage (art. 314), mais il a pu être
conçu pendant ce premier mariage (art. 312) : il
appartient donc, par l'effet de dispositions d'ordre
public, au premier mari, et, comme tel, il ne
peut être reconnu par un tiers. Pour MM. Aubry et Rau, cette présomption n'est irréfragable
qu'en ce sens qu'elle ne peut, au préjudice de
l'enfant, être combattue par aucune preuve contraire, mais elle ne saurait être invoquée comme
absolue contre cet enfant, s'il voulait faire remonter sa conception à une époque *antérieure à la*

*célébration du premier mariage*[1]. Cette solution est concordante avec celle que ces jurisconsultes nous ont donnée sur la question précédente, mais nous la repoussons pour les mêmes raisons. M. Demolombe n'examine pas la question ; mais, s'il l'examinait, il devrait, pour être logique avec sa précédente solution, admettre que cette reconnaissance par un tiers peut être invoquée par ou contre l'enfant, et qu'il y a là une pure question de fait. La théorie que nous indiquons, et qui est celle de la Cour de Paris, nous paraît infiniment plus sûre.

DEUXIÈME APPENDICE. — *Des effets de la condition de ne pas se remarier, ou de se remarier, apposée à une donation ou à un legs.* — Il est tout d'abord d'évidence que la donation ou le legs, faits sous la condition de ne pas se remarier, ne rendent pas le donataire ou le légataire incapable de convoler en secondes noces. Là n'est pas la question : elle est de savoir si cette condition sera réputée non écrite, ou si au contraire le bénéficiaire doit être considéré, en cas de convol, comme ayant par là même tacitement renoncé à la libéralité qui lui était faite.

A Rome, pour le cas où un mari aurait fait à sa femme un legs, sous la condition qu'elle ne se remarierait pas, une loi Julia Miscella avait permis à la veuve de méconnaître la volonté de son mari, et de se remarier quand même, sans encourir la

1. Aubry et Rau, IV, p. 574.

perte de la libéralité du défunt, pourvu que cette
femme, légataire, déclarât sous serment, au plus
tard dans l'année de la mort'de son mari, que son
intention était de se remarier, mais dans le seul
but d'avoir des enfants : *procreandæ sobolis gra-
tiâ tantùm ad secundas migrare nuptias*[1]. — A
défaut de cette déclaration, la condition produisait son effet, de sorte que, si la veuve se remariait, elle perdait son legs ; en pareil cas, comme
pour le moment on ne pouvait savoir si elle se
remarierait, elle obtenait immédiatement délivrance, mais à charge de fournir la caution Mucienne[2]. — Justinien, voulant empêcher tout
parjure, prit le meilleur de tous les moyens : il
supprima ce serment[3]. — La veuve, — et cette
disposition est commune au veuf[4], — pourra
sans aucune formalité conserver le legs, malgré
son convol en nouvelles noces. Mais plus tard,
l'inconstant législateur, changeant d'idée sur ce
point, décida qu'à l'avenir la volonté du mourant devrait être exécutée : le légataire a le choix
de perdre le legs en se remariant, ou de l'obtenir en se conformant au vœu du testateur. Le
legs ne pourra en pareil cas être réclamé par le
veuf ou la veuve qu'à l'expiration d'un an, et encore à la condition de fournir une caution jura-

1. Const. 2, Code, *Ind. viduit.*
2· Novelle XXII, *cap.* 43.
3. Const: 2, Code, *Ind. viduit.*
4. Const. 3, Code, *Ind. viduit.*

toire, garantissant la restitution pour le cas de convol en secondes noces ; cette restitution était en outre garantie par une hypothèque [1].

Ainsi, dans le dernier état du droit Romain, la condition de ne pas se remarier, apposée à un legs, est considérée comme licite, et elle doit être observée sous peine de privation du legs ; cela même au cas où cette condition serait apposée, non-seulement par l'un des époux, mais même par un tiers [2].

Dans notre ancien droit, la même solution était adoptée sur ce point [3]. Mais la loi du 17 nivôse an II (art. 12) modifia ces principes ; elle portait que : *la clause impérative ou prohibitive de se remarier serait aussi* (comme celle de se marier) *réputée non écrite* [4]. Ces dispositions ont-elles été implicitement conservées par l'art. 900 du Code civil, ainsi conçu : *Dans toutes les dispositions*

1. Novelle XXII, caput 44.
2. Ibid... « *Si quis prohibuerit.* » etc.
3. Comp. les considérants d'un arrêt de Cass. du 20 janv. 1806, rendu sur les conclusions de M. Merlin... « Considérant que la Nov. XXII, c. 44, formait le droit commun de la France, les cours en ayant uniformément adopté les dispositions ;.. et que l'art. 25 de l'ord. de 1747, lequel érigeait en loi générale les dispositions du droit ancien relatives à la condition *de ne pas se marier*, apposée dans les contrats, supposait à plus forte raison la validité de la condition *de ne pas se remarier*, qu'ainsi..., etc... » — Favard de Langlade, Répert. II, p. 181.
4. La loi antérieure des 5, 12 sept. 1791 ne disposait ainsi que pour les clauses impératives ou prohibitives, *de se marier*.

*entre-vifs ou testamentaires les conditions impos-*
*sibles, celles qui seront contraires aux lois ou*
*aux mœurs, seront réputées non écrites ?* Sur ce
point les opinions varient : *a.* Dans une première
opinion, la condition absolue de ne pas se remarier est considérée comme toujours illicite, et par
conséquent comme non écrite. Dans ce système,
le second mariage du donataire ou légataire ne
lui fait pas perdre la libéralité [1]. — *b.* Une seconde opinion distingue : la condition de ne pas
se remarier n'est licite que si elle est imposée à
un veuf ou à une veuve *ayant des enfants, soit*
*par son époux, soit par les parents de celui-ci* [2].
— *c.* Une troisième opinion fait une autre distinction : cette condition doit être regardée comme
licite lorsqu'elle est imposée par un donateur ou
testateur *quelconque,* à un veuf ou à une veuve
qui a des enfants ; — mais si le veuf ou la veuve
n'avait pas d'enfants, cette condition ne serait
licite, que si elle était imposée par l'un des conjoints à l'autre [3]. — *d.* Dans une quatrième opinion, la condition absolue de ne pas se remarier
est licite sans distinction, soit que le veuf ou la
veuve n'ait pas d'enfants ou en ait — soit que la
condition ait été imposée par l'un des conjoints,

---

1. Taulier, IV, p. 323. — Dalloz, Recueil Alph., v°,
Disp. entre-vifs, n. 150 et suiv.

2. Limoges, 31 juillet 1839. — Demante, III, n° 16 bis,
VI. — Duranton, VIII, n° 628.

3. Aub. et Rau, VI, p. 4, et note 11.

un de leurs parents, ou même par un tiers. Toutefois les auteurs qui adoptent ce système laissent, surtout pour ce dernier cas, une certaine latitude d'appréciation aux magistrats [1].

C'est ce dernier système qui me paraît devoir être suivi. En effet, la condition absolue de ne pas se remarier ne saurait être; en tout état de cause, considérée comme contraire aux bonnes mœurs. Il faut en effet bien remarquer qu'il ne s'agit pas de rendre le donataire ou légataire incapable de se remarier; sa liberté n'est nullement attaquée par cette condition : d'abord il peut refuser la libéralité dès qu'il en a connaissance; ensuite, lors même qu'il l'a acceptée, il peut y renoncer tacitement en enfreignant la condition; il reste donc libre dans tous les cas.

Sans doute, la liberté du donataire ou légataire est, jusqu'à un certain point, moralement entravée, puisque son second mariage le privera de la libéralité à lui faite. Mais si l'on peut considérer cette entrave comme étant peut-être contraire à l'intérêt public, dans le cas où il s'agit d'une condition de ne pas se marier, on peut considérer qu'il n'en est pas tout à fait de même lorsqu'il s'agit de la condition de ne pas se remarier. Chacun sent les légitimes motifs de susceptibilité qui peuvent porter l'un des époux à imposer cette

1. Demol., XVIII, p. 276. — Favard de Langlade, Répert II, p. 182.

condition à l'autre. N'est-il pas légitime qu'il ne
veuille pas que sa libéralité serve de dot à un nouveau mariage? Ne serait-il pas excessif de déclarer
d'avance, toujours non écrite, la condition qu'un
parent du mari, ou son ami le plus dévoué, aurait imposée à la veuve, de conserver le nom que
son mariage lui a donné? Ce seront là des questions très-délicates; mais ce seront nécessairement
des questions d'espèces, à décider notamment
d'après le temps plus ou moins long pendant lequel aura duré le premier mariage, l'âge du veuf
ou de la veuve, et en considérant s'il y a ou non
des enfants du premier lit [1]. C'est ainsi que la loi

---

1. Telle est la doctrine consacrée par plusieurs arrêts que
cite M. Demolombe (XVIII, p. 277), et notamment par un
arrêt de la Cour de Montpellier, dans une cause où la condition de ne pas se remarier avait été imposée par un fils à
sa mère. (14 juillet 1858. — Devill. 1859, II, 305.) — Il
est du reste des cas où l'immoralité de cette clause est évidente. En voici un exemple curieux. Le 18 brumaire an XIII,
le sieur M., notaire à Versailles, marié et père de famille,
s'oblige et oblige sa succession à payer une somme de 30 000
fr. à la dame veuve C. Ladite dame déclare, de son côté,
que l'obligation de 30 000 fr. ne lui a été consentie *que sous
la condition expresse qu'elle ne se remariera pas du vivant du
sieur M.* — Après le décès du sieur M., arrivé en 1806, sa
veuve est assignée devant le tribunal de Versailles, pour se
voir condamner au payement des 30 000 fr. Mais un jugement
du 21 août 1809 rejette la demande, et, ce jugement ayant
été confirmé sur l'appel, par arrêt de la Cour de Paris, du
14 juillet 1810, la veuve C. se pourvut en cassation, pour
violation des art. 1108 et 1134 du Code civil. Mais par un
arrêt du 11 juin 1811, la Cour de cassation rejeta le pourvoi, en se fondant sur ce que dans l'espèce la condition de

des 5-12 septembre 1791 considérait comme non
écrite la clause prohibitive de se marier, et que
ce n'est qu'une loi postérieure du 17 nivôse an II
qui a attaché le même caractère à la clause prohibitive de se remarier. Je l'ai dit, ces lois ne
sont plus en vigueur, mais on voit par là que
l'on peut admettre une certaine différence entre
la condition de ne pas se marier, et la condition
de ne pas se remarier.

Si l'on voulait d'une manière absolue considérer comme illicite la condition de ne pas se remarier, il faudrait appliquer rigoureusement
cette doctrine : il faudrait considérer comme non
écrites, non pas seulement les dispositions faites
directement sous cette condition, mais aussi celles
mêmes qui se bornent à limiter l'effet de la libéralité, à l'époque où le donataire ou le légataire
se remariera. Par exemple, une rente ou une pension est léguée à une personne *pour durer tant
qu'elle restera célibataire*, ou *jusqu'à ce qu'elle
change de nom*, ou *jusqu'à ce qu'en se remariant
elle acquière par là des moyens d'existence*. —
En pareil cas, il n'est pas difficile de voir ce que
le disposant a voulu : c'est d'empêcher le survivant de se remarier, en révoquant sa libéralité

---

ne pas se remarier était immorale, parce qu'elle n'était
qu'un moyen d'assurer jusqu'à la mort du donateur, la prolongation d'un commerce illicite entre le donateur et la donataire, et sur ce que cette cause choquait évidemment les
bonnes mœurs et l'honnêteté publique.

pour le cas de convol. Je dis qu'il faudrait aller dans ce système jusqu'à déclarer non écrites de pareilles conditions : et pourtant cela serait vraiment excessif, car il est incontestable qu'un legs d'usufruit ou de rentes viagères peut être fait pour ne durer que jusqu'à un temps certain ou incertain ; or, dans les espèces précitées, on peut voir tout aussi bien un legs fait seulement jusqu'à un terme incertain, qu'un legs fait sous la condition de ne pas se remarier.

Pour conclure, je dirai qu'il ne faut pas poser en principe que la condition absolue de ne pas se remarier, dans une donation ou dans un legs, doit être réputée non écrite; mais qu'il est indispensable de laisser sur ce point une certaine latitude d'appréciation aux tribunaux [1]. — A plus forte raison, considérerons-nous comme licite la condition de ne pas se remarier, lorsqu'elle n'est pas absolue, mais imposée seulement *pour un certain temps*, ou de ne pas se remarier *avec une certaine personne*, ou même dans une certaine classe de personnes désignées.

Il est possible que le legs soit fait sous la con-

---

1. Le tribunal, jugeant dans telle espèce que cette condition doit produire ses effets, pourrait-il imposer la déchéance du legs à la veuve, quoique non remariée, si elle vivait en état de concubinage? Oui, selon notre ancienne jurisprudence (Furgole, *des Testam.*, chap. v, sect. v, n° 58). Non, actuellement. V. *supra*, les motifs par nous donnés, sur la question de savoir si la mère veuve, vivant dans la débauche, perd l'usufruit légal des biens de ses enfants.

dition que le légataire *se remariera*. L'art. 12 de
la loi du 17 nivôse an II considérait cette condition comme non écrite : « *La clause impérative...
de se remarier sera réputée non écrite.* » Actuellement je penserais que cette clause devrait tout au
contraire produire son effet, car il n'y a rien
d'immoral, de contraire aux mœurs, à se remarier.

Un legs a été fait à une personne veuve, sous
la condition qu'elle ne se remariera pas. Si nous
appliquons ici l'effet suspensif de la condition, il
en résultera que cette personne, même en ac-
complissant la condition, c'est-à-dire même en ne
se remariant pas, ne pourra pas profiter du legs,
puisqu'elle ne devrait l'acquérir qu'au moment
de sa mort, et par sa mort même; de sorte que
ses héritiers seuls en profiteraient, résultat évidemment contraire à l'intention du testateur.
C'est pour cette raison qu'en pareil cas les jurisconsultes romains avaient admis que la condition
ne suspendrait pas l'exécution du legs, et qu'il
devrait être de suite délivré à l'époux veuf, à la
charge pour lui de fournir la caution Mucienne,
afin de garantir la restitution du legs pour le cas
où il convolerait en secondes noces [1]. Les jurisconsultes français admettent de même que l'époux
légatair pourrait demander immédiatement la

1. Novelle **XXII**, cap. XLIII. V. aussi la Const. **2**, *de
ind. viduit.*

délivrance de la chose léguée; mais ils ne s'accordent pas sur la question de savoir si l'héritier pourrait lui demander caution. Les uns estiment que l'obligation de fournir caution du légataire, est corrélative à l'obligation de l'héritier[1]; tandis que d'autres, considérant que les textes romains qui exigeaient la caution Mucienne n'ont plus aujourd'hui d'autorité, ne pensent pas, d'autre part, que l'on puisse fonder sur aucun texte une obligation de ce genre pour le légataire[2]. — Cette dernière solution me paraît plus certaine.

1. Aubry et Rau, VI, p. 153, note 150.
2. Demol., XXII, p. 269. Troplong, I, n° 289.

# ÉPILOGUE.

Nous avons examiné, dans ses phases singulièrement changeantes, la législation des secondes
noces. Depuis les lois de Manou jusqu'au Code
civil, ce n'est qu'une suite de prohibitions, de
peines, de restrictions, parfois même d'encoura-
gements, et ce n'est qu'exceptionnellement que
nous avons pu constater, chez le législateur, assez de sagesse pour garder en cette matière une
prudente impartialité. Cette consécration par les
lois, de la légitimité ou de l'illégitimité, au point
de vue moral, des nouvelles unions, ne nous sur-
prendra pas, après que nous aurons reconnu
l'immense influence qu'ont eue, en cette matière,
les considérations religieuses ou politiques, considérations essentiellement changeantes, et qui
cependant forment les grandes assises des institutions sociales.

Si haut que l'on remonte dans l'histoire de la
race indo-européenne, dont les populations grecques et italiennes sont des branches, on voit que
le premier principe de ses religions a été le culte
des morts, renfermé dans le cercle étroit de la famille. Cette religion est la plus ancienne que nous.
puissions trouver dans cette race d'hommes, et

quoique les dogmes s'en soient effacés à une époque presque antéhistorique, les rites s'en sont prolongés jusqu'au triomphe du christianisme. Les plus anciennes institutions domestiques et sociales que nous révèle l'histoire sont venus de cette source; et c'est d'elle aussi que découle la première réglementation des secondes noces. Nous avons vu, en effet, que les offrandes ne pouvaient être faites à un mort que par ceux qui descendaient de lui, et que, par conséquent, la continuation du culte dépendait sans rémission de l'existence d'une postérité mâle. Donc, la femme stérile doit être remplacée par une nouvelle épouse; donc l'homme veuf doit se remarier tant qu'il n'a pas d'enfant mâle, et la femme veuve doit convoler à une nouvelle union si son mari ne lui a pas donné un enfant mâle, afin que son nouvel époux lui en procure un, qui continuera, à la fois, la religion du premier et celle du second mari de sa mère. Nous avons reconnu les traces de ces antiques prescriptions chez les Aryas, et elles y sont si fortement enracinées, que le rédacteur des lois de Manou, sous le culte de Brahma, c'est-à-dire à une époque où la doctrine de la métempsychose avait passé déjà par-dessus ces vieilles croyances, est encore obligé d'en tenir compte et de les reproduire. — Nous avons pu conjecturer qu'à une époque reculée, la même religion des morts, première base aussi des institutions de la Grèce et de l'Italie, avait dû y entraîner les

mêmes conséquences, relativement aux secondes
noces; et c'est ainsi que le premier divorce que
les annales de Rome aient enregistré eut lieu pour
cause de stérilité. — Enfin, chose étrange, nous
avons constaté, chez le peuple hébreu, des prescriptions sur le convol, qui ont avec les lois des
Aryas une analogie qui ne peut être niée !

Peu à peu ces dogmes s'effacent; déjà la loi de
Manou prescrit la fidélité à la veuve, et lui défend
de prononcer même le nom d'un autre homme !
Qu'elle soit chaste; qu'elle se nourrisse de fleurs
et de racines ! Elle doit vénérer son mari mort,
comme un dieu. A une époque bien postérieure,
nous rencontrons les mêmes préceptes, rigoureux
et austères, dans les forêts sauvages de la Germanie : la femme ne s'y marie que vierge; elle n'y a
jamais qu'un seul époux, comme elle n'a qu'un
corps et qu'une âme ! — Bientôt, ce qui n'était
qu'une vénération superstitieuse pour les morts,
devient du fanatisme; ce n'est plus assez que la
veuve renonce à passer dans les bras d'un autre
homme : son devoir est de ne pas survivre à son
mari, et une éternelle béatitude lui est assurée, si
elle se protége par la mort contre les tentations de
l'avenir. C'est ainsi que, chez les Hérules et chez
les Scandinaves, les veuves se laissaient ensevelir
avec leurs maris; c'est ainsi que, presque de nos
jours, dans l'Inde, elle se jetaient dans le bûcher
funèbre !

A Rome, après que les antiques croyances re-

latives au culte des morts ont disparu, nous
voyons, par une remarquable exception, le législateur garder une impartialité absolue, en ce qui
concerne les seconds mariages. Il les traite, à
part quelques précautions jugées nécessaires pour
éviter la confusion de paternité, de la même façon
que les premiers. Mais cette impartialité même
a sa raison politique : Rome a besoin de soldats
pour la conquête du monde, et elle n'est pas assez riche en enfants pour se donner le luxe d'une
défaveur législative envers les seconds ou ultérieurs
mariages. —A l'époque de la décadence romaine,
le fléau des guerres civiles, et le fléau, plus grand
encore, d'une incroyable corruption, menacent
de dépeupler l'univers romain ; ce qu'on demande
au mariage, ce n'est donc plus la gloire, c'est
la vie, car cet immense empire va bientôt se trouver inculte. Ce n'est donc plus assez de favoriser
les seconds mariages à l'égal des premiers ; on les
ordonne sous la sanction de déchéances pécuniaires, et, par conséquent, les plus sensibles
peut-être pour ce peuple parcimonieux. Entrer
dans les liens d'un nouveau mariage, après la dissolution du précédent, devient une véritable nécessité. — Enfin, un revirement brusque se produit: la religion chrétienne va pénétrer dans la législation.

Les premiers disciples du Christ se tiennent en
général, à cet égard, dans une sage impartialité ;
ils savent distinguer le bien du mieux, et consi-

dèrent les secondes noces, non comme un péché, mais seulement comme une faiblesse. Peu à peu, toutefois, la religion chrétienne montre une certaine défaveur pour les seconds mariages, et le concile de Néocésarée édicte des pénitences publiques contre le convol. Bientôt, le législateur romain, faisant sa cour au christianisme naissant, et cherchant à exploiter sa force, laisse percer cette défaveur dans les institutions, tout en colorant les déchéances qu'il prononce d'une idée de protection pour les enfants des précédents mariages[1]. Justinien, il est vrai, s'aperçoit un jour

---

1. Voyez, comme preuve qu'il y a bien là, au fond, plutôt un système de déchéances contre les seconds mariages qu'un système de protection pour les enfants des premiers lits, la Const. 3, pr. au Code, *de sec. nupt.*, laquelle permet à la mère remariée de faire arriver les biens qu'elle est obligée de conserver, à tel ou tel de ses enfants du premier lit, à l'exclusion des frères et sœurs de celui-ci, enfants du même lit, qui pourront ainsi se trouver dépouillés. Et aussi la Novelle XXII, cap. xxxi, où l'on voit que, dès que la portion dont le binube peut disposer au profit de son nouvel époux, a été dépassée, les enfants du premier lit ont à ce point un droit acquis au retranchement, que la réduction au taux légal (laquelle aurait pour effet de priver les enfants du premier lit de leur droit exclusif à l'excédant, en le remettant dans le patrimoine du disposant), ne peut pas être faite par le disposant lui-même. Les enfants ont un droit acquis au retranchement; l'excès dans la libéralité est pour eux une bonne affaire : *lucrum*, dit le texte. Ainsi, le législateur ne se contentait pas de les protéger; il leur accordait une faveur qui n'était que la conséquence de la défaveur avec laquelle est traité le binube. Au reste, c'est bien ainsi que les législateurs romains l'entendaient, car ils qualifiaient expressément

que les obstacles mis aux seconds mariages ne
produisent pas des résultats bien merveilleux;
que les inconvénients pécuniaires attachés aux
nouvelles unions portent les veuves à des relations illicites, et même à se prostituer avec des
esclaves; que celles qui convolent en secondes
noces ne commettent pas un méfait, et qu'en fin
de compte : *Non interdicendæ sunt eis communes
leges !* (Nov. II, cap. 3.) Aussi, quelques-unes de
ses dispositions législatives sont-elles moins défavorables à l'époux qui se remarie, que celles des
premiers empereurs chrétiens[1]. Mais bientôt se
fait sentir dans la législation des secondes noces
l'influence de cette époque de transition, où, sous
la main des législateurs du Bas-Empire, qui dé-
nature en l'imposant la morale pure du christianisme, le droit a cessé d'être le droit civil, mais
n'est pas encore le droit canon; de cette époque
où commence l'asservissement de la conscience

leurs dispositions du nom de «*peines : nec enim*, dit Justinien
(Nov., II, cap. III), *majores pœnas adversus mulieres quæ ad
secundas veniunt nuptias, faciemus....*» (id. rub. du chap. II
de la Nov. XXII).

1. Voyez, notamment, la Nov. II, cap. I (et Nov. XXII,
cap. XXV), par laquelle est abrogée la Const. 3, pr. signalée
à la note précédente; la Nov. II, cap. III, qui abroge toute
distinction entre la veuve remariée ou non remariée, au point
de vue de ses droits dans la succession de ses enfants du
premier lit. La loi 10 au Code, *de sec. nupt.* La Nov. XXII,
cap. II : *pœnam, secundis nuptiis constitutam, conjuges testamento sibi remittere possunt*, et, encore le chap. XXXII de
même Novelle.

des peuples et des individus par l'immixtion de l'Église dans l'État, et de l'État dans l'Église ; où les législateurs défendent à leurs sujets, *ultimis suppliciis*, de jurer par les cheveux de Dieu…. *Ne diabolica instigatione comprehensi,… jurent per capillos Dei, aut aliquid hujusmodi, neque blasphementur in Deum ; propter talia enim delicta, et fames, et terræ motus, et pestilentia fiunt.* » (Nov. 77.) A cette époqne appartiennent déjà la Novelle XXII, chap. 42, de Justinien ; la Constitution XC de Léon, *Ut qui tertium ;*… et surtout cette étrange Constitution de Constantin Porphyrogénète, datée de l'an du monde 6534, qui prononce législativement contre le convol des peines religieuses, la privation de l'Eucharistie, une véritable excommunication !

C'est encore la même défaveur pour les seconds mariages, que nous retrouvons dans les lois barbares. Sans doute, le *Reipus* et l'*Achasius* sont moins une peine pécuniaire, contre la veuve qui se remarie et contre celui qui se fait son complice en l'épousant, que la conséquence de ce que le *Mundium* du précédent mari sur la femme doit être racheté à la famille du mari, qui y a succédé ; mais la loi Salique et la loi des Burgondes reproduisent, à ne pas s'y méprendre, les déchéances pécuniaires que les empereurs chrétiens avaient prononcées, nous avons dit dans quel esprit, contre le convol.

A l'époque féodale, des raisons politiques, des

exigences de l'intérêt seigneurial, amènent un courant contraire. Le seigneur a droit à un homme d'armes : donc, il faut que la veuve, tenant fief, convole en nouvelles noces; et il en est ainsi même pour les tenures en vilenage. — Les juges d'église s'emparent des questions de mariage : on s'attendrait à voir confirmer, renforcer même, la législation des empereurs d'Orient, conçue dans un esprit défavorable aux secondes noces. Mais ce fut tout le contraire; l'Église se rappela que la faculté de se remarier était expressément confé-rée aux veuves par les Pères, et que saint Augus-tin autorisait non-seulement les deuxièmes, mais les troisièmes, quatrièmes et ultérieures unions! Et c'est pourquoi, respectant à la lettre ces déci-sions, considérant les lois des empereurs d'Orient comme constituant une prohibition indirecte des seconds mariages, elle ne voulut plus avoir égard à cette législation; et ce fut au point qu'elle n'im-posa même plus à la veuve l'observation de l'an de deuil, quoiqu'il y eût certes là, non une peine, mais une simple mesure de précaution !

Ce courant, favorable aux nouveaux mariages, fut suivi d'une réaction. Cette réaction peut s'ex-pliquer : le public voyait les seconds mariages d'un assez mauvais œil, et cela au point de ma-nifester, par des charivaris aux nouveaux mariés, ses réprobations grossières; d'autre part, le droit romain restauré, exerçant une influence puissante, devait certainement ramener un système défavo-

rable aux seconds mariages. Ainsi avons-nous vu
Ferrières, après avoir rappelé quels : *lugubres et
funestes accidents* peuvent causer les nouvelles
unions, montrer, qu'en conséquence de cela, les
coutumes établissent des *peines* contre les secondes noces [1]. Et nous avons constaté que cette
défaveur pour le convol n'était pas spéciale à la
France ; qu'on la retrouvait en Italie, en Espagne.... En 1560, l'Édit de secondes noces restau-
rait les lois romaines *Fœminæ* et *Hac edictali*, et
l'article 279 de la Coutume de Paris donnait une
extension exorbitante au deuxième chef de cet
Édit. Peu de temps après, en 1579, une ordonnance frappait d'une véritable *interdiction* la veuve
qui se remariait à une personne indigne de sa
qualité [2]. Sans doute, ces différentes dispositions
peuvent être, jusqu'à un certain point, ramenées
à l'idée d'une protection plus efficace des enfants
du précédent lit, dont les intérêts semblent être

1. V. *supra*. Ainsi, par exemple, perte de la garde noble
ou bourgeoise ; l'incapacité spéciale établie par l'art. 276 de
la Cout. de Paris ; l'art. 36 de cette Cout. (2ᵉ rédact.). L'article 4 du tit. III de la Cout. de Metz. Perte de la tutelle,
dans certaines coutumes, et même, quelquefois, dans les pays
de droit écrit, du droit d'élever les enfants..., etc.

2. Chose singulière, — à côté de cette restauration des lois
qui étaient défavorables aux seconds mariages, nous avons
vu la France coutumière abandonner les prescriptions relatives au temps pendant lequel la veuve devait rester en viduité, dispositions qui ne sont pas inspirées par la défaveur
pour le convol, mais par des motifs éminemment pratiques
et rationnels.

tout particulièrement menacés par le convol de leur auteur ; mais on ne voit que trop percer à travers cette justification l'idée d'une sorte de pénalité, ou, du moins, une défaveur bien accentuée pour les seconds mariages.

Le droit intermédiaire consacre, en notre matière, des principes que je ne puis ne pas considérer comme plus sages. La loi du 17 nivôse, de l'an II, ne reproduit pas l'indisponibilité spéciale que notre ancien droit édictait en faveur des enfants des précédents lits. Elle n'établissait plus en leur faveur un droit exceptionnel ; elle les protégeait de la même façon que les enfants communs. S'il y a des enfants, soit communs, soit d'un précédent mariage, le disponible est le même en faveur du nouveau conjoint : 1/2 des biens en usufruit. Les deux chefs de l'Édit de secondes noces avaient disparu.

Enfin arrive le Code civil. — C'est une question sur laquelle les auteurs ne paraissent pas trop s'accorder, que celle de savoir si nos législateurs ont frappé le convol d'une défaveur législative, ou s'ils n'ont eu absolument en vue que de protéger plus énergiquement les enfants des précédents lits. Si l'on en croit les rédacteurs mêmes du Code, et leurs affirmations très-précises, que nous avons cru devoir relever plus haut (p. 235), la question ne devrait faire aucun doute ; le législateur a eu certainement la prétention de garder une sage impartialité sur la

question des seconds mariages en eux-mêmes,
mais il a cru devoir, en même temps, protéger
plus énergiquement les enfants issus des œuvres
de l'époux décédé.

Après que nous avons eu constaté ce fait, dès
le début de notre étude, nous l'avons entreprise
en partant de cette idée qu'il faut toujours, tant
que cela est possible, chercher à justifier la loi,
plutôt qu'à la critiquer; et c'est dans cet esprit
qu'examinant successivement les différents effets
des seconds ou subséquents mariages, nous nous
sommes sans cesse efforcé d'en trouver une justification en dehors d'une défaveur législative
pour ces sortes d'unions. Or, nous y avons réussi
sans peine, en ce qui concerne celles de leurs
conséquences qui se rapportent au droit de correction, à la jouissance légale, à la tutelle; plus
difficilement peut-être, en ce qui concerne la
perte, par la belle-mère remariée, de sa créance
limentaire.... Enfin, nous sommes arrivé à l'article 1098, l'une des conséquences les plus importantes des secondes noces, lequel reproduit,
en le rendant encore plus restrictif, le premier
chef de l'Édit de 1560. — Mais, là, nos efforts,
pour expliquer la disposition de cet article, indépendamment de toute idée de défaveur pour le
second mariage, ont échoué. Sans revenir ici sur
le raisonnement qui nous a amené à cette conclusion (p. 425), que l'article 1098 ne peut être
complétement justifié que par l'idée d'une défa-

veur législative pour les seconds mariages, nous rappellerons seulement que, du moment que la loi avait fixé aux articles 913 et suivants la mesure que devait atteindre la réserve des enfants, elle avait reconnu, par là même, qu'ils pouvaient légitimement être dépouillés de tout ce qui n'était pas cette réserve. Si donc, dans un cas spécial, nous trouvons la quotité disponible abaissée au-dessous du tarif de droit commun, nous ne pouvons pas affirmer que cela soit exigé par l'intérêt des enfants, puisque leur intérêt trouve précisément sa formule dans la réserve, qui a été fixée d'une manière générale. Or, cette réserve de droit commun, que la loi avait fixée, en quoi court-elle plus de risques en face d'un second époux qu'en face d'un étranger? Certes, je ne nie pas que l'époux binube sera plus porté à épuiser son disponible au profit de son nouvel époux qu'il ne serait tenté de le faire au profit d'un étranger; mais, après tout, la loi, en tarifant le disponible de droit commun, n'avait-elle pas reconnu que les enfants pouvaient en être dépouillés !

Si tant est que notre raisonnement ne soit pas faux, il faudra bien avouer que la loi donne prise à la critique, et qu'il est regrettable qu'elle se soit laissé entraîner par la tradition des siècles passés. La loi ne doit pas considérer un second mariage en lui-même comme défavorable, et comme méritant ses rigueurs; elle ne doit pas contenir un cours de morale privée, et, quand l'ordre social

n'est pas intéressé, elle ne doit pas intervenir.
D'après la Constitution du 3 septembre 1791 :
*La loi ne considère le mariage que comme contrat
civil;* il peut donc se répéter deux, trois, quatre
fois, et plus même..., sans qu'il y ait rien là qui,
au point de vue auquel la loi s'est placée, puisse
mériter son blâme. Ce qui est parfaitement vrai,
c'est que, si les conséquences que cet acte entraîne ou peut entraîner paraissent menaçantes
pour les enfants du premier lit, le législateur a le
droit et le devoir de les prendre sous sa protection; mais il ne faut pas que, sous ce voile, viennent se cacher des mesures de défaveur. Ces intérêts si légitimes une fois assurés, nous dirons,
d'une manière générale, que les législateurs ne
sont pas en droit de sortir, quant aux seconds ou
ultérieurs mariages considérés en eux-mêmes, de
l'impartialité la plus absolue. Que s'ils veulent,
à toute force, manifester sur eux leur opinion,
eh bien ! que, plutôt, ils les approuvent et les fa-
vorisent; car enfin, mieux valent, au point de
vue social, non-seulement deux, mais plusieurs
mariages successifs, que les unions illégales que
peut entraîner un veuvage imposé ; — et mieux
valent, pour l'État, les enfants légitimes, rattachés
à une famille qui les élève dans son sein, que les
enfants naturels, ou dont même la filiation reste
inconnue, enfants qui, devenus hommes, se res-
sentent trop souvent d'une éducation qui ne s'est
pas faite au foyer domestique !

# DROIT ROMAIN.

## DE L'OBLIGATION LITTÉRALE.

# TABLE.

## PREMIÈRE PARTIE.

### QUELS FURENT LES ÉCRITS QUI JOUÈRENT, A ROME, UN RÔLE JURIDIQUE?

### CHAPITRE PREMIER.

*Des livres domestiques.*

### CHAPITRE II.

*Des titres séparés.*

# DEUXIÈME PARTIE.

QUEL FUT LE RÔLE DE L'ÉCRITURE, DANS CES DIVERS ÉCRITS?

## CHAPITRE PREMIER.

*Dans les livres domestiques.*

## CHAPITRE II.

*Dans les titres séparés.*

# DROIT FRANÇAIS.

## DU CONVOL EN NOUVELLES NOCES.

# TABLE.

## PREMIÈRE PARTIE.

HISTOIRE DE LA LÉGISLATION DES SECONDES NOCES.

## DEUXIÈME PARTIE.

DU CONVOL EN NOUVELLES NOCES, SOUS LE CODE CIVIL.

### CHAPITRE PREMIER.

DES CONDITIONS REQUISES POUR LA VALIDITÉ D'UN NOUVEAU
MARIAGE.

## CHAPITRE II.

### DES EFFETS DU CONVOL EN NOUVELLES NOCES.

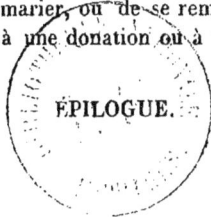

ÉPILOGUE.

# POSITIONS.

## DROIT ROMAIN.

I. L'expensilation faite par le créancier sur son codex, en la forme sacramentelle, et avec le consentement de l'autre partie, suffisait pour la perfection de l'obligation littérale; la concordance des registres des deux parties n'était donc pas essentielle.

II. L'expensilation pouvait être employée, non-seulement à la transformation d'une obligation préexistante, mais encore à la création d'une obligation primordiale.

III. La solidarité pouvait être créée par expensilation comme par contrat verbal.

IV. Les *chirographa* et les *syngraphæ* constituaient une forme d'obligation littérale.

V. Une obligation littérale existait encore sous Justinien.

VI. L'inaliénabilité du fonds dotal fut établie pour favoriser le convol en nouvelles noces.

## DROIT FRANÇAIS.

I. Lorsqu'une femme accouche plus de 180 jours après la célébration de son nouveau mariage, et moins de 300 jours depuis la dissolution du premier, la question de paternité ne peut être décidée qu'en fait, par les tribunaux, et, s'il y a doute, en conséquence du plus grand intérêt de l'enfant.

II. Les étrangers, légalement divorcés dans leur pays, peuvent contracter en France avec un étranger, ou même

avec un Français, un nouveau mariage, du vivant même
de leur précédent conjoint.

III. Le premier mariage d'un homme ayant été déclaré nul,
il peut contracter un nouveau mariage avec la mère ou
la sœur de la femme qu'il avait épousée, ou même avec
la fille qu'elle aurait eue d'un autre lit.

IV. Tant que l'époux absent ne s'est pas représenté, lui seul
peut attaquer ou faire attaquer le second mariage de son
conjoint. — S'il se représente, on tombe sous l'empire du
droit commun, et l'article 184 doit être appliqué.

V. L'action en réduction de l'article 1098 du Code civil, ne
peut s'ouvrir dans la personne d'un enfant adoptif.

VI. L'action en réduction de l'article 1098 du Code civil,
étant supposée ouverte dans la personne des enfants du
premier lit, ceux du second mariage pourront, non-seulement en profiter si elle est exercée par ceux du premier,
mais l'exercer eux-mêmes si les enfants de la précédente
union négligent de la faire valoir.

VII. L'époux qui a contracté un second, un troisième ou un
quatrième mariage, ne peut donner à tous ses nouveaux
époux ensemble, qu'une part d'enfant, en considérant tous
les nouveaux époux ensemble comme un enfant.

VIII. Pour calculer la part d'enfant, il faut déduire de la
masse ce qui a été donné à un étranger, ou à un enfant
par préciput, bien que la donation de part d'enfant faite
au nouvel époux, soit antérieure en date à ces libéralités.

IX. Lorsqu'une libéralité a été faite par l'époux remarié à
son second conjoint, les donataires postérieurs, ou les légataires, peuvent réclamer la différence entre le disponible
de l'article 1098 du Code civil et le disponible ordinaire,
lors même que la libéralité faite au nouvel époux aurait
dépassé le disponible de cet article 1098. — Il ne pourrait pas être tiré de l'article 921 du Code civil une fin de
non recevoir contre cette prétention, en tant du moins
que ceux qui l'élèvent ne prétendraient pas que la libéralité à eux faite soit exécutée sur des biens obtenus au moyen
de l'action en retranchement.

X. Dans le cas où la disposition faite au profit du nouveau

conjoint, et les dispositions faites au profit d'étrangers, sont concomitantes, on réduira d'abord provisoirement toutes ces libéralités à la mesure du disponible le plus faible, après avoir fait subir provisoirement aussi au chiffre des libéralités faites au profit d'étrangers, une diminution proportionnelle à celle que l'on fait ainsi subir à leur disponible. Le résultat ainsi obtenu restera définitif pour la seconde femme, laquelle n'a de droit que sur le disponible le plus faible; quant aux étrangers, qui ont droit au plus fort, l'excédant du plus fort sur le plus faible se partagera proportionnellement entre eux seuls.

XI. Les libéralités déguisées, ou faites à personnes interposées, en faveur du nouveau conjoint, sont nulles pour le tout, sans distinguer si elles excèdent ou si elles n'excèdent pas la quotité disponible.

XII. La stipulation d'une communauté réduite aux acquéts, ne donne pas en principe ouverture à l'action en retranchement de l'art. 1098 du Code Civil ; — il en est toutefois autrement si cette stipulation est combinée avec une clause d'attribution au survivant, de la part afférente au prédécédé dans la communauté ainsi réduite.

XIII. La responsabilité du nouveau mari, même cotuteur de fait, relativement à la tutelle indûment conservée par la mère, est limitée à la gestion postérieure au mariage.

## HISTOIRE DU DROIT.

I. L'Édit perpétuel de Salvius Julianus reçut une autorité législative, comme règlement général et commun du droit Honoraire ; — il n'en résulta cependant pas la suppression du *jus édicendi*, mais il fut modifié et restreint, en ce sens, que les magistrats, sans avoir le droit de méconnaître les dispositions écrites dans l'Édit de Julien, conservèrent cependant le droit d'en changer la rédaction, et le droit d'édicter des dispositions nouvelles sur les points que ne prévoyait pas le texte de Julien.

II. Le fief et le censive prirent naissance dans des concessions en précaire, faites à des clientèles d'ordre différent, et dans des démissions de la propriété, converties en précaire.

## DROIT DES GENS.

I. Les crimes et délits commis par qui que ce soit, et contre qui que ce soit, *à bord des navires de guerre étrangers*, mouillés dans nos ports et dans nos eaux territoriales ou bien à bord des canots et embarcations appartenant à ces navires, doivent être traités comme s'ils avaient été commis hors de France. — Commis hors du bord, sur nos terres ou dans nos eaux, même par des hommes de ce vaisseau, ils seront traités comme commis en France.

II. Commis *sur un navire de commerce étranger*, les délits de service ou de discipline purement intérieure, les crimes ou délits de droit commun à bord de ce navire entre gens de l'équipage seulement, toutes les fois que le secours de l'autorité locale n'est pas réclamé ou que la tranquillité du port n'est pas compromise, — doivent être laissés à la juridiction de l'état étranger.

Mais du moment que le crime ou le délit commis à ce bord, l'a été par ou contre une personne étrangère à l'équipage, — ou du moment que, l'ayant été entre gens de l'équipage seulement, le secours de nos autorités est réclamé, ou que la tranquillité du port a été compromise, — en un mot toutes les fois que l'affaire se trouve intéresser l'État Français, notre juridiction pénale est applicable.

## DROIT PÉNAL.

I. L'art. 317 du Code Pénal ne punit que l'avortement consommé, et jamais la simple tentative de ce crime, de quelque personne qu'elle émane.

II. L'interdiction légale ne résulte pas des condamnations par contumace.

III. L'interdiction légale ne s'applique qu'aux actes entre-

vifs concernant le patrimoine du condamné ; l'interdit légalement peut tester, se marier, reconnaître un enfant
naturel. — La nullité des actes qu'il passe en violation de
la loi, peut être invoquée, et par lui-même, ou par son représentant, — et par les tiers avec lesquels il a contracté.

*Vu par le Président de la thèse :*
A. DUVERGER.

*Vu par le Doyen :*
G. COLMET D'AAGE.

*Vu et permis d'imprimer,*
*Le Vice-Recteur de l'Académie de Paris,*
A. MOURIER.

Typographie Lahure, rue de Fleurus, 9, à Paris.

www.ingramcontent.com/pod-product-compliance
Lightning Source LLC
Chambersburg PA
CBHW060834220326
41599CB00017B/2318